白川静著作集

別巻 甲骨文集・金文集［釈文篇］

JN136466

平凡社

甲骨文集・金文集　目次

金文集二 79頁

金文集四 151頁

續金文集　目次

續金文集三

續金文集四

凡例

一、本巻甲骨文集一册・金文集四册・續金文集四册は、白川靜著作集別巻六種の一である。
一、甲骨文集は、一九六三年八月、金文集は、第一集一九六三年十二月、第二集一九六四年二月、第三集一九六四年五月、第四集一九六四年六月、二玄社より書跡名品叢刊第三集にそれぞれ収められ刊行された。
一、續金文集四册は、一九九九年三月に脱稿された遺稿である。金文集及び金文通釋（白鶴美術館誌）の第五六輯（一九八四年三月刊）が刊行された後、金文通釋に著錄した青銅彝器をも含めて新出土の彝器を主要として編輯されている。
一、甲骨文集・金文集の釋文は、隸釋し句讀・返り點を打った二玄社版の體裁を改め、先ず隸釋を示し、次いでその訓み下し文を施した。金文集の訓讀は、著者の意向に従い解說の論旨に齟齬を來さない限り、白鶴美術館版の金文通釋に著錄された彝器銘文の訓讀によつた。また、解說文には、著者自身による手訂が加わつている。
一、甲骨文集・金文集の圖版の割り付けは、判型を二玄社版よりやや擴大したことから、新に配置しなおした。拓銘は斷りのないかぎり、もとより原寸大である。
一、續金文集も、金文集の釋文體裁に倣うとともに、訓讀も金文通釋に著錄のものはそれによる。
一、續金文集に著錄した青銅彝器の斷代編年は、白鶴美術館誌金文通釋において示された曆譜によつているが、ままその歷譜に合わない斷代がなされている彝器があるも、原稿の通りとする。著者の最終的な斷代編年は、金文通釋を著作集の別巻に収めるに當つて、新出土の紀年銘をもつ彝器を大幅にとり入れて曆譜を再構成、それにもとづいて通釋を改訂している著作集別巻の金文通釋（二〇〇五年四月刊）に示されている。

甲骨文集

甲骨文はまた卜辭ともいう。殷王朝においては、國家や王室の大事を行なうに當つて、龜甲・獸骨を灼いて豫めその吉凶を卜していたが、その辭を甲・骨に契刻して保存した。これを卜辭という。しかし甲骨には、その他にも龜版や獸骨を王室に納入し、またこれを卜占に用いるよう修治することを記した文字などをも刻した部分があるので、これらを含めて甲骨文とよび、その學を甲骨學という。

卜うときには、甲骨の裏面に深い縱線を中心に棗形の鑿を掘りこみ、その旁に鑽とよばれる圓形の穴を掘つて灼いた。そしてその部分が灼熱したとき、多分輕く水をふつたかと思われるが、そのため甲骨の表面に龜裂が入つて、鑿の部分には縱線、鑽の部分には橫線の龜裂が走る。それが卜の字形で、その龜裂の形によつて吉凶を卜したのである。7・77には鑽灼のあとが認められ、45・80には卜兆の形がはつきり出ている。

卜辭は、卜おうとする事實を問いかける形式で記されている。命龜の辭、また略して命辭ともいう。卜辭の大部分はこの形式のものである。しかしある時期のものには、その次に王がその卜兆の吉凶を判斷した語を加えている。1・2の「王固曰（王、固て曰く）」にはじまる語がそれである。これを繇辭という。そしてさらに、豫兆に對して起つた事實についての記事を加えることがある。「允（まことに）」という語を加えている2・12・13等の辭がそれであるが、ときには1のように「允」を略していることもある。これを驗辭という。

龜版は腹甲を用い、稀に80のように背甲を用いる。また卜骨としては概ね牛の肩胛骨・肋骨を用いる。龜には大中小の各種あり、當時河・淮の諸水で獲られたものであろう。ただ海龜らしいものに武丁大龜とよばれている一版があり、縱三七センチに及ぶ大龜である。

卜辭は、龜版の場合には中央を境に、左右各〻對稱的な位置に卜兆を避けて刻辭してある。概ね右に肯定的、左に否定的な形式の命辭を刻する。文は龜版の兩邊に記すときには概ね中央に向つて、また中央からはじまるときは外邊に向つて各〻右行・左行して記す。

貞問の內容は時期によつて異なるが、王の行爲、王室に關する大事のほか、祭祀・戰爭・農耕・田獵を主とし、これに伴つて天象に關するものなどが多い。一旬の終りに次の一旬の吉凶を豫占する卜旬、夜間の靜謐を卜する卜夕、王が都外にあるときその靜謐を卜する卜王の辭などは、王の往來出入を卜するものとともに、何れも王の神聖性をまもるためのものであつて、單に卜問すること以外に、貞卜すること自體が修祓の意味をも含むものであつたと思われる。

現存する卜辭の最も早いものは武丁期からはじまる。字形の異樣な一群のものに、それより若干早い時期のものがあるかも知れないが、先王の稱謂やその他から時期を確かめうるのは武丁期からである。卜辭にはその貞問を扱つた人、すなわち貞人の名が記されていることが多く、その貞人によつて時期の知られるものが多い。先王の稱謂は時期によつて相對的に異なる場合があり、王室の世系・稱謂は斷代の重要な基礎となる。また方國・人物・貞卜の事類・文法・字形・書體などによつても時期を推定しうるし、出土坑位の知られているものはそれも參考になる。このようにして卜辭は五期に區分される。

第一期　武丁

第二期　祖庚・祖甲

第三期　廩辛・康丁

第四期　武乙・文武丁

第五期　帝乙・帝辛

すべて七世九王である。このうち一・二・五期はさらに前後に二分することができるが、三・四期のものには嚴密に區分しにくいものもある。一期の貞人はその數甚だ多く、㱿・韋以下七十餘名に及び、第二期は兄・出など二十餘名、第三は何・狄など二十名左右、第四期は貞人の名を殆んど記さず、㲋の一名があげられている。五期には王が貞人として親卜する形式のものが多く、他に黃・立など數名の貞人があるに過ぎない。

各期の字形・書風には各〻特徵的なところがあり、字跡をみてほぼその時期を推定することができる。はじめて甲骨文の時期區分を試みた董作賓氏は、一期の文字を雄偉、二期を謹飭、三期を頹靡、四期勁峭、五期は嚴正であると評している。ほぼその特質に當るものであるが、各期の中にもまた書風・氣味の異なるものもあり、殊に第一期のものには、雄偉體のほか、古樸肥厚の筆勢をもつ大字のもの、細密毛髮のような屈折ある小字、また二期の字樣に近い謹飭の字風も行なわれていて甚だ多樣である。それらの文字は必ずしも貞人自ら刻したものとはしがたいが、貞人には共版關係をもつグループがあり、契刻者はそのグループに屬していたかと思われる。甲骨の文字は第一期においてすでに種〻の樣式があり、かつそれらは完成された美しさをもち、十分鑑賞に堪えるみごとな造型を示している。むしろ五期を通じて、第一期の字跡が最もすばらしい。當時の文字に對する意識がすでに甚だ高いものであつたことが知られるのである。

殷の都していたあとは殷虚とよばれ、すでに史記にもその名がみえている。今の河南安陽縣の地で、その宮址は洹河に臨む小屯とよばれる小丘にある。その附近の耕地から、農耕の際ときに不思議な古骨が出土した。土地の人はこれを古代の龍の遺骨であろうというので龍骨と稱し、瘧病すなわちマラリヤの特効薬として藥舗に賣り渡していたが、たまたまその持病のあつた王懿榮がこれを入手した。王懿榮は當時國子監祭酒、今の大學總長の地位にいた人であるが、その庇蔭を受けていた劉鶚が、龍骨に古文字の刻してあるのを見てこれを王氏に知らせたのであつた。この二人は何れも金石の學にも通じ、かつ慷慨の志ある人であつた。こうして一八九九年の秋頃から王氏の蒐集がはじめられたが、翌年七月、王氏は義和團の難に殉じて自殺し、蒐集の業は劉鶚にうけつがれた。一九〇二年、劉氏の蒐藏は王氏の舊藏と新收と合せて五千片に達し、翌三年、劉氏はそのうち一〇五八片を選錄して鐵雲藏龜六冊を出版した。甲骨を著錄した最初の書物である。鐵雲とは劉氏の字である。

甲骨はじめ龍骨として售られていたので、文字のあるものは削り、文字の多いものは古井中に棄てられたりしていたが、文字のあるものが一版二兩、一字數金という高價で求められるようになると、今までのように偶然的な出土に俟つのみでなく、進んで發掘されるようになつた。出土地は嚴重に祕密とされていたが、一九一一年、羅振玉はその弟振常らを安陽に派して出土地を確かめ、また多くの遺品を入手した。そして一五年には羅振玉自ら殷虚を訪ねた。こうして羅氏はその捜集になる卜片・拓影を殷虚書契前編・殷虚書契菁華・殷虚書契後編・殷虚書契續編として上梓公刊し、また卜辭の類聚解讀を試みた殷商貞卜文字考を作つた。

出土地ではその後も地主や農民が甲骨を求めて掘りつづけ、多數の遺品が出土したが、一九二八年から三七年までの十年間に、中央研究院によつて十五回に及ぶ科學的な發掘調査が行なわれ、その間に約一萬三千片が出土した。これらはその出土地の名をとつて小屯殷虚文字甲編一冊・乙編三冊に編錄されたが、その收獲はそれまでの全出土に匹敵し、あるいはそれを凌駕するほどのものである。殊に完整な龜版が三百片以上に及んでいることは、資料的に極めて貴重といつてよい。

これらの出土甲骨は、次の諸書に著錄されている。

鐵雲藏龜　劉鶚　一〇五八片　一九〇三年
殷虚書契前編　羅振玉　二二二九片　一九一三年
殷虚書契菁華　羅振玉　六八片　一九一四年
鐵雲藏龜之餘　羅振玉　四〇片　一九一五年
殷虚書契後編　羅振玉　一一〇四片　一九一六年
＊龜甲獸骨文字　林泰輔　一〇二三片　一九一七年
＊戩壽堂所藏殷虚文字　王國維　六五五片　一九一七年
×殷虚卜辭　明義士（J. M. Menzies）　二三六九片　一九一七年
＊鐵雲藏龜拾遺　葉玉森　二四〇片　一九二五年
＊簠室殷契徵文　王襄　一一二五片　一九二五年
×新獲卜辭寫本　董作賓　三八一片　一九二八年
殷虚文字存眞　關百益　八〇〇片　一九三一年
殷虚書契續編　羅振玉　二〇一六片　一九三三年
＊殷契卜辭　容庚・瞿潤緡　八七四片　一九三三年
＊福氏所藏甲骨文字　商承祚　三七片　一九三三年
＊卜辭通纂　郭沫若　八〇〇片　別一・四二片　別二・八七片　一九三三年
＊殷契佚存　商承祚　一〇〇〇片　一九三三年
鄴中片羽初集　黃濬　二四五片　一九三五年
＊柏根氏舊藏甲骨文字　明義士　七四片　一九三五年
×庫方二氏藏甲骨卜辭　方法斂（F. H. Chalfant）・白瑞華（R. S. Britton）　一六七八片　一九三五年

*殷契粹編　郭沫若　一五九五片　一九三七年
鄴中片羽二集　黄濬　九三片　一九三七年
×甲骨卜辭七集　方法斂・白瑞華　五二七片　一九三八年
*甲骨文錄　孫海波　九三〇片　一九三八年
×金璋所藏甲骨卜辭　方法斂・白瑞華　四八四片　一九三九年
*天壤閣甲骨文存　唐蘭　一〇八片　一九三九年
*殷契遺珠　金祖同　一四五九片　一九三九年
*鐵雲藏龜零拾　李旦丘　九三片　一九三九年
*誠齋殷虚文字　孫海波　五〇〇片　一九四〇年
*殷契摭佚　李旦丘　一一八片　一九四一年
鄴中片羽三集　黄濬　二一四片　一九四二年
×甲骨六錄　胡厚宣（甲骨學商史論叢三集所收）　六七〇片　一九四五年
*龜卜　金祖同　一二五片　一九四八年
小屯殷虚文字甲編　董作賓　三九四二片　一九四八年
小屯殷虚文字乙編（上・中・下輯）　董作賓　九一〇五片　一九四八年〜一九五三年
*殷契摭佚續編　李亞農　三四三片　一九五〇年
甲骨綴合編　曾毅公　四九六片　一九五〇年
×戰後寧滬新獲甲骨集　胡厚宣　一一四三片　一九五一年
×戰後南北所見甲骨錄　胡厚宣　三二七六片　一九五一年
殷契拾掇初編　郭若愚　五六〇片　一九五一年
殷契拾掇二編　郭若愚　四九五片　一九五三年
戰後京津新獲甲骨集　胡厚宣　五六四二片　一九五四年
甲骨續存　胡厚宣　三七七三片（下　×九九八片）　一九五五年
*殷虚文字外編　董作賓　四六四片　一九五六年
*京都大學人文科學研究所所藏甲骨文字（圖版册・本文册）　同所　三二四六片　一九五九年・一九六〇年

×は摹本。*は釋文・考釋を付するもの。
書名右旁の圏點は本書中に用いた略稱。

右の著錄にみえるものは多少の重複もあるが合せて五萬七千片に近く、他書に散見するものを合せると實數の總計はおそらく五萬五千を超えよう。なお未著錄の藏片拓本の數も、現在知られているものは五萬左右に及んでいるから、出土の總數は十萬に達しているとみてよい。尤も斷片もかなり多く、完整な龜版卜骨の數に換算するとおそらく數分の一以下となるであろうが、初期の出土中遺失拋棄されたものも多く、何れにしてもまことに大量の資料である。三千年前の資料がこれほど豊富に遺存しているのは壯觀というべきである。

文字の數は孫海波の甲骨文編（一九三四年）に收めるもの約二千、金祥恆の續甲骨文編（一九五九年）に二千五百餘字を錄する。その中解讀されている字數はほぼ半數で、他は未解讀である。用例の乏しいもの、また隷釋の字形と甚だ異なつている象形的な文字には、その釋を定めることが容易でないものが多い。

卜辭の解讀は最初の著錄者である劉鐵雲によつてすでに試みられたがなお探索の域を出でず、ついで孫詒讓が大いに努力して名原（一九〇五年）、契文擧例（光緒甲辰〔一九〇四年〕十一月敍、一九一七年刊）を著わしてはじめてその門徑を拓いた。羅振玉も殷商貞卜文字考（一九一〇年）に解讀・類別を試みたが、羅氏の考釋はわが國の林泰輔の研究に觸發されるところがあつたという。羅氏の協力者であつた王國維は、戩壽堂所藏殷虚文字にはじめて全片の釋文考釋を付し、以後の著錄にはその例に倣つたものが多い。その後、殷虚書契前編には葉玉森・吳其昌が各〻その集釋・解詁を試みた。また小屯殷虚文字甲・乙編には屈萬里（甲編考釋）・張秉權（丙編）らが考釋を付し、饒宗頤氏は殷代貞卜人物通考（一九五九年）において貞人名を署する卜辭を集成して事類に分つて詳說を加え、京都大學人文科學研究所所藏甲骨文字の考釋篇、池田末利氏の殷虚書契後編釋文稿（未完）など、近時の考釋はいよいよ精密を加えつつある。

この厖大な同時資料の出現によつて、從來殆んど傳說視されていた殷代の研究はにわかに活況を加え、その社會・文化の研究は大いに進捗し、中國古代史の研究に一新生面をひらいた。殷代の社會・文化の諸様相が解明されることは、中國の歴史研究の出發點が與えられることを意味し、西周期以後の社會と文化とについても、これを歴史的に把握し、その史的展開をあとづける可能性をうることになるので、その研究の價値は絶大であるといつてよい。從つてその研究文獻も甚だ多數に上つているが、研究の概觀をうるには次の諸書が有益である。

古代殷帝國　貝塚茂樹編　一九五七年
甲骨學五十年　董作賓　一九五五年
殷墟發掘　胡厚宣　一九五五年
殷虛卜辭研究　島邦男　一九五八年
殷虛卜辭綜述　陳夢家　一九五六年
甲骨學商史論叢初集・二集・三集　胡厚宣　一九四四年・一九四五年
殷暦譜　董作賓　一九四五年、一九六三年再版

なお筆者にも甲骨金文學論叢初集－十集があり、中に甲骨學に關する論文を收めている。

書跡名品叢刊の一編として本書を編するに當つて、前掲著錄の中から、字跡の見るべく、また資料として有用のものを選び、八七片を錄入した。精華を網羅することは不可能であるとしても、その精要を收めえたつもりである。

甲骨文は中國最古の文字資料である。最古の文字が王室の占文に關して殘されているということは、文字がそういう宗教的儀禮に關して成立してきた事實を示すものと考えてよく、從つて文字は本來聖職者の間に生れ、傳承されていたものであろう。殷代文化の一面はそのすぐれた青銅器文化の上にも示されているが、青銅彝器もまた祭祀儀禮に用いられたものである。宗教的儀禮は當時の社會生活において最も重要かつ神聖なものであり、殷代の文化を象徴する甲骨文と青銅彝器とがこれに伴つて成立してきていることも、その點から理解される。そして殷代の青銅彝器が中國の古代青銅文化の頂點に位置するものであるように、甲骨文の字跡もまたその樣式における最高の完成をみせている。このことはなお、殷周期金文における字跡によつてもこれを證することができよう。契刻による甲骨文と、おそらくは當時の筆意を存している殷周期金文とを併せみることによつて、殷王朝末期における古代文字がすでにみごとな完成をもつものであり、書道史の巻頭を飾るにふさわしいものであることが理解されよう。

本集の編纂に當つては、甲骨文の精品を選ぶとともに、かねて甲骨學の概要を知る便宜をも考慮した。1－13は代表的な大版を錄して、これら精品のもつ氣品と樣式の美しさを大觀する資とした。14－17は王、18－22は王室の子婦、23－28はそれぞれ祭祀に關するもので、當時の王室の生活をうかがうべきものである。29－40は諸方國との關係や戰爭に關するもの、41－43は天象、44－53は農耕・田獵關係の辭を集めた。54－60は動物を示す字形であるが、繪畫的なもの若干を含めた。61－72は各期の文字、以下には特殊な資料を收めたが、83以下は殷末の刻辭であつて、殷金文の文字と關聯をもつものである。資料の解說は釋文の條に併せて記した。特に尺寸を附したもの以外はすべて原寸である。

釋文

1　菁華　一　墨本　I

a左　癸酉卜、㱿貞。旬亡囚。王二曰、亡。王固曰、艅㞢希。㞢䐛。五日丁丑、王嬪中丁ㄟ、陰。在宧自。十月。

b右下　己卯、媚。子寅入、宜羌十。

c右　癸未卜、㱿貞。旬亡囚。王固曰、坐乃茲㞢希。六日戊子、子攷囚。一月。

d中　癸巳卜、㱿貞。旬亡囚。王固曰、乃茲㞢希。若偁。甲午、王往逐豕、小臣甾車馬硪、馭王車子央亦墜。

e上　來嬄　八日　□亡　一月

a左　癸酉卜して[10]、㱿貞ふ。旬（次の十日間）に囚亡きかと。王、二して曰く、亡からんと。王、固て曰く、艅（王子の名）に希㞢らん。䐛ること㞢らんと。五日、丁丑[14]、王、中丁（祖名）に嬪してㄟ（祭儀の名）せるに、陰かりき。宧の自（聖地）に在りてなり。十月。

b右下　己卯[16]、媚（媚蠱の詛い）あり。子寅入り、羌（羌族、今のチベット系）十（人）を宜（殺して俎の上に肉をならべる）せり。

c右　癸未卜して[20]、㱿貞ふ。旬（次の十日間）に囚亡きかと。王、固て曰く、坐するときは、乃ち茲に希㞢らんと。六日戊子[25]、子攷（王子の名）囚（死）せり。一月。

d中　癸巳卜して[30]、㱿貞ふ。旬（次の十日間）に囚亡きかと。王、固て曰く、乃ち茲に希㞢らん。偁ふままに若へと。甲午[31]、王往きて豕を逐へるに、小臣（臣籍降下した王族）甾の車馬硪き、王の車を馭せる子央も、亦た墜ちたり。

e上　來鼓（敵方の侵寇、女巫が陣頭で鼓うちながら侵寇する）　八日　□亡　一月

卜旬の辭。卜旬とは十干末の癸の日に來旬の吉兆を豫兆するもので、五期を通じて行なわれた。時期によつては殆んど形式的に行なわれていることもあり、王の支配すべき時間を修祓する意味をもつものであつたと思われる。

a　㱿は貞人の名。殷金文にもその名がみえる。「王二曰」は他に殆んど例がない。曰は祝册などを披閲する象であるから、その占繇を再檢した意であろうか。固は占繇。繇の音でよむ。艅は艅。希は動物靈を示す字で祟の初文と思われる。希を毆つ象は殺である。希は禍尤の根源と考えられていた。㞢は有。「㞢希」の上には人名が位置する例である。䐛はその字形からいうと、呪詛によつて夢の中で魘されることをいう。nightmare の類であろう。禍殃の豫兆の意である。五日丁丑は癸酉より數えて第五日。嬪は祭祀の際に靈を迎えること。中丁は先王の名。中丁下の一字未詳、㽙勺の勺の形に近い。陰は懸崖に臨んでつま立つ形で俄傾の意であろう。宧は殷の聖地。その地でしばしば儀禮が行なわれている。自は說文では𠂤と釋されている。神の處る高處を示す字のようである。陟降の字は阝に從う。陟降とは神の上下することをいう。大意は、癸酉、貞人㱿が來旬の吉凶を卜し、王がその卜兆を檢して艅に希があろうと占した。五日丁丑、王が中丁の靈を迎えてㄟするとき、蹉跌するという危險があつた。宧の聖處においてのことである。

b　己卯、癸酉より七日目、呪詛がかけられていることが覺られたので王子の子寅が王所に入つて羌十人を犧牲として供え、呪詛を祓つた。媚は媚蠱を行なう女巫で、この場合呪詛をかけられたことをいう。羌人は當時河南西部にいた牧羊族。後のチベット系の種族であろう。外族犧牲として用いられている。この刻辭は貞問の辭ではなく、記述の文である。

c　癸未の日、貞人㱿が來旬の吉凶を卜したが、王は占繇して、坐するときは禍殃があろうと判じた。六日戊子、子攷が死亡した。坐は字未釋。動詞である。囚は棺槨に人の横たわる象、死は遺骨を跪拜する象であるから、いま囚を絶息の意とみておく。

d　癸巳の日、貞人㱿が卜旬し、王が占繇していう。希があるから修祓の要があると。若は若・不若、すなわち神意に叶うか否かの意に用いるが、ここでは稽・順の義とみておく。偁はおそらく爯册とよばれる修祓行爲と關係がある語であろう。甲午以下は驗辭。王が狩獵に出たとこ

ろ、小臣の甶という者の車馬が險處に陷つて傾敗し、王の車を馭していた子央も車外に墜落した。王の豫兆したような變事が實際に起つたことをいう。

e　殘辭。文はつづかない。來鼓は外方の侵寇をいう。鼓は鼓の旁に女のある形で、軍旅のとき巫女が伴われて厭勝の呪術などを行なつたのであろう。その女は媚とよばれ、敗戰の際にまつ先に殺されたものである。

この一版は第一期の典型的な字跡をもち、特に精品と稱すべきものである。

2　遺珠　六二〇　中村大骨　I

a左　辛丑卜、㱿貞。帚好㞢子。二月。
b左　辛丑卜、亘貞。王固曰、好其㞢子。御。
c中　壬寅卜、穷貞。若。茲不雨。帝隹茲邑龏。不若。
d左　甲辰卜、亘貞。今三月、光乎來。王固曰、其乎來。乞至隹乙旬㞢二日乙卯、允㞢來自光、以羌芻五十。三月。
e右　乙卯卜、穷貞。乎帚好、㞢艮于妣癸。

a左　辛丑卜[38]して、㱿貞ふ。婦好（武丁の后）に子㞢るかと。二月。
b左　辛丑卜[38]して、亘（貞人の名）貞ふ。王、固て曰く、好は其れ子㞢らん。御（祟よけの祭祀）せよと。
c中　壬寅卜[39]して、穷（貞人の名）貞ふ。若（諾、神意にかなふ）なるか。茲に雨ふらざるか。帝は隹れ茲の邑（商邑）に龏あらしむるか。不若（神意にかなわず）なるか。
d左　甲辰卜[41]して、亘貞ふ。今の三月、光（族名）は乎ばれて來るか。王、固て曰く、其れ乎ばれて來らんと。隹れ乙旬㞢（又）二日乙卯[52]に至るに迄び、允に光より來る㞢りて、羌芻（羌人の牧人）五十を携へたりと。三月。
e右　乙卯[52]卜して、穷貞ふ。婦好（武丁の后）を乎びて、艮（犧牲）を妣癸に㞢（侑めて祭る）せんか。

a　辛丑の日、貞人㱿が婦好に生子のことがあるか否かを卜した。婦は王室の子婦。あらかじめ生子の有無を卜するのである。

b　同日、貞人亘が同じ問題を卜し、王は占繇して、婦好には生子があるから御を行なつて修祓せよと命じた。a・bは同事を卜したもので一事多貞。好は婦好。御は祖靈のたたりなどを祓う祭祀で、主として王室の王・子・婦のために行なう。御は防禦の意である。

c　壬寅の日、貞人穷が雨の有無を卜し、帝は吉順にして雨を降らさざるか、帝はこの邑に禍殃を下し、疾怒したまうかを卜する。龏は龍形の動物靈。多雨の害の有無を問うたものと思われる。

d　甲辰の日、貞人亘が卜して、この三月中に光が召に應じて入朝するか否かを卜した。王は卜兆をみてその來廷を豫兆したが、十二日目の乙卯の日に、果して光は朝見し、羌人の芻牧のもの五十人を携えてきた。羌人は牧羊族で河南西部の山陵地帯にあり、後期の卜文では辮髪の形を附している。光は河南西部の氏族で、羌人の捕獲を卜した辭例が多い。金文にもその銘識ある器を存している。乞は迄。允は驗辭につける語、豫兆の的中をいうときに用いる。

e　乙卯の日に貞人穷は婦好が妣癸を祀り、艮を犧牲として供することの可否を卜した。この辭はa・bと關聯し、特にbの御祀の方法を卜したものと思われる。艮は羌・南と同じく、人身犧牲として用いられた異族の一である。㞢は侑薦。妣癸はおそらく祖丁の妣であろう。婦には多く先妣の靈がたたりをすると考えられ、病氣・妊娠・出產などのときには、先妣に對する御祀が行なわれた。

この大骨には㱿・亘・穷の三貞人の名がみえている。骨版の裏面にも「王固曰、帝隹茲邑龏、不若」、「王固曰、吉、御」のような繇辭が刻されている。中村不折の蒐藏品で現在書道博物館藏。わが國にある卜骨中では最大の優品である。

3　甲編　二九〇八　I

壬子卜貞。在六月、王在尸。

壬子卜[49]して、貞ふ。六月に在りて、王は尸（夷、地名）に在らんか。

骨版の裏面に刻されており、字迹奇偉。子・在・王などは字の初形に近いものと考えられる。

尸は夷。字はまた厥とも釋されているが、何れとも定めがたいような形である。右端に二列鑽灼のあとがある。一期中でも古い字形を存するものといえよう。

4　拾掇一　五五〇　摭佚續　二　Ⅳ

a左下　丁卯貞、甾以羌。其用自上甲〓、至于父丁。
b左下　丁卯貞、甾以羌于父丁。
c左中　辛未貞、于河〓年。
d左上　辛未貞、〓年高且河。于辛巳酢𡧊。
e中左　辛未貞、其〓年于高且。
f中左　辛未貞、〓年于岳。
g中　辛未貞、〓年于河、𡧊三牢、沈三牛、宜牢。
h右　辛未貞、〓年于高且、𡧊十五牛。
i左上　乙亥卜、其寧龝于〓。

a左下　丁卯貞ふ、甾（族名）は羌（羌人）を以ゐんか。其れ上甲より〓して、父丁に至るまでに用ひん（人牲とする）か。
b左下　丁卯貞ふ、甾は羌（羌人）を父丁に以ひん（携行して犧牲とする）か。
c左中　辛未貞ふ、河（神）に年を〓らんか。
d左上　辛未貞ふ、年を高祖河に〓らんか。辛巳に酢𡧊せんか。
e中左　辛未貞ふ、其れ年を高祖に〓らんか。
f中左　辛未貞ふ、年を岳（嵩嶽の神）に〓らんか。
g中　辛未貞ふ、年を河に〓らんか。三牢を𡧊き、三牛を沈め、牢を宜せんか。
h右　辛未貞ふ、年を高祖に〓るに、十五牛を𡧊かんか。
i左上　乙亥卜す、其れ龝（秋）を〓に寧んぜんか。

a　甾は族名。その關係卜辭にみえる方族の名から考えると、河内方面の雄族である。獲羌の辭が多く、ここでは王室の祭祀のため羌人を伴つてくるか否かが卜されている。上甲の二字は合文。〓は犧牲を用いる法を示す字であるが釋未詳。父丁は康丁。從つてこの卜辭は武乙期のものである。

b　父丁の祭祀に犧牲とする羌人を甾が致すかを卜したもの。a・bは關聯する卜辭である。

c－f　祈年に關するもの。〓は祈求の義。年は稔。河はdでは高祖河とよばれ、殷の神話的祖神の一である。酢・𡧊は祭儀の名。字形の示すように酢は酒を用い、𡧊は柴薪を焼いて年穀の豐穰を求めた。𡧊は主として上天の神に對して用いられる祭儀である。岳は嶽神。河嶽は雲雨を支配する神とされ、これに對して農穀を祈る祭祀が行なわれた。

g　三牢を𡧊き、三牛を沈め、牢を供犧とすることが卜されている。沈は牛を水に投ずる象。また宜は俎上に肉を寘く象。

h　高祖とあるのは高祖河のことであろう。十五牛を𡧊祭に用いている。

i　寧は概ね寧風・寧雨のように用いられる。龝は秋。ここでは螟螣の害をいう。〓は未詳。〓は岳と對稱されていることがあり、神名であるが、ここでは旬に從う。收穫に影響を與える神であろう。收穫時における螟螣蟊賊の害を防ぐことを卜したものと思われる。

a以下干支貞形式で貞人の名を記さない。iは干支卜の形式である。この期には貞人の名を記さず、ときには貞の字をも略するこの形式のものが多い。字形狹長、筆畫硬直にしてかなり裝飾的な書風である。

5　丙編　一六　Ⅰ

a上右　辛酉卜、㱿貞。今春、王从望乘伐下〓、受㞢又。
b上左　（辛）酉卜、㱿貞。今春、（王）勿从望乘（伐）下〓。弗（其受）㞢又。
c右中　貞、王从沚戛。
d左中　貞、王勿从沚戛。
e下右　辛酉卜、㱿貞。王叀沚戛从。
f下左　辛酉卜、㱿貞。王勿隹沚戛从。
g中右　貞、㞢犬于父庚。卯羊。
h中左　祸〓止疾齒、鼎龔。

i右下　疾齒、龏。
j左下　不其龏。

a上右　辛酉卜[58]して、㱿貞ふ。今春、王は望乘（族名）を從へて、下〓を伐つに、虫又（祐助）を受けられんか。
b上左　（辛）酉卜[58]して、㱿貞ふ。今春、（王は）望乘を從へて、下〓を（伐つこと）勿きか。（其れ）虫又（祐助）を（受けられ）弗るか。
c右中　貞ふ、王は沚戠（氏族名）を從へんか。
d左中　貞ふ、王は沚戠を從ふること勿きか。
e下右　辛酉卜[58]して、㱿貞ふ。王は叀れ沚戠を從へんか。
f下左　辛酉卜[58]して、㱿貞ふ。王は隹れ沚戠を從ふること勿きか。
g中右　貞ふ、犬（犧牲）を父庚に虫（侑）せんか。羊を卯（二つ裂き）さんか。
h中左　祔（氏族名）の、止（氏族名）を携ふるに、齒を疾めるは、鼎の龏あるか。
i右下　齒を疾めるは、龏あるか。
j左下　其れ龏あらざるか。

小屯乙編の三片を綴合したもの。出土のとき完整であつたが、戰爭中各地に運搬したため多く破碎したので、小屯出土卜片の綴合を試みたものに殷虛文字綴合（郭若愚等、一九五五年）、殷虛文字甲編考釋（屈萬里、一九六一年）、殷虛文字丙編（張秉權、一九五七－一九七二年）などがある。この龜版は右上になお小缺落を殘している。卜兆の數はみな三。同事を卜した龜版がなお他にあり、丙編一一はその第一版である。刻辭はすべてこの版と同じ。

a・b　今春の春は收穫時をいう。必ずしも季節の名ではない。望乘は氏族の名。下〓も方族の名。下旨あるいは下危と釋されているが未詳。虫又は有祐。受は授、被動形。bはaの否定態。龜版においては左右の對稱的位置に肯定・否定兩命題の形式で命辭を刻文する。

c－f　辛酉の卜。a・bの征伐に關して、王が沚戠を從えるか否かを卜したものである。沚戠は河內の北、太行山脈南邊の族であるらしく、西北諸外方との戰爭關係の卜辭が多い。征旅のときに行なう呪術儀禮の傳統をもつ氏族であつたらしい。

g－j　四辭は一類をなす。虫は侑薦。父庚は般庚であろう。武丁の伯父に當り、安陽に遷都した王とされている。犬は多く祓禳のための犧牲に用いられる。卯は劉。剖いて殺す意で犧牲を用いる法である。hは難解である。祔・止は氏族の名。〓は携の義とみられる。鼎はたたりをなすものの名。祔が止を携行しようとしてにわかに齒痛を覺えたのは、鼎が龏をなすのであろうかと卜問しているのである。病氣はすべて神靈や靈魂などのたたりのために起ると考えられていた。

6　甲編　三九一四　Ⅲ

a中下右　戊午卜、狄貞。隹冡、于大乙隹示。大吉。
b中下左　戊午卜、狄貞。隹冡、于大丁隹示。吉。
c右下　戊午卜、狄貞。隹冡、于大甲隹示。
d中下右　戊午卜、狄貞。王賓。
e左下　戊午卜、狄貞。王弜賓。吉
f中左　乙丑卜、狄貞。王其田衣入、亡𢦔。
g中右　己巳卜貞。王其田、亡𢦔。
h右中　己巳卜、狄貞。其田、不冓雨。
i左中　己巳卜、狄貞。其冓雨。
j中右　己巳卜、狄貞。王其田、叀辛亡𢦔。
k中左　己巳卜、狄貞。王其田、叀壬亡𢦔。
l右中　己巳卜、狄貞。王其田、叀乙亡𢦔。
m右中　庚午卜、狄貞。
n左中　庚午卜、狄貞。王其田于利、亡𢦔。吉。
o右上　庚午卜、狄貞。王其田、叀乙亡𢦔。吉。
p左上　庚午卜、狄貞。叀戊亡𢦔。
q中上右　壬申卜、狄貞。王其田衣、亡𢦔。吉。
r中上左　戊寅卜、狄貞。王其田、（𢦔）亡。

s中右　戊寅卜、貞。王其田、不雨。吉。
t上右　戊寅卜、貞。王其田、亡𢦏。
u上右　甲申卜、貞。王田、豕麋。

a中下右　戊午卜して、狄貞ふ。隹れ豕（犀の類か）あるに、大乙（祖名）に于て隹れ示るか。大いに吉なり。
b中下左　戊午卜して、狄貞ふ。隹れ豕あるに、大丁に于て隹れ示るか。吉なり。
c右下　戊午卜して、狄貞ふ。隹れ豕あるに、大甲（祖名）に于て隹れ示るか。
d中下右　戊午卜して、狄貞ふ。王、賓（迎えて祭る）するか。
e左下　戊午卜して、狄貞ふ。王、賓すること咢きか。吉なり。
f中左　乙丑卜して、狄貞ふ。王は其れ衣（地名）に田して入るに、災亡きか。
g中右　己巳卜して貞ふ。王は其れ田するに、災亡きか。
h右中　己巳卜して、狄貞ふ。其れ田するに、雨に遘はざるか。
i左中　己巳卜して、狄貞ふ。其れ雨に遘はんか。
j中右　己巳卜して、狄貞ふ。王は其れ田するに、叀れ辛（の日）ならば災亡きか。
k中左　己巳卜して、狄貞ふ。王は其れ田するに、叀れ壬（の日）ならば災亡きか。
l右中　己巳卜して、狄貞ふ。王は其れ田するに、叀れ乙（の日）ならば災亡きか。
m右中　庚午卜して、狄貞ふ。
n左中　庚午卜して、狄貞ふ。王は其れ利（地名）に田するに、災亡きか。吉なり。
o右上　庚午卜して、狄貞ふ。王は其れ田するに、叀れ乙（の日）ならば災亡きか。吉なり。
p左上　庚午卜して、狄貞ふ。叀れ戊（の日）ならば災亡きか。
q中上右　壬申卜して、狄貞ふ。王は其れ衣（地名）に田するに、災亡きか。吉なり。
r中上左　戊寅卜して、狄貞ふ。王は其れ田するに、（災）亡きか。
s中右　戊寅卜して貞ふ。王は其れ田するに、雨ふらざるか。吉なり。
t上右　戊寅卜して貞ふ。王は其れ田するに、災亡きか。
u上右　甲申卜して貞ふ。王は田するに、豕麋あるか。

狄は第三期の貞人。全版みな田獵に關している。貞人の名を記していない辭も多い。田獵には日の吉凶が重んぜられ、そのため多くの日の吉凶を卜している。末辭には缺刻がある。大吉・吉は占繇の辭。卜辭後期にはこの形式の繇辭を附刻するものが多い。

7　菁華　四　墨本　原縱二八糎　Ⅰ

a右　王固曰、㞢希。八日庚戌、㞢各雲、自東。面母。昃亦㞢出蜺。自北、歓于河。
b左上　癸亥卜、㱿貞。旬亡𡆥。（王固曰、㞢希。）其亦㞢來鼓。五日丁卯、子吿媢、不𡆥。
c左上　王固曰、乃若偁。
d右上　王固曰、……。

a右　王、固て曰く、希出らんと。八日庚戌、各れる雲出りて、東自りす。面母なり。昃に亦た出蜺（虹）出りて、北自りし、河に飲めり。
b左上　癸亥卜して、㱿貞ふ。旬に𡆥亡きかと。（王、固て曰く、希出らんと。）其れ亦た來嬉出らんと。五日丁卯、子吿（王子の名）に媢ありしに、𡆥（死）せざりき。
c左上　王、固て曰く、乃ち偁ふままに若へと。
d右上　王、固て曰く、……。

骨版裏面の刻辭。上部に鑽灼のあとをとどめている。

a　癸卯卜旬に對する繇辭。各雲は格雲。格は來たる意。癸卯の後八日庚戌、東より來雲があるという。面母はおそらく雲の名であろう。雲は神格視されていたので、性別の名をもつていたのである。昃は夕。蜺は兩頭の虹の象を描く。虹蜺が現われるときは、陰陽が亂れて禍殃のある兆とされた。蜺が河水を飲むという民話は漢代にも傳えられている。當時の神話的な世界観をうかがいうる刻辭である。

b　來嬉のあるを豫兆し、子吿に災厄があつたことをいう。媢は先妣に對する儀禮に用いられる字であるが、具體的なことは未詳。𡆥は死の意。

c　若偁は1dにみえる。

このト骨は菁華収録の後にもまた小泐があり、墨本ではbの一部が缺落している。41参照。

8 菁華 五 原縦二九糎 I

a左 癸卯卜、𡧊貞。旬亡𡆥。甲辰、……大[glyph]風。之夕[glyph]。乙巳、……[glyph]□五人。五月、在□。

b中 癸丑卜、𡧊貞。旬亡𡆥。王固曰、㞢祟。㞢夢。甲寅、允㞢來鼓。左告曰、㞢坴芻、自盜。十人㞢二。

c右 癸丑卜、𡧊貞。旬亡𡆥。三日乙卯、㞢鼓。單邑[glyph][glyph]于彔。……丁巳、𡚬子[glyph][glyph]……。……畏。亦得疾。

d上 ……卜、□貞。……亡𡆥。

a左 癸卯[40]卜して、𡧊貞ふ。旬（次の十日のうち）に𡆥亡きかと。甲辰[41]……大いに[glyph]風あり。之の夕、[glyph]る。乙巳[42]……□五人を[glyph]ふ。五月、□に在り。

b中 癸丑[50]卜して、𡧊貞ふ。旬（次の十日のうち）に𡆥亡きかと。王、固て曰く、祟㞢らん。夢るること㞢らんと。甲寅[51]、允に來鼓（鼓をうちながら侵攻する）㞢り。左（軍名）、告げて曰く、芻を坴ふること㞢り、盜自りす。十人㞢（又）二（十二人）なりと。

c右 癸丑[50]卜して、𡧊貞ふ。旬に𡆥亡きかと。三日乙卯[52]、鼓（女子の撃鼓隊）㞢り。單邑（氏族名）に登（徵）するに、彔（地名）に[glyph]れたり。……丁巳[54]、𡚬子（氏族名）登（徵）するに、……[glyph]れたり。……畏あり。亦た疾を得たり。

d上 ……卜して、□貞ふ。……𡆥亡きかと。

卜旬の辭。

a 𡧊は一期貞人。字は牛の角を執つて牽く象で、𡧊は後起の形聲字。[glyph]は耳の上下を執る象のようであるが字未詳。旋風・驟風のような風名であろう。[glyph]は天象の異變を示す字とみられ、曀の初文にして晦冥などの意であろう。[glyph]は趾と械とに從う。[glyph]を手に施せば執。これを足に加えたものである。王の占繇の辭を略しており、甲辰以下は驗辭である。

b 王が占繇して禍尤ありとし、甲寅、果して變事の生じたことをいう。外方侵寇し、左より、芻人十二名が盜より拉致されたと報じている。坴は1cにみえる。未釋の字であるが、この文によると人を拘執拉致する意があるようである。

c 三日乙卯以下驗辭。單邑・𡚬子はおそらく氏族の名。[glyph]・[glyph]は字未詳。[glyph]は壴に從う。軍事に關する字であろう。[glyph]はあるいは殄絕の意であろうか。それならば軍事の敗壞をいう語のようである。畏は畏忌のことをいう。恐懼畏忌することがあつて、そのため疾をえたことをいう。

9 京津 五二〇 拾掇 二・一五八 I

東方曰析、風曰劦。南方曰夾。風曰㞬。西方曰韋。風曰彝。（北方曰□。）風曰殳。

東方を析と曰ふ。風を劦と曰ふ。南方を夾と曰ふ。風を㞬と曰ふ。西方を韋と曰ふ。風を彝と曰ふ。（北方を□と曰ふ。）風を殳と曰ふ。

四方の方神の名と風名とが記されている。貞卜の辭ではない。他にも卜辭中に混刻されている例がある。山海經に東方の神を折丹・折、風を俊、南方を因乎、風を乎民、西方を石夷、風を韋、北方を鳧、風を狨ということがみえ、また颱という風名がみえる。風は方神の使者として神意をその地に宣布するものであつた。風字は大鵬の形に描かれている。尚書堯典の羲和四叔の條は、この四方神の傳承から轉化したものである。

10 乙編 下・六六六四 I

a下右 丁亥卜、㱿貞。翌庚寅、□于大庚。

b下左 貞。翌辛卯、㞢于且辛。

c上 丙申卜、㱿貞。來乙巳、酌下乙。王固曰、酌。隹㞢祟。其㞢[glyph]。乙巳、酌。明、雨。伐。既雨。咸伐。亦雨。𢧁卯鳥星。

d中左 丙午卜、𡧊貞。來甲寅、酌大甲。

e中 㞢于上甲。

a下右 丁亥[24]卜して、㱿貞ふ。翌庚寅、大庚（祖名）に□せんか。

b下左　貞ふ。翌辛卯、祖辛に㞢（侑、供饌）せんか。
c上　丙申卜して、𣪕貞ふ。來（週）乙巳、下乙（祖名）に酘せんかと。王、固て曰く、酘せよ。隹れ希㞢らん。其れ〓すること㞢らんと。乙巳酘す。明に雨ふる。伐す。既にして雨ふる。咸く伐す。亦た雨ふる。〓して鳥星に卯す。
d中左　丙午卜して、牽貞ふ。來（週）甲寅、大甲（祖名）に酘せんか。
e中　上甲に㞢（侑、供饌）せんか。

a・b・d・e　祖祭。庚寅の日に大庚に侑薦し、辛卯に祖辛に、甲寅に大甲・上甲に侑薦することを卜す。

c　字跡肥厚にして塗朱、内容も甚だ珍しいものである。下乙は祖乙。酘は祭名。「㞢〓」はこの場合「㞢希」と對文。文例をみると蒙氣・氛祲など天象の異變をいうらしい。禍殃の兆とされたのであろう。字未詳。乙巳以下は驗辭であるが記事の體に近い。伐は伐祭。祭祀の日に降雨があつたので、犧牲を供えて祓つたがなお雨がやまぬためさらに伐祭し、鳥星に對し止雨の儀禮を行なつている。〓は蟲蟲を毆つ呪的儀禮を示し、攺の初文。卯は劉。牲を割くことをいう。鳥星は好雨の星と考えられていたので、これに對して止雨を祈つたものである。

この版の刻辭は卜兆のところにすべて一と刻している。別に同文のもので卜兆に二と刻したものがある。一事を兩版を用いて卜したものである。字跡もこの版と同じ。

11　京大　八四八　Ⅰ

a右　癸丑卜、永貞。旬亡𡆥。
b　癸巳卜、永貞。旬亡𡆥。王固曰、㞢希。……。
c　癸卯卜、永貞。旬亡𡆥。
d　癸亥卜、永貞。旬亡𡆥。
e　癸酉卜、永貞。旬亡𡆥。王（固曰、）……𢆶吳于卜。
（以下二辭略）

a右　癸丑卜して、永（貞人の名）貞ふ。旬に𡆥亡きかと。
b　癸巳卜して、永貞ふ。旬に𡆥亡きかと。王、固て曰く、希㞢らん。……。
c　癸卯卜して、永貞ふ。旬に𡆥亡きか。
d　癸亥卜して、永貞ふ。旬に𡆥亡きか。
e　癸酉卜して、永貞ふ。旬に𡆥亡きかと。王（固て曰く、）……吳と卜とに率へと。

卜旬の辭。永は一期貞人。eの𢆶は率の初文であろう。「率用」と連ねて用いることが多い。

12　菁華　二　墨本　原縱二三糎　Ⅰ

a左　癸巳卜、𣪕貞。旬亡𡆥。王固曰、㞢希。其㞢來鼓。乞至五日丁酉、允㞢來鼓、自西。沚戠告曰、土方征于我東啚、𢦏二邑。𢀛方亦侵我西啚田。
b中　王固曰、㞢希。其㞢來鼓。乞至七日己巳、允㞢來鼓、自西。長友角告曰、𢀛方出、侵我示𥞤田七十五人。
c右　癸卯卜、𣪕貞。旬亡𡆥。王固曰、㞢希。其㞢來鼓。五日丁未、允㞢來鼓。〓御……自呂、圉六人。
d上　癸未卜、𣪕（貞。）……。
e上　……、□……。五月。

a左　癸巳卜して、𣪕貞ふ。旬に𡆥亡きかと。王、固て曰く、希㞢らん。其れ來嬉（外族の侵寇）㞢らんと。五日丁酉に至るに迄んで、允に來嬉㞢り、西自りす。沚戠告げて曰く、土方（外族の名）、我が東啚を征し、二邑を𢦏（㦰）せり。𢀛方も亦た我が西啚の田を侵せりと。
b中　王、固て曰く、希㞢らん。其れ來嬉（外族の侵寇）㞢らんと。七日己巳に至るに迄んで、允に來嬉㞢り、西自りす。長友角（族名）告げて曰く、𢀛方出でて、我が示𥞤の田（田人）七十五人を侵せりと。
c右　癸卯卜して、𣪕貞ふ。旬に𡆥亡きかと。王、固て曰く、希㞢らん。其れ來嬉（外族の侵寇）㞢らんと。五日丁未、允に來嬉㞢り。〓御……呂自りし、六人を圉へたり。
d上　癸未卜して、𣪕（貞ふ。）……。

e上　……、□……。五月。
卜旬の辭。

a　土方の侵寇をいう。土方は太行方面の外族であつたらしい。𢓊は征の異文ともみられているが字形異なり、鹵掠をいう字のようである。いま發の初文とみておく。𢦏は栽。殘破をいう。𢀛方は山西奥地の外族であるが、しばしば河内方面に侵寇を試みた最も強力な外敵であつた。高宗すなわち武丁が三年にわたる討伐を行なつた鬼方は、この族であると考えられている。㑴は侵。啚は鄙。

b　𢀛方の侵寇をいう。𢀜友角は太行外邊方面の族で、殷の前衞であつたと思われる。𢀛方の來寇を逸早く報告している。七十五人は從來「七人、五月」とよまれているが、七十五人の二字合文である。

c　a・bと關聯する。〓は蟲蟲に對する呪的儀禮の狀を示す字であるらしい。〓御は何れもそういう祭祀儀禮をいう字と思われるが、もし下に缺文なしとすれば、a・bの文例からみると名詞とも解される。邑は多子中に子邑の名があり、この場合外族の來寇をいうとすれば邑は地名である。圉の下文は六月と釋されているが、筆意より察するに六人であろう。圉は拘執して械を施す象である。

13　菁華　六　墨本　Ⅰ

a左　王固曰、㞢希。其㞢來𡥜。乞至九日辛卯、允㞢來𡥜、自北。𢓊妻〓告曰、土方㑴我田十人。

b上右　……㞢來（𡥜。）……（允）㞢來（𡥜。）……乎……東啚、𢦏二邑。王步自〓、于〓司。……夕〓。壬寅、王亦冬夕〓。

a左　王、固て曰く、希出らん。其れ來嬉出らんと。九日辛卯[28]に至るに迄んで、允に來嬉出り。北自りす。𢓊妻安（氏族の名）、告げて曰く、土方、我が田（田人）十人を㑴せりと。

b右上　……來（嬉）出り。……（允に）來（嬉）出り。……乎……東啚（鄙）を……、二邑に𢦏（哉）す。王、〓（地名）自り步して、〓（地名）に于て司る。……夕に〓る。壬寅[39]、王も亦た終夕〓（なやみ）あり。

おそらく卜旬の辭につづく繇辭と驗辭とである。

a　土方が北より侵寇して田人を寇掠したことをいう。

b　某方が東鄙を侵し二邑に哉したので、王が出向して祭祀を行なつたことをいうものであろう。しかし夕に蒙氣晦冥となる異變も起り、壬寅の日には王も終夕なやみのあつたことを記している。〓・〓は祭祀などを行なう地であろう。冬は終。〓は肉を削つた殘骨の象で、懊惱の意と思われる。囚・固と近い音で、かりに憂の音で讀んでおく。

14　續編　三・一四・一　Ⅰ

甲申卜、㱿貞。王于八月入于商。
辛巳卜、㱿貞。王于生七月入（于商）。
戊寅卜、㱿貞。生七月、王入于商。
（以下略）

甲申[21]卜して、㱿貞ふ。王は八月に于て商（都の名）に入らんか。
辛巳[18]卜して、㱿貞ふ。王は生の七月に于て（商に）入らんか。
戊寅[14]卜して、㱿貞ふ。生の七月に、王は商（都の名）に入らんか。

刻辭は右からの順序であるが、いま便宜上左から釋した。同事を卜するのに、各辭の閒に語法を少しずつ改めている。意識的にしているのであろう。右方の刻辭が缺落しているが、日辰は十餘日つづいているものとみられる。殷の都邑には商のほか、また大邑商（天邑商）・中商・丘商とよばれるものもある。商には祭祀・田獵や受年を卜したものもあり、かなりの地域を含む名であるらしい。王の出入往來はすべて貞卜によつてその吉凶を卜しており、そこには王の神聖な性格を認めることができる。

15　續編　三・三四・五　Ⅱ

a下　辛亥卜、出貞。今日、王其水寢。五月。

b中　丁卯、𢀛㞢疾。
c中　癸亥卜、出貞。子弗疾。
d上　丁卯卜、大貞。今日𢼄。

a下　辛亥[48]卜して、出（貞人の名）貞ふ。今日、王は其れ水寢せんか。五月。
b中　丁卯[4]、𢀛に疾㞢るか。
c中　癸亥[60]卜して、出貞ふ。子に疾あらざるか。
d上　丁卯[4]卜して、大（貞人の名）貞ふ。今日𢼄るるか。

出・大は二期祖庚期の貞人である。水寢は動詞。どういう儀禮であるのか知られないが、あるいは禊の類であろうか。水だけを禊浴の意の動詞とみてもよい。bでは𢀛、cでは子の疾の有無が卜されている。一期には王子に子𢀛とよばれるものがあつた。地名としては12cにみえている。dの𢼄は晴。晴雨を卜したものである。

16　粹編　一三六一　Ⅱ

辛丑卜、行貞。今夕亡𡆥。在九月。
壬寅卜、行貞。今夕亡𡆥。在九月。
（以下略）

辛丑[38]卜して、行（貞人の名）貞ふ。今夕𡆥亡きか。九月に在り。
壬寅[39]卜して、行貞ふ。今夕𡆥亡きか。九月に在り。

卜夕の辭。行は二期祖甲期の貞人。刻辭は下から順次上に、（庚子）[37]・辛丑[38]・壬寅[39]・癸卯[40]・甲辰[41]・（乙巳）[42]のように連日行なわれている。この種の貞卜は殆んど繇辭・驗辭を伴わず、貞卜すること自體に意味があつたらしい。おそらく都外などにあるとき、夜陰の閒の王の安全を修祓する目的を以て行なわれたものと考えられる。

17　文錄　一八二　Ⅱ

甲辰卜、王。在自寮卜。
甲辰卜、王。
（以下略）

甲辰[41]卜す、王。自寮に在りて卜す。
甲辰[41]卜す、王。

卜王の辭。概ね同日に十連卜し、所在・月名を附記し、あるいはときに吉と附刻することもあるが、殆んど他の記事を含むことがない。この貞卜の目的も卜夕と同じく、王が都外などにあるとき、王の身を修祓し、その安全を祈るためのものであろう。自は師。師寮は軍旅の名で、王がその軍團に涖んでいるときに卜したものである。

以上14－17は王の出入や日夕を卜するもので、殷代における王の神聖性をうかがいうるものがある。

18　京津　八〇七　Ⅰ

a下　貞、御子漁于父□、㞢一伐、卯宰。
b上　貞、于母庚、㞢𠬝。

a下　貞ふ、子漁（王子の名）を父□に御るに一伐（人牲）を㞢（侑）し、宰を卯さんか。
b上　貞ふ、母庚に、𠬝（人身犧牲）を㞢（侑）せんか。

a　御は祖靈などのたたりを祓う祭祀。御祀は概ね王や王室の子・婦のために行なわれる。子漁に父□のたたりがあるので、これを祓う祭祀を行なうに、宰牲を侑薦することを卜したもの。卯は劉。宰牲を割いて用いるのである。

b　母庚に對して𠬝を侑薦し、御祀を行なうものであろうが、たれのために行なうのか知られない。先妣の靈は多くは王や王室の婦にたたりを降すとされていた。𠬝は異族犧牲である。

19　乙編　中・四五〇四　Ⅰ

a右　戊子貞。帚禾㞢子。
b左　戊子貞。帚壴㞢子。

c左下　戊子卜貞。帚𢓊又子。

a右　戊子[25]貞ふ。婦禾（王子の婦の名）に子又るか。
b左　戊子[25]貞ふ。婦壴（王子の婦の名）に子又るか。
c左下　戊子[25]卜して貞ふ。婦𢓊（王子の婦の名）に子又るか。

三婦の名をあげて子の有無を卜している。字體細微にして屈曲多く、同じ一期に屬する他の貞人卜辭の書風と全く異なる。貞の字形が特徴的であり、この種のものは多子族卜辭とよばれている。王室內部、特に子・婦に關する內容のものが多い。

20　續編　一・三九・四　Ⅰ

a下　御帚鼠子于妣己、允㞢龏。
b上　□亥、不雨。

a下　婦鼠の子を妣己に御る（禍を祓う祈り）に、允に龏㞢りき。
b上　□亥、雨ふらざるか。

御は祖靈のたたりを祓う祭祀であるが、この辭では婦鼠の子にたたりが現われたので妣己に對して御祀を行なつて祓つたところ、果してそのたたりの驗が現われたことを記している。驗辭の形式である。

21　鐵雲　一二四・一　Ⅰ

貞、娩、不其嘉。

貞ふ、娩（出產）するに、其れ嘉（男子の出生）ならざるか。

「不其嘉」とは男子をえられざるかを卜したものであろう。字跡のみるべきものがある。

22　續編　四・二五・一＋殷契　一八四　綴合編　九七　Ⅰ

a左　□□卜、𡍼貞。帚妌娩、嘉。王𡆥曰、其隹庚娩、嘉。旬辛□（丑）、帚妌娩、允嘉。二月。
b右　壬戌卜、亘貞。受……。

a左　□□卜して、𡍼貞ふ。婦妌娩（出產）するに、嘉（男子の出生）なるか。王、𡆥て曰く、其れ隹れ庚（の日）に娩するときは、嘉ならん。旬の辛□（丑）、婦妌娩するに、允に嘉（男子出生）なりき。
b右　壬戌[59]卜して、亘貞ふ。……を受けられんか。

婦の出產の安否を卜する。嘉は安產の意のみでなく、文例によると男子出生の意を含むようである。

23　遺珠　三四〇　Ⅰ

a下　貞、宾于王亥告。」其从望乘。
b上　貞、疾止、龏。

a下　貞ふ、王亥（殷の遠祖の名）に宾して、告らんか。」其れ望乘（氏族の名）を從へんか。
b上　貞ふ、止（趾）を疾めるは、龏あるか。

a　前後二辭は相關聯するものと思われる。高祖王亥に宾祀を行なつて祈告することを卜し、また望乘を從えて出征する可否を問うているのは何れも征役に關していよう。告は祈告。望乘は氏族の名。5に見えている。

b　王の疾について卜したもの。武丁期のものには王の耳目や齒・腹・趾などの病氣を卜したものがあり、ここでは趾の疾を卜している。龏は2・5・20にもみえる。疾病の原因は祖靈その他のたたりのためであると考えられていたのである。

以上18－23は王室子婦、王の疾病に關する辭である。

24　京津　六〇九　Ⅰ

貞、□羌于王亥、𡆥犬、一羊一豕、宾三小宰、卯九牛、三南三羌。

貞ふ。羌を王亥（殷の遠祖の名）に□し、犬を𡆥し、一羊一豕（を用ひんか）。三小宰を竟き、九牛を卯き（二つ裂きにする）、三南（南人・苗族）三羌（西方の辮髪族）（を用ひんか）〔用は犧牲とする〕。

祭祀における犧牲。〓は残骨の象。多く犬を用いる。竟は上帝・皇祖神に多く用いる祭儀。卯は劉殺。九牛の他に南人・羌人を犧牲とする。南は苗系の南方異族。羌は後のチベット系辮髪族。犧牲には異族をも用いた。王亥は高祖の一で、その牢牲は甚だ盛である。

25　遺珠　三九三　Ⅱ

a右　甲申卜、出貞。翌（乙酉）、子吕其出于妣辛、〓歳。其……。
b中　丁酉卜、兄貞。〓年于高且。四月。
c左　己巳卜、大貞。翌辛未、〓益〓。
d左　辛卯卜、大貞。洹弘弗𩫖邑。七月。
e右　丁酉卜、（□貞。）……小〓老。八月。

a右　甲申[21]卜して、出（貞人の名）貞ふ。翌（乙酉[22]）、子吕は其れ妣辛に出（侑）して〓歳（祭名）せんか。其れ……。
b中　丁酉[34]卜して、兄（貞人の名）貞ふ。年を高祖に〓らんか。四月。
c左　己巳[6]卜して、大（貞人の名）貞ふ。翌辛未[8]、〓益（氏族の名）は〓せんか。
d左　辛卯[28]卜して、大貞ふ。洹弘は邑を𩫖たざるか。七月。
e右　丁酉[34]卜して、（□貞ふ。）小〓（人名）は老するか。八月。

出・兄・大はみな二期貞人。aの子吕は一期にもみえる。〓歳は祭名。〓は字未詳。bは高祖に祈年することを卜する。高祖と稱するものは多く、ここではどの高祖神をさすのか知られない。cの〓以下はみな祭儀の名であるらしい。〓は宗廟に嘉魚を薦める禮であると思われ、西周金文及び詩に、魚を祭祀に用いる例がある。〓は字形からみて酒を薦める禮であろう。他に文例の少い祭儀である。dの洹は洹水であるが、𩫖とは𩫖伐をいう語であるからこの場合族名とみられる。洹弘何れも族名とみておく。弘を水勢の澎漲をいうと解する説もあり、洹水の氾濫をいうとみるものであるが、𩫖の用法上、上二字は氏族名とする方が穩妥である。eの小〓老は用例少く確かめがたいが、小〓は人名であろう。

本片の字跡は直線的で、その點4と極めて近い。字に大小の差が多く、一般に謹飭なる二期の書風とも異なるところがある。

26　粹編　一一二　Ⅳ

乙未、酒𢆶品。上甲十、報乙三、報丙三、報丁三、示壬三、示癸三、大乙十、大丁十、大甲十、大庚七、米三、（大戊□、中丁）三、祖乙七、（祖辛□）、……。

乙未[32]、酒𢆶して品す。上甲（祖名）には十、報乙（祖名）には三、報丙（祖名）には三、報丁（祖名）には三、示壬（祖名）には三、示癸（祖名）には三、大乙（湯、殷の始祖）には十、大丁（祖名）には十、大甲（祖名）には十、大庚（祖名）には七、米には三、（大戊（祖名）には□、中丁（祖名）には）三、祖乙（祖名）には七、（祖辛（祖名）には□）、……。

上甲以下の直系祖王の名が列次され、牢牲の數が記されているが、その數はこれら諸王に對する祭祀の隆殺を示すものがある。このような合祀形式は概ね上甲を首として行なわれる。この機會に卜辭にみえる殷の世系を記しておく。

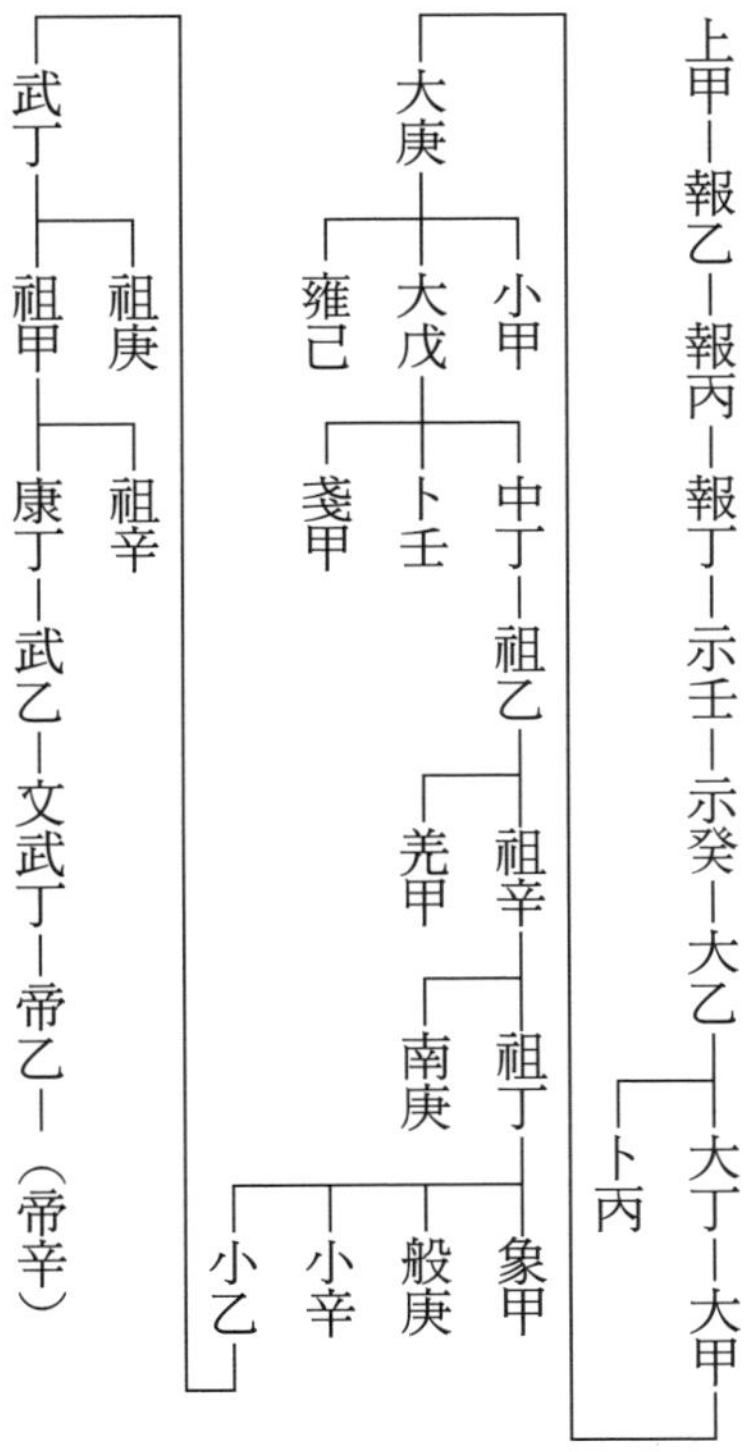

これを史記殷本紀の世系と比べると、多少の異同が認められるが、同時に殷本紀の世系もかなり確實な傳承をもつことが知られ、古文獻の信憑性に新しい問題を提供した。この片は四期のも

のであるから、直系を以て上甲から二十示、武乙までを祀つたものと思われ、以下なお數王の名が缺落しているはずである。

酒祭は祭儀の名。品は供薦の義である。以下用うるところの牲數をあげている。上甲以下示癸までは六示、祖乙まで十三示、武乙まで至れば二十示となる。直系を合祀するときは概ね定まつた王數を祀る。大庚の次に米とあるものは未詳。直系祖王中にはこれに當るものがない。

27 京津 三九一六 Ⅳ

a上 乙亥卜。雨。」叀河燎先酌。」先高且燎酌。」燎十牛。
b下 乙亥……貞。其……又……。
c下 己卯貞。燎于河三牛、沈三牛。
d右 己卯貞。燎……。

a上 乙亥[12]卜す。雨ふらんか。」叀れ河（祖名）に燎するに、先づ酌せんか。」高祖に燎し、酌することを先にせんか。」十牛を燎かんか。
b下 乙亥[12]……貞ふ。其れ……又……。
c下 己卯[16]貞ふ。河に三牛を燎き、三牛を沈めんか。
d右 己卯[16]貞ふ。燎せんか……。

高祖は高祖河であろう。それで燎祀を行なうとともに、沈牛をも行なうのである。a－dみな關聯する辭である。

28 甲編 三三三九 Ⅰ

a右 辛酉卜、韋貞。今夕不其□。
b左 辛未卜、亘貞。往逐豕、隻。

a右 辛酉[58]卜して、韋貞ふ。今夕其れ□せざるか。
b左 辛未[8]卜して、亘貞ふ。往きて豕を逐ふに、獲んか。

aはおそらく雨の有無を卜したものであろう。bは豕を獲ることを卜する。おそらく祭祀に用いるものであろうが、牢牲として養うもののほかに、王自ら捕獲して用いることがあつたのである。aの刻辭はその字跡が特にすぐれている。

以上23－28は祭祀に關するものを主とした。

29 甲編 三三三八 Ⅰ

a上右 己丑卜、牽貞。杲甾王事。
b上左 甲午卜、㱿貞。乎畢先御、燎于河。
c中 貞。勿乎畢先御、燎。
d下 貞。戉不其隻羌。
e下 貞。杲甾王事。
f下 戉隻羌。
g下 乎畢先。
h下 貞。杲弗其甾。

a上右 己丑[26]卜して、牽貞ふ。杲（氏族の名）は王事（王室の行なう祭祀）を甾はんか。
b上左 甲午[31]卜して、㱿貞ふ。畢（氏族の名）を呼びて、先んじて御せしめ、河に燎せしめんか。
c中 貞ふ。畢（氏族の名）を呼びて、先んじて御せしめ、燎せしむること勿きか。
d下 貞ふ。戉（氏族の名）は其れ羌（羌人）を獲ざるか。
e下 貞ふ。杲（氏族の名）は王事を甾はんか。
f下 戉は羌を獲んか。
g下 畢（氏族の名）を呼びて先んぜしめんか。
h下 貞ふ。杲は其れ甾はざるか。

すべて八辭。杲が王事を行なうか否か、畢が征旅に先行するか否か、及び戉の獲羌の三事に關する卜辭である。甾は載の初文で載行。王事の本來の意味は、王室より派遣する祭祀官の祭祀執行の意で、その祭祀を載行することはすなわち王室の統治に服することを意味する。いわゆる祭政一致的な支配形態に外ならない。杲は河南西部の河流に沿う地であつたと思われ、羌・南と接觸のあった氏族である。畢は王室出自の氏族。先は征旅に先行することであるが、ここではそのとき御祀を行なって外敵を祓う儀禮を行ない、さらに河神にも袞祀することを卜している。河神は左傳にもみえるように、師旅の際にも祈られる神であった。戉は今の平陸方面の氏族で、獲羌の辭が多い。殷の支配圏としては最も西方に位置し、しばしば𢀛方の侵寇を被っている。

30 京津 一二五五 Ｉ

a右 甲子卜、𣪘貞。告若。
b右 貞。五百〓、勿用。
c中 戊辰卜、𣪘貞。王省土方。
d中 癸丑卜、𣪘貞。五百〓用。旬壬戌、㞢用〓百。三月。
e左 癸巳卜、亘貞。戋。七月。

a右 甲子卜して、𣪘貞ふ。告するに、若（諾）なるか。
b右 貞ふ。五百〓、用ふる（犧牲とする）こと勿きか。
c中 戊辰卜して、𣪘貞ふ。王は土方を省（巡察）せんか。
d中 癸丑卜して、𣪘貞ふ。五百〓を用ひんか。旬の壬戌、〓百を用ふること㞢るか。三月。
e左 癸巳卜して、亘貞ふ。烖あるか。七月。

告は災厄を以て祖靈に告げ、その冥護を求める祭祀。字形は載書を木の枝に繫けて祝告する象である。若は帝意にかなうこと。諾と同じ語源である。字は巫女が祝禱して神がかりの狀となり、神意を承けている象。五百〓は師旅の屬。多〓という語もある。字は未詳。cの省は巡察綏撫の意である。土方は王が巡視しうる地域の方族で、殷とは接壤の地であったらしい。旬壬戌は次の旬の壬戌。癸丑より十日目である。eの戋は烖の初文。本版には三月・七月の紀月があり、數箇月の間にわたって用いられている。

31 前編 七・四二・二 Ｉ

a右 （□□卜、）穷貞。王殸……。二月。
b ……受〓方又。
c ……受〓方（又）。
d ……隹丙戌戋……。
e ……其㞢敳。其隹……」吉。

a右 （□□卜して、）穷（貞人）貞ふ。王磬……。二月。
b ……〓方の又（祐）を受けられんか。
c ……〓方の（又）を受けられんか。
d ……隹れ丙戌に烖せられんか。
e ……其れ嬉（敵の侵寇）㞢らん。其れ隹れ……」吉なり。

右方から釋した。殘片であるが、字跡にみるべきものがある。殸はおそらく地名であろう。〓方は方族の名。字は洗足の象とされているが未釋。「受某方又」は征役の辭に用いる習語。又は祐。戰勝をうることをいう。相手國の祖靈・社稷の威靈より祐助を受ける意で、左傳にみえる外交辭令にもこの種の表現がみられる。

32 前編 七・三一・四 Ｉ

a右 ……貞。令旃从〓侯〓周。……
b左 （□□卜、）允貞。令龏在報。

a右 ……貞ふ。旃（氏族の名）に命じて〓侯を從へ、周に〓せしめんか。……
b右 （□□卜して、）允（貞人の名）貞ふ。龏（氏族の名）に命じて、報（地名）に在らしめんか。

允は一期貞人。殷室から周に使者を出すことを卜している。〓は未詳。儀禮に關する字のようである。b辭の在の字形は3に見えるものに近い。

33 續編 五・二・二 Ｉ

己卯卜、允貞。令多子族、从犬侯〓周、甶王事。五月。

己卯[16]卜して、𠃬貞ふ。多子族に命じ、犬侯を從へて周に〓せしむるに、王事（王室の祭祀）を出は（奉行せ）んか。五月。

𠃬は一期貞人。多子族は殷の貴戚を以て構成され、小子・小臣を含む集團であつた。犬侯は殷西方の方國。令は命。〓は殆んど周に對する刻辭にのみ見える。攻伐の意とされているが、下文に「載王事」の語があり、使者を出す意であるから、むしろ友好關係を樹立するための行爲をいう語とみられる。前片とともに、當時、周が殷王朝に對し、すでに獨自の地位を占めていたことを示すものとして注意される。

34 後編 上・一七・六 Ⅰ

貞。王从沚戠、伐土方。

貞ふ、王は沚戠を從へて、土方を伐たんか。

王が土方を親征するに、沚戠を伴うことを卜している。

35 佚存 三七五 Ⅰ

a下 貞、勿隹沚戠从。
b 貞、〓年于岳。
c 貞、叀沚戠从。
d 于河〓年。
e 貞、勿隹侯虎从。
f 勿〓。
g 貞、叀侯虎从。

a下 貞ふ、隹れ沚戠を從ふること勿きか。
b 貞ふ、年を岳（嵩山）に〓らんか。
c 貞ふ、叀れ沚戠を從へんか。
d 河（高祖神）に年を〓らんか。
e 貞ふ、隹れ侯虎（族名）を從ふること勿きか。
f 〓ること勿からんか。
g 貞ふ、叀れ侯虎を從へんか。

下方の刻辭から釋した。この種の卜骨は下方から順次上方に刻してゆく例である。祈年の辭と師旅の辭とが互刻されている。侯虎はまた虎方といわれるものであろう。淮水上流方面の古國であつたらしく、西周初期にもその關係彝器を存している。

36 拾掇二 一五二 Ⅰ

a左 甲午卜、㱿貞。勿㞢于王□。
b右 丁酉卜、㱿貞。勿登人三千。

a左 甲午[31]卜して、㱿貞ふ。王□に㞢（侑）すること勿きか。
b右 丁酉[34]卜して、㱿貞ふ。人三千を登（徵）すること勿きか。

殷の世系中王某というものは王亥・王亘であるが、王亘の例は少い。三千の二字合文。登は徵の義で、軍旅のことがあるとき徵集するをいう。

37 佚存 九四五 Ⅰ

a左 □□卜、夅貞。〓伐衣于□、餗王。十一月。
b左 ……貞。令望乘眔〓、〓虎方。十一月。
c中 （令）……〓、其〓虎方、告于大甲。十一月。
d中 ……虎方。十一月。
e右 ……〓、其〓虎方、告于丁。十一月。
f右 ……〓、其〓虎方、告于且乙。十一月。

a左 □□卜して、夅貞ふ。〓伐して□に衣するに、王に餗（鼎に盛りものする）せんか。十一月。
b左 ……貞ふ。望乘（氏族の名）と〓（氏族の名）とに命じて、虎方（河南西南部の異族）を〓がしめんか。十一月。

c中　……〓に（命じて）、其れ虎方を〓がしむるに、大甲（祖名）に告せんか。十一月。

d中　虎方を……。十一月。

e右　〓……其れ虎方を〓ぐに、丁（祖名）に告せんか。十一月。

f右　〓……其れ虎方を〓ぐに、祖乙（祖名）に告せんか。十一月。

a以外は虎方に對する卜辭である。「〓伐衣」はみな祭名。餗は醴と連用の例があり、供薦の意であろう。b以下にみえる望乘と〓とは河内方面の氏族名。〓は止すなわち趾に余、すなわち大辛を加えた字形で、相手の行動を杜塞する呪的儀禮を示し、除道の義とみられる。虎方に對してその呪術を行ない、合せて祖靈にことの成就を祈告したものである。

38　前編　七・四〇・二　I

a右　甲午卜、㱿貞。㞢于羌甲。

b右　甲午卜、亘貞。翌乙未、彡日。

c中　王固曰、㞢希。丙其㞢來嬉。三日丙申、允㞢來鼓、自東。妻告曰、兒……。

a右　甲午[31]卜して、㱿貞ふ。羌甲に㞢（侑）せんか。

b右　甲午[31]卜して、亘貞ふ。翌乙未[32]、彡日（祭名）せんか。

c中　王、固て曰く、希㞢らん。丙（の日）に其れ來嬉（外族の侵寇）㞢らんと。三日丙申[33]、允に來嬉㞢り、東自りす。妻（王子名）、告げて曰く、兒……。

㞢は侑薦。彡日は祭名。cは卜占の辭でその繇辭・驗辭。來嬉は來艱で外族の侵寇をいう。妻は王子名に子妻の名がみえ、その地は王畿の近くにあつたらしい。三辭はみな大小を異にしているが、字風は同じである。

39　後編　上・一八・四　I

甲辰卜、穷貞。〓方其爯。隹〓。十一月。

甲辰[41]卜して、穷貞ふ。〓方は其れ爯（稱ること）せんか。隹れ〓られんか。十一月。

〓方は外方の名。王が望乘を從えて親征することを卜した例などがある。爯は爯册とよばれる呪的行爲で、これによつて扞護しうるかどうかを卜したものであろう。〓は〓衛と連用されることがある。盾と戈とを合せた字形である。

40　拾掇二　一八五　I

a下　貞、叀子妻乎伐。

b　貞、勿〓于黃尹。

c　貞、省㞢于黃尹。

d　貞、〓于黃尹。

e　貞、叀自般乎伐。

f　貞、叀弖乎伐〓。

g　貞、叀王往伐〓。

a下　貞ふ、叀れ子妻（王子名）は乎伐せんか。

b　貞ふ、黃尹（聖職者の名）に〓ること勿きか。

c　貞ふ、省して黃尹に㞢（侑）せんか。

d　貞ふ、黃尹に〓らんか。

e　貞ふ、叀れ師般（將軍の名）は乎伐せんか。

f　貞ふ、叀れ弖（王子の名）は〓（方）を乎伐せんか。

g　貞ふ、叀れ王は往きて〓（方）を伐たんか。

〓方の征伐に關して子妻・師般・弖をして伐たしめるか、あるいは王が親征するかを卜したもの。黃尹は先臣の名。軍事について祈念されることが多い。

以上29－40は方族軍旅に關する辭である。

41　前編　七・四三・二＋龜甲　一・一〇・一二　I

戊……又、王固（曰）、……隹丁吉。其……未、允……、允㞢〓。〓㞢各雲。……

昃亦㞢〓。㞢出蜺、自北、囗于河。在十二月。

戊……又、王、𡆥て（曰く）、……隹れ丁ならば吉なり。其の……未、允に……、允に𠦪出り。㫚に各れる雲出り。……昃にも亦た𠦪出り。出蜺出りて、北自りし、河に□めり。十二月に在り。

天象に關するもの。7参照。㫚は時刻を示す語であろう。明の異文とみられる。出蜺は河に飲むとの說話がある。これらの天象はみな人事と深く交渉するところがあると考えられていた。

42 佚存 三八六 Ⅰ

a中 癸未卜、㱿貞。旬亡囚。三月。
b中 貞、其出來媍。
c下 癸卯卜、㱿貞。（旬亡囚。）王固曰、出𥛚。……〓風。之夕……羌五。
d上 癸丑卜、㱿貞。旬亡囚。

a中 癸未[20]卜して、㱿貞ふ。旬に囚亡きか。三月。
b中 貞ふ、其れ來媍（外族の侵寇）出るか。
c下 癸卯[40]卜して、㱿貞ふ。（旬に囚亡きか。）王、固て曰く、𥛚出らんか。……〓風あらんと。之の夕……羌五……。
d上 癸丑[50]卜して、㱿貞ふ。旬に囚亡きかと。

〓風は8参照。羌五を用いているのは、寧風のための儀禮である。卜骨の最上部に龍形の字がある。また右旁に「王固」の二字がみえる。

43 乙編 上・四七八 Ⅰ

a右 癸丑卜、貞旬。（甲寅、）大食雨（自）北。乙卯小食大启。丙辰中日亦雨、自南。
b左 癸亥卜、貞旬。一月、昃雨自東。九日辛未大采、各雲自北、𩂣。征大風自西。刜雲𠁁雨、允䨘日。

a右 癸丑[50]卜して、旬を貞ふ。（甲寅[51]）大食（時の名）に雨ふるに、北（自りす）。乙卯[52]、小食（時の名）に大いに启る。丙辰[53]、中日（時の名）に亦た雨ふるに、南自りす。
b左 癸亥[60]卜して、旬を貞ふ。一月、昃に雨ふるに、東自りす。九日辛未[8]大采（の時）各れる雲、北自りし、𩂣ふる。征く大風西自りす。刜雲雨を率ふ。允に䨘日（雲の名）なり。

第一期卜辭であるが、文字も特殊で、多子族卜辭とともに別に一群をなしている。卜旬の辭であるが、繇辭を略しているものとみられる。大食は朝食の時間で九時・十時ごろ。小食は餔時、日沒少し前の食事の時刻をいう。中日は正午。すなわちa辭は癸丑卜旬の明日、大食のとき雨ふり、翌夕近く晴れ、また翌晝雨ふることをいう。朝と晝の雨は、雲の方向が異なることまで記している。bの大采は日出を迎える時刻。𩂣は霰であろう。季節は一月である。霰とともに長時間の大風あり、また斷雲が雨を伴って來るをいう。下三字未詳。䨘はこの場合天象の祥不祥に關する字とみられ、文例は多く否定詞を伴う。

以上41－43は天象に關する辭である。

44 乙編 上・八六七 Ⅰ

a中右 丙子卜、韋貞。我受年。
b中左 丙子卜、韋貞。我不其受年。
c右 貞、王其出曰多（尹）。
d左 貞、勿曰多尹。
e左下 貞、王其出曰多尹、若。
f右下 貞、御。
g左上 貞、事。

a中右 丙子[13]卜して、韋貞ふ。我（王族の名）は年を受けられんか。
b中左 丙子[13]卜して、韋貞ふ。我は其れ年を受けられざるか。
c右 貞ふ、王は其れ多（尹）（尹は聖職者）に曰ふこと出らんか。
d左 貞ふ、多尹に曰ふこと勿からんか。
e左下 貞ふ、王は其れ多尹に曰ふこと出らんか、若（順）なるか。
f右下 貞ふ、御らんか。

g左上　貞ふ、事らんか。

中龜版を用いた左右對貞の辭。字樣頗る典雅である。我は王族中にこれを固有名詞として用いるものがある。受年をトするには族名もしくは地名を以てするのが例である。多尹は官名。曰は載書を開いて讀む象。多尹に命じて行なわしめるか否かをトしたものである。若は神意にかなうこと。御は御祀の意であろう。事は使と同形。使者を派して祭事を行なわせることをいう。c以下は相關聯するト辭であろう。

45　丙編　八　Ⅰ

a右　丙辰ト、㱿貞。我受黍年。

b左　丙辰ト、㱿貞。我弗其受黍年。四月。

a右　丙辰[53]トして、㱿貞ふ。我（王族の名）は黍年を受けられんか。

b左　丙辰[53]トして、㱿貞ふ。我（王族の名）は其れ黍年を受けられざるか。四月。

中龜版を用いた左右對貞の辭。ト兆のあとがはつきり認められ、左右とも對稱的な位置に一―五の數字が刻されている。

46　京津　五三〇　Ⅱ

a左　辛丑ト、大貞。今歳受年。二月。

b右　癸卯ト、大貞。南土（受）年。

a左　辛丑[38]トして、大貞ふ。今歳、年を受けられんか。二月。

b右　癸卯[40]トして、大貞ふ。南土に年を（受けられんか）。

二月に受年をトするのは、麥秋をトしたものである。歳は收穫時をいう。南土は王室の經營地であろう。

47　拾掇二　四三七　Ⅰ

a中　貞、我不其受黍年。

b下　九牛。

c上　九牛。

d上　……黍年。

a中　貞ふ、我（王族の名）は其れ黍年を受けられざるか。

b下　九牛（を用ひんか）。

c上　九牛（を用ひんか）。

d上　……黍年を……。

黍は食用に供したが、また酒を釀るにも用いた。ト骨の右側、ト兆の三・四・五のところにそれぞれト兆に關する字が刻されているが、それらの意味は確實には知られていない。

48　前編　三・三〇・五　Ⅰ

□寅ト、萬受年。

□寅トす、萬（氏族の名）は年を受けられんか。

49　前編　三・三〇・六　Ⅰ

甲辰ト、商受年。

甲辰[41]トす、商（殷の都のある地）は年を受けられんか。

みな受年のト辭。字跡みるべきものがある。

以上44―49は受年に關する辭である。

50　前編　七・三四・一　Ⅰ

□□ト、亘貞。逐冢隻。（王）固曰、其隻。己酉、王逐……、允隻二。

□□トして、亘貞ふ。冢を逐ふに、獲んかと。（王）固て曰く、其れ獲んと。己酉[46]、王逐へるに、……允に二を獲たり。

田獵の辭。右上の羌字は、別の文である。

51　遺珠　七五八　Ⅰ
a上　甲戌卜、穷貞。在昜牧、隻羌。
b下　……令……取……。
a上　甲戌[11]卜して、穷貞ふ。昜の牧に在りて、羌（羌人）を獲んか。
b下　……令……取……。
羌族は異族犠牲として祭祀に用いられ、そのため軍を動かして羌人を捕獲することも行なわれた。羌人は牧羊族であるから、芻牧に従っているところを襲撃しようとするものであろう。

52　前編　三・三一・三　Ⅰ
a右　……不雨。
b中　……其雨。之夕、允……。
c中　今夕其雨。
d左　隻象。
a右　……雨ふらざるか。
b中　……其れ雨ふらんと。之の夕、允に……。
c中　今夕、其れ雨ふらんか。
d左　象を獲んか。
象が狩獵の對象とされていることは、當時の氣候風土、また象の棲息地の問題などを含み、注意すべきものがある。

53　甲編　三一一三　Ⅰ
a右　甲戌卜、〓昷畢。隻六十八。
b左　甲戌卜、〓昷不其畢。十一月。
c左　之夕、風。
d下右　庚戌卜、〓□隻羅。隻十五。
e下左　庚戌卜、〓隻羅。隻八。
a右　甲戌[11]卜す、〓昷（族名）は畢せんかと。六十八を獲たり。
b左　甲戌[11]卜す、〓昷は其れ畢せざるか。十一月。
c左　之の夕、風ふくか。
d下右　庚戌[47]卜す、〓□は羅を獲んかと。十五を獲たり。
e下左　庚戌[47]卜す、〓は羅を獲んかと。八を獲たり。
〓は貞人の名にもみえている。昷もここでは人名である。畢・獲の上はみな人名。何れもその獲數を記している。時期は一期末から二期にかかるころとみられ、字跡も二期に近い。

54　京津　一九一九　Ⅰ
……允……壱。〓……。

……允に……壱……〓……。

壱は蠱蟲の象。〓は媚蠱の媚の観念を示す動物靈。媚蠱とは巫女が蠱を埋めなどして呪詛する呪術で、その巫女を媚という。媚は〓とかかれるが、〓はその下部が動物形をなしており、その精靈を示す字とみられる。

55　拾掇二　五九　Ⅰ
□□卜、牽貞。令亳子〓……〓……。
□□卜して、牽貞ふ。亳子〓に命じて……〓……。
鷄の字形は極めて繪畫的に描かれている。雞と貝に從う。

56　甲編　二四二三　Ⅰ
癸未貞、旬亡囚。

癸未[20]貞ふ。旬に囚亡きか。

その他卜旬の辭が散刻されている。みな習刻の字である。中央に虎字形が極めて繪畫的な圖象にかかれ、その右に母象の姿がある。母象は腹中に子象をもち、他の小獸一を伴つている。虎はあくまでも慓悍に、母象には稚拙ながら優しさがみられる。文字というよりも繪畫として扱うべきものである。

57　象　虎

上片の象、虎を描き起したもの。

58　京津　一四九七　Ⅰ

虎文。殷金文にもこれと同形の圖象銘がみられる。

59　粹編　九五九　Ⅳ

丁卯卜、逐鹿、畢。

丁卯[4]卜す、鹿を逐ふに、畢せんか。

左下の一辭のみを釋す。他に多くの干支の日がみえるが、文は同文。鹿の字形はそれぞれ繪畫的で、骨版一面に淺く散刻されている。

60　外編　四五一　Ⅰ

……乙……允……〔虫殳〕〓。

……乙……允に……攺(毅攺)するに……〓。

文は殘缺。〔虫殳〕は杖を以て虫を毆つ狀を示す。蠱蟲を用いる呪詛を破る呪術で、攺の初文とみられる。殺は希に對して杖を加えるもので、この字と立意同じ。何れも動物靈に對する呪法から出ている字である。以上50－60は畋獲の辭、及び動物形象形文を掲げた。

61　甲編考釋　圖版九三　Ⅰ

a上中　乙亥、〓。用巫。今〓母庚、允史。

b下右　丙子卜、〓。兄丁二牛。

c下左　壬午卜、〓。酌象甲。

d下右　丙戌卜、〓。罕兄丁。

e右中　丙戌卜、〓。一牛兄丁。

f上右　丙戌卜、〓。令何希甫我、悔。

a上中　乙亥[12]、〓。巫を用ひん(犧牲とする)か。今、母庚に〓するに、允に史れり。

b下右　丙子[13]卜す、〓。兄丁に二牛(を用ひんか)。

c下左　壬午[19]卜す、〓。象甲に酌せんか。

d下右　丙戌[23]卜す、〓。兄丁に罕(を用ひんか)。

e右中　丙戌[23]卜す、〓。兄丁に一牛(を用ひんか)。

f上右　丙戌[23]卜す、〓。何希に命じて、我を甫らしむるに、悔(後悔すること)あるか。

異樣な字體である。〓の卜辭は、卜の下に貞字を加えるものが甚だ稀で、字跡にも文法にも特色がある。またその共版關係にある貞人も特殊なグループであるから、武丁晩期のものとされているが、本片のごとき字樣は、あるいは古い傳統を傳えたものかと思われる。aの〓は般の初文。祭祀に當つて主を移して行なうことをいう。史は史祭。史は祝告を捧げる象である。cの酌は祭名。fは甚だ難讀。いろいろの訓み方が考えられるが、いま何・希を人名とみておく。甫は干戈を合せた字。扞護の意。この版の字樣は3と近く、最も古い字風を傳えるものとみられる。

62　外編　四　Ⅰ

乙□卜、穷貞。及今三月雨。王固曰、其雨。隹……。

乙□卜して、穷貞ふ。今三月に及んで雨ふるかと。王、固て曰く、其れ雨ふらんと。隹れ……。

字形は稍しく縦長であるが文字に柔腰の氣味があり、硬質のものに契刻した字とも思えないほどで、その刀法には特にみるべきものがある。

63　粹編　一一〇九　Ⅰ

庚申卜、穷貞。今春、王从望乘伐下𠂤、受（㞢又）。

庚申卜して、穷貞ふ。今春、王は望乘（氏族の名）を従へて、下𠂤を伐つに、（㞢又（祐又））を受けられんか。

文字に波折の風があり、西周初期の金文にもこの書風をみることができる。殷周期の文字には種〻の流派のあつたことが知られる。

64 前編 七・一四・四 Ⅰ

a左 ……卯、夕㞢。丙辰、帚鼠……。

b右 貞、帚鼠娩、嘉。五月。

a左 ……卯、夕に㞢る。丙辰、婦鼠……。

b右 貞ふ、婦鼠娩するに、嘉（男子出生）なるか。五月。

㞢は8・13に見える。蒙氣晦冥など天象の變をいう。婦鼠も20に見えたが、殷室の子婦。その出産の安否を卜する辭である。文字は第一期のものにめずらしく書法に粗放のところがみられるが、三・四期のような頽靡に至らず、別に一格をなす。

65 後編 上・一八・三 Ⅰ

a左 辛巳卜、穷（貞）。……。

b右 辛巳卜、穷貞。今……伐下𠂤、受又。

a左 辛巳卜して、穷（貞ふ）。……。

b右 辛巳卜して、穷貞ふ。今……下𠂤を伐つに、又（祐）を受けられんか。

文は63と同じく下𠂤を伐つことを卜したもの。字も相似ており、一期の雄偉體に比してやや異色あるものである。

66 文錄 六八七 Ⅱ

a下 貞、𪚰其至。

b中 庚申卜、出貞。今歲、𪚰不至茲商。二月。

c上 癸亥卜、出貞。今日征雨。

a下 貞ふ、𪚰は其れ至らんか。

b中 庚申卜して、出貞ふ。今歲、𪚰は茲の商に至らざるか。二月。

c上 癸亥卜して、出貞ふ。今日征き雨ふるか。

二期の謹飭なる字風をみるべきもの。今歲は收穫時。𪚰は蝗などの蟲害をいう。征雨は長雨。長雨のために螟螣が發生することを卜したもので、三辭はみな關聯をもつている。

67 佚存 三七四 Ⅳ

a下 癸（酉）貞、（其）三小（宰）。

b 癸酉貞、于上甲。

c 于南丩。

d 于正京北。

e 癸酉貞、日月又食。隹若。

f 癸酉貞、日月又食。非若。

g 乙亥貞、又伊尹。

h 乙亥貞、其又伊尹二牛。

i ……王……出。

a下 癸（酉）貞ふ、（其れ）三小（宰を用ひんか）。

b 癸酉貞ふ、上甲に于てせんか。

c 南丩に于てせんか。

d 正京の北に于てせんか。

e 癸酉貞ふ、日月に食（蝕）すること又るか。隹れ若（諾）なるか。

f 癸酉貞ふ、日月に食（蝕）すること又るか。若（諾）に非ざるか。

g　乙亥貞ふ、伊尹（伊水を司る聖職者）に又（侑）するか。

h　乙亥貞ふ、其れ伊尹（伊水を司る聖職者）に二牛を又（侑）せんか。

i　……王は……出でんか。

文は順次下から上に刻されている。a－dは牢牲を用いること、その用いるところを卜する。e・fは日月の蝕の有無を卜している。〓若は隹若と對文。隹には有の意がある。g・hの伊尹は文獻にみえる伊尹であるが、神として祀られている。字様は直方にして縦長、線條化が著しい。

68　續存　二一九四　Ⅳ

a下　癸未貞、旬亡囚。

b中　癸巳貞、旬亡囚。

c中　癸卯貞、旬亡囚。

d上　癸丑貞、旬亡囚。

a下　癸未貞ふ、旬に囚亡きか。

b中　癸巳貞ふ、旬に囚亡きか。

c中　癸卯貞ふ、旬に囚亡きか。

d上　癸丑貞ふ、旬に囚亡きか。

卜旬の辭。下より上に及ぶ。この期の卜旬の辭は殆んどこの形式のもので、繇辭・驗辭をもたず、字様も同様である。

69　續存　二三八一　Ⅴ

……卜貞。王𢓊于……、往來亡𡿧。玆御。

……卜して貞ふ。王、……に𢓊くに……、往來災亡きかと。玆れを御ひよ。

𢓊はその地を践むことをいう。夷方征伐のとき王はしばしばその經過地の近傍諸地に自ら赴いているが、その地を践んで地靈を支配する儀禮を行なつたものとみられる。玆御は玆用とともに、この期の繇辭に用いられた語。刀法にみるべきものがある。

70　前編　二・五・一　Ⅴ

□未、王卜貞。旬亡畎。在十月又二。（王）征夷方、在〓。

□未、王、卜して貞ふ。旬に畎亡きかと。十月又二に在り。（王、）夷方を征して、〓に在り。

帝辛期の夷方征伐に關する卜辭はかなり多く殘されており、その曆譜・經過地の整理も試みられている。その途次、卜旬がつづけられており、この片は〓にあるときのもの。

71　續編　一・二三・五　Ⅴ

癸巳、王卜貞。旬亡畎。王乩曰、吉。在六月、甲午、彡羌甲、隹王三祀。

癸巳、王、卜して貞ふ。旬に畎亡きかと。王、乩て曰く、吉なりと。六月に在り、甲午、羌甲（王名）に彡する（日）、隹れ王の三祀なり。

前片とともに王が自ら貞卜する王親卜形式のもの。四・五期には貞人の數は甚だ少い。「在六月」以下は當時の紀年のしかたで、金文においても、日辰・月・祀の順序に記したものが多い。日月祀倒敍形式とよばれている。彡は月次祭的に行なわれる五祀の一。その五祀が順次行なわれて一巡することを一祀という。帝辛期にはその所要の期間があたかも一年の日子に近かつたので、「隹王三祀」といえば王の三年に相當したのである。

72　續存　二三六九　Ⅴ

a下　戊申卜貞。王田盂、往來亡𡿧。王乩曰、吉。玆御。𠬝鹿二。

b中　□□卜貞。王田軎、往來亡𡿧。王乩曰、吉。

a下　戊申卜して貞ふ。王、盂に田するに、往來災亡きかと。王、乩て曰く、吉なり。玆れを御ひよと。鹿二を獲たり。

b中　□□卜して貞ふ。王、軎に田するに、往來災亡きかと。王、乩て曰く、吉なりと。

田獵の辭。後期に特に多い。この種のものは字跡細微にして、錄入することが困難である。

以上61－72は各時期の字跡の特質をみるべきものをあげた。

73　甲編　三九四二　鹿角器

亞雀

鹿角の器に刻されたもので字樣は頗る裝飾化している。亞雀の名は第一期の卜辭にみえている。雀は王族出自の族で、その家は宗教的な職掌をもつ亞の職にあつた。

74　綜述　圖二〇・下

兒先且曰吹。吹子曰妖。妖子曰㝵。㝵子曰雀。雀子曰壹。壹弟曰啓。壹子曰噩。噩子曰𢦏。𢦏子曰収。収子曰御。御弟曰㺱。御子曰𢼸。𢼸子曰〓。

兒の先祖を吹と曰ふ。吹の子を妖と曰ふ。妖の子を㝵と曰ふ。㝵の子を雀と曰ふ。雀の子を壹と曰ふ。壹の弟を啓と曰ふ。壹の子を噩と曰ふ。噩の子を𢦏と曰ふ。𢦏の子を収と曰ふ。収の子を御と曰ふ。御の弟を㺱と曰ふ。御の子を𢼸と曰ふ。𢼸の子を〓と曰ふ。

この家譜は庫方二氏藏甲骨卜辭中に二辭あり、一は僞刻のあとが知られ、從來信じがたいものとされていたが、中國の考古研究所に拓本一本を藏し、必ずしも僞刻でないという。もし眞譜ならば十一世十三代にわたる最古の家譜というべく、武丁以前約三百年閒の系譜を錄したものとなる。かつその相續は直系を主とし、ときに兄弟相及の制がとられていたことも知られ、歷代の名も記されていて貴重な資料となろう。字は一・二期のものであるが、原片について檢しなくては定めかねるところがある。第一期の人名に子〓というものがある。

75　續存　三九五　Ⅰ

a右　癸丑卜、永貞。(翌)……甲寅、酌于……。

b左　癸丑卜、㱿貞。我……。

c左　乙巳卜、㱿貞。……。

a右　癸丑[50]卜して、永貞ふ。(翌)……甲寅[51]……に酌せんか。

b左　癸丑[50]卜して、㱿貞ふ。我は……。

c左　乙巳[42]卜して、㱿貞ふ。……。

中央の二辭を中心に、文字は各〻左文右文を交え、求心的な印象を與える。左右對貞の刻辭には、文字をこのように記することがしばしば行なわれている。

76　拾掇二　四九

……丑、用祊……義友……。

……丑、……に用ひんか。義友……。

人頭刻辭。この種のものが數片ある。おそらく異族虜酋を獲て、これを犧牲とし、その頭骨に刻したものであろう。文義はその用牲に關するものと思われるが、殘缺していて知りがたい。

77　乙編　六八四九　Ⅰ

㞢疾、壱。

疾出るは、壱あるか。

字は朱書、契刻でなく筆でかかれている。甲骨の文は概ねその契刻のあとに朱・墨を塡しているが、ときに朱・墨でかかれた字が殘つている。字の左旁は鑽灼のあとである。

78　後編　下・一・五　Ⅴ

干支表

干支表を刻した骨版もかなり殘されており、曆表の用に使われたようである。本片はすべて横畫を缺いており、當時の刻法を知ることができる。

79　遺珠　四九〇　Ⅴ

癸酉、王卜貞。旬亡畎。在九月」癸未、王卜貞。旬亡畎。

癸酉[10]、王卜して貞ふ。旬に畎亡きかと。九月に在り。」癸未[20]、王卜して貞ふ。旬に畎亡きかと。

辰字を散刻しており、みな横畫を缺く。習刻したものである。

80　丙編　六五　Ⅰ

a上左　壬申卜、〓貞。帝令雨。
b中左　貞、及今二月〓。
c下左　□□卜、韋貞。王往、从之。
d右下　貞、王勿往自□。

a上左　壬申[9]卜して、〓貞ふ。帝は雨ふらしめんか。
b中左　貞ふ、今二月に及んで、〓（霰）ふるか。
c下左　□□卜して、韋貞ふ。王往くに、之（氏族名）を從へんか。
d右下　貞ふ、王は自□に往くこと勿からんか。

〓は霰であろう。43にもみえた。之は氏族の名。自□は軍旅の名。この片は龜背を用いたもので、背甲刻辭。背甲を左右に析いてその一半を用いている。ときにはその周邊を削りとつた小判形のものも行なわれた。多數の卜兆、及び卜數を記した字がみえている。

81　甲編　二四〇〇　Ⅰ

a　□□乙卯、㞢……霾。庚申亦㞢〓、㞢鳴鳥。……〓、圉羌〓。
b上　隹丙不……。

a　□□乙卯[52]……㞢り……霾る。庚申[57]亦た〓すること㞢り。鳴鳥㞢り。……〓あるに、羌を圉へて、〓らしめんか。
b上　隹れ丙（の日）に……せざらんか。

aは天象に關する記事で卜骨の裏面にあり、驗辭の部分である。霾・〓は沙塵が降り、蒙氣のため晦冥となるなど、天象の變をいう。鳴鳥は鳥星に變異あるをいうか、あるいは字のままによめば鳥鳴に異祥ありとするものであろう。これらのことが疾病の原因とされ、そのため羌人に械を施して犧牲とし、これを祓禳している。〓は干戈を合せた字で捍衛の捍の義。上部に鑽灼のあとがある。

82　甲編　二三九九　Ⅰ

a中　癸卯卜、永貞。旬亡𡆥。

a中　癸卯[40]卜して、永貞ふ。旬に𡆥亡きか。

以下癸丑[50]（左殘）・癸亥[60]（右）・癸酉[10]（左）・癸未[20]（右殘）の五旬にわたる卜旬の辭を錄する。前片と表裏をなしている。第一期の卜骨や龜版の裏面には刻辭あるもの多く、概ね繇辭・驗辭を記している。

83　甲編　三九四〇　原縱二三糎　Ⅴ

戊戌、王蒿田、□文武丁〓。（隹）王來征□□。

戊戌[35]、王、蒿に田して、文武丁（祖王の名）の〓に□す。（隹れ）王來りて□□を征する（年）なり。

鹿頭刻辭。文武丁は文丁。帝辛期に夷方を征したときのものであろう。字跡は甚だ筆力に富み、五期の貞卜の文字とは敻かに異なる。殷末青銅器の銘文に近い。

84　甲編　二九四一　原縱一五糎　Ⅴ

己亥、王田〓〓。……在九月、隹王……（祀）。

己亥[36]、王、〓（地名）に田す。……九月に在り。隹れ王の……（祀）なり。

鹿頭刻辭。前の刻辭と日辰相接するも、前片は年月を記さず、同時のことか不明。ともに小屯の洹水北岸、約百米離れたところから出土した。字跡はほぼ同じく、横畫下筆のところは、周初の金文にみえる筆法と似ている。周初の文字は、殷末の様式をそのまま承けているところがある。

85　甲編　三九三九　原縱四〇糎　Ⅴ

□〓〓麓、隻白兕。叙〓□。在二月、隹王十祀、彡日。王來正盂方白□。

[illegible]の麓(ふもと)に□して、白兕(はくじ)を獲(え)たり。□に敹(まつり)す。二月に在り、隹(こ)れ王の十祀、肜(まつり)する日。

王、來りて盂方伯□を征(せい)する（年なり）。

兕頭刻辭。雩方征伐の途次、白兕を獲て祀り、その頭にそのことを刻辭したものである。

86・87 佚存 五一八 Ⅴ

86 雕龍・饕餮・蟬様文

87 壬午、王田㐁麥麓、隻商戠兕。王易宰丰寑。小𤰈兄。在五月、隹王六祀肜日。

87 壬午(じんご)[19]、王、麥麓(ばくろく)に田(かり)して、商戠(しやうし)の兕(じ)を獲(え)たり。王、宰丰(さいほう)の寑(しん)に易(たま)ふ。小𤰈(しやうけい)、貺(おく)る。五月に在(あ)り。隹(こ)れ王の六祀、肜(いう)（祭名）するの日なり。

彫骨刻辭。他にも同文の残片がある。骨は兕の肋骨に彫飾し、その裏面に刻辭したもの。戠は黄系の色。商戠は兕の修飾語。宰は官名。丰は人名。寑は寑廟の意であろう。小𤰈は人名。貺は王の使者としてこれを貺賜するをいう。字跡は前三者と同じく、當時の卜辭よりもむしろ金文に近い。

以上73以下、特殊な刻辭、材質の異なるものを錄した。

全體を通じて、殷代の文字には各期にそれぞれの書風のあることが知られるが、これらは殷金文と合せてみるとき、一層その特質を理解することができよう。そしてそれらの各様式は、西周期金文にそれぞれの形で承繼され展開してゆくのである。甲骨文は中國における最古の文字資料であるが、同時にすでに様式的に完成されたものをもつている。中國の書道は、三千年を超える上古の時代に、すでにみごとな出發を示しているのである。

復刊後記

この甲骨文集は、もと二玄社の書跡名品叢刊第三集の一冊として、一九六三年八月一五日初版を發行、以來數版を重ねて紙型が損傷し、のち廢版となつた。すでに三五年前の舊稿であるが、その後類書も殆んど出版されることがなく、復刊を希望される方も多いということで、同じく書跡名品叢刊に收めた金文集四冊とともに、復刊することにした。なお甲骨文については、本書執筆の後、注目すべき出土もなく、新たに出土したものとしては、周原甲骨があるのみである。

周原甲骨は、一九七七年八月、陝西周原考古隊が、岐山鳳雛の西周時宮廟址の二窖穴より、一七二七五片の甲骨が出土し、そのうち二九二片に文字が記されている。ただその文字は、いわゆる蠅頭の字で、肉眼では識別しがたいほどであり、また一片の字數も、一〇字を超えるものは約二〇片にすぎない。そのうち

　　六年、史乎宅商西（六年、商の西に宅らしめんか）。

のように、成王の六年かと思われるものがあり、また

　　貞、王其桒又太甲、冊周方白（貞ふ。王は其れ太甲を桒り又（侑）し、周方伯を冊はんか）。

のように殷王を祀り、周を周方伯のようにいう例もあつて、これらの卜片には、殷周の際のものを含むものであることが知られる。ただその字跡はかなり崩れ、かつ細小のものであるから、錄入することは困難である。

甲骨文の著錄の書は數十種にも及ぶが、そのうち重要なものはすでに表示しておいた。これらの著錄を一書にまとめ、また廣く遺片を求めて網羅しようとする壯大な企畫が、胡厚宣氏を總編輯とする編輯工作組によつて進められ、十數年を經て完成し、一九七八年十月より刊行を開始、四年にして甲骨文合集十三巨冊を刊了した。全體を一、階級と國家・二、社會生產・三、思想文化・四、其の他の十二冊に分類し、すべて三九四七六片、他に第十三冊に摹本を收め、計四一九五六片である。小屯出土のものもすべて加えられているが、全體が事項別に分類されており、問題を整理する上に便宜である。ただこの分類法は、甲骨文には一版の上に種々の記事を含むことが多く、一版中の一部の記事によつて分類されることがあり、別に檢索の方法が必要である。甲骨文はすべて時期別に排列されているので、同時期の資料を檢索するのには便宜である。なお本書については、全體の釋文と、各種索引の作成が進められているという。

甲骨文の字書は、小屯刊行ののち、その字を採錄した中國科學院考古研究所編輯の甲骨文編（一九六五年九月、中華書局）が出て、說文所收字九四一字を含む正編一七二三字、合文と未釋字合せてすべて五九四九字を收める。未釋の字の中には多少重複の字をも含むが、その字數は、兩周の金文・陶文を合せた總字數よりも多い。それは金文には儀禮的なものが多いが、甲骨文においては、當時の政治生活の全般が扱われているからであろう。

甲骨文と金文の文字とを合せて字書としたものに、徐中舒氏の漢語古文字字形表（一九八一年八月、四川人民出版社）と、高明氏の古文字類編（一九八〇年一一月、中華書局）とがあり、殷周の字形の變化の過程をたどることができる。

甲骨文には未釋の字が多く、諸家によつて字說の研究が進められている。初期の諸家の字說を集めたものに、李孝定氏の甲骨文字集釋（十六冊、民國五四年（一九六五年）六月刊、中央研究院歷史語言研究所專刊之五十）がある。專門誌としては、早く臺灣の嚴一萍氏が民國四九年（一九六〇年）十月、中國文字を發行し、五二集（民國六三年（一九七四年）六月）に至つたが、のち民國六九年（一九八〇年）三月、新一期として續刊、現在一六期に至つている。中國においても、同じく一九七九年八月、吉林大學古文字研究室の編による古文字研究（中華書局刊）が刊行され、第二輯からは安徽大學古文字研究室編として續刊、現在一九輯に達している。また胡厚宣編の甲骨文與殷商史（上海古籍出版社）の第一輯・第二輯が一九八三年三月・一九八六年六月に刊行され、胡氏の歿後第三輯は王宇信の編で一九八六年六月續刊されている。これらに先がけて、一九五一年（昭和二六年）一〇月、わが國では、日本甲骨學會編として甲骨學第一號を發行したが、一九八〇年（昭和五五年）秋、一二號を發行して終つた。わが國の甲骨學は、發表が困難であるという事情もあつて、その後萎微して振わない狀態にある。

この書は、書跡名品叢刊の一冊として刊行されたものであるから、その書品のすぐれたものを

選んで編輯した。その意味では、ここに新たに加えるべきものはない。それで、この書を執筆した後の甲骨學の消息の一部を附記して、ここに新たに訓讀を加えて版を改めて復刊する次第である。

平成十年　月

白川　静

金文集

金文集一

中國の古銅器が、世界の古代青銅文化の中にあつて極めて高い地位を占めるものであることは、すでに知られているところである。その特異な造型と文様、すぐれた制作、加うるに豊富な銘文は、工藝・美術史の資料としてのみならず、古代史・古代文化研究の史料としても、最高の價値をもつ。世界の文化民族がひとしく經驗した青銅時代は、中國においてその最高の表現を示した。これには然るべき十分な理由のあることと思われるが、少くともその一として、當時における中國人の敬虔な祖先崇拜の觀念、自然觀における深奥な宗教的感情を指摘することができよう。彝器の殆んどが宗廟に用いる祭器・禮器であること、その文様が主として自然の神祕にかかわるものであることは、その消息を示すものである。現實の秩序はこのような意識を通じて、むしろそういう意識の中に成立していたのである。

中國の古代文化は、殷の安陽遷徙以前に、すでに青銅文化の黎明を迎えていたらしい。安陽以前に一時その根據地となつていたと考えられる鄭州から、近年殷代の遺址が發見されたが、そこには古拙な銅器とともに工房の址なども見出されている。殷が安陽に都してからその滅亡までは二百六、七十年であるが、その後半は殷の青銅器文化が最高潮に達した時期のようである。その制作において、氣品風格において、またその銘文の字跡においてさえ、後世の追從を許さないものをもつている。西周の彝器文化は、要するにこれを承繼展開したものに外ならない。

周には固有の青銅器文化はなかつたのではないかと思う。研究者の間で武王期とされている若干の器についても疑問があり、確實なものは成王期からはじまる。そして次の康王期を含めて、成康期の青銅文化は、殆んど完全に殷の青銅文化の承繼であり、その影響下にあつた。ようやく周的な展開がみられるのは、昭穆以後のことといつてよい。成康期の前半は殊に殷器の様式を濃厚に存するものがあり、様式史的には殷と合せて一時期とし、殷周期ということも可能であると思われる。事實この期のものには、殷周を分つことの困難なものが尠くない。殷の滅亡後、その諸族はあるいは關中に移され、あるいは成周の庶殷として、または新封の諸侯伯の下に割裂分屬したものが多いであろうが、かれらもまたその祭器を作りつづけており、周初の器にはむしろ東方系諸族の作るものが多數であつた。また周系諸族の器といえども、その制作には殆んど殷人の技術が用いられたと考えられ、銘文以外には兩者を區別する十分な方法もない。それで本集においては、殷及び殷系統の器と、周初の成王及びそれに近い器と合せて、殷周期金文としてまとめることにした。なおこの金文集は四册とし、第一集は殷器及び成康期の器を合せて殷周期、第二册は康王期より懿王期までを含めて西周前期、第三册は孝夷より宣幽まで西周後期とし、第四册は列國の器とする。必ずしも嚴密な意味での時期區分でなく、分册上の便宜に従つたところもあるが、これも一の分期法とすることはできよう。一は殷式がなお支配的であつた時期、二は周的な展開のうちになお古式を存する時期、三は器制・銘文の上に新しい傾向が起りその様式の支配した時期、四はその展開分化、地方化の行なわれた時期である。

殷器及び殷式銅器を識別するには種〻の方法が考えられる。最も確實な方法はその出土地によるもので、殷墓出土の器は一應殷器と信じてよい。安陽遺寶・鄴中片羽・河南吉金圖志賸稿には多くそれらの器を収めており、器制の準的を求めることができる。57・64・94などがそれである。これによつてえた器制上の知識は、器の識別に利用しうる。殷器はその銘文にもいくつかの特質をもつている。a、銘識に多く圖象文字を用いること、b、父祖の廟號を干名を以て稱すること、c、銘辭が簡樸で文の諸要素を備えないものがあること、65・67・83、d、五祀周祭の紀日法をもつこと、89・92・95、e、日月祀倒敍の紀年法をもつこと、78・89・92・95・100、f、大事紀年形式中に殷代の史實を含むものがあること、78・88・90などがそれであり、またg、語彙・語法・字形を卜辭と比較することにより推定しうるものも多い。尤もa〜c、eなどは、周初の殷系の器にも多く行なわれていたものであるから、その一を以て殷器と定めうるものではない。殷文存・續殷文存に収める器銘の中には、そういう殷式の器が少からず混じている。この集においても、1〜101は殷器を収めたのであるが、多少の殷式器の混入は免れがたい。

102〜182は周初の器を収めた。周器には長銘のあるものが多く、その記事の人物關係・事實關係によつて殷器と明らかに區別しうるものがあり、殷周の識別はそれほど困難ではない。ただ文の簡樸なものには、器制・字様の上からも區別しがたいものがある。紀日法の上から、初吉のような月象161あるいは辰在147などというものは周器に限られるが、何分にも殷式の強く殘存している時期のことであるから、銘文上明らかに周器と定めうるものを標準として、さきにあげた殷器と對比して兩者を區別してゆく外はない。しかし西周期の器物については、むしろ問題は各王期の斷代にまで進められており、郭沫若・吳其昌・董作賓・陳夢家の諸家をはじめ、丁山・唐蘭などもみなその研究を發表している。特に吳・董の二家には曆譜があり、諸器の錄入を試みている。もしもこのような研究が成功すれば、古銅器の斷代研究は最も依據するところをうることになろう。

器銘中、西周の王號を記しているものが若干あるが、そのうち生號としての成王の名のみえるものが二器ある。すなわち102・153がそれである。また周召二公關係の諸器には、史籍に名の傳えられるものがあり、また伯懋父のように諸器にわたつて名のみえるものもあつて、それらを基準として器群を構成し、相對的に時代を推定することができる。これを群別法とよぶ。郭氏の大系・陳氏の斷代は何れも多くその法を用いている。しかしこの法はあくまで相對的な比定にとどまり、もし紀年銘にして斷代を定めうるものがあれば、それを基點として斷代の曆譜を構成することも不可能ではないと思われる。ただ成王期の紀年銘としては174作冊睘卣の一器のみであり、しかも月辰を備えていないので、この期については金文資料による曆譜構成の方法をとりがたい。それで文獻の記載によつて一應の推定を試みる外ないが、通說によつて成王の在位を三十年とし、康王二五年の小盂鼎が曆譜に入る曆朔を求めると、ほぼ次のごとき表が考えられる。數字は元旦朔の干支番號である。

5(1) 60 24(2)」（武王崩） 18(3) 42 36 30 54・48 43(4) 7 2 56(5)・50 44 8 2 26

このような表作成の前提となる種〻の條件については、第二集に述べる。ただ年末置閏、閏は十九年七閏として計算する。置閏の年次は必ずしも定則的でなかつたと考えられるので、右の干支數は、30前後に增減ができる。

（1）は尙書武成による推算。（2）は武王崩、（3）成王元。（4）成王七年、すなわち周公攝政七年、その曆朔は尙書召誥による推算である。（5）は成王親政の初年、おそらく周公はこのとき沒したものと思われ、144令段はこの年、147令彝はその翌年の譜に入りうる。かくて三十年にして30を得、翌24は尙書顧命、すなわち康王の元年に合し、その二五年は小盂鼎の日辰と合う。

成王期諸器はほぼ三群に分ちうる。一は周召二公を中心とし、康侯その他がこれを輔けて伐商、その後の東方經營に當つた草創期の諸器。ついで新邑が成つて、宗周・葊京と合せて三都關係の器が現われ、周公家は明保をつぐ。令・臣辰の諸器がこの時期に當る。成末には周公の子井侯征關係の諸器、召氏關係の罍・匽の器がみえ、王・王姜諸器もこのころに多いようである。勿論これはあくまでも大體論であつて、それぞれの器の時期については、個別的な檢討を要するものであることはいうまでもない。

殷周期は樣式史的にみても一の時期區分としての特質をもつている。それはさきにも述べたように、中國古代青銅器文化の完成期であると同時にその頂點を示す時代であつた。その器制・文樣・字跡何れの點からみても、後の時期の諸器は到底この期の精秀に及びがたい。かつこの期の器制には、この期のみに行なわれた獨自のものを含んでいる。

中國の古銅器は、その形態と用途とによつて、次のように分類される。主要なものをあげる。

食器　鼎○・鬲◎×（烹飪の器）　段○・敦×・盨×・簠×・豆×（盛食の器）　匕○（挹器）
飲器　斝◎・盉◎×・爵◎・角◎（溫酒の器）　尊◎・觶◎・觚◎・觥◎×・方彝◎・罍◎・鐳×・卣◎・壺○（盛酒の器）
　　　勺◎（挹器）
盥器　盤○・匜×・鑑×・盂◎
樂器　鐃◎×・鐸×・鐘×・鈴◎・鎛×・鼓◎×

◎は主として殷周期、×は後期以後に行なわれたもの。○は全期を通じて行なわれたが、もとより時期によつて流變がある。◎×を竝記したものは前記の閒に多少の斷絕があり、また器制にもかなり變化の認められるものである。以上は大體の傾向を示したもので、西周前期には◎×がそれぞれ混つている。

これらの諸器の器制を說明するのに易えて、いま本集中に錄入した圖版番號をあげておく。器種を網羅することは困難であるから、他は著錄によつて點檢されたい。

鼎　64*・68・103*・122*・180（*方鼎）　甗　28・124　段　13・53・107・112・118・136*・143*・145*・150・163・166・171（*方座段）　斝　19　盉　139　爵　57　角　101　尊　79*・182（*犧尊）　觚　152　觥　60　方彝　146　卣　37*・74*・82・91・94・113*・132・156・176（*異形卣）　壺　46　盤　109・169　盂　127

これらの器は概ね文樣をもち、文樣は器形と關聯して、その結合に一定の傾向性がある。また同一の文様であつても器體・器形に即してその表出が多様であり、殷周期銅器はその點においても多彩を極めている。この期の古銅器が特に精美を恣にしている理由は、その器體・器形にみごとにマッチしている文様の美しさ、その表出の多様さによるといつても過言ではない。これはその制作の技法がすぐれていたことは勿論であるが、より多く、その制作のうちにある意識の深さによるものであろう。文様は概ね動物文様を主とし、古代文化に多くみられる幾何學的文様とは殆んど別系に屬している。それはおそらく彝器が、神祕な、靈的な世界の表象として宗廟に用いられ、神靈と交通し、神靈を媒介する宗教的意味をもつものであつたからと思われる。燈火ほのかにゆらぐ幽暗な廟寢に、これらの彝器が列せられ、祭衣をまとうた人〻が敬虔に夙夜奔走する情景は、嚴肅を極めていたであろう。そして古銅器のもつ異様な表出は、そういう世界の中で深い意味をあらわしていたのである。

文様のよび方は研究者によつて異なる場合が多く、甚だしいときには同じ名で異なつた文様がよばれていることさえある。本集ではほぼ通說に從つたが、錄入した圖によつてそのよび方と文様とを表示しておく。

○饕餮文　眉目大にして口を開き、ときには牙をあらわしていることがある。獸身は概ね頭部に比して小さい。太い肉彫りのもの、凸線を以て表出したもの、線刻に近いものなどがある。また文様の全體を殆んど雷文で埋め、目や口だけを識別しうるものがある。前者と區別してこれを目雷文とよんでおくが、モチーフの基本は饕餮である。この種のものは獸身がときに三層をなし、上層を刀を竝べた形に作る。殷周期に行なわれたものである。饕餮が何の表象であるかについては定說がなく、龍・虎・水牛などの說があるも定めがたい。展開文が多い。8*・13*・19*・26*・28・55*・57*・60・68・82・101*・109*・112*・118・122*・124・146・150*・152・154・163*（＊は目雷文）

○虺龍文　蛇頭で概ね口を開いた形に作られ、長身にして卷尾。おそらく龍を文様化したものであろう。蹲居の形に作るものがある。53・60・82・91・94・118・124・127・143・171*（＊は蹲居形）

○夔鳳文　鳥啄にして冠毛あり、ときに大きな前垂をもつことがある。尾は上卷のときもあり垂尾のときもあるが、鳥身から分離した分尾のものも多い。鳥は古代においては、靈魂の觀念と關係があつたようである。46・60・74・82・139・145・146・156・166・180

○螭文　蛇頭にして蛇身。虺龍とよく似ていることがあるが、頭部をみて識別しうる。蟠螭あるいは展開文が多い。角あるいは耳のないものは、區別して蠶文とよばれている。殷周期に行なわれた。37・146*・156（＊は展開文）

○蟬文　蟬を文様化したもの。死者の口中に蟬形の玉を含ませることからも知られるように、蛻脱再生の觀念の表象であろう。主として殷周期に行なわれた。109・169

○象文　象を文様化したもの。のち獸身を渦文狀に變形しているため怪鳥文などとよばれたが、頭部には象らしい表象が殘されている。神獸と考えられていたのであろう。周初の器に多い。143・156・158・166

○蕉葉文　蕉葉の形に似ているからいう。蟬文が多いが、饕餮や虺龍、ときには夔鳳を蕉葉化したものもある。殷周期に行なわれた。13・19・101・136・152

○雷文　渦文狀。神威を示す電形の表象とみられ、方形のものを方形雷文という。方形雷文を鉤形の線で連ねたものを鈎連雷文という。殷周期、稀に東周の器にもみえる。斜格中に方形雷文を加えていることも多く、これを斜格雷文という。37・46×・53×・145*（×は斜格雷文。＊は鈎連雷文）

○圓渦文　圓中に巴狀の渦文をかく。概ね帶文中に加える。明堂・明器、あるいは神明・盟誓の明・盟の字はこの象に從つている。107・136・171

○瓣花文　渦狀の隆起ある圓の四隅に花瓣狀をかく。殷周期に行なわれた。91・107

○小圈文　概ね帶文の上下に小圈點を連ねる。殷周期の器に多い。91・109

○乳文　乳狀に突起した文様で、殷周期の毀や方鼎に多い。のちには鐘に用いられた。53・103・122

○直文　縱溝の文様をいう。細かい縱溝を用いる。殷周期に多い。74・103・107

○瓦文　横溝の文様をいう。西周の共・懿期ごろから盛行し、本集の器には例をみないが、171の異器に瓦文毀があるという。

○弦文　横線の凸文をいう。一あるいは二線を用いるのが普通である。136

他にも種〻の獸形文、また變様の文様があるが、本集に關係ないものは略した。他期の文様の特色あるものについては、各集に述べる。

殷周器の古銅器はその器形・文様において古代青銅器文化の頂點を示すものであるが、その文字また精絶、しかも甚だ多樣であつて、殆んど書技の達しうる可能性を極めている觀がある。殷代の文字を存するものは甲骨文と銅器銘とであるが、甲骨文についてはすでに甲骨文集に紹介した。その字は硬質の甲骨に契刻するという制約にもかかわらず、すでにみごとな造形を示すものであつたが、銅器銘は鑄型に自由にその筆意を示しうるという便宜があつて、その字跡は多彩にして絢爛を競うものがあり、殊に氣象に富むものが多い。周初の彝器はその風を承け、成康二代の器は殆んどその影響下にあつたといつてよい。おそらく殷周期の彝器は、殷代においてその技術を擔當していた職能的氏族がこれを制作し、殷周閒の器制の推移のごときも、そういう技術の擔當者の閒に試みられた技法の展開にすぎなかつたであろう。殷周期の彝器の器制・文樣・文字の流變と展開とを考えるならば、當時の青銅器文化の一元を信じないわけにはゆかない。

殷周期の文字を考える場合、一應樣式的に整理することが便宜である。それで次の諸體に分つて、その典型的なもの若干を配した。これを甲骨文と對比してみるのも興味のあることと思われる。

○雅醇體　正統的な書風と思われるもの。雅致と氣品においてすぐれている。58・71・73・76・77・80・97・98・102・104・105・121・123・125・153・155・159・160・162・165・178・181

○直方體　殷器に多く見えるもので、裝飾風であるが骨力の横溢を感じさせるものがある。62・66・67・81・126

○宏放體　筆意に任せて雄渾、あるいは行款大小にかかわらぬもの。從つて大字が多い。63・65・78・87・92・95・106・108・117・137・148・168

○波折體　雅醇のうちに字に肥瘠波撥を加え、快いリズム感を與えている。周初の佳品に多くみられる。48・52・144・147・164・167

○秀麗體　秀媚を求めて變化したものでやや纖弱を加え、ときに頽靡に赴くものがある。69・72・75・83・85・88・89・90・110・111・140・149・177

○緊湊體　行款大小も整い、筆意謹飭なるもの。字は小字の傾向をとる。116・119・120・172・173・175・179

以上はその大略をあげたもので、圖象文字をはじめ、これらの一體に屬しがたいものも多い。また同じ書風のうちにも、殷周の閒に展開のあとをたどりうるものがある。それぞれの書品について、自由に玩味鑑賞されることを希望する。

本集の排次は、以上の時代・器形文樣・銘文に本づいて、1〜101は殷器及び殷系の器と考えられるもの、102〜182は周初成康期の器を收めた。精品を多く網羅することは不可能であつたが、それぞれの代表的なものを錄入し、合せて器影若干を加えた。編次の趣旨は以下のごとくである。

1〜3は三勾兵。祖・父・兄の廟號を列記し、殷の類別稱法と、それより殷の宗族法を推定しうるものであるが、4〜8は同じく類別的によばれている王子の器をあげた。單に子と稱するものは宗室の王子、子某と稱するものは別子で一家をなすものと考えられる。9〜11は析子孫形とよばれる標識をもつもので別子の後、すなわち親王家に相當する。身分的には小子・小臣と稱するものが多い。また宗教的職掌をもつ亞と稱するものがあり、これにも王族から出たものがある。14〜22は人の形に從うもの、その職掌に關する表示を含むものが多い。23〜25は兵器、26〜37は器物に關するものであるが、いまその圖象の意味の解しがたいものもある。38〜53は動物形や鳥魚の象を含むもの。これらの圖象には、職能氏族としての標識を意味するものがあると考えられる。54〜62は亞字字形。亞は殷墓槨室の形が亞形に作ることから考えられるように、祭祀儀禮に關する職掌を示すとみられ、同系のものは非常に多く、器にもまた精品が多い。63〜67は雄偉・直方の殷器銘を收め、69〜75は各種の字風をみるべきものである。76・77は賞をえて器を作つた例、78〜81は賜をえての作器であるが、78・81は小臣例、つづいて83〜87に小子・小臣例を錄した。その書風は甚だ多樣である。88〜90は殷末の相近い字樣のもので、何れも大事紀年、あるいは日月倒敍形式の紀年をもつている。92〜95は同一人の器。五祀周祭を含む紀年をもつ。96〜100は王在某・王作の器。王作の器は果して殷器か否か確かめがたいが周室の器でないことは明らかであり、また99は泉父の器とすれば周初に入るべきものであるが、しばらくここに列した。76以下、事功により賜與をえて器を作ることをいう銘文の形式は、周初の器にそのまま沿襲される。

102以下は周器。102～105は周初の典型的な書風をもつもので、102は最も雅醇、104は嚴正、105は筆意のやや柔軟なものであるが、みな雅正を失わない。106・108は康侯關聯の器で遂の器。110・111はやや書風に變化のあるものである。113～117は大保の器。119・120は周公關係のもの。111・121は同じく伯禽の器であるが器・銘ともにすぐれている。123～126は召公の族、128～138は當時の諸侯伯の器を收めたが、概ね筆勢の強い雄偉體の字で、137のごときは92・95など殷末の書風を承けている。五侯征は殷の貴游子征の家とみられる。140～142は各體の書風を集めた。144・146の令二器は、周初最大の銘文であるが、その器とともに文辭・字跡の最もみるべきもので、この期の傑作といつてよい。肥筆・波折を交えてしかも全體がみごとな氣品と諧調とを示している。成王十・十一年ごろの作品であろうと考えられる。令器には宗周・成周の名がみえ、148以下三都關係の器を列した。148・149に新邑と稱するものは成周のことである。148～152はみな卿の作器。153には生號としての成王の名がみえる。155～158は臣辰の器。周初の彝銘中、大字は令の二器が最もすぐれているが、小字の雅醇なるものとしてはこの銘を推すべく、器もまた稀にみる優品である。158は臣辰尊の文様をとつた。象文の由るところを知りうるものである。159・160も三都關係の器。161・162は字風が近いのでここに列した。みなすぐれた字跡であるが、殊に162は秀媚のうちに品格をもつ。164・165は周公の子井侯の名のみえるもの。何れも筆力雄健、康王期の健爽の風を拓くものである。167・168はやや異風の字、殊に168の字は稚拙で167と好對照をなす。170～180は字體の近いものをえらんだが、成王末より康王末に及ぶものもあるかと思われる。174は105と書風が似ているが十九年の紀年あり、他はそれより時期的にも下るようである。177は釁伯父辛の名あり、銘末に大保の標識をもち、梁山出土の器であるが、字様は梁山の諸器と類しない。178は明保の名あるも令器より下るものなるべく、180は器形からみてもこの期とはしがたいが、181とともに伯懋父の名のみえるものである。181は釁公の後と思われる釁の器で、次集の釁圜器（本集・二・一八九）に連なる。釁公は尙書顧命によると康王の即位繼體の大禮を司會しているので、釁器は康王期に入るべきものであるが、その字様は令器より出て成康期の書風を代表しうるものと思われるので、本集の末に列した。殷器の文字は多様であるが、その多様さは、170以下成康期の字跡の多様さと必ずしも同じでない。康昭以後の文字の流變は、ほぼこの成康期の字様を展開したものというべく、西周期の青銅器はこのころより新しい様式に向つている。中國の古代青銅器文化の時期區分として殷周期の一期をおくことは、器制・銘文のすべての點からみて、必ずしも不適當ではないと思われる。

中國の青銅彝器は、この後彝器の性格、その制作意識の上にかなりの變化を受けながらも東周期につづいてゆくが、六國以後古銅器文化の傳統は殆んど絶滅に近く、その知識すら不確實なものとなつた。左傳にいう讒鼎の銘や正考父の鼎銘、晉の刑鼎、あるいは大學に載せる湯の盤銘など、今日の遺物の實際からみて、何れも信じがたいものである。

彝器は多くは墓冢に副葬されて世變を免がれ、今日に傳えられた。漢の武帝のとき汾水の后土祠旁に鼎をえて元鼎と改元し、また西京雜記によると廣川王去疾は國內の冢藏を發して多くの古銅器を收めたという。後まま出土のことがあつたが、宋代にはすでに出土收藏の器甚だ多く、著錄數種が出ている。出土・收藏・器影・銘文より考釋に及ぶものもあり、金文の學は當時すでにほぼその體系を備えるものがあつた。

＊考古圖十卷　呂大臨撰　元祐七年（一〇九二）自序　凡二二四器（彝器一四八）
＊博古圖錄三十卷　王黼等奉敕撰　宣和五年（一一二三）以後　凡八三九器
歷代鐘鼎彝器款識法帖二十卷　薛尙功撰　紹興一四年（一一四四）初刻　凡五〇〇器（彝器四六四）
嘯堂集古錄二卷　王俅撰　淳熙三年（一一七六）跋　凡三四五器（彝器二七五）
鐘鼎款識一卷　王厚之撰（復齋）　乾道三年（一一六七）進士　凡六〇器
＊續考古圖五卷　宋佚名　紹興三二年（一一六二）以後　凡一〇〇器
（＊は圖象あるもの。前四書の所收器には重複が多い。概ね釋文・考釋を付している）

その後も出土の器は多かつたらしく、淸の內府の收藏は尨大な數に及び、多く離散を經た現在においても、故宮博物院には二百數十器を存している。淸末以來、民間の收藏も盛んとなり、また臨江・壽張・滕縣・榮河・鄠縣・寶雞などからは器群を出土、民國以來、新鄭・濬縣・安陽等の發掘調査、渾縣・洛陽・壽州の盜掘あり、近くは凌源・丹徒・普渡村・郿縣・藍田のほか、建設工事の際に出土したものなどもあつて、出土地・出土情況の明らかなものが多くなつた。そのため考古學的な知見は著しく豐富を加えるに至つた。

銘文の研究も清末以來大いに進められ、阮元・孫詒讓・吳大澂以下、考釋の專著も多く出たが、それらの研究は、當然のことながら著錄の備わるにつれて次第に進められていつた。いま清以來の主要な著錄・考釋をあげておく。

器影　×摹本　△拓影　他は寫眞版　＊考釋

×西清古鑑四〇卷　乾隆敕撰　一七五五年　凡一五二九器（彝器一四三六）
×寧壽鑑古一六卷　乾隆敕撰　一九一三年石印　凡七〇一器（彝器六〇〇）
×西清續鑑甲編二〇卷　乾隆五八年（一七九三）成　凡九四四器（彝器八四四）
×西清續鑑乙編二〇卷　乾隆勅撰　一九三一年石印　凡八九八器（彝器七九八）
×十六長樂堂古器款識考四卷　錢坫　一七九六年刊　凡四九器（彝器二九）
×懷米山房吉金圖一卷　曹載奎　一八四〇年刊　凡六〇器（彝器五四）
×求古精舍金石圖初集四卷　陳經　一八一三年刊　凡一〇一器（彝器二〇）
×長安獲古編二卷　劉喜海　一九〇五年補刊（彝器四三）
×攈古樓彝器款識二册　潘祖蔭　一八七二年刊（彝器五〇）
×兩罍軒彝器圖釋一二卷　吳雲　一八七二年刊（彝器五九）
×恒軒所見所藏吉金錄二册　吳大澂　一八八五年刊（彝器九七）
×陶齋吉金錄八卷・續錄二卷・附補遺　端方　一九〇八〜九年刊（彝器二一六）　銘拓
△移林館吉金圖識一卷　丁麟年　一九一〇年刊（彝器三〇）
雙王鉨齋金石圖錄一卷　鄒安　一九一六年刊（彝器二〇）
夢郼草堂吉金圖三卷・續編一卷　羅振玉　一九一七〜八年刊（彝器九四・兵器二九）
泉屋清賞銅器部三册　濱田耕作　一九一九年刊　凡一七一器
支那古美術圖譜二册　大村西崖　一九二三年刊
〔初期〕Early Chinese Bronzes, by Albert J. Koop. 1924 圖版一一〇
〔中國〕Bronzes antiques de la Chine, avec une préface et des notes de M. Paul Pelliot. 1924 凡三〇器
△夢坡室獲古叢編一二卷　鄒壽祺　一九二七年刊　凡二五九器
寶蘊樓彝器圖錄二册　容庚　一九二九年刊　凡九二器　續鑑乙編所收器
新鄭古器圖錄二卷　關百益　一九二九年刊　凡九三器
〔猷氏〕The George Eumorfopoulos Collection: Catalogue of the Chinese and Corean Bronzes, by W. Parceval Yetts. Vol. I. 1929, and Vol. II. 1930 圖版七五・六
△澂秋館吉金圖二册　孫壯　一九三一年刊（彝器五一）　周康元拓
＊頌齋吉金圖錄一册・續錄二册　容庚　一九三三・三八年刊　凡三九器・一三四器
歐米蒐儲支那古銅精華彝器部三册　梅原末治　一九三三年刊　凡二五〇器
＊武英殿彝器圖錄二册　容庚　一九三四年刊　凡一〇〇器
＊雙劍誃吉金圖錄二卷　于省吾　一九三四年刊（彝器五三・兵器五二）
×善齋吉金錄二八册　劉體智　一九三四年刊（樂器四一・禮器五九一・古兵一二〇）
白鶴吉金集一册　梅原末治　一九三四年刊（彝器二七）
刪訂泉屋清賞　濱田青陵（耕作）　一九三四年刊（彝器四一）
〔洛陽〕Tombs of Old Lo-yang, by W. Charles White. 1934
＊兩周金文辭大系圖錄一册　郭沫若　一九三五年刊　凡二五三器　增訂版補一〇器
〔K氏〕Yin and Chou in Chinese Bronzes, by B. Karlgren. 1935（彝器九三）
＊海外吉金圖錄三册　容庚　一九三五年刊（彝器一四五）
＊十二家吉金圖錄二册　商承祚　一九三五年刊　凡一六九器
貞松堂吉金圖錄三卷　羅振玉　一九三五年（彝器一三五）
鄴中片羽初集二册・二集二册・三集二册　黃濬　一九三五・三七・四二年刊　三二器・四〇器・六一器
〔倫敦〕Illustrated Catalogue of Chinese Government Exhibits for the International Exhibition of Chinese Art in London, Vol. I. Bronze. Nanking, 1936（一〇八器）
＊善齋彝器圖錄三册　容庚　一九三六年刊　凡一七五器　善齋所收
尊古齋所見吉金圖四卷　黃濬　一九三六年刊　凡一九〇器（彝器約一〇〇）

新鄭彝器二冊　孫海波　一九三七年刊　凡九五器
洛陽金村古墓聚英　梅原末治　一九三七年刊　銅器類二九器
濬縣彝器一冊　孫海波　一九三八年刊　凡七六器
*〔柯爾〕The Cull Chinese Bronzes by W. P. Yetts, Courtauld Institute of Art, University of London, 1939　凡三〇器
*河南吉金圖志賸稿一冊　孫海波　一九四〇年　凡五〇器
西清彝器拾遺一冊　容庚　一九四〇年刊　凡二〇器
*癡盦藏金一冊・續集一冊　李泰棻　一九四〇・四一年刊（彝器三〇・二九）
雙劍誃古器物圖錄二卷　于省吾　一九四〇年（彝器四〇）
河南安陽遺寶一冊　梅原末治　一九四〇年刊　凡九七圖
青山莊清賞一冊　梅原末治　一九四二年刊（彝器三〇）
巖窟吉金圖錄二冊　梁上椿　一九四三年刊（彝器六六）
海外中國銅器圖錄第一集二冊　陳夢家　一九四六年刊　圖一五〇
〔圖說〕A Descriptive and Illustrative Catalogue of Chinese Bronzes: Compiled by The Staff of the Freer Gallery of Art. 1946　凡四三器（彝器一九）
冠斝樓吉金圖三卷・補遺一卷　梅原末治　一九四七年刊（殷周器一二二）
白鶴吉金撰集一冊　梅原末治　一九四七年刊（彝器三四）
楚器圖錄一函　安徽博物館　一九五三年刊
楚文物展覽圖錄　北京歷史博物館　一九五四年刊（彝器一一）
全國基本建設工程中出土文物展覽圖錄　同委員會編　一九五五年刊（彝器二九圖）
*壽縣蔡侯墓出土遺物一冊　中國科學院　一九五六年刊　圖版一〇六
故宮銅器圖錄二冊　故宮中央博物院聯合管理處　一九五八年刊　凡八六八器
五省出土重要文物展覽圖錄　同展覽籌備委員會　一九五八年刊（彝器約五〇）
上村嶺虢國墓地一冊　中國科學院　一九五九年刊（古銅器約四〇圖）
山東文物選集　山東省博物館　一九五九年刊（彝器約三六圖）
殷周青銅器と玉　水野清一　一九五九年刊　圖版一七六插圖八六
日本蒐儲支那古銅精華彝器部六冊　梅原末治　一九五九年－一九六四年刊　圖版四三八
*青銅器圖釋一冊　陝西省博物館　一九六〇年刊　圖一二九
竹石山房金石陶瓷一冊　竹石山房編　一九六一年刊
新中國的考古收獲　中國科學院　一九六二年刊（彝器一五圖）
泉屋清賞新收編　梅原末治　一九六二年刊　圖三七
*扶風齊家村青銅器群　陝西省博物館　一九六三年刊　圖三九
中國古文物　人民美術出版社　一九六二年刊（彝器約三〇）

款識

×摹本　*考釋

*×積古齋鐘鼎彝器款識一〇卷　阮元　一八〇四年刊　四四六器
×清愛堂家藏鐘鼎彝器款識法帖一卷　劉喜海　一八三八年刊　三五器
*×筠清館金文五卷　吳榮光　一八四二年刊　二三九器
*×從古堂款識學一六卷　徐同柏　一八八六年刊　三六五器
*×古文審八卷　劉心源　一八九一年刊　增訂して奇觚に入る。
*×綴遺齋彝器款識考釋三〇卷　方濬益　一八九四年成　一九三五年刊　一三八二器
*×攈古錄金文三卷　吳式芬　一八九五年刊　一三三四器
*×愙齋集古錄二六冊・賸稿一冊　吳大澂　一八九六年成　一九一八年刊　一〇二九器
*×奇觚室吉金文述二〇卷　劉心源　一九〇二年刊　三八七器
敬吾心室彝器款識二冊　朱善旂　一九〇八年刊　三六四器　僞刻多し。
周金文存六卷・附各卷補遺　鄒安　一九一六年刊　一五四五器
殷文存二卷　羅振玉　一九一七年刊　七五三銘
簠齋吉金錄八卷　鄧實　一九一八年刊（彝器一八八）
*貞松堂集古遺文一六卷　羅振玉　一九三〇年刊　補遺三卷　一九三一年刊　續編三卷　一九三四年刊（彝器約八〇〇・二〇五・三一二）
*兩周金文辭大系圖彔五冊・攷釋三冊　郭沫若　一九三五年刊　五一一器　插圖六　增訂版

續殷文存二卷　王辰　一九三五年刊　一六六八器
＊小校經閣金文拓本一八卷　劉體智　一九三五年刊　六四五六器
三代吉金文存二〇卷　羅振玉　一九三七年刊　四八三一器
山東吉金文集存先秦編三卷　曾毅公　一九四〇年刊　二四一器
＊書道全集第一卷　平凡社　一九五四年刊　約一三五器
＊定本書道全集第一卷　河出書房　一九五六年刊　二四五器
商周金文錄遺一冊　于省吾　一九五七年刊　六一六器
中國書譜殷商篇一冊　嚴一萍　一九五八年刊　四三二銘

考釋

金石粹編一六〇卷　王昶　一八〇五年刊
金石續編二一卷　陸耀遹　一八七四年刊
全上古三代文一六卷　嚴可均　一八八七年刊
古籀拾遺三卷　孫詒讓　一八八八年刊
古籀餘論三卷　孫詒讓　一九二九年刊
籀高述林一〇卷　孫詒讓　一九一六年刊
觀堂集林二〇卷　王國維　一九二一年遺書刊
韡華閣集古錄跋尾一五卷　柯昌濟　一九一六年頃成
清儀閣所藏古器物文一〇卷　張廷濟　一九二五年刊
吉金文錄　吳闓生　一九三三年序
雙劍誃吉金文選二卷　于省吾　一九三三年刊
西周銅器斷代一～六　陳夢家　一九五五・五六年　考古學報
稿本殷金文考釋　赤塚忠　一九五九年刊
金文通釋　白鶴美術館誌　初輯～五輯、續刊　白川靜　一九六二年～

通考・研究・その他

殷周青銅器銘文研究二冊　郭沫若　一九三一年刊　重訂本
金文叢攷四冊　郭沫若　一九三二年刊　改編本
金文餘釋之餘　郭沫若　一九三二年刊　改編本
金文續攷（古代銘刻彙考四種三册所收）　郭沫若　一九三三年刊
金文世族譜　吳其昌　一九三六年刊
金文厤朔疏證　吳其昌　一九三六年刊
金文分域篇　同續編　柯昌濟　一九三七年刊
歷代著錄吉金目　福開森　一九三九年刊
商周彝器通考二冊　容庚　一九四一年刊　圖一〇〇九器　插圖三三九
中國古代史學の發展　貝塚茂樹　一九四六年刊
金文零釋　周法高　一九五一年刊
積微居金文說七卷・餘說二卷　楊樹達　一九五二年刊
西周年曆譜　董作賓　一九五二年刊　集刊第二三本下
甲骨金文學論叢初集～一〇集　白川靜　一九五五年～一九六二年刊
金文關係文獻目錄　廣島大學　一九五六年刊
殷周青銅器通論　容庚・張維持　一九五八年刊
世界考古學大系第一卷　平凡社　一九五八年刊
讀金器刻詞　馬敍倫　一九六二年刊
Early Archaic Chinese, A Descriptive Grammar, by W. A. C. H. Dobson. 1962

以上のうち、器影の最も備わるものは通考・故宮・歐米・日本の四書、また銘拓は三代が器數最も多く、かつ精拓に富む。三代と錄遺の二書によつて、主要な彝銘は殆んど検出することができる。考釋には大系・斷代を推すべく、通考とともに金文の斷代を試みた注目すべき業績である。また訓詁においては積微居が詳しく、概論としては通考・通論が便宜である。著錄の検出にはやや古くて多少の混亂もあるが吉金目が簡便であり、研究史の概觀には貝塚がよい。參考文獻には文獻目錄があるが、五六年の刊であるから補充を要する。考古學的概觀には考古がある。

彝銘を研究對象とする金文學の立場からいえば、金文の斷代的研究はその究極の目標といつてよい。從來の考釋において、個別的に器の時代を推究する試みはなされていたのであるが、その研究にはじめて體系を與えたものは郭氏の大系であつた。その方法は主として銘辭の記載、殊に人物關係を主として器の群別を試み、また諸器の繫聯關係を整理したもので、方法そのものは正當であるが、名字の明らかでない時期のことであるから、人の同異の識別を誤ると思わぬ混亂を招く。殊にその排次には曆譜を顧慮していないところがある。吳氏の厤朔は、曆譜の科學性に依據して斷代に基礎を與えようとしたものであるが、その曆譜構成に曆術を主として、金文の紀年日辰を從としたため、しばしば彝銘を誤りとして恣意的に改めている。自己の曆譜の科學性を信ずるあまり、甚だ非科學的な結果を招いたというべきである。董氏の曆譜はその點愼重であるけれども、周曆特有の四週名、初吉・既生霸・既望・既死霸の解釋が妥當でないため、全體に大きなひずみを生じ、諸王の在位數などにも無理がみえる。

容氏の通考は器制を主として斷代を試みたもので、蓋然的な結論しかえられないが把握は確かである。その釋文も據るべきものが多い。陳氏の斷代は郭氏の群別法と容氏の考古學的方法を合せ、器群を細別して詳細な考釋を付したもので、中國における金文學の水準を示すものであるが、不幸にして六回にして發表が中斷されている。

わが國では從來彝銘の研究はあまり行なわれておらず、書道全集などに若干を錄入し、釋文を付する程度で、まとまつた著述というべきものがない。筆者はかねてそのことを遺憾とし、從來の研究を整理し、將來の研究を準備する意味を以て通釋をまとめ、白鶴美術館誌としてすでに五集、二三器の考釋を付印した。約三〇〇器を收める豫定である。また論叢初集〜十集中にも關係論文數篇を收めている。

この金文集は全四册、約五百圖を收め、この種のものとしては、わが國では從來にない分量のものである。その配列には、書道の立場を多く顧慮したが、同時に研究上の便宜をも考え、ときに器影を加えて古銅器の形態學的大觀に資し、また斷代の上にも苦心を費した。斷代のことは共・懿期以後その重要性を加えてくるので、次集にその大略を述べる。書道史上、甲骨文と竝んで最初の資料である殷周期の金文は、本集によつてほぼその全容をうかがうことができよう。そして甲骨文の場合と同じく、中國の文字が、その最古の時代において、すでにすぐれた美の意識に支えられ、みごとな造形を示していることが知られる。それは古銅器の世界と同じく、古代中國における敬虔な原初的宗教感情、深奥な自然觀の反映に外ならないのである。

釋　文

〔銘〕・＊〔器〕は錄入した著錄を示す。「拓本」は原拓、「照片」は原器を直接撮影したもの。器影を錄入しなかつたものは、その著錄を記しておいた。

1・2・3　商三勾兵　〔銘〕周存・六・六八，六九　〔器〕夢郼・中・一，二，三

大且日己・且日丁・且日乙・且日庚・且日丁・且日己・且日己
且日乙・大父日癸・大父日癸・中父日癸・父日癸・父日辛・父日己
大兄日乙・兄日戊・兄日壬・兄日癸・兄日丙

大祖の日は己なり。祖の日は丁なり。祖の日は乙なり。祖の日は庚なり。祖の日は丁なり。祖の日は己なり。祖の日は己なり。
祖の日は乙なり。大父の日は癸なり。大父の日は癸なり。中父の日は癸なり。父の日は癸なり。
父の日は辛なり。父の日は己なり。
大兄の日は乙なり。兄の日は戊なり。兄の日は壬なり。兄の日は癸なり。兄の日は丙なり。

三器同出。河北保定、あるいは易州・平山の出土ともいう。それぞれ祖・父・兄の廟號を記している。殷人は廟號に十干の名を用い、祖辛・父乙・母己のようにいう例であるが、この勾兵のように日己・日丙ということもある。159小臣傳卣に日甲、167旂鼎に日乙の名がみえる。西周期の器銘にこのような干名の廟號があるものは、東方系の氏族の作器と考えてよい。祖・父・兄の名が何れも數名列記してあるのは、その親等關係のものをみな同じ稱謂でよんでいるので、これを類別呼稱という。庚・戊・辛は殷末の字形である。內端の虺文はかなり形式化している。三勾兵とも刃部が上にあり、柄を装着すると字は倒となる。從つて器は實用のものでなく、禮器としてこのまま列置したのであろう。文は左行。字も1・3には多く左文を用いている。

4　子父乙彝　〔銘〕三代・六・三三・一

子乍父乙寶彝。

子、父乙の寶彝を作る。

單に子と稱するものは王子である。大子・中子・小子というものもある。采地をえたものは、その地名を付して、5以下のように子某という。これらの子字は左右の手を上下に書き、一般の子字と字形が異なつている。

5　子廟觶　〔銘〕頌齋・一五　〔器〕同上

子廟。父乙。

器は項下に二層の雷文を付した高雅な制作である。子廟は作器者。子の身分にして封地のあるものである。

6　子妥鼎　〔銘〕三代・二・一一・九　〔器〕十二家・尊・六

子妥。

器は蝸文の立耳三足鼎。子妥の名は卜辭一期の卜片にみえている。

7　子龏段　〔銘〕錄遺・一二二

子龏。

龏字はなお象形を存している。

8　子媚爵　〔銘〕冠斝・中・二一　〔器〕同上

子媚。

子媚の名も第一期の甲骨文にみえる。銘は鋬下にあり、左右に饕餮文がみえる。

9　父辛卣　〔銘〕拓本　〔器〕瀓秋・三五

父辛。

蓋のみ存する。蓋縁に目雷文、上下に小圈文を付す。は宋刻に析子孫とよんでいるが、王子を翼戴している象。上部はあるいは音符であろう。壯・將などに近い音と思われる。王子の後である小子・小臣の身分の器に用いた例がある。

10　向卣　〔銘〕三代・一三・二〇・八

向乍厥障彝。

向、厥の障彝を作る。

器蓋二文。文左行。向は他に同銘の段・方鼎など三器を作つている。

11　鐃　〔銘〕十二家・尊・四　〔器〕同上

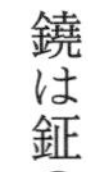（圖象）

鐃は鉦の類。小にして短闊なるものは鐃、大にして狭長なるものは鉦である。何れも柄は下にあり、持してこれを撃つ。銘はの上部を略したもの。上部はその一半のみを描くものもある。と同じと考えてよい。

12・13　保酉𣪘　〔銘〕三代・六・六・二　＊〔器〕尊古・一・四六

亞形中保酉。

亞字形（圖象）保酉。

亞字形中に保酉に近い字形が描かれている。酉形は臺のようにもみえ、子を負戴する象のようである。亞字形は玄室の象。葬祭の儀禮に關する職掌を示すものと思われ、𣪘器及びその系統のものにこの標識を用いたものが多い。器は口下・器腹・圈足に目雷文を配し、小圈文を付す。目雷文の上層は立刀形をなす。文様は鮮麗を極めている。

14　天父辛卣　〔銘〕三代・一二・五四・五

天　父辛。

天（大人形圖象）　父辛。

人の正面形を描く。天と大とは古く字形の區別がない。大豐𣪘（本集・二・一九五）に天亡という名がみえる。

15　荷戈形戊𣪘　〔銘〕冠斝・上・一七　〔器〕同上

荷戈形　戊。

荷戈形（圖象）　戊。

戊は父考の廟號であろう。器は兩耳犧首、珥なく、器腹は斜格内に乳文、口下に方形雷文、圈足部に虺龍文を飾る。

16　斷頭形父乙鼎　〔銘〕三代・二・一九・五

斷頭形　父乙。

斷頭形（圖象）　父乙。

鉞を以て頭を截る圖象である。斧鉞を執ることを掌るものであろう。

17　守婦𣪘　〔銘〕寶蘊・五九　〔器〕同上

守婦。

器は侈口無耳。偏體饕餮・虺龍文を飾る。𣪘器の形制とみられる。

18・19　天田斝　〔銘〕拓本　＊〔器〕日本・二四二

天田。

天田（圖象）。

天は14に比して肩・足を張っており、かつ上に∧形を付している。器は藤井有隣館藏。鮮鋭な目雷文を飾る。銘は器の內底にある。

20　奚卣　〔銘〕三代・一二・三五・五　〔器〕夢郼・續・二六

奚。

奚（圖象）。

頭上に物を戴く象である。無梁。饕餮・虺龍文を飾っている。泉屋にも同形の卣を藏している。

21　　父辛𣪘　〔銘〕拓本　〔器〕泉屋・彝・三八

（圖象）　父辛。

第一字は若木を奉ずる象。甲骨文にこの儀禮を示す字がみえる。器は兩耳。口下に圓渦文と饕餮文とを交互にした帶文があり、圈足部に目雷文を飾る。

22　天兩冊形父己𣪘　〔銘〕尊古・一・四五　〔器〕同上

天　兩冊工（圖象）　父己。

人の正面形の下に兩冊を描く。冊字閒に工形の字がある。兩冊は犧牲を入れる牢閑の象。器は口下・圈足部に目雷文を飾る。

23　弓形父丁鼎　〔銘〕澂秋・一　〔器〕同上

弓形（圖象）　父丁。

弓の中に家と羊の形が描かれている。圖象にはこのような複合形のものも多い。器は立耳の方鼎。器腹と足に饕餮文、口下に虺龍文を飾っている。

24　旅父乙卣　〔銘〕拓本

旅（圖象） 父乙。

旅は偃游のある旗をもつ象。

25 畫干形父癸斝 〔銘〕寶蘊・一一四 〔器〕同上

畫干形（圖象） 父癸。

上一字は畫干、すなわち周の左右に手を加えた形である。斝の下腹に襷文を飾っている。

26 家爵 〔銘〕冠斝・中・一五 〔器〕同上

家（圖象）。

鋬下に家の象形字一字を銘する。器腹に目雷文を飾っている。

27・28 鬬甗 〔銘〕冠斝・上・四六 ＊〔器〕同上

鬬乍寶彝。

鬬、寶彝を作る。

鬬は門と射とに従う。射は古く祓禳などの儀禮に用いられた。甗は口下に目雷文、鬲部に三足を中心とした饕餮文を飾る。

29 殸段 〔銘〕三代・六・三・二 〔器〕鄴中・二・上・一五

殸。

南は古代の南人の樂器で、後の銅鼓に當る。殸は南を撃つ象。卜辭の貞人にこの名がみえている。器は侈口無耳、器腹が張り、口下・圈足に目雷文を飾る。段の古制を示すものがある。

30 藉彝 〔銘〕三代・六・三・三

藉（圖象）。

字は耒を執る象。昔は後の音符。藉の古い形は耒で足をふむ形であるが、いまその字と同字とみておく。

31 田告罍 〔銘〕三代・一一・四〇・四

田告（圖象）。

同銘のものに鼎・段・觶などがあり、父丁や母辛の器を作っている。また田告を告田に作る例もあり、上下が定まっていない。告は祝告の義であるから、あるいは農耕の儀禮に關する職掌の家の標識であろう。

32 耒卣 〔銘〕善齋圖・一一〇 〔器〕同上

四耒形 冊∩（圖象）。

兩耒相對う下に冊∩二字を銘する。冊は編戸の象。耒を祓禳する儀禮に關する標識であろう。末一字未詳。冬の初文に似ている。器は縄形の提梁あり、器蓋に小圈文を伴う方形雷文を帯文とし、器制高雅を極めている。

33 枚父丙卣 〔銘〕拓本 〔器〕瀲秋・三二

枚（圖象） 父丙。

枚は木を削る象。器は頸部に目雷文・小圈文を飾る。

34 橐父乙尊 〔銘〕寶蘊・一〇二 〔器〕同上

橐（圖象）父乙。

橐は東の初文。字は上下を括った括囊の象。器の三層に何れも饕餮文、上中層の閒に虺龍の帯文を付している。

35 ⊠ 父乙尊 〔銘〕瀲秋・二四 〔器〕同上

⊠（圖象） 父乙。

腹・圈足に鮮麗な目雷文を飾る。⊠は何かの器形であろうが未詳。

36 冂 父乙甗 〔銘〕夢郼・續・九 〔器〕同上

冂（圖象） 父乙。

冂も器物であろうが未詳。甗は目雷文を飾っている。

37 丙卣 ＊〔器〕日本・三八

丙の一字を銘する。冂銘の器は宋代著錄より以來その數が甚だ多いので、參考としてこの器影を錄入した。器は前後二面に鴟鴞を象つた卣で、その羽翼と雷文が美しい。側面の犧首を挾んで蝸文を配している。犧首には穿孔あり、おそらく紐を通して提梁に易えたものであろう。鳥形の卣や獸形の犧尊・兕觥の類には優品が多い。

38 大家形父甲斝 〔銘〕三代・一三・五〇・六

大豕形（圖象） 父甲。

この圖象のものに鼎・𣪘・觚・爵などあり、犧牲の飼養を掌る職掌を示したものであろう。

39 家父辛器 〔銘〕錄遺・六一五

家（圖象） 父辛。

器名不詳。字跡が甚だ特異である。

40 犬父丙鼎 〔銘〕冠斝・上・七 〔器〕同上

犬（圖象） 父丙。

この圖象のものも數器ある。員鼎にいう執犬のことを掌る意であろうか。鼎は分當鼎、饕餮文を飾る。

41 象祖辛鼎 〔銘〕三代・二・一七・四

象（圖象） 且辛。

同銘の鼎が善齋・禮一・一六にもみえ、圓渦文を飾っている。象は卜文に獲象などの例があり、銅器の文樣にも用いられている。

42 牽馬形方彝 〔銘〕三代・六・二六・二 〔器〕故宮・下・一四一

牽馬形 乍从𣪘。

牽馬形（圖象） 從𣪘を作る。

侈口無文の𣪘。圈足部が高い。同じ圖象のものに鼎・尊・觶などがあつて屯と銘し、父辛・父丁・父己の器を作つている。牽馬形は屯氏の用いた圖象である。

43 羊己觚 〔銘〕三代・一四・二〇・七

羊（圖象） 己。

羊は古拙な圖象に描かれている。己は廟號であろう。

44 𧉮形父丁盤 〔銘〕錄遺・四八七

𧉮形（圖象） 父丁。

𧉮を展開した圖象の下に羊首形を添え、父丁と銘する。同銘の爵にはこの羊首形がない。周初の175盂卣にもこの羊首形を用いており、同じ家系と思われる。

45 𧉮形父丁𣪘 〔銘〕三代・七・六・五

𧉮形（圖象） 父丁。

兩𧉮相對う象。一方のみを描いた圖象のものもある。

46 𧉮形父丁壺 ＊〔器〕歐米・一三七

前器と同銘の壺。項下に相對う顧鳳・夔鳳を二層に配し、器身・蓋上はすべてW狀の斜方形雷文を飾る。貫耳。

47 及父辛尊 〔銘〕三代・一一・一八・八

及（圖象） 父辛 勾形（圖象） 雞（圖象）。

及は杖人を後より執る象。鳥には雞冠がある。

48 集咎𣪘 〔銘〕三代・六・四一・六 〔器〕十二家・遐・一

集咎乍父癸寶䧅彝。

集咎、父癸の寶䧅彝を作る。

集は圖象字。咎はかりに釋した。器は四耳方座𣪘。珥は深く垂れ、器にも四稜がある。蓋・器に圓渦文と虺龍より成る文樣を配し、圈足部は甚だ高くしてまた虺龍を配する。方座側面に象文あり、158と酷似している。懷米・上・二一にも同銘の𣪘あり、直文と圓渦・四瓣花文を飾る。咎にはなお尊二・卣一がある。

49 鳳𣪘 〔銘〕三代・七・二一・一

㚸易鳳玉。用乍且癸彝。臤

㚸（揚）、鳳に玉を易ふ。用て祖癸の彝を作る。臤（圖象）

鳳は鳥とやや異つた字にかかれているので、卜文を參考して鳳と釋しておく。臤には觶・兕觥・鼎・𣪘などあり、周初の臤尊の臤もこの族であろう。

50 鳥鼎 〔銘〕十二家・貯・五 〔器〕同上

鳥（圖象）。

鳥形。大嘴の鳥を描く。何の鳥であるか知られない。器は立耳三足鼎。口下に虺龍、器腹には蟬文が三角形に竝べられている。

51　魚父乙卣　〔銘〕錄遺・二四八

魚（圖象）　父乙。

乙字は雙鉤。殷文にはときにこの種の雙鉤がある。字は波折の強い書體である。同銘の卣一器を善齋・禮三・一二に錄し、繩形の提梁、項下に小圈文に挾まれた波狀の方形雷文を飾る。魚にはまた父庚・父己の器がある。

52　魚父己尊　〔銘〕拓本　〔器〕兩罍・三・一一

魚乍父己寶隮彝。

魚（圖象）　父己の寶隮彝を作る。

魚にはまた伯魚の器も多い。尊は中層に饕餮を飾つている。

53　魚父庚段　＊〔器〕冠斝・上・一八

銘があり、「魚乍父庚彝（魚〔圖象〕父庚の彝を作る）」という。段は無耳。口下と圈足部に虺龍文、器腹には斜格雷文の閒に乳文を飾る。乳文は鋭く突起している。近年凌源から出土した魚父癸段も、器形はこれと同じ。

54　曩侯段　〔銘〕澂秋・一四　〔器〕同上

亞曩侯矣　父乙。

亞字形中に曩侯の二字、下に矣字があり、父乙と銘する。矣は疑の初文。杖を植てて凝然として立つ象である。系の器は頗る多く、七十數器に及んでいる。

55　爵　〔銘〕貞松・中・二七　〔器〕同上

（圖象）

器腹に線條の饕餮文を飾る。銘は鋬下にある。

56　梻柜壺　〔銘〕三代・一二・六・三

亞梻柜（圖象）　父乙。

虎形は繪畫的に描かれている。他に梻觶・伯梻段というものがあり、觶は目雷文、段は附耳夔鳳文の器である。100の宰梻も同じ家であろう。

57・58　亞醜形者姛爵　＊〔器〕歐米・六三　〔銘〕三代・一六・四〇・五

亞醜形　者姛以大子隮彝。

亞醜形（圖象）　者姛、大子の隮彝に以（もち）ふ。

銘は器中にある。醜は禮冠をつけた巫祝が鬯酌の器を奉じている象で醜字ではないが、通訓によつておく。鬯酌のことを掌る職を示す。大子の二字を銘末に記すものもある。器は方爵にして平底。同銘の器に方爵・方尊・方罍・兕觥・匜・甗などあり、何れも花文雋鋭、制作のすぐれたものが多い。

59　亞醜形罍　〔銘〕澂秋・二九　〔器〕同上

亞醜形（圖象）。

この種の銘は甚だ多い。蓋に夔鳳・圓渦、器の項下に目雷文、次に圓渦・夔鳳の帶文あり、下腹は蕉葉形雷文を飾つている。

60　亞醜形者姛兕觥　＊〔器〕日本・二六二

銘は58に同じ。虺龍・饕餮・夔鳳を主文としているが、この種のものには、他に蓋や鋬の各部に多くの獸形文を付するものが多い。

61　多亞聖彝　〔銘〕三代・六・四九・一

辛巳、王酓多亞聖亯京。易貝二朋。用乍大子丁。

辛巳、王、多亞聖を亯京に酓（いん）（歈・飲）して す。貝二朋を賜ふ。用て大子丁の を作る。

酓は飲。儀禮の名。多亞は職名。卜文にもみえている。聖はまた99天子聖・117彔子聖ともいう人であろう。亯京は聖所の名。卜辭には某京というものが多い。聖は大子丁の族。殷の滅亡後、周に對して反抗した彔父・彔子聖であるとすれば、殷末の器である。末一字は器名であろう。文左行、字も多く左文である。三行二〇字。

62　亞吿段　〔銘〕錄遺・一四七・二　〔器〕鄴中・三・上・二六

己亥、王易貝、在𩫖、用乍父己隮彝。

己亥、王、貝を賜ふ。𩫖に在り。用て父己の隮彝を作る。（圖象、亞字中吿）

銘末の一字は亞中に吿字を加えている。吿は卜辭一期の貞人の名にみえる。在下の一字は100宰梻角・新出の戍司鼎（收獲・三二）などにみえ、宮廟の名である。三行一三字。器は腹部の張りが殆んどなく、蓋鈕平底、蓋緣に小圈文、項下に目雷文一道を飾る。
63　司母戊鼎　〔銘〕錄遺・五〇　〔器〕安陽發掘・八九
司（圖象）　母戊。

器高一・三七米。現存方鼎中最大のものである。安陽武官村西北崗出土。いま南京博物館に藏する。文字瀾大、器の氣象に適うものがある。
64　司母戊鼎耳部　＊〔器〕照片
立耳の外部に雙龍相對う浮彫の文様がある。近年岐山出土の外叔鼎（文物・一九五九・一〇）の立耳に雙虎の相對う文様があり、何れも稀にみるところ。103成王方鼎・大保方鼎の耳はこれを彫鑿にしたものである。
65　父戊方彝　〔銘〕錄遺・五〇七
〓宔。父戊告彡。

〓、宔（休）せらる。父戊に告彡す。

文は難讀。宔は休と同じく用い、休賜の意であろう。〓は32にもみえ、作器者の名。彡は117大保殷・142中爯殷にもみえ、造と同義の字。告造は何れも祭儀のことであろう。同銘二器。
66　戟尊　〔銘〕貞松堂・上・四〇　〔器〕同上
戟乍父丁寶𨺅彝。

戟、父丁の寶𨺅彝を作る。

直方體を交えた雄渾な書風である。器は太い陽線で便化した蟬文・方雷文を飾る。

67・68　〓鼎　〔銘〕癡庵・二　＊〔器〕同上
〓宮晉〓医宜。

〓（圖象）　晉〓侯の宜に宔せられる。

文難讀。宮は宔であろう。宜は𨺅宜。76にみえる。その際に休賜を受けたのであろう。器は立耳三足鼎。器腹甚だ深く、項下に美しい饕餮文がある。
69　見甗　〔銘〕善齋圖・五一　〔器〕同上
見乍甗。

見、甗を作る。

乍の字左文。器は鬲部に饕餮、上體は目雷文を飾る。
70　盗卣　〔銘〕十二家・尊・五　〔器〕同上
盗（圖象）▼己　且丁　父癸。

鼎文にもこの例がある。▼は且（祖）の前にあるので帝の初文と考えられている。帝と嫡とは同系の語。禘祀するものを嫡という。
71　孜觶　〔銘〕夢鄣・上・四〇　〔器〕同上
孜乍父癸彝。　〓
孜、父癸の彝を作る。　舟（圖象）
舟は孜氏の圖象標識である。器は素文。わずかに頸部に一弦文をめぐらしている。
72　田農鼎　〔銘〕錄遺・六六
田農乍寶𨺅彝。

田農、寶𨺅彝を作る。

田農は農彝・農殷の農と同じ家であろう。殷（故宮・下・一五二）は兩耳の殷、器腹に饕餮、圈足に虺龍を飾っている。

73・74　父戊卣　〔銘〕拓本　＊〔器〕照片
乍父戊寶彝。

父戊の寶彝を作る。

正統派の書風である。器は筒形の卣。器蓋に直文と夔鳳とを交互に帶文としている。銹斑あり、色澤が極めて美しく、稀有の優品である。白鶴美術館藏。
75　皀承卣　〔銘〕三代・一三・二八・四　〔器〕西清・一五・二四
皀承乍文父丁𨺅彝。　〓
皀承、文父丁の𨺅彝を作る。　〓（圖象）
皀字下に一畫あり、卜文の皀に當る。脈肉を貫く象である。器は通體肉の太い饕餮・虺龍を飾り、蓋は無角。

76　作册般甗　〔銘〕三代・五・一一・一　〔器〕澂秋・一一

王宜夷方無敄。咸。王商乍册般貝。用乍父己㸓。册。

王、夷方無敄に宜（㸓宜）す。咸る。王、作册般に貝を商（賞）す。用て父己の㸓を作る。

册形圖象。

宜は賜饗をいう。長上に供するときは㸓宜という。夷方無敄に賜饗してその禮が終つた後、作册般に貝が賜與された。作册は官名。もと犠牲を掌る職であつたが、のち祀典・册命の儀禮に與るものとなつた。册形は圖象標識。作册の職には、册形を圖象に用いるものが多い。三行二〇字。器は口緣下の目雷文につづいて下に蕉葉雷文、鬲部に饕餮を飾つている。

77　㚸鼎　〔銘〕續殷・上・二四

己亥、㚸見事彡彭。車叔商㚸馬。用乍父庚㸓彝。

己亥、㚸、彭に見事す。車叔、㚸に馬を商（賞）す。用て父庚の㸓彝を作る。　天黽形圖象

㚸は作器者の名。見事は匽侯旨鼎にもその語があり、170賢𣪕に「公叔初見于衛（公叔、初めて衛に見ゆ）」というのも同例である。見は謁見の義。後の覲に當るとみてよい。彭は殷金文に彭・彭女とみえる彭であろう。㚸は車叔の臣從であつたらしく、臣事の禮に當つて賜與をえたのである。銘末の圖象標識は從來天黽・冀などとかりに釋されているが、未詳。四行一九字。

78・79　小臣艅犧尊　〔銘〕三代・一一・三四・一　＊〔器〕水野・七〇、七一

丁巳、王省夒且。王易小臣艅夒貝。隹王來正夷方、隹王十祀又五、肜日。

丁巳、王、夒祖を省す。王、小臣艅に夒の貝を賜ふ。隹れ王、來りて夷方を征する、隹れ王の十祀又五の肜するの日なり。

省は巡察。夒は地名。且は祖の初文。社の類であろう。小臣は卜辭にもみえ、貴族出身の家柄を示す語で、のち官名となつた。賜貝のときに、この銘のように某地の貝ということがある。王が東夷征伐の途次に夒地を巡察し、扈從した小臣艅に賜與したことを記している。「隹王來正夷方」は紀年の代りに用いており、これを大事紀年形式といい、殷末周初に行なわれた。銘はまたつづけて「隹王十祀又五」という。十五年の意。肜日は祭名。先王と王妣の祭祀は月次祭として一定の次序を以て行なわれ、殷末にはこれを一巡するのにほぼ一年を要した。祭祀は五種あり、これを五祀周祭という。十祀又五とはその周祭が十五次行なわれたこと、從つて王の十五年の意となる。董作賓氏の殷暦譜（下編二・祀譜三）にこの器を帝辛十五祀正月丁巳とする。帝辛期には十祀秋から十一祀夏にわたる夷方征伐が行なわれ、器銘はその後の東征の際のものである。四行二七字。器は山東壽張出土。いわゆる梁山七器の一。七器中には召公關係の器が多い。尊は犀形の犠尊。このように寫實的な犠尊は、むしろ異例に屬する。いま Mr. A. Brundage 藏。

80　𡢁父癸卣　〔銘〕三代・一三・三四・一　〔器〕西淸・一五・三四

子易𡢁。用乍父癸㸓彝。

子、𡢁に賜ふ。用て父癸の㸓彝を作る。　天黽形圖象

子は王子。賜與の物を記していない。銘末の圖象文字は77にもみえ、その器は甚だ多い。器蓋ともに饕餮文を飾つている。根津美術館に同銘の卣一器を藏している。

81・82　小臣𢆶卣　〔銘〕拓本　＊〔器〕日本・五一

王易小臣𢆶易。在寢。用乍且乙㸓。

王、小臣𢆶に易を賜ふ。寢に在りてなり。用て祖乙の㸓を作る。（圖象）

三代・一三・三五に三銘あり、二器あるらしい。日本・五一の銘はその第一銘、ここに錄するものは第二銘である。小臣は官名。78參照。𢆶下の易字は第二字と形異なり、名詞によむべきであろう。語例によるとここには賜物の名をあげるところである。寢は廟寢。銘末の圖象中、と末二字とは別箇に用いられている例がある。器はかなり繁縟な制作で、各部に夒鳳・虺龍・饕餮などの文様を飾つている。

83　小子母己卣　〔銘〕錄遺・二五八・二

小子乍母己。

小子、母己を作る。

小子は王子中の身分稱號。4參照。母己の下に㸓彝などの語が略されているが、これが古い形式である。

84　抱子形父丁𣪕　〔銘〕拓本

抱子形（圖象）父丁。

子を抱持する象をかく。子は兩手を上下していて、王子である。保と立意の似ている字である。

85　女子小臣兒卣　〔銘〕三代・一三・三三・五　〔器〕長安・一・二〇

女子小臣兒乍己隮彝。〓

女子小臣兒、己の隮彝を作る。〓（圖象）

小臣は身分稱號。78・81にみえる。女子を冠していうことは稀有である。その子字も王子の場合と同形であることが注意される。〓は9參照。86のように、小臣の身分に用いる例が多い。己は父考などの廟號。器は項下に小圈文に挾まれた美しい目雷文をもち、上層は立刀形をなす。壺形に近い卣である。

86　缶鼎　〔銘〕三代・五三・二

王易小臣缶湡賫五年。缶用乍享大子乙家祀隮。〓。父乙。

王、小臣缶に湡の賫（積）五年を賜ふ。缶、用て大子乙の家祀に享する隮を作る。〓（圖象）父乙。

小臣・〓については85參照。小臣缶及び湡の名は何れも第五期卜辭にみえる。賫は賦納をいう。年は稔穀。湡の地の五年の收穫を賜うたことをいう。大子乙は父乙であろう。〓標識の族が王子の出自であることを證する好例となしうる。文四行二二字。

87　小臣豐卣　〔銘〕錄遺・二六九

商小臣豐貝。用乍父乙彝。

小臣豐に貝を商（賞）せらる。用て父乙の彝を作る。

授與者を記していないが、おそらく王からの賜與であろう。宏達なる書風である。

88　邐方鼎　〔銘〕拓本　〔器〕恆軒・四

乙亥、王餗。在僉餗。王鄉酉。尹光邐。隹各商貝。用乍父丁彝。隹王正井方。〓

乙亥、王餗す。僉の餗に在り。王鄉（饗）酒す。尹、邐に光（光賞）す。隹れ格りて、貝を商（賞）す。用て父丁の彝を作る。隹れ王の井方を征する（年）なり。〓（圖象）

王下の一字は卜文にもみえ、祭儀の名。148にみえるものと同じ。餗（師）は軍旅の基地。そこで餗の祭祀を行ない、終つて饗酒したが、このとき尹の隷下の邐がそのことに奉仕して褒賞をえた。光は146令彝・麥彝・麥盉にみえる。90小子畬卣には光商の語がある。尹自ら來つて邐に貝を賞し、邐はそれによつて父丁の器を作つた。末文は大事紀年形式。井方を伐つたことは、卜辭では武丁期・武乙文丁期にみえ、この器にいうところは後者であろう。〓は36・37にみえる。器は立耳の方鼎。口下に蝸形の展開文あり八圓渦文を配し、器腹は三方に乳文、足頭に饕餮を飾る。康初の186作册大方鼎（本集・二）と殆んど同じ。周初の器は多く殷制を承けているのである。文四行二八字。

89　邑斝　〔銘〕冠斝・上・三九　〔器〕同上

癸巳、王易小臣邑貝十朋。用乍母癸隮彝。隹王六祀肜日。在四月。〓

癸巳、王、小臣邑に貝十朋を賜ふ。用て母癸の隮彝を作る。隹れ王の六祀肜する日なり。四月に在り。〓（圖象）

この銘によると、〓は小臣の家柄である。肜日は五祀周祭の一。六祀肜日は宰丰骨（甲骨集・八七）・豐彝（薛氏・二・三八）にもみえ、董作賓氏は帝辛六年とする。器は制作・文字何れも90小臣畬卣に近い。二行二六字。

90・91　小子畬卣　〔蓋銘〕拓本　＊〔器〕照片

乙巳、子令小子畬、先以人于堇。子光商畬貝二朋。子曰、貝唯蔑女曆。畬用乍母辛彝。在十月。月隹子曰、令望夷方䍐。

乙巳、子、小子畬に命じ、先んじて人を堇に以ゐしむ。子、畬に貝二朋を光商（賞）す。子曰く、貝は唯れ女の曆を蔑すなりと。畬、用て母辛の彝を作る。十月に在り。月は隹れ子、曰ひて夷方䍐を望ま令めし（ときなり）。

器は白鶴美術館藏。ここに錄したのは蓋銘。乙巳の巳に重點あり巳・子に兩用している。小子は王子。83にみえる。先は先行。光商は寵光賜與するをいう。蔑は伐旌、曆は功歷。望は敵方を視てこれを壓服する厭勝儀禮。先・望は何れも征旅の際の呪的意味を含む行爲である。器銘は錄入しなかつたが「〓母辛」の銘がある。〓は小子小臣の家に用いる圖象標識である。夷方䍐は夷方中の一部族。末文は大事紀年の形式をとる。殷末夷方征伐のものである。器は蓋・口緣・足に虺龍・瓣花文を交えた帶文があり、器制極めて高雅、殷代貴游の遺品中、最も精美にして氣品に富む優品で、字跡もまたこれに適うものがある。文四行四四字。

92・93・94　卬其卣一　〔銘〕錄遺・二七四・二，三　＊〔器〕鄴中・三・上・三二

丙辰、王令卬其、兄𤼈㱙夆田。穷貝五朋。在正月。遘㱙妣丙肜日。大乙奭。隹王二祀、既𡜲㱙上下帝。

亞形中莫犬（圖象）　父丁。

亞字形中、莫犬（圖象）　父丁。

丙辰、王、卬其に命じ、𤼈として、夆の田を貺らしむ。、貝五朋を穷（賓）らる。正月に在り。妣丙の肜する日に遘ふ。大乙の奭なり。隹れ王の二祀、既りて上下帝を𡜲る。

卬其の卣は三器あり、文はみな異なる。𤼈は𤼽の異體の字で殷に從う。賜與をいう。夆の田を貺るに當つて卬其がその恩命を傳え、儐物として受賜者より貝五朋をえたのである。受賜者の名は隸釋しがたい。「在正月」以下は殷末の紀年法で、文首に日の干支あり、日月祀倒敍形式という。五祀周祭の日を合せて記している。妣丙は大乙の妣。奭（爽）は先王の妣をいう。二祀正月丙辰、大乙の妣である妣丙に肜の祭りをする日である。𡜲もまた祭名。銘は器の外底にあり、文七行三八字。五朋・妣丙・大乙・上下帝はみな合文。蓋銘は亞字形中に莫犬の象を記し、父丁の廟號を記す。内底も同銘。父丁の祭器として作られたものである。

器は環耳の卣。口下と圈足に虺龍の帶文を配し、蓋には鈕あり、無角。殷末の制である。

95　卬其卣二　〔銘〕錄遺・二七五・二

乙巳、王曰隮文武帝乙宜。在𩰫大廊。遘乙翌日。丙午𩰫、丁未𥂴。己酉、王在梌。卬其易貝。在四月、隹王四祀、翌日。

乙巳、王曰ひて、文武帝乙に隮して、宜す。𩰫の大宙に在り。乙の翌（祭）する日に遘ふ。丙午、𩰫し、丁未、𥂴す。己酉、王、梌に在り。卬其、貝を賜ふ。四月に在り。隹れ王の四祀、翌（祭）する日なり。

隮宜は144令𣪘に連用の例がある。ここは帝乙に供薦して祀る意。𩰫は卜辭末期の田獵地名。そこに聖處があつて先王を祀つていたのである。𩰫廊は卜辭（後・上・一二・一）にみえる。この方面で殷末に田獵が盛んに行なわれたのは、殷の聖都が近くにあつたからであろう。乙は武乙。翌は祭名。𩰫・𥂴は祭儀。丁未は乙巳より第三日、己酉は第五日に當る。梌も地名。一連の祭祀が終つて、その祭儀に奉仕した卬其が貝を賜賞されてこの器を作つた。銘は第一器と同じく器の内外底及び蓋内の三銘あり、これは外底銘である。文八行四一字。字跡は第一器と似ている。蓋銘と内底銘は第一器に同じ。

96　咎卣　〔銘〕三代・一三・三八・六

辛亥、王在廙。降令曰、歸禪㱙我多高。咎易嫠。用乍后且丁隮。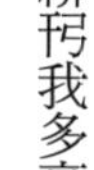

辛亥、王、廙（宮）に在り。命を降して曰く、我が多高に歸禪せよと。咎、嫠を賜ふ。用て后祖丁の隮を作る。（圖象）

廙は庂に同じ。離宮別館をいう。その地で命を發し、歸廟して多高祖に祭祀を行なわせ、賞賜を與えられた。嫠は釐。后祖丁は卜辭第三期以後にみえる。咎は火に從う象であるが、かりに釋した。は36・37・88にみえる。文は四行二四字。

97　王角　〔銘〕三代・一六・四六・四

王乍母癸隮。

王、母癸の隮を作る。

98　王𣪘　〔銘〕三代・六・二九・一　〔器〕懷米・上・一九

王乍又𪗍彝。

王、又𪗍彝を作る。

97・98、兩者の字樣近く、殷末王家の器であろう。文丁の妣は嫡庶ともに癸と稱しているので、器は帝乙期のものと思われる。𣪘は無耳。圈足部高く、口・足にわずかに二弦文を付するのみ。又𪗍彝は142中爯𣪘にも「又寶彝」とみえる。左・中という例をみないので、又はあるいは侑の意であろう。

99　聖觚　〔銘〕三代・一四・三一・三

天子耶乍父丁彝。

天子耶、父丁の彝を作る。

耶は聖。父丁の器を作つているので東方系の器であることが知られる。聖はおそらく61の多亞

聖、117の彔子聖、文獻にいう彔父であろう。殷の後は、周初にあつてもなお天子と號していたのである。

100・101　宰椃角　〔銘〕三代・一六・四八・一　＊〔器〕删訂泉屋・二六

庚申、王在䲭。王各。宰椃从。易貝五朋。用乍父丁隮彝。在六月、隹王廿祀、翌又五。

庚申、王、䲭に在り。王、格る。宰椃、従ふ。貝五朋を賜ふ。用て父丁の隮彝を作る。六月に在り。隹れ王の廿祀、翌(祭)するの又五なり。

各は聖處に至るをいう。䲭において祭祀が行なわれたのであろう。䲭の異構は62にみえた。宰は官名。椃は56にみえる椃と關係があろう。翌は五祀周祭の一。日月祀倒敍形式の銘である。董作賓氏は文末を帝辛廿五祀の翌祭日とみている。文五行三〇字。鋬下になお「庚册」の二字がある。器は器腹に饕餮の帶文、その上に蕉葉文あり、器形整美、圖文精巧にして、殷末における技法の優秀さを示している。いま泉屋藏。

102・103　成王方鼎　〔銘〕周存・二・補　＊〔器〕水野・九二

成王隮。

成王の隮。

成王はこの場合生稱とみられる。いわゆる百乳文方鼎。兩耳は各〻雙龍相對う形から成り、大保方鼎と同じ。殷器の64司母戊方鼎の耳にも同様の文様をもつ。角稜は脚頭に及んで獸首をなしている。口下の夔鳳は尾部上卷、鳥身は曲線的である。字跡は高古典麗、周初の優品といえよう。

104　康侯丰方鼎　〔銘〕三代・三・三・四　〔器〕故宮・下・六一

William Rockhill Nelson Gallery of Art 藏。

康医丰乍寶隮。

康侯丰、寶隮を作る。

同銘の鼎一器あり、他に「康医」と銘する九器が知られている。丰は封の異文。106康侯設にみえる康侯と同じく、書の康誥にいう「小子封」のことと考えられる。四角及び各面正中に稜あり、器腹に饕餮文を配しているが、文様はかなり便化している。木蓋玉頂を附しているという。

105　趞卣　〔銘〕三代・一一・三四・二　〔器〕斷代・二・一〇

隹十又三月辛卯、王在岸。易趞采。曰趞。易貝五朋。趞對王休、用乍姑寶彝。

隹れ十又三月辛卯、王、岸に在り。趞に采(土)を賜ふ。趞と曰ふ。貝五朋を賜ふ。趞、王の休に對へて、用て姑の寶彝を作る。

同文の尊一器あり、著錄には多く兩者を混殽しているが、卣は器蓋二銘、第四行が何れも王休からはじまり、尊は休用からはじまる。十又三月は殷の初期卜辭にみえ、西周の器にも前期の器に數例がある。岸は174睘卣にもみえる。采は采地。采土と貝と賜物を異にしているので、文を改めて記している。四行二八字。器は兩耳犧首、蓋及び項下・圈足部に凸線を以て表出した顧首の虺龍帶文があり、鮮麗を極めている。蓋鈕は平底、兩角なく、周初の器制と考えられる。

106・107　康侯設　〔銘〕錄遺・一五七　＊〔器〕斷代・一・三

王朿伐商邑。征令康医、啚于衞。渣嗣土逘、眔啚。乍厥考隮彝。〓

王、商邑を朿伐す。命を康侯に征だし、衞に鄙つくらしむ。渣の嗣土逘、眔に鄙つくる。厥の考の隮彝を作る。〓(圖象)

一九三一年、河南濬縣の出土という。康侯及び逘の諸器など同出の器が多い。いま英國 Major General Neill Malcolm の藏に歸している。文は四行二四字。朿伐は刺伐。商邑は當時の殷都。康侯は書の康誥にみえる武王の弟封で、康誥は封を衞に封ずるときの策命である。この銘文では、康侯に命じて衞地に鄙を作らせ、東方戡定の兵站基地たらしめたことをいう。そのとき渣地の嗣土たる逘がそのことに協力して賜賞をえ、その文考の器を作つたのである。〓は逘の族標識。逘の器は他にも八器知られており、次にその一器を錄した。器は兩耳、珥あり、犧首の耳は直立している。口下・圈足部に圓渦・瓣花文を配し、器腹に直文を飾る。安陽出土の大理石設に相似た器制のものがある。克殷當時の器と考えられ、周器としては最も時期の早いものに屬する。

108・109　逘盤　〔銘〕錄遺・四九〇　＊〔器〕日本・九〇

〓　逘乍厥考寶隮彝。

〓(圖象)　逘、厥の考の寶隮彝を作る。

前器と同じく逘の作るところ。逘の諸器にはその祖考の名を記したものがない。字跡は前器と似て宏達である。器は西宮の辰馬悅藏氏藏。口下に小圈文を伴う蟬文、圈足部に目雷文を飾る。

圏足甚だ高く、外觀は一般の盤と異なるほどである。

110　遽伯睘彝　〔銘〕三代・六・四六・二

遽白睘乍寶隮彝。用貝十朋又四朋。

遽伯睘、寶隮彝を作る。貝十朋又四朋を用ふ。

貝十又四朋を以てこの器を作つたという。彝器の製作費を記した稀有の例である。174睘卣もこの族の作器であろう。

111・112　禽𣪘　〔銘〕三代・六・五〇・一　＊〔器〕斷代・二・一

王伐禁侯。周公某、禽祝。禽又戚祝。王易金百寽。禽用乍寶彝。

王、禁侯を伐つ。周公謀り、禽、祝る。禽に戚き祝有り。王、金百鍰を賜ふ。禽用て寶彝を作る。

禁を楚の異文とする說もあるが未詳。某は祝冊を掲げている象で祝告。祝も禱告の象。戚はその禱告の方法を示す字であろう。寽は後の鍰。金百寽は賜賞として非常な重賜である。某・戚祝は外征のための厭勝儀禮であるらしく、周公とその子伯禽とがそのことに從つている。周公の家稱が記されていることは、資料的にも貴重である。他に同銘の鼎（三代・四・二・三）がある。兩耳、珥あり、圏足高く、口下及び圏足部に鮮麗な目雷文がある。器制は𣪘器に近い。

113・114・115　大保卣　＊〔器〕照片　〔蓋銘〕拓本　＊〔器銘〕照片

大保鑄。

大保、鑄る。

河南濬縣の出土と傳える。白鶴美術館藏。大保は皇天尹大保召公奭。周の建國を輔け、周公旦と竝稱される召公自作の器。銘は「大保作」というのに同じ。器蓋二銘。器銘は從來殆んど知られていなかつた。器は彫像的な雞形の卣で、器制は類例乏しく、通體綠色を呈し、極めて制作のすぐれたものである。

116　叔隋器　〔銘〕故宮院刊・二・一八四　〔器〕斷代・三・一

隹王皋于宗周。王姜、史叔使于大保。賞叔鬱鬯・白金・〓牛。叔對大保休、用乍寶隮彝。

隹れ王、宗周に皋す。王姜、叔をして大保に使せしむ。叔に鬱鬯・白金・〓牛を賞せらる。叔、大保の休に對へて、用て寶隮彝を作る。

二器。杭州浙江省文物管理委員會藏。近年、同會保管の僞器中から發見されたもの。器形は二器同じく、器蓋に貫耳あり、全體の形は卣・壺に近いが、器・蓋の口部が隋方形であるから隋器という。僞器とされていたのも、類例の少い器形のためらしく、銘は器蓋二文、計四文あり、字跡謹飭整齊、周初の眞刻たること疑がない。皋は祭名。153獻侯鼎・盂爵にみえる。王姜は成王の妃。叔は右旁を丑形に作る。大保は召公奭であろう。史はこの場合使で使役の意。鬯・金・牛を賜物とすることは147令彝にみえる。使者には儐を賜う例であつた。五行三二字。

117・118　大保𣪘　〔銘〕尊古・二・七　＊〔器〕同上

王伐彔子耶。叡厥反、王、降征令于大保。大保克苟亡𠷎。王、衫大保、易休余土、用茲彝對令。

王、彔子聖を伐つ。厥の反するに叡んで、王、征命を大保に降す。大保、克く敬みて、譴亡し。王、大保に造りて、余の土を賜休す。茲の彝を用て命に對ふ。

清末に山東壽張の梁山より出土したいわゆる梁山七器の一。七器は殆んど大保關係の器である。王は成王。彔子聖は文獻に祿父、99聖甗に天子聖の名でみえるもので、この征伐はいわゆる祿父の叛をいう。征命は征討の命。苟・𠷎はみな敬・譴の初文。衫は142に逆造の造に用いる例あり、王が親しく大保のところに來つて恩命を與えたことをいう。末文の形式は多く例をみないものである。字跡は暢達雅馴のうちに雄違の氣象がある。器は四耳の𣪘。耳の獸角が大きく張り、圏足高く、器腹の饕餮は眼形甚だ大、器形の全體が異様な力強さに充ちている。

119　小臣單觶　〔銘〕三代・一四・五五・五

王後𠬝克商、在成𠂤。周公易小臣單貝十朋。用乍寶隮彝。

王の後𠬝、商に克ちて、成の師に在り。周公、小臣單に貝十朋を賜ふ。用て寶隮彝を作る。

𠬝は石室の土主に手を加えている形。字未詳。後𠬝はこの場合軍の部屬の名であろう。成𠂤は競卣にもみえ、その師によつて東征が行なわれている。おそらく成皋の附近であろう。𠂤は軍の基地。周公は周公旦の生稱。小臣は官名。東方系出自の貴戚に多い。克商の軍中に東方出自の族も加わっているのである。

120　明公𣪘　〔銘〕三代・六・四九・二　〔器〕通考・三〇一

唯王令明公、遣三族伐東或、在䍙。魯医又囗工。用乍肇彝。
唯れ王、明公に命じ、三族を遣はして、東國を伐たしむ。䍙に在り。魯侯に囗工有り。用て旅彝を作る。

明公は147令彝にみえ、周公の子。その三族を遣わして東國を討伐させたとき、魯侯が軍旅に關する儀禮を行なつて成功があり、この器を作つた。工は戎工、軍事の意。囗は繇で祝禱の儀禮をいう。肇彝は旅器。旅宮に用いる器であろう。魯侯は111・121にみえる禽・大祝禽であると思われ、從つて器は魯侯設というべきであるが、從來明公設の名で知られている。文四行二二字。器はもと清宮の舊藏で器制頗る奇異。兩耳が下垂して方座の兩旁に衣紋狀をしており、眞器かどうか疑わしい。銘も精彩ある字ではないが、僞刻というほどでなく、明公・魯侯など重要な人物の名がみえるので錄しておく。

121・122 禽方鼎 〔銘〕三代・二・四一・五 ＊〔器〕尊古・一・二四

大祝禽鼎。
大祝禽の鼎。

禽は伯禽。111の禽設とともにその自作の器である。當時伯禽は大祝の職にあり、あるいは入魯以前の器であろう。器は方鼎。口下に目雷文、器腹の三方に乳文がある。設周の閒に多く行なわれた器制である。

123・124 大史友甗 〔銘〕泉屋解說・一七 ＊〔器〕刪訂泉屋・三

大史曶乍䀠公寶隮彝。
大史友、䀠公の寶隮彝を作る。

山東壽張出土の梁山七器の一。大史は官名。䀠公は召公奭であろうと思われ、それならば康初に下る器であるが、いま類を以て召族關係の器中に列しておく。文字暢達、182䀠尊など䀠器の一群と通ずるものをもつている。器は下部饕餮、上部項下に虺龍を飾る。水銀色の美しい光澤をもつ器である。

125 伯害盉 〔銘〕三代・一四・九・八 〔器〕頌齋・續・五六

白害乍䀠白父辛寶隮彝。
伯害、䀠伯父辛の寶隮彝を作る。

梁山七器の一。䀠伯父辛は召公の父。從つて伯害は召公の兄弟輩に當る。器蓋二文。177害鼎も銘末に大保の銘識があり、伯害と同一人のようである。盉は蓋緣・項下に二弦文、鼎は一弦文を付するのみで、文樣も似ている。

126・127 匽侯盂 〔銘〕文物參考・一九五五・八 ＊〔器〕新獲・四〇・二

匽医乍饙盂。
匽侯、饙盂を作る。

一九五五年五月、熱河淩源の出土。同出十六件、概ね殷周閒の器で、この期のものが熱河から出土していることが注目される。饙は祭祀に供薦する意で、器名の上につけていうことが多い。匽も召公一族の封ぜられた地と考えられ、その名のみえる177害鼎には大保の標識がある。この器は大きな顧鳳を主文としている。

128 雁公鼎 〔銘〕三代・三・三六・三

雁公乍寶隮彝、曰、〓、以乃弟、用夙夕鷺享。
雁公、寶隮彝を作る。〓と曰ふ。乃の弟と、用て夙夕に鷺享せよと。

雁公の器。雁公の名のみえるもの十餘器あり、みな周初の器である。〓は申と大とに從う。字は未詳。以は與。器銘によると本器は雁公がその族人に與えた器であるらしく、兄弟相ともに夙夕鷺享することを命じた珍しい文例のものである。斷代（三・五）に雁公方鼎を錄する。項下に凸線を以て描かれた美しい垂尾夔鳳の帶文がある。

129 北子鼎 〔銘〕三代・六・四二・四 〔器〕斷代・三・二

北子乍母癸寶隮彝。
北子、母癸の寶隮彝を作る。

北は邶・鄘・衞の邶であろうと思われる。他に北子の器三器、北伯の器三器あり、概ね燕地から出土している。すぐれた器制のものが多い。この器は著錄に多く彝としているが立耳四足、隋形の方鼎である。小圈文に挾まれた直文を配した帶文があり、器制・文樣ともにあまり例をみないものである。母癸の器を作つているので、北子は東方の族とみられる。

130　伯貉尊　〔銘〕三代・一一・二二・六

白貉乍寶𨹞彝。

伯貉、寶𨹞彝を作る。

字跡からみて周初の器と思われる。同銘の卣がある。

131・132　艅伯卣　〔銘〕冠斝・上・五六　＊〔器〕同上

艅白乍寶𨹞彝。

艅伯、寶𨹞彝を作る。

同文の尊・彝もある。艅はあるいは78小臣艅犧尊にみえる艅の族であろう。亞字形中に艅を加えた標識の器もある。この卣は176盂卣と形制が極めて近い。

133　雝伯鼎　〔銘〕三代・三・三一・三　〔器〕夢鄣・上・一〇

王令雝白啚于出、爲宮。雝白乍寶𨹞彝。

王、雝伯(ようはく)に命じて、出(いうひ)に啚つくらしめ、宮を爲(つく)らしむる。雝伯、寶𨹞彝を作る。

啚を作らせることは106康侯𣪘にみえる。ここでは宮を作爲するためである。こういう王命に奉仕することは寵榮とされたのであろう。器は立耳三鳥足鼎。器腹に饕餮を飾り、立稜が鳥足につづく。器制に多少疑問がもたれるが、字跡はすぐれている。出の末一畫に逆入の手法がみられる。

134　泉伯卣　〔銘〕三代・一三・三六・五　〔器〕善齋・禮三・三三

隹王八月、泉白易貝于姜。用乍父乙寶𨹞彝。

隹(こ)れ王の八月、泉伯(きはく)、貝を姜より賜ふ。用て父乙の寶𨹞彝を作る。

王八月のように王を冠していう例は、周初には多くない。姜はあるいは王姜であろう。器は兩鐶羊首。善齋の圖は失蓋であるが、三代には器蓋二文を錄している。三代の器文を錄した。

135・136　雝姒𣪘　〔銘〕三代・六・三六・六　＊〔器〕尊古・二・二

雝姒乍寶𨹞彝。

雝姒(ようじ)、寶𨹞彝を作る。

姒は一應近似の字を以て釋したが、字は異なる。133雝伯の家の器であろう。器は附耳方座の𣪘で項下に圓渦の帶文あり、その下及び方座に二弦文を付す。項下及び方座上面の四隅に蟬文があり、婦人の器らしい優雅さを示している。

137　保卣　〔銘〕錄遺・二七六　〔器〕斷代・一・一

乙卯、王令保及殷東或。五医祉兄六品。蔑曆于保、易賓。用乍文父癸宗寶𨹞彝。遘于四方迨王大祀祋于周。在二月既望。

乙卯、王、保に命じて、殷の東國に及ばしむ。五侯祉、六品を貺(おく)り、保に蔑曆(べつれき)せられ、賓(おくりもの)を賜ふ。用て文父癸宗の寶𨹞彝を作る。四方、王の大いに周に祀祋(しいう)するに迨(あつ)まるに遘(あ)ふ。二月既望に在り。

保は何びとか不明。周召二家何れも保と稱しているので、その何れかであろうと思われる。及は逮及偵察の意。五侯祉は殷系の貴戚たる子祉が五に封ぜられたものであろう。六品は徒隷。出身の族を以ていうときは品を以て數える。蔑曆は功曆を旌表する意。賓は使者に對する禮物であるが、ここでは六品を獻じたことに對する褒賞である。文父癸宗は祉の文考の廟號。迨は會。周は宗周であろう。祀祋は祭祀。文は日月を倒敍。既望のように月象を記すのは周器にはじまる。銘末は大事紀年形式。文七行四六字。同銘の尊とともに近年河南より出土。上海文物管理委員會藏。卣・尊ともに饕餮・小圈文を付す。蓋頂は平底にして兩角はない。

138・139　𤇾子盉　〔銘〕冠斝・補・五　＊〔器〕同上

𤇾子乍父戊。

𤇾子、父戊を作る。

父戊の下に𨹞彝などの語を略している。古い形式である。𤇾の器は十數器あり、165周公𣪘とよばれているものも、實は𤇾氏の器である。優品が多い。この盉は器腹が分當形をなし、器蓋の口緣部に垂尾の夔鳳、流に蟬文を飾る。垂尾の夔鳳は殷器にもすでにみえるものである。

140　芫尊　〔銘〕三代・一一・三三・二　〔器〕懷米・上・一二

隹四月、王工。从芫各中、中易芫鬲。芫𩰬中休、用乍文考𨹞彝。永寶。

隹(こ)れ四月、王、工す。芫(せき)を從へて仲に格(いた)る。仲、芫に鬲(くわん)(圭)を賜ふ。芫、仲の休(たまもの)に揚(こた)へて、用て文考の𨹞彝を作る。永く寶とせよ。

工は160史獸鼎に立工・獻工とみえる工。儀禮を行なうための設營を意味する。仲は人名。おそらく小臣趞鼎にみえる仲であろう。鬲は圭瓚の屬。灌鬯の儀禮に用いるものである。𤔲（揚）字は異體。王字は古形を存して鉞形の字であることが知られ、また工・四の横畫下筆のところに逆入の筆意がみえる。文字奇峭にして別に一格をなす。器は腹部に分尾の夔鳳帯文がある。

141　徳大鼎　〔銘〕文物・一九五九・七　〔器〕同上

王易德貝廿朋。用乍寶障彝。

王、徳に貝二十朋を賜ふ。用て寶障彝を作る。

德氏の器は四器。二毀は Fogg Museum of Art に歸し、本鼎と方鼎とは上海博物館に藏する。第二字は易の初文。徳の二毀にもこの字形を用いている。大鼎の器制はすこぶる大盂鼎に似ている。

142・143　中爯毀　〔銘〕三代・六・四五・二　＊〔器〕海外・一八

中爯乍又寶彝。用鄕王逆衫。

仲爯、又寶彝を作る。用て王の逆造に饗せむ。

98にも「又鬻彝」の語がある。他には殆んど例をみない。末一字は語例によると逆造の造に當る。65・117にもその字がある。器は方座のある毀で、兩耳。器腹に象文、圈足部に虺龍、方座には繁縟な鳳文を飾つている。象文は身部を渦巻狀としており、大豐毀（本集・二・一九六）・效父毀（本集・二・一九二）などは同系に屬する。

144・145　令毀　〔銘〕三代・九・二六・二　＊〔器〕歐米・一二

隹王于伐楚白在炎。隹九月既死霸丁丑、乍册夨令、障宜于王姜。姜商令貝十朋・臣十家・鬲百人・公尹白丁父、兄于戍戍冀𤔲三。令敢𤔲皇王宣、丁公文報。用𩒨後人享、隹丁公報。令用奔展于皇王。令敢展皇王宣、用乍丁公寶毀。用障史于皇宗、用鄕王逆𨒪、用廏寮人。婦子後人永寶。　鳥形册圖象

隹れ王、于に楚伯を伐ちて炎に在り。隹れ九月既死霸丁丑、作册夨令、王姜に障宜す。姜、令に貝十朋・臣十家・鬲百人、公尹伯丁父の戍に眖れる戍の冀𤔲三を賞す。令、敢て皇王の宣たる、丁公の文報に揚ふ。用て後人に詣るまで享して、隹れ丁公に報せよ。令、用て皇王に奔展せらる。令、敢て皇王の宣に展へて、用て丁公の寶毀を作る。用て皇宗に障史し、用て王の逆造に饗し、用て寮人に餫せむ。婦子後人、永く寶とせよ。　鳥形册圖象

一九二九年洛陽の出土と傳えられる。同出の器頗る多く、臣辰諸器もこのときの出土である。D. David Weill Collection 藏。王は成王。炎は181䀌尊にもみえ、その地に召氏の圛宮がある。既死霸は月齢による週名。王國維は一月を初吉・既生霸・既望・既死霸に四分し、各七・八日を充てている。作册は官名。祝册・策命のことを掌る。夨令は人名。夨の家は宜侯夨毀の夨と關係があろう。障宜は納饗獻醴のことをいう。王姜はおそらく成王の妃であろう。王と同行して撫恤のことに當つていたのである。貝以下賜物。朋は一系の貝。臣は家を以て數える。鬲は徒隸。公尹伯丁父は下文の丁公であろう。兄は眖。戍は戍師。冀𤔲三は未詳。あるいは玉を用いた綦組の類であろう。𤔲は對揚。宣は休。文報は先人の餘澤をいう。奔展未詳。殊寵を受ける意であるらしい。展は恩戴し對揚する意。丁公は令の先人であろう。障史は障事。𨒪は造と同意。逆造は出入。廏は毀の動詞形。婦子後人は子〻孫〻に當る語であるが、珍しい用語である。

成王が楚白の征伐に際し炎の地にあるとき、九月既死霸丁丑の日、その地に近い作册の夨令が王妃王姜に納饗の禮を行なつた。王姜はその儐報として貝十朋・臣十家・鬲百人と、公尹伯丁父がかつて戍師に眖つた戍の冀𤔲三とを令に賜うた。令は謹しんで皇の休賜と丁公の餘澤冥報に感謝する。それで後人に至るまで祭祀して、丁公の文德に應えるべきである。令は謹しんで皇王の與えられた休寵にこたえて、丁公の寶毀を作る。これを以て皇宗周室に障事してつかえ、王の出入を饗し、僚官にも饌食を供しよう。婦子後人は永く寶とすべきである。　鳥形册圖象。

鳥形册はこの族の用いた圖象標識で、令器のほか作册大方鼎（本集・二・一八五）にもみえている。同銘二器、何れも器文。一二行一一一字。147令彝の一八七字とともに殷周期彝器中でもかなり長い銘である。文字雄偉、器もまた鬱然たる古器の偉容を示す。毀は失蓋。方座あり、四柱に支えられている。器腹に鈎連雷文、口・足に夔鳳文を飾る。この種の鈎連雷文は殷虛出土の白色土器にもみられるものである。

146・147　令彝　＊〔器〕歐米・一〇　〔銘〕羅振玉・夨彝考釋

隹八月、辰在甲申。王令周公子明保、尹三事四方、受卿事寮。丁亥、令夨告于周公宮。公令、𢓊同卿事寮。隹十月月吉癸未、明公朝至于成周、𢓊令、舍三事令。眔卿事寮眔者尹眔里君眔百

工衆者医・医田男、舍四方令。既咸令。甲申、明公用牲于京宮。乙酉、用牲于康宮。咸既。用牲于王。明公、歸自王。明公易亢師鬯・金・牛。曰、用禘。易令鬯・金・牛。曰、用禘。廼令曰、今我唯令女二人、亢衆矢。奭𠂤右于乃寮、以乃友事。乍册令、敢揚明公尹厥宦、用乍父丁寶障彝。敢追明公賞于父丁、用光父丁。　鳥形册圖象

隹れ八月、辰は甲申に在り。王、周公の子明保に命じて、三事四方を尹し、卿事寮を受けしむ。丁亥、矢に命じて周公の宮に告げしむ。公、命じて、徃でて卿事寮を同めしむ。隹れ十月、月の吉（初吉）癸未、明公、朝に成周に至り、命を徃し、三事の命を舍く。卿事寮と諸尹と里君と百工と諸侯、侯・甸・男に、四方の命を舍く。既りて咸く命ず。甲申、明公、牲を京宮に用ふ。乙酉、牲を康宮に用ふ。咸く既る。牲を王に用ふ。明公、王より歸る。明公、亢師に鬯・金・牛を賜ふ。曰く、用て禘れと。令に鬯・金・牛を賜ふ。曰く、用て禘れと。廼ち命じて曰く、今、我唯れ女二人、亢と矢とに命ず。奭めて乃の寮と乃の友事とを左右けよと。乍册令、敢て明公尹の宦に揚へ、用て父丁の寶障彝を作る。敢て明公の賞を父丁に追ぼし、用て父丁を光かしむ。　鳥形册圖象

令毀と同出。Freer Gallery of Art 藏。辰は日辰に用いる。周暦にのみ見える語である。王は成王であろう。周公の子・明保とは何人であるか明らかでないが、君陳說がよいようである。三事は行政、四方は諸侯諸邦族、卿事寮は毛公鼎（本集・三・三五五）に大史寮と併擧されている。告は告祭。徃には之往・出・侍の諸義あり、ここは出の義。月吉は初吉であろう。明公は明保。卿事寮より百工までは書の酒誥にいう內服、諸侯・侯田男は外服にして四方に當る。京宮・康宮は成周にある宮名。王は王宮。舍命後の報告祭をこれらの諸宮に行なつたのである。亢師はこのとき令とともにその儀禮に與かつた人名。鬯・金・牛は賜物。令も同じ三物を賜うている。禘は祭名。153にもみえる。奭は副詞、明・敏などの意。寮は同寮、友事は官友。明公尹は明公。厥は領格の介詞。光は88にみえる。父丁は144令毀に丁公、185作册大方鼎（本集・二）に祖丁と稱するものであろう。鳥形册はそれらの器にも標識として記されている。

八月甲申、王は周公の子明保に命じて三事四方を尹正し、卿事寮董督の任を與えた。丁亥、公は矢に命じて受命の由を周公の廟に告祭させた。公は命じて卿事寮の諸官を會同させ、十月初吉癸未、朝に成周に至つて政令を發し、三事四方の命を內服外服に傳え、始政の式を終えた。それで甲申の日京宮に、乙酉の日は康宮に、ついで王宮にそれぞれ報告の祭祀を行なつて犧牲を供した。かくて公は亢師矢令にそれぞれ秬鬯・金・牛を賜うて祀らしめ、その寮友を輔けるよう命じた。作册令は謹しんで明公尹の與えられた休寵に應えて父丁の障彝を作り、その寵榮を父丁に及ぼし、父丁の文德を明らかにしようとするのである。

器蓋二文。一四行一八七字。周初第一の長銘である。器は方彝。八稜あり、器蓋に饕餮、器の口下に獸頭蛇身の展開文を飾り、圈足の左右に垂尾の二夔鳳を付している。地はすべて雷文を以て埋め、制作すこぶる精工である。

148　噉士卿尊　〔銘〕善齋圖・一三一　〔器〕同上

丁巳、王在新邑、初饋。王易噉士卿貝朋。用乍父戊障彝。　子

丁巳、王、新邑に在り。初めて饋す。王、噉士卿に貝朋を賜ふ。用て父戊の障彝を作る。　子

（圖象）

いま臺北故宮博物院に藏する。新邑は書の洛誥・召誥にみえ、成周をいう。饋は卜文にも似た字があり、祭名。88邐方鼎にみえる「餗」と隷釋したものもそれである。噉士卿は下の臣卿・卿と同一人であろう。子は圖象標識として用いられているが、これによるとその家は殷の多子の後である。尊は器腹に饕餮を飾り、器制は殷器に近い。四行二三字。

149・150　臣卿毀　〔銘〕拓本　＊〔器〕澂秋・一五

公違省自東、在新邑。臣卿易金。用乍父乙寶彝。

公、違りて東より省し、新邑に在り。臣卿、金を賜ふ。用て父乙の寶彝を作る。

公は何びとであるか不明。147令彝では明保・明公を公と稱している。違は圍・衞と同源の語でめぐる。省は巡察をいう。新邑は成周。臣卿はこの巡察に從つて賜賞をえ、父乙の器を作つている。器影は澂秋に錄するもので、152とともに特殊な拓法による。いまその技法は傳を失つたという。器制は112禽毀に似ている。別に同銘の鼎あり、この器と同じく目雷文を飾つている。

151　卿尊　〔銘〕拓本　〔器〕澂秋・二六

卿乍厥考寶障彝。

卿、厥の考の寶隮彝を作る。

卿の諸器は概ね澂秋にその器拓とともに收められている。嗽士卿・臣卿と同一である。

152　卿觚　＊〔器〕澂秋・四〇

卿器中、觚の器拓を收めておく。蕉葉・饕餮すべて細い突線の表出である。尊の虺龍もこれと手法同じ。尊にはなお柔軟な鳥身を示す夔鳳の帶文がある。

153・154　獻侯鼎　〔銘〕三代・三・五〇・二　＊〔器〕故宮・下・五二

唯成王大𠦪、在宗周。商獻侯〓貝。用乍丁医隮彝。〓

唯れ成王、大いに𠦪して、宗周に在り。獻侯〓に貝を賞す。用て丁侯の隮彝を作る。〓（圖象）

いま臺北故宮博物院藏。成王は生稱。102とともに王號のある標準器である。𠦪は祭名。宗周における祭祀に奉仕して賜賞をえたのである。獻侯下の一字未釋。その名である。銘末の圖象は77にもみえる。文四行二〇字。この圖象をもつものは殷以來甚だ多く、有力な古族であるらしい。器は立耳三足の分當鼎。器腹に饕餮文あり、角・尾は獨立し尾は立刀形をなす。別に同銘の一器あるも、その器影は知られていない。

155・156　臣辰卣　〔器銘〕拓本　＊〔器〕照片

隹王大龠于宗周、徃饔葊京年、在五月。既望辛酉、王令士上眔史寅、殷于成周。𦣻百生豚、眔賞卣・鬯・貝。用乍父癸寶隮彝。　臣辰兩册〓

隹れ王、大いに宗周に龠し、徃でて葊京に饔したまへる年、五月に在り。既望辛酉、王、士上と史寅とに命じて、成周に殷せしむ。百姓に豚を𦣻られ、眔び卣・鬯・貝を賞せらる。用て父癸の寶隮彝を作る。　臣辰兩册〓

一九二九年冬、144令毁などと同時に洛陽より出土、同出の關係彝器は三十餘件に及ぶ。卣は尊とともに白鶴美術館に藏する。文は八行五〇字。宗周・葊京・成周の祭祀儀禮が一文の中にみえるのは稀有の例である。龠・饔は祭祀。殷は殷にして會同の禮であろう。𦣻は載書の上に朋玉を加えた象。用例によると饋饗などを賜うをいう。百生は百姓。おそらく成周の庶殷をいうものであろう。卣・鬯・貝を賜うたのは士上であろうが、史寅も同じ賜與をえたことが、147令彝の例から推定される。文字雅醇、當時の最も正統的な書風である。器蓋何れも象文を主としているが、143の渦身に移る過程が知られる。著錄にみえる臣辰關係の四十餘器中、同銘四器、父癸の組に屬するもの七器である。臣辰册〓はこの族の標識的圖象であるが、册形のないもの、〓字形異なるものなど數種あり、みなこの族の作器と考えられる。

157　辰壺　〔銘〕三代・一二・四・二　〔器〕十二家・式・一一

辰乍父己。

辰、父己を作る。

臣辰の器は155と同銘の士上組の他に、父癸組・父乙臣辰組・父乙〓組・父辛組・臣辰〓組・〓組に分たれるが、この辰壺もあるいはこの族のものであろう。貫耳無文の長身の壺で殷器の制に近く、臣辰の先とも思われる。辰字は左文である。

158　臣辰尊　＊〔器文様〕拓本

尊は白鶴美術館藏。155と同銘。器腹の象文が殊にみごとであり、象文の展開をたどる上に重要であるので、その部分のみの拓影を錄しておく。

159　小臣傳卣　〔銘〕拓本

隹五月既望甲子、王〔在葊〕京。令師田父、殷成周〔年〕、師田父令小臣傳非余。傳□□朕考〓。師田父令余□□□官。白𠟭父賞小臣傳□□。 䍙白休、用乍朕考日甲寶□。

隹れ五月既望甲子、王、〔葊〕京〔に在り〕。師田父に命じて、成周に殷せしむる〔の年〕、師田父、小臣傳に非余を令ふ。傳、朕考の〓に□□す。師田父、余に命じて□□の官に□せしむ。伯𠟭父、小臣傳に□□を賞す。伯の休に揚へて、用て朕考日甲の寶□を作る。

器影を傳えず、著錄に尊とし毁とするものもあるも定めがたい。文六行約六三字。行末は各〻一、二字を泐する。

五月甲子、王は葊京にあり、成周に殷禮を擧げさせたまう年、師田父は小臣傳に非余（玉器名）を賜うた。……師田父はまたわれに官を授けられた。このように最高長官から數〻の光榮を與えられたので、伯𠟭父は、小臣傳に賞美を賜うた。伯の休寵に對えて父甲の器を作るのである。傳の直接の主君は伯𠟭父である。成周に殷禮することは155臣辰卣・178䨣卣にみえる。字跡は初期の健爽の風を存している。

160 史獸鼎 〔銘〕善齋圖・二七 〔器〕同上

尹令史獸、立工于成周。十又一月癸未、史獸獻工于尹。咸獻工。尹賞史獸[illegible]、易豖鼎一・爵一。對眀皇尹不顯休、用乍父庚永寶障彝。

尹、史獸に命じて、工を成周に立てしむ。十又一月癸未、史獸、工を尹に獻ず。咸く工を獻ず。尹、史獸の[illegible]（勳）を賞し、豖鼎一・爵一を賜ふ。皇尹の丕顯なる休に對揚して、用て父庚の永寶障彝を作る。

器はいま臺北故宮博物院藏。文八行五〇字。尹は長官。その人は識られない。147に明公尹の稱がある。立工は書の召誥にいう攻位のことで儀禮などを行なうための設營をいう。十一月癸未、工成つてこれを尹に獻じ、尹より祼酌の禮を與えられ、豖鼎一・爵一を賜うた。[illegible]は祼酌の象。勳勞を嘉せられたことをいう。豖鼎は昏鼎（本集・三・三〇三）に爤牛鼎などというのと同じであろう。皇尹は185作册大方鼎（本集・二）の皇天尹と似た稱である。永寶を障彝の上につけていう例は殆んどない。史獸は父庚の器を作つており、成周庶殷の一と思われる。器は立耳三足鼎。器腹深く、口下に線刻のような鳳文、足に饕餮を飾つている。

161 𡨦方鼎 〔銘〕錄遺・九二 〔器〕斷代・二・一一

隹三月初吉庚寅、在宗周。鮴中賞厥𢽾𡨦遂毛兩馬匹。對眀尹休、用乍己公寶障彝。

隹れ三月初吉庚寅、宗周に在り。鮴仲、厥の𢽾（臣）𡨦に旞旄・兩馬匹を賞す。尹の休に對揚して、用て己公の寶障彝を作る。

三月合文。鮴仲は162の鮴伯と關係があろう。𢽾はこれと似た字が叔德𣪘にもみえ、臣屬の意と思われる。遂毛は旞旄。その飾ある車馬を賜うたのである。尹は鮴仲の職。160の尹は成周の尹であるから、この尹とは別人であろう。器は立耳の方鼎。立耳は雙角の龍が相對う形で、103と同形。器腹に八稜あり、眉目の異樣な饕餮文を飾つている。脚頭にも翼稜あり、饕餮文を付す。

162・163 獻𣪘 〔銘〕夢郼・上・二五 ＊〔器〕同上

隹九月既望庚寅、鮴白于遘王。休亡尤。朕辟天子鮴白、令厥臣獻金車。對朕辟休、乍朕文考光父乙。十枇不諲、獻、身在畢公家、受天子休。

隹れ九月既望庚寅、鮴伯于きて王に遘ふ。休にして尤亡し。朕辟なる天子鮴白、厥の臣獻に金車を令ふ。朕辟の休に對へて、朕文考、光ける父乙（の器）を作る。十世まで忘れず、獻、身畢公の家に在りて、天子の休を受けむ。

「遘王」は殷器の大事紀年形式（92・95）などにみえる形であるが、ここはその祝典を略した形で鮴伯が王の祀に際會してこれを助けた意であろう。ゆえに「休亡尤」の語を以て承けている。史頌𣪘（本集・三・三五九）の「休又成事（休にして成事有り）」、師寰𣪘（本集・三・三三七）の「休既又工（休にして既に功有り）」というのと近い。「朕辟天子」とは鮴伯をいう。主君に天子の稱を用いたもので、上文の王とは別である。令は賜與の意。金車は青銅を以て諸末を飾つた車。父乙の下に障彝などの語があるべきところ。𣪘器には略する例が多い。枇は世の繁文。諲は忘の古體字。畢公と鮴伯の關係は知られないが、鮴は畢公の族なのであろう。末文の天子は朕辟天子、すなわち鮴伯をいう。天子の語は99にみえる。文六行五二字。器は保安（陝西）の出土と傳える。出土のときひどく殘破していたらしく、鄒安もはじめただ殘銅一片をみたにすぎないという。それでその器形を疑う人もあるが、夢郼に載せる器は殆んど112禽𣪘に近く、上層が立刀形をなす目雷文を飾る。字に波折あり、器・銘ともに周初の優品の一といいうるものである。

164 麥方鼎 〔銘〕麻朔・一・五〇 〔器〕通考・一四三

隹十又二月、井灰征嚆𢀛麥。麥易赤金。用乍鼎。用從井灰征事、用鄉多𡋲友。

隹れ十又二月、邢侯征、麥に嚆す。麥、赤金を賜ひ、用て鼎を作る。用て邢侯征の事に從ひ、用て多諸友に饗せむ。

井侯征は168征盤にみえる征で周公の子。井すなわち邢に封ぜられた人である。嚆は麥の諸器にみえ、祼禮。赤金は銅であろう。事は多く祭事をいう。𡋲は多く者（諸）と釋されているが、生の繁文であるかも知れない。未詳。器は附耳、馬蹄形の獸足をもつ隋圓鼎。器體は盥狀をなし、素文。例の少い器制である。銘は器の口緣に沿い、一三行二九字。二月合文。麥は重文。字は筆勢がことにみごとである。

165・166 周公𣪘 〔銘〕三代・六・五四・二 ＊〔器〕猷氏・一三

隹三月、王令焚眔內史曰、葊井灰服。易臣三品、州人・重人・章人。拜䭫首、魯天子㝑厥順福、克奔走上下帝、無冬令㐭又周、追考對不敢彖、卲朕福盟、朕臣天子。用册王令、乍周公彝。
隹れ三月、王、焚と內史とに命じて曰く、邢侯の服を葊けよと。臣三品を賜ふ。州人・重人・鄘人なり。拜して稽首し、天子の厥の順福を造したまへるを魯とし、克く上下帝に奔走して、命を有周に終ふること無く、追孝して對へて敢て墜さず、朕福盟を卲かにし、朕く天子に臣へむ。用て王命を册して、周公の彝を作る。

焚は138焚子の家であろう。內史は官名。二人ともに命を受けたときの冊命の辭を記す場合は、他の一方を略することをしない。147・172參照。葊は輔相の意。井侯は164の井侯征であろう。服は職事をいう。臣隷の屬は種族別に品を以て數える。137參照。州人以下は三品の內譯である。魯は休と同義。寤は造の初形。奔走は神事に從う意。上下帝は卜辭に上下・下上とみえ、文獻に上下神示というものに當る。無終命以下は永く周室に臣事する意をいう。王の休寵に對え、王命を彝に銘して、特に主家たる井侯の宗、周公の彝を作るのである。作器者は焚であるが、周公設の名で知られる。焚には焚伯・焚子・焚公・焚季と稱するものもあり、その器には優品が多い。この設も器腹の膨らみ豐かな四耳設で、細い凸線より成る象文は鮮麗を極め、圈足の夔文も美しい。銘は八行六八字。字形緊湊、成王末期の典形的なものとなしうる。

167　旂鼎　〔銘〕夢郼・上・一四　〔器〕同上

唯八月初吉、辰在乙卯。公易旂僕。旂用乍文父日乙寶障彝。〓
唯れ八月初吉、辰は乙卯に在り。公、旂に僕を賜ふ。旂、用て文父日乙の寶障彝を作る。〓（圖象）

辰在は147にみえる。公は何びとであるか不明。僕字はやや異體であるが、58・59の亞醜形と同じく禮冠を戴いている。文父日乙は父乙と同じ。〓は殷において小子小臣の家柄を示す圖象。9・10にみえる。五行二四字。文字は暢達、吉・在など字の初形を示すものがある。立耳三足素文、腹に一弦文を付している。

168・169　征盤　〔銘〕三代・六・三七・二　＊〔器〕猷氏・六四

征乍周公障彝。
征、周公の障彝を作る。

征は周公の子。164麥鼎にみえる井侯征で、父周公の器を作つたもの。字跡は稚拙であるが勁直の風を存する。器は附耳、圈足部の高い盤で腹・足に何れも鮮麗な蟬文あり、形制は殷器に近い。器に比して字跡が見劣りする例が周初の器に數例あり、そこに何か問題があるように思われる。

170・171　賢設　〔銘〕拓本　＊〔器〕善齋圖・六四

唯九月初吉庚午、公叔初見于衞。賢從。公命事。晦賢百晦〓。用乍寶彝。
唯れ九月初吉庚午、公叔、初めて衞に見ゆ。賢從ふ。公、事を命じ、賢に百晦の〓（糧）を晦つくらしむ。用て寶彝を作る。

公叔を郭氏は康叔とするがもとより確かでない。公叔は衞に見事しているのである。賢はその見事の禮に從つて賜賞をえ、百畝の糧を收める地の用益權を與えられたのであろう。器は四器あり、銘は第一器の蓋文である。四行二七字。器影は第四器。兩耳はS字狀をなし、項下に圓渦と虺頭を交互にした帶文を飾る。宜侯夨設（本集・二・一八八）、下つては格伯設、すなわち倗生設（本集・二・三〇〇）にみえるものと同じ。倗生設は兩耳の形も似ている。近ごろ上海の廢銅中より多數の彝器が發見されたが、その中に賢設の第二器がある（文物・一九五九・一〇）。器影をみるに瓦文設で、もし眞器とすれば賢設の時期を下げる必要があろう。瓦文設のような器制はほぼ穆共期以後にみえるものである。ただ第四器の文樣は宜侯夨設と近いものがあるので、しばらく器をここに列しておく。

172　寧鼎　〔銘〕三代・四・一八・一

隹王伐東夷。溓公令寧眔史旟曰、以師氏眔有嗣遂或、𢦏伐腺、寧孚貝。寧用乍饔公寶障鼎。
隹れ王、東夷を伐つ。溓公、寧と史旟とに命じて曰く、師氏と有嗣後國とを以ゐて、腺を𢦏伐せよと。寧、貝を俘れり。寧、用て饔公の寶障鼎を作る。

同銘二器。四行三五字。溓公は173、史旟は員卣にみえる。師氏は師長。有嗣後國とは周邊の屬領國をいう。員卣においては史旟は會（檜）を伐つており、腺もその方面であろう。

173　厚趠方鼎　〔銘〕三代・四・一六・二　〔器〕續考古・四・一七　通考・一三八

隹王來各于成周年、厚趠又償于溓公。趠用乍厥文考父辛寶障齋。其子〻孫、永寶。〓
隹れ王、成周に來格するの年、厚趠、償を溓公より侑らる。趠、用て厥の文考父辛の寶障齋

を作る。其れ子〻孫、永く寶とせよ。✣（圖象）

王が成周に來つて何らかの儀禮を行なつたとき、厚趠は溓公の隷下として功あり、賜賞をえたのであろう。儥は未詳。字は脤肉と貝とに従う。溓公は172にみえる。齋は方鼎。銘末の標識の器は他に數例ある。器は二器あり、器制異なる。續考古に錄するところは立耳の方鼎で器腹に十字形あり、足は尖脚で蟬文を飾る。あまり類例をみないものである。通考に錄する器は立耳の方鼎で四稜あり、器・足に饕餮を飾る。器腹の饕餮は161と同じ。銘末に子〻孫の語がみえるのはこの期では殆んどない。本集中では本器と177のみである。

174　睘卣　〔銘〕大系・五　〔器〕斷代・二・九

隹十又九年、王在厈。王姜令乍册睘、安尸白。尸白賓睘貝布。尃王姜休、用乍文考癸寶隮器。

隹れ十又九年、王、厈に在り。王姜、乍册睘に命じて、夷伯を安んぜしむ。夷伯、睘に貝布を賓れり。王姜の休に揚へ、用て文考癸の寶隮器を作る。

十九年は成王十九年とみられ、成王在位の年限は十九年以上であることが知られる。厈は地名。105趞卣にみえる。王姜は成王の妃。王と同行し、作册睘を夷伯に派して綏撫し、夷伯は使者たる睘に貝・布を贈つて禮意を示した。このような事功も偏に王姜の賜であるから、その恩寵に應えて、文考たる癸の器を作つたのである。字跡は趞尊・趞卣と類して字に肥瘦あり、器も文様少なく、その制作に似たところがある。成王末年の作風を知るに足るものである。

175・176　盂卣　〔銘〕雙劍誃・上・三二　＊〔器〕同上

兮公宝盂鬯・束・貝十朋。盂對尃公休、用乍父丁寶隮彝。∀

兮公、盂に鬯・束・貝十朋を宝（休）ふ。盂、公の休に對揚して、用て父丁の寶隮彝を作る。

∀（圖象）

器文。宝は休。字は止に従つている。鬯は秬鬯、束は束絲であろう。事功を記していないが、賜物からみて祭祀などに關して賜賞をえたものであろう。盂には別に爵がある。器は素文の卣。178や盨卣の器制もこれと近い。

177　害鼎　〔銘〕錄遺・九四　〔器〕斷代・三・二

隹九月既生霸辛酉、在匽。疾易害貝金。尃疾休、用乍盨白父辛寶隮彝。害萬年、子〻孫〻、寶光用。　大保

隹れ九月既生霸辛酉、匽に在り。侯、害に貝・金を賜ふ。侯の休に揚へて、用て盨伯父辛の寶隮彝を作る。害、萬年ならむことを。子〻孫〻、寶として光用せよ。　大保

梁山七器の一。器は出土のとき殘破しており、その文も最初の著錄である山左濟寧州金石志に二十四字を摹入、他は泐したままであるが、錄遺に全文の拓が入り、斷代に器影を錄する。いま清華大學藏。匽は燕の古名。匽侯は126にみえる。害は125の伯害であろう。同じく召伯父辛の器を作つている。召公と兄弟輩に當る。銘末に大保を銘するもの數器あり、みな召公家關係の器である。「害萬年」以下の辭は、周初にはなお多くみえない形式である。器は立耳三足の素文鼎で口下に一弦文を付するのみ。器制は167旂鼎と近いものである。文六行三九字、字跡に變化の兆がみえる。

178　䎘卣　〔銘〕善齋圖・一一八　〔器〕同上

隹明傈殷成周年、公易乍册䎘鬯貝。䎘尃公休、用乍父乙寶隮彝。

隹れ明保、成周に殷するの年、公、作册䎘に鬯・貝を賜ふ。䎘、公の休に揚へて、用て父乙の寶隮彝を作る。（兩册舟形圖象）

一九二九年、令の諸器とともに洛陽の馬坡より出土したという。器蓋二文。圖は器銘。四行二六字。明保は147令彝にみえる。周公の子。殷は會同の禮で數年に一次行なわれる儀禮である。首句は大事紀年形式。作册䎘はその殷禮に奉仕して鬯・貝の賜賞をえたのである。兩册を加えた圖象は、作册職の氏族に多く用いられる。器は環耳提梁、蓋に兩角あり、口下正中に獸首を付するほか無文。素文環耳の器は殷器に多く、その形制を承けたものである。

179・180　師旂鼎　〔銘〕善齋圖・三一　＊〔器〕同上

唯三月丁卯、師旂衆僕、不從王征于方䨓。使厥友弘、以告于白懋父。在莽。白懋父迺罰、得𢎵古三百守。今弗克、厥罰。懋父令曰、義敉劇厥不從厥右征。今毋敉、期又內于師旂。弘以告中史書。旂對厥貿于隮彝。

唯れ三月丁卯、師旂の衆僕、王の于方雷を征するに從はず。厥の友（同僚）弘をして、以て伯懋父に告げしむ。莽に在り。伯懋父迺ち罰し、𢎵古三百鍰を得（贖）せしむ。今克はずんば、

厥れ罰あらむと。懋父命じて曰く、義しく叡、厥の、厥の右征に從はざるを播すべし。今播ること毋くんば、其れ師旅に內るること有らむと。弘、以て中に告げて書せしむ。旂、厥の貿（質）を隮彝に對す。

銘文は軍罰を記した珍しい內容のものである。旂は從來旅とよまれているが字形が稍しく異なる。旂とも定めがたい字であるが、一應近似の字による。「王が于方雷を征した際、師旂の率いる衆僕が征命を奉じないので、友官たる弘をしてその旨を伯懋父に報告させた。伯懋父は當時莽の地にあつたが、統帥を紊る罰として罚古三百守を贖償するよう命じた」。古はかりに隸釋したが字は冑形で、罚古は兵器の材をいうものらしい。「右の贖償を即時履行しないときは罰を課するという條件である。なお懋父は、今回の征命に從わなかつた衆僕を遠地に播遷すべく、直ちに移すことなくば、籍を沒して軍中の奴隸として屬せしめよと命じた。すなわち師旂に對して、贖罪と、衆僕の處置とを命じたのである。弘はこの決定を中（軍の書記）に告げて文書とした。師旂はこれを承認履踐する意を以て、これを質劑として彝銘に勒するのである」。伯懋父の器は康昭期に及ぶものがあり、この器などもすでに成王期には屬しがたいものであろう。器は立耳の三足鼎なるも器腹淺く、器形は本集二の281趞曹鼎一などに近い。分尾の鳳文を付している。

181・182　匽尊　〔銘〕錄遺・二〇五　＊〔器〕照片

唯九月、在炎𠂤。甲午、白懋父易匽白馬每黃髮敚。用〓。不㕻匽、多用追于炎不朁白懋父晉。匽萬年永光。用乍團宮旅彝。

唯れ九月、炎の師に在り。甲午、伯懋父、匽に白馬の敏の黃にして髮の微きものを賜ふ。用て〓れと。丕丕なる匽、多く用て炎に丕朁なる伯懋父の晉を追ぼさむ。匽、萬年永光ならむことを。用て團宮の旅彝を作る。

同銘の卣と同出。上海博物館藏。卣に器蓋二文、本銘と合せて三銘。炎𠂤は144令段にみえる炎。伯懋父はその名のみえる器多く、標識とすべき人物である。白馬は神事に用いる。每は拇。微は鬣の色をいう。〓字は未詳。語例からみて、祭祀の義。丕丕は美稱で、自らの名に冠する例は稀である。丕朁は威儀の棣々たるをいう美稱。追はその休寵を祖考に及ぼすをいう。晉は侑。團宮は匽氏の旅宮の名。匽圜器（本集・二・一八九）には歔宮の名がみえる。匽は召公の後。非常な大族であつたらしく、關係の彝器が多い。所領も各地に及んでいる。殷代召方の後であると考えられる。銘七行四六字。字跡は123・125など召公關係の器と近い。器は無文の尊、正中に一獸首を付している。器制・書品ともに成康期の代表的なものとなしうる。

以上すべて一八二圖。銘一三九、器影四三を收めた。殷周期名品の一斑を紹介しえたと考える。

復刊後記

この金文集第一册は、書跡名品叢刊第三集の一部として、昭和三十八年十二月に、二玄社から刊行されたものである。それに先だつて、前年八月、同じくその叢刊の一册として、殷・甲骨文集を刊行した。金文集は、はじめ上下二册として企畫を提示されたが、私は當時、わが國に金文の資料集として使用しうるような解説書が乏しいことを遺憾に思つていたので、この際重要な資料をほぼ收錄するために全四册とすることを提案し、第一册を殷周期、第二册を西周前期、第三册を西周後期、第四册を列國期とし、銘文はすべて原大、ときに器影を加え、また銘文には理解に必要な程度の解説を施すこととした。この叢刊における他の册が、石鼓や秦金石など、その解説はほとんど數ページにとどまるものと異つて、金文集は各册に總説、また各器銘についての解説を加えて、各册それぞれ二、三十ページに及び、かつ釋文になるべく原字形を用いたために、作字は數百字となり、組版は困難を極めた。幸いにしてこの四册は、その後も版を重ねて十數版に至り、原版の損傷が甚だしく、廢版となつた。そののちすでに二十數年を經過している。

私は當時、主として甲骨・金文の研究を進めていたが、昭和三十年（一九五五年）四月より大阪大學に出講する機會に、阪神間の有志者の求めに應じて樸社を興し、毎月金文と説文解字の講義をはじめ、またその講義案を附印することになつた。金文通釋の第一輯は昭和三十七年八月に發行、以後季刊を續け、この金文集に着手する頃には、王・王姜關係の諸器を扱つた第五輯（昭和三十八年十月）を發行していた。金文通釋は當初五十輯で完結する豫定であつたが、通論篇や補釋篇、索引などを加えて第五十六輯（昭和五十九年三月）に至り、二十二年を要して一應完結した。この書跡名品叢刊に收めた金文集四册は、その通釋に收錄する豫定のうち、特に書品のすぐれたものを擇んで、あらかじめ通觀を得ておきたいという希望を以て編輯し、解説を試みたものである。從つてここに解説したところと、この金文集刊了ののち、二十年にわたつて續刊した金文通釋との間に、いくらか解釋上の相違を生ずることがあるのは、やむをえないことであつた。ただこの四册の復刊に當つて、全體にわたる修正を施すことは、組版の上からも不可能であるので、復刊に當つては若干の誤植を訂正し、特に問題とすべきところについては、後記の形式で附記することにした。

第一册は殷周期の器を主として、はじめに總説を加え、資料としての文獻をあげた。その後のそのような文獻については、この金文集四册に續いて、新たに新出の器などを加えて、續金文集四册を併せて刊行する計畫であるので、その續金文集の方で解説する。また本册所收の器銘について、今改めていうべきこともない。ただ私自身の經驗したことについていえば、平成九年八月、遼寧で日中兩國の文字文化合同檢討會に參加した際に、遼寧博物館の好意によつて、本册卷頭の殷の三勾兵の展觀を受け、これを目檢する機會を得たことは、この上ない眼福であつた。その色は薄い藍綠色で輝くような光澤があり、極めて良質の材を用いたものであることが知られた。

この册に收めた殷代の古器には、鄭州や安陽陵墓の出土器を除いては、出土事情の明らかでないものが甚だ多い。それは主として、考古學的な發掘調査が行なわれる以前の出土物であるため、土地の陷沒や流失によつて偶然に發見されるか、あるいは祕密裏に盜掘されたというような事情に因るものであろう。ただ殷代の器には、安陽發掘以外のものでは、墓壙の副葬品でなく、墓葬とは無關係に、孤立的に出土するような器があり、それらは古都邑の周邊部、あるいは遠く異境との境界線上の山の中腹などに、祕匿するように埋められていることが多い。また彝器のみでなく、江南には殊に鐃の類が多く、柄を下にして直立して埋められている。その時期のものには銘を加えないものが多く、器銘としても圖象のみのものが多い。

たとえば、南方では一九八九年江西新干（新淦）大洋洲殷墓出土と傳えられる臥虎獸面文方鼎（中國青銅器全集、夏商Ⅰ、四六、文物出版社、一九九三年一二月）は、高さ一メートルに近い大方鼎で、鼎側周邊に乳文帶をめぐらし、兩耳に臥虎の形を象つている。出土地は今の南昌の南西に當り、その贛江の兩岸の山地はおそらく蠻族の住む地であつたであろう。虎は南方では於菟とよばれ、江南山中の靈物とされていたもので、その文樣化したものがいわゆる饕餮文であろうと考えられる。安徽阜南朱砦潤河出土の龍虎尊（同上、一一七）も、腹部の稜閒に虎身の展開文を加えている。これらの地域には、良質の銅鑛の產地があつたのではないかと思われる。

湖南寧鄉黄材月山鋪轉耳崙山の山腹から出土した四羊犧方尊（中國古青銅器選、圖一七、文物出版社、一九七六年二月）は、高さ五八・三センチ、重さ三四・五キロあり、方尊腰部の四隅の稜線上に羊頭を飾り、精巧な制作で知られているものであるが、その西方には武陵山脈が縱走しており、この四羊犧方尊の出土したすぐ近くから、南モンゴロイドの人面を方鼎器腹の全面に表出する人面方鼎が出土した。これは南方苗族の面貌そのものである。また寧鄉西方三十キロの師古塞から象文の大鐃が出土し、その近くから饕餮文をもつ大銅罍が出土している。この罍の器内には、二百二十四個の小さな銅斧が收められているが、この實用には適しがたい多數の銅斧は、一種の呪祝として收められているものと解する外はない。武陵の山中には古く溪族があり、その山脈の北部には桃源がある。陶淵明はその異鄉の生活を桃花源記にしるしたが、淵明の曾祖父の陶侃は、當世の貴族たちからは溪狗と蔑稱されていた。今もその地區には苗族が住み、この山系周邊の地域全體が苗族自治區となつている。

安陽の王陵出土の器以外の殷代諸器は約一七〇器にも達するであろうが、そのうち三分の二は殷の古都周邊、その三分の一はこのような邊境の山中に、全く孤立的に埋められているものであり、それらは殆んど呪鎮としての意味を持つものであろう。器はそのゆえに、偶然の機會にのみ發見されており、そのような殷器は、まだ數多く邊境の山地に眠つているかも知れない。それらの器物のうち、圖象銘をもつものもあり、遼寧北洞の山上から出土した器には、32耒卣・65父戊方彝の器銘にもみえる竹字形の圖象がある。その出土情況は、遼寧博物館に出土器とともに出土情況の寫眞が添えられていて、副葬品ではなく、その數器が單獨に、山頂の近くに埋藏されていたことが知られる。その地は、古く肅愼に隣する孤竹君の故地であると傳えられ、竹は孤竹君の圖象であろうとする說がある。それならば山西の西北部・陝北・漢水の上游をはじめ、江南の江西・湖北・湖南から出土するそのような山中の埋藏器は、何れも外族に對する呪鎮としての意味を以て用いられたものであろう。

殷器のもつ繁縟なまでの文樣、威壓的ともみえる重厚な制作は、彝器の成立した時期においては、彝器が單に祭享のための禮器ではなく、異族神に對する呪鎮としての機能を與えられている、宗教的なものであつたのではないかと思う。そしておそらくそのような彝器觀は、宗廟の禮器とされた殷周期にも、なお濃厚に遺存していたのであろうと思う。殷周期の青銅器に對する彝器觀について、この機會に多少の補足をしておくのである。

平成十年　月

金文集二

本集には康王以後、共懿期に屬すると思われる彝器を収めた。文七〇、器影四九である。周初の成康二代は成康の治といわれ、四十年閒刑を用いることがなかつたと傳えられるほどの盛世で、周の經營は大いに進み、周王朝の基礎が確立した時代である。ただ東國・東南夷の撫恤には、克殷の後においても相當の努力が傾注されていて、兩期を通じて盛んに經略が行なわれた。成末康初には殊にその關係彝器が多い。その意味では成・康を分離する十分な理由はないが、彝器文化の上からいえば、成王期の彝器は殷器との親縁が殊に濃厚であり、康王以後は器制・銘文の上からも、一應周獨自の展開をたどり得るものがあるので、分册上の便宜をも考慮し、康〜懿の五代五王を西周前期として扱うこととする。

銘文中、王名のみえるものは成王四器（102・153・185・187）・卲王二器（263・271）・穆王二器（256・265）・龔王二器（趞曹鼎二・321大克鼎）・懿王一器（289）、合わせ一一器を存する。このうち生號のある六器は最も確實な斷代資料とすべきものであり、その關係彝器を求めて若干の器群を編成することができる。しかし孝王以後の王名は金文にみえず、西周期斷代の資料としてはその點甚だ不十分である。

次にこれを補うべきものとして紀年のある銘文が注意される。西周期の紀年銘は約六〇器、そのうち月象による週名を加えていて、ほぼ暦朔を考えうるものが四十五器ある。もしこれを適當に按排して各王の暦朔を考定しうるならば、斷代上の重要な基準となることはいうまでもない。そしてその試みは、主として吳其昌・董作賓の二家によつてすでになされているのであるが、文獻の傳える各王の在位年數も區〻として定まらぬものが多く、そのためかなりの混亂を生じている。たとえば吳氏のごときは、自らの暦譜に合致しない理由を以て、庚嬴鼎・小盂鼎・克盨・伊段・遹甗・師兌段などの週名を銘刻の誤りとして恣にこれを改め、他にも月名を誤りとし、また差うこと某日と注しているものもあつて、乖誤が殊に甚だしい。そのため彝器の時期比定も混亂を極めており、大盂・毛公二鼎を成王に列してその關聯器をその下に配し、師訇段・散季段・番匊生壺を庚嬴鼎・小盂鼎とともに康王期に列するなど、彝器の時代觀を誤る例が多い。董氏の暦譜は吳氏のように彝銘を誤りとする恣意的なところはないが、毛公鼎を成王に、師訇段を康王期におくなど、吳氏の誤りをそのまま承けたところがある。諸王の在位年數についても、孝30・夷46合せて76年とするなどは、孝王が共王の弟であることからみて事情に合しがたく、文獻の所傳とも離れすぎている。また月象による四週名を舊説によつて解しているため、日辰の算定に少からずズレを生じ、これが暦譜構成上大きな障礙となつていることは蔽いがたい。このように、吳・董二氏の暦譜はかなりの混亂があるので、にわかに依據することができない。西周期暦譜の構成には、まず何よりも彝銘を直接の資料として、關係的に求めうる期閒の暦朔を設定し、これを全體的關聯の中で接合する方法をとるべく、任意の暦譜に彝銘をあてはめるべきではないと思う。ただ成康昭穆の四王は、その期に屬すると思われる紀年銘が極めて少く、定點とすべき一定期閒の暦朔を求めることも困難であるので、各王の暦朔の接合點を求めて區分するほかはない。尤も共和以前の諸王の在位年數には異説が多く、その期の紀年銘が譜に適合するところを以て暦朔を區劃するという方法をとるべきであると思う。

在位年數の不明と合せて、置閏法が的確に知られていないことも困難の一である。吳・董の二家をはじめ、金文研究者の閒には、西周に年中置閏法が行なわれたとする者が多い。しかし西周前期には、105趞・189矗・叡・中・靜・229縣改・鼒・牧の器など、成康より共王期までは十三月という年末置閏の例がみえ、また春秋初期にも年末置閏がとられており、金文では鄀器（考古・一・九）にも十四月という。これを以ていえば、周暦は年末に閏月をおく閏法をとつていたと考えられるので、いまはその原則によつた。なお置閏は十九年七閏であるが、置閏の年次は春秋初期においても必ずしも法則的ではない。從つて十九年を週期として、七閏の位置はその中で動く可能性が多い。算定の必要上3・3・3・2・3・3・2という閒隔を設けたが、各年次の暦朔は連續でない限り、30前後その干支數が動きうるのである。

月象による週名は勿論王國維の生霸死霸考（觀堂集林）が正しいと思われる。すなわち1初吉・2既生霸・3既望・4既死霸で、1・4は7〜8日、2・3は各7日として計算するのがよい。

大體以上のような原則によつて暦譜を求めるべきであると思うが、彝銘の日辰は、たとえば小盂鼎「隹八月既望、辰在甲申。……隹王廿又五祀（隹れ八月既望、辰は甲申に在り。……隹れ王の二十又五祀なり）」のように記されているので、固定的な月日は知られない。それでこの鼎の場合、かりに甲申を既望の初日としてその年の元旦朔を求めると、干支數㊴がえられる。小盂鼎は廿三年の大盂鼎とともに器制・銘文よりして康王期の器と考えられるものであるから、康王の初年から數えて廿五年が㊴、あるいは少くとも+7の範圍にある曆朔が、その曆譜として可能性をもつことになる。

さきに成王の在位を通説によつて30年とし、書の武成⑤・召誥㊸を結ぶ曆譜によつて末年を㉚としたが、康王元年は從つて㉔となる（本集一・頁二）。書の顧命は、成王崩じ康王が卽位繼體の大禮をあげ、召公等がその禮を佐けた次第を敍べたものであるが、その「惟四月哉生霸甲子」を週の第一日とすれば㉔となり、あたかも曆譜と合う。㉔より廿五年にして㉞をうるが、小盂鼎は㊴であるからまさにその譜に適合する。ただしこれは卽時改元としての計算である。

康王期の斷代を考える場合、曆譜はその資料に乏しくて十分な根據をえがたいが、次に參考とすべきは文首に「休王」と稱する三器189～193である。さきに述べたように、周王の名は文武成より共懿まで金文にみえているが、ただそのうちひとり康王の名がみえず、郭氏ははじめ休王を孝王と解してそれらの器をみな孝王期に列し、厤朔をはじめこれに追隨するものもあるが、斷代は休を動詞と解してこれを成王期に屬した。のち郭氏もその時代觀の誤りに氣づいて諸器を孝王以前と訂正したが、時期を定めていない。器・銘からみて、殆んど西周前期に入りうるものであることは疑問の餘地がない。ただ銘文の解釋上、休を動詞と解すべく、器はほぼ康王期に當る。かくて康王の初年の器として武成を祀る185作册大方鼎、189𥂴圜器以下の休王三器をおき、その末年に大小盂鼎をおいて、器制・文樣・銘文・文字を以て比近するところを求めてゆくならば、一應康王諸器を類聚することができる。第一集末に成康諸器としてあげた器のうち若干は、康王期に屬すべきものがある。

昭王期と考えられる紀年銘もその數甚だ少く、わずかに十四祀の213段𣪕と廿二年銘の庚羸鼎（西淸・三・三九）があるにすぎず、週名を加えているものは後者のみである。昭王の在位は舊說に51年とし、穆王の55年と合せて二代にして百年を超える。これは二代の在位數としては稍〻長きに失するので、近時の研究者は概ね稍しくこれを短縮しているが、その根據は、古本竹書紀年に周の受命より穆王に至るまでを百年とするとあり、この數に合わせるのである。いまかりに上述の歷年によつて考えると、受命以來文武合わせて15年、成王30年、康王25年とするときは、殘り30年となる。尤も百年とは成數をあげたものであろうから、穆王の曆譜に接續する干支の年次を求めると、康昭合わせて56年となり、受命以來101年の數をうる。康王期は小盂鼎によると少くとも25年を下らず、昭王期の庚羸鼎は「廿又二年四月既望己酉」とあつて②に當り、昭王廿二年は②を含みうる曆朔でなくてはならない。それに適合するものとしては、康25・昭31とするか、もしくは康30・昭26に區分するか、この二つの場合がありうる。康王の在位は舊說では殆んど26年に一致している。それでいまなるべく舊說に近づけて康25・昭31とする區分を試みておく。康昭の際には伯懋父による東征、王の南征が行なわれ、昭末には伯雍父らによる淮夷南夷の討伐が行なわれている。218・225など㝬關係の諸器もこの期にあるべく、271宗周鐘はその事業を追述したものとみられる。

穆王期は王の生號が256遹𣪕・265長甶盉にみえ、その期の標準器となしうるが、紀年銘としては239師遽𣪕のみである。𣪕は三年㉑、共・懿の曆譜には何れも適合せず、237師遽方彝とともに穆王期にあることは殆んど疑いがない。穆末と思われる270盠駒尊の銘にも師遽の名がみえている。次の共王期に王の在位は舊說に55年とするも、これは尙書呂刑の文を誤讀した說のようである。次の共王期には紀年銘五器あり、最も曆譜の資料に富むものであるが、その元年㉔に接續する穆末の年次を求めると32年㉚が考えられる。一應次王の譜と密合する32年を假定しておく。すなわち穆王期は元年㊾～32年㉚で、穆王三年師遽𣪕⑰の日辰は四月既生霸の第五日に、238師遽方彝㉖はその前年㉔、正月既生霸の第五日に入りうる。この期のころまで、周初以來の器制・文樣がほぼ習用されているが、文樣においては次第に鳳文系が盛行し、殊に鮮麗な鳳文・顧鳳がめだつて多い。銘文の內容に、莽京儀禮を記すものが多いのも一つの特質をなす。文字も多樣な變化を示しながら、行款の整つた小字風の緊湊の體が多く行なわれ、その風は大體共王期に承繼されてゆく。

共王期には、共王の生號を銘文中に含む十五年趞曹鼎㉝がある。また280七年趞曹鼎、元年銘のある273師虎𣪕㉘、二年銘の275吳方彝㊹・278趩觶㊸、七年銘の牧𣪕㊾（考古・三・二四）もこの期であると思われ、これらの諸器を標點として曆譜を求めると、大體次のような表がえられる。

㉔*㊽*㊸㊲①・㊺㊾*⑬⑦㉛・㉕⑳㊹㊳㉝*

共王の在位數は舊說では帝王世紀20・今本紀年12・通鑑外紀10などがある。これを懿王期と思われる諸器によつて構成した懿王期の暦譜、元年⑰に接續する年次を求めてゆくと、27年㉓がこれと密邇する。舊説の20年に大體近い年數であるから、その在位數を一應27年としておく。この期の器制は方彝・觶などなお周初以來の古制をもつものも行なわれ、文様に古調を存するものもあるが、一方瓦文設や三小足設などの器制もあらわれてきている。銘文では昭穆期以來次第に行なわれている册命形式が漸く定式化に達するが、これは攻伐のことをいう銘文が殆んどみられないことと合わせて、周王朝の政治的安定、貴族社會の秩序の成立を示すものであろう。

懿王の名は289匡簠にみえる。また司馬共・司馬井伯などこの期の標識とすべき人名によつて器群を求めると、三年290師兪設⑫・師晨鼎⑫、五年291諫設㉖、及び十二年走設⑬・大師虘設⑯・十三年望設⑦、廿年293休盤(56)がえられる。これらの暦朔に悉く合致する譜を求めると、元年⑰よりはじまる次のような暦譜が考えられる。

⑰⑪⑥*㉚㉔*・⑱㊷㊱㉚(54)・㊾⑬*⑦*①(55)・⑲⑭㊳㉜(56)*

このうち走・望・休の三器はその干支が密合して動かしがたい。この期の暦譜は厲王の譜と近似するところがあるため、從來兩期の器が多く混同されている。斷代上の混亂は懿王以後に至つて特に多い。懿王の在位數は御覽に引く史記に25年とし、帝王世紀に20年とする。いま孝王の元年を㉙とし、それに接合するところを求めると29年㉞をうる。他にも考えかたはありうるが、舊説に近い年數をとり、一應29年としておく。この期においても器制・文様はなお前期の様式を傳えるものがあり、ときに292諫設のような變様の虁文と瓦文をもつ三足設、298師望壺のような波狀文がみえる。これらは後期において盛行したものである。しかし300倗生設、302輔師嫠設のごときは、器制・文様何れも前期のもので、後期には求めがたいものである。ただ銘文・文字の上からいうと、前期の雅醇・謹飭・緊湊の風は次第に失われ、あるいは平潤となり頽放となり嶮峭に赴くなど、後期の書風を拓くものがある。册命・賜與のほか、299倗生設のような争訟の顚末を記す約劑的文章があらわれてくるのも、後の303曶鼎（本集・三）・304散氏盤（本集・三）の先蹤をなすものとして注意される。

以上のように紀年銘を中心として斷代譜の座標的な暦譜を構成し、さらに各譜の接合點を求めてこれを展開するという方法は、全體の暦譜構成の豫備的な手續きとして、一應試みておくべき操作であると思う。ただ紀年銘の屬する時期を豫め假定しなければならぬことや、接合點にいくつかの可能性があつて絶對年數を定めがたい困難はあるが、西周の暦譜を復原し、器の斷代に科學的根據を與える方法としてはこの外にないと思われるので、あえてこの方法を試みたのである。これによつて諸王の在位は成30・康25・昭31・穆32・共27・懿29となり、康～懿の間は144年となる。もとより干支接續の關係、例えば年の大小のおき方や連大の關係などで多少の伸縮はありうるが、一應およその見當を立てておくのである。

この期に行なわれた器種は、殷周期と比較するとかなりの異動がある。食器の類では鼎・甗・設はなお行なわれているが、鼎・設は器制に漸く變化がみられ、甗は次第に減少してゆく。そして代つて簠・盨の類がみえはじめる。飲器の變化は甚だしく、斝・盉・角は殆んど姿を沒し、觚・罍もみえず、爵・方彝の類も乏しい。卣は大體この期を通じてなお行なわれ、期の終りに近く壺があらわれてくる。盥器では盤が少數ながらつづいている。樂器は殷代の器である鉦・鼓の類がみえず、代つて鐘が起るが、鐘の起る時期については異論が多い。それは主として最初の鐘と考えられる271宗周鐘の時期が定めがたいことと、鐘の器制・銘文に時期區劃の基準とすべき十分な表徴をえがたいためである。本集では宗周鐘の時期を一應穆末に比定した。295虘鐘は懿王期にあると考えられるものであるから、中に走鐘（考古・七・二）・鄭井叔鐘（三代・一・三・三）を挾んで周鐘の展開を辿りうるように思われる。

殷周期と本期との閒にこのような器種の異動がみられるのは、いうまでもなくその祭祀儀禮の變遷に伴うものであるが、一般的にいうと酒器の器種の減少が著しく、殊に溫酒器系統の足のある器の衰退がめだつ。殷人が酒に沈湎したことは書の酒誥などにもみえ、金文においても183大盂鼎にそのことを殷の墜命の原因として述べている。周人は多く酒を祼鬯の用に供したらしく、本期の方彝や卣、後期の壺などはそういう儀禮の器であつたようである。尤も殷周期に酒器が多いといつても、それはかれらが殊に飲酒を好んだためとのみ解すべきではない。宗教的儀禮に酒を多く用いるのは宗教的恍惚への強い要求から出ていたことであり、周人のようにその王權の根原を受命にありとするものでは、祖祭が祭祀體系の中心的地位を占める。殷器もまた祖祭のために作られ、用いられたものであることはいうまでもないが、その背後にある宗教的觀念にはかなり相違があつた。殷人の祖靈に對する畏怖の情はその卜辭にもみえ、殆んど自然の神威に對するのと異なるところがないという一面があつた。しかし周では、その支配秩序の確立、世襲的な貴族社會の成立に伴つて、祖靈はその秩序の根原として崇敬されるようになり、彝器の銘文にも、祖靈に告げる語のみでなく、子孫を對象とする語をも加えるようになつた。このような觀念の變化が、祭器として用いられる器種の隆替をもたらし、器制文樣の變遷となつて現われてくるのである。

殷器の器制には極めて洗練された高雅な形態をもつものと、特異な表出をもつ滃勃たる氣象、古樸渾厚の風をもつものと、大體この二つの系列があるように思われる。この傾向は周初の器においても認められるのであるが、康昭以後にはそのはげしい表出が次第に失われ、器制は全體として安定に向う。殆んど雕像のように器から立體化した饕餮や、すさまじく突起した乳文、繁縟な鈎稜などは、康昭期以後にはあまり行なわれていない。文樣も器制の推移に應じてそれにふさわしい表出をもつようになる。殷周期に行なわれたもののうち、乳文・蟬文は次第に衰え、饕餮・虺龍・夔鳳などは依然として行なわれているが、前二者は本期の中ごろから漸く減じ、昭穆期を中心として鳳文が盛行する。鳳文は殷末以來みえるものであるが、この期に至つて支配的に行なわれるに至つたのは、何らか理由のあることであろう。鳳はもと四方の風神（甲骨文集・9）と考えられていたもので聖鳥とされ、中方鼎二・三（博古・二・二〇・二一）によると、中は生鳳をおくられて器を作つている。南征の際のものである。あるいは昭王の南征などが聖鳥としての鳳鳥の觀念を高めたものかも知れないが、鳥形靈としての祖靈觀念との結合は、より古い時代からあつたと思われる。周初に一時行なわれた象文、また本期の中ごろ247貉子卣にみえる鹿文などとともに、一時の風尚として注意すべきものである。また本期の後半に瓦文・變樣の夔文や虺文、波狀文が起つているが、それらはやがて後期文樣の主流をなした。變樣の夔文・虺文は、眼形を中心に左右Z形に展開する裝飾した文樣で、もと顧鳳・顧龍の形から出ているようである。これを斜格形にしたものも多い。次に本集に收錄した器影の主要な文樣を表示しておく。

目雷文・饕餮文　184・210・221*・228*・232・238・269（*は目雷文）

虺龍文・蛇文・蝸文　186・188*・190*×・198*・208*・224*・241*・243*・245*・255・284*・288*・300（*は顧龍文×は蝸文）

象文・鹿文　192・196・247*・272（*は鹿文）

夔鳳文　192*・202×・210*・215○*・219×・224○・226×・230×・243○・245×・250○・253○・261×・264×・279*・302×（○は大顧鳳*は垂尾帶文　×は分尾帶文）

夔文・虺文　變樣文　255・266・267・269・272・292・294・300

乳文　186・217・241

渦文・小圈文　188・198*・217*・269・270・295・300（*は小圈文）

弦文・襻文　204・206・266*・281（*は襻文）

瓦文・直文　235・257・274・286・300*（*は直文）

方格文・鈎連文　217・241

波狀文　298

これを要するに、この期の文樣は顧鳳・顧龍が最も盛行し、期の前半には殷周期の文樣がなお行なわれ、期の後半には後期文樣の萌芽をみることができる。文樣の上においても、一時期としての特質を示すものがあるといえるのである。

銘文は殷器には單に祖考の名を記し、あるいは作器者の名を署するもの、祭祀等の儀禮に奉仕して、賜與をえたことを記すものなどであつたが、周初には東征の器、克殷後の經營に關する事功と賞賜を記したものが多い。康王期においても東土の經營は着〻と進められ、187・189のように賜土・封建をいうものがみられる。殊に187宜侯夨段は虎侯夨を宜侯に封じた際のものであるが、賜土受民の詳細を記していて、當時の封建の實情を知るべき重要な文獻である。185・195のように先王を祀る儀禮も盛大に行なわれた。周の統治支配の原理は、殷がその王室を帝の嫡子とする神聖國家の觀念に本づけたのに對して、受命を原理とするかなり理法的な性格のものであつた。183大盂鼎には天の思想がすでに明確な形をとつて示されていて、尚書周書の諸篇にいうところと極めて近い。中國最古の思想的文章として、その價値は絶大である。この集には收錄しなかつたが、大盂鼎の二年後に作られている小盂鼎には廷禮の儀節が詳細に記されており、その點において書の顧命篇と竝ぶものがあり、同時資料である點において一層重要な價値をもつ。これらの器銘は周初の147令彝（本集・一）などとともに、その禮制・思想をみるべき最高の文獻である。

康・昭の際よりまた東・南に征事が繁く起り、さきには伯懋父關係の諸器、後には伯雝父、伯屖父關係の諸器あり、殊に218・225など㝬・㝬侯との關係が多いことが注意される。㝬はのちに271宗周鐘を作つて昭王のことを追述し、これをその先王に司配しているが、これらの諸器は昭王南征の傳承を裏書きするものであろう。史傳の缺を補うべきものとして注意される。

穆王期の彝銘には祭祀儀禮に關するものが多い。殊に莽京儀禮の盛行は、周初における三都儀禮の後しばらくみえなかつたもので、おそらく莽京辟雍の儀禮はこのころその禮制を整えたものと思われる。詩の周頌諸篇のうち最も早いものは、この頃に成立したとする可能性も考えられる。周頌諸篇中、振鷺・有瞽・有客などはあるいは殷人が周廟の祭祀に奉仕することを示したものであろうが、穆王期において莽京の儀禮に參加しているものは殆んど東方出自の殷系の族である。金文にはこれより後、この種の彝銘は多くはあらわれない。穆期を頂點として鳳文系文樣が殊に盛んであることも、あるいはこのような祭祀儀禮の盛行と關聯するところがあるかも知れない。

官職を任命して車服の類を賜うことをいう册命形式金文は、後期の金文に定式として行なわれているものであるが、その先行形式はほぼ穆王期ごろからあらわれている。すなわち233卲咎𣪘、251趞𣪘より268盠方彝・273師虎𣪘に至つて定式となり、275・277・278・280以下みなその定式による。このように穆・共期に册命形式の確立をみるのは、世襲的な周の貴族社會の成立、王室を中心とする政治秩序の確立が、彝銘の上に反映するに至つたものと考えてよい。賜物も殷周期や周初の貝朋・田土・臣僕に代つて禮服車馬の類が多い。册命の廷禮は早くから行なわれていたはずであるが、これをそのまま彝銘に勒するようになつたことに、大きな意味があるのである。

この期の終りに近く、299倗生𣪘のような約劑的な彝銘がみえることは注意すべきである。それは良馬乘の代價支拂を怠つた代償として、田土を典すること、おそらくは抵當權・質權の設定というような保證の方法がとられたことを示すもののようであるが、こういう契約上の紛爭とその裁定結果を記す銘文は、後期になるとかなり頻繁にあらわれてくる。次集三303舀鼎・304散氏盤・374琱生𣪘一のごときはみなそれである。詩の二雅にみえる土地や田民に對する不法行爲に本づく紛爭は、もとより周末のことであろうが、そのような事實は前期末ごろから次第にあらわれてきたと考えてよい。土地の所有關係が確定し、土地への經濟の依存度が高くなるにつれて、紛爭を生じやすくなる。これは周の社會が安定するとともに固定化し、やがて内外の政策に矛盾を誘起する原因となるのであるが、具體的には後期に入つて誅求の激化に對する被支配族の叛亂、共和にみられる西周政權の分裂・崩壞となつてあらわれる。ただそのような大壞に至るまで、穆共より夷厲の閒は、一應周の秩序が安定し、その社會の繁榮した時期であつた。

金文を史傳の記載と比較すると、成康の經營盛業、昭王の南征のようにほぼ一致するところもあるが、穆王の周遊のごときは金文にその痕迹なく、この期のものは概ね祭祀儀禮の文である。穆天子傳の虛妄はいうに及ばず、逸周書祭公・史記周本紀、周書呂刑のごときも穆王に關するものとは考えられず、今本紀年にいう荒裔周遊のことも信じがたい。ただ穆王十二年、毛・井・逄の三公が犬戎を伐つたという所傳は、あるいは252孟𣪘と關係があるかも知れない。また懿王期については、今本紀年に西戎・翟人の侵寇、槐里への遷都をいい、漢書匈奴傳には戎狄交〻侵し、王室の衰微を致したとしているが、金文を以ていえば、この期はむしろ極めて安定した時代であつたことが知られるのである。

銘文の字迹は、本期においては多様な變化をみせている。周初の雅健な字風は187宜侯矢𣪘・183大盂鼎、また214庚羸卣などに承けつがれているが、195大豐𣪘や203小臣謎𣪘以下の伯懋父諸器にはすでに健爽の風なく、194令鼎・213段𣪘には奇秀の趣がえがたい。これらの中では200杕𣪘・201過伯𣪘などが骨力を存するものといえよう。昭穆期には小字の緊湊の字風が多くみられるが、それらは207・209・211にはじまり、218彔・225遹・242靜の諸器に行なわれ、共王期の273師虎𣪘・275吳方彝・282以下の免諸器に及ぶ。概ね行款整い、謹飾なる書風である。そのやや變態とみられるものは236・237であるが、一集179師旂鼎のごときも相似た書風である。師旂鼎は伯懋父關係の器で、その實年代は康末以後にあるものと思われる。

このような小字の盛行する閒にあつて種〻の異態も試みられている。231尹姞鼎は姸媚の趣あるものであるが、233・234はその肥厚の體とみられ、285豆閉段のごときはその風をつぐものであろう。その頽靡なるものは229縣改段で、流れては299倗生段となる。後期にもこの種の字風がみられる。

小字が窘束に過ぎ、肥厚の體が粗放に赴く中にあつて、216也段は周初の遺法をもつ秀麗の體であり、239・244以下もまた雅醇を失わない。殊に251趞段は波折の體より出て鋒端ときに流露し、字様最も秀媚である。

宗周鐘の時期について問題のあることはすでに述べたが、これを穆末の265長甶・268盠器の字と比較するとき、文字の上からみても十分ここに位置しうるものであることが知られよう。その風は296師望鼎の平潤となり、後期に一般に行なわれた。

これを要するに、殷周期には雅醇・直方・波折など諸種の風體があつたが、これら諸體を通じて骨力筆勢の異常なものがみられた。しかし本期では字様萬端に變化し、甚だ異態に富むも、骨勢は次第に失われ、均勢平板の字様となる。それはこの期の彝器が、殷周期の滃鬱として迫るような力を次第に失つて、器形・文様ともに均齊華麗に赴くのと軌を一にしている。そこには、これらの彝器文化を支えていた當時の精神生活の變化を微妙に反映しているものがあると考えられる。

本集の編次はほぼ斷代により、ときに器群あるいは字様の關係から、類を以て排比したところがある。概ね183～198は康、199～232は昭、233～272は穆、273～286は共、287～302は懿、あるいはその關係彝器である。

183・184は前期の代表的な大作大盂鼎。廿三祀の紀年あり、その關聯器小盂鼎は廿五年の紀年がある。その日辰は庚贏鼎と接續せず、兩盂鼎は康王期に屬すべきものと思われる。184の器制は殷器の形成を承け、文字渾厚、文辭淵深、成康の治といわれるこの期を代表するにふさわしい。185・186は144・146令器（本集・一）と同じく鳥形册標識をもつ器で、公束・皇天尹大保、すなわち召公の名がみえる。武成の祭器を作ることをいい、康王初年の器とみられる。187・188にも武・成の名がみえている。器制・文字ともに周初の風があり、また康王初年の器であろう。宜侯封建のことを記す。周初の大封建は必ずしも武王一時のことでなく、長期にわたつて行なわれたものであることが知られる。189～193は、文首に休王の名がみえるもの。休王という王號は西周の歴代にみえず、かつて郭沫若はこれを孝王に充てて解したが、器制・銘文からいえば康王期に排比しうるものである。康王の名は從來出土の器銘に見えず、かつては休王を康王の名に充てることを試みたが、のち史牆盤（金文通釋・補釋篇一五）が出て、康王の名を記しており、休王は王號でないことが明らかとなつた。それで休は動詞に訓むべく、文首に休をおくこの銘文は、その當時行なわれた一種の語法と考えられる。このような文例が、他に數器存する。189釁は召公の後なるべく、181釁尊（本集・一）には伯懋父の名もみえ、康王の後半に入るものであろう。192の象文は象首の形が明らかで、その文様は158より出で、195大豐段よりも早いとみられる。194令鼎は144・146と同名であるが、字様はかなり新しい。康末よりは遡りえない器である。195・196大豐段は從來西周の第一器、武王期のものとして喧傳されているものであるが、文・武・成を祀ることをいうもので、康期に屬すべき器である。その象文はかなり便化しており、怪鳥文などとよばれていたが、192の便化體であること明らかである。193～195の文字は、何れも周初の健爽・雄勁の風より、やや變化したところがみえる。197耳尊は189釁圜器の字様に近く、稍しくその秀婉を失うも、また康末に近いものといえよう。

199～201は荊楚の討伐をいう。字跡は周初の器に近い。203～207は伯懋父關係の器。伯懋父の器は179～181にも出しておいたが、懋父は康昭期の人であろう。207～211は小字の緊湊體、212は211の關聯器である。213は紀年銘、昭王十四年の器と思われる。214・216はこの期の銘文中、書品の最も尤れたもの、兩器の文様また鮮麗を極めている。218～222は彔器、必ずしも一時の作ではなく、222は篆體に似て平直、賜物も禮衣車馬の類で、多く後の册命金文にみえるものである。224は文様が215と同じく、この期の典型とみてよい。225師雔父・227と229伯犀父は昭末の武將で、南征に關係ある人であろう。228は器制が古く、當時なお目雷文なども行なわれていたことが知られる。232は分當あるやや異形の鼎で、文様も饕餮の古形を用いている。字は康昭以來しばしばみられる横筆の逆入もなく、圓潤ともいうべき書風である。

233・234は231をさらに肥厚にした書風で、おそらく昭穆の際一時この字様が行なわれたのであろう。233は昭元年の暦譜に入りうる。235は瓦文段の古制を示すものとみられる。236・237は小字であるが、王・天などは231以下の肥厚體のものと似ている。同じく師遽の器であつても、237と239とでは全く書風が異なる。これを以ていえば、字迹のみで時期を論ずるのは危險であることが知られる。しかしその筆畫を精しく點檢すると、相通ずるところも甚だ多い。237を謹直の體にすると240がえられよう。241は方鼎としてはおそらく最も晩期のものである。242は239を小字風に整えた形に近く、244・246・248・249も同系の字である。244・246は何れも鹿を賜うたことを記している。249は246と同じ作器者であろうが、字は248とともにやや直峭のところがある。251は字迹のみるべき佳品。233についで冊命金文成立の過程を示す。252以下、緊湊の小字風のもので、莽京の儀禮に關するものが多い。258～260はみな方格中にあるもの、方格あるものは後期にその例がみられるが、初期には珍しいものである。262は248と近く、263はその骨を沒したもの。265・268などは當時通行の書風であつたとみられる。265には穆王の名がみえる。266盉は、この器種としては最も時期の下るものである。271宗周鐘は、その銘文の解釋上、穆期末に入りうるものと考えるが、字迹からみても251趞毀より後、296師望鼎の前にあるべく、いま一應ここに編次しておく。

共王期は273師虎毀にみられる行款の整つた謹直の字體が行なわれたようである。毀はまた冊命金文の定式であること、環耳の瓦文毀であることにおいても注意される。275も273の字風で、次集三303舀鼎の字様を拓くものである。276はあるいは穆期に屬すべきものであろうが、貼付けの關係でここに收めた。莽京の儀禮を記している。277・280は書風近く、278はやや異體、282・283は273に近い。285は273と同じく井伯の名がみえ、文字肥厚、229以下の字風を承けている。器制は274に同じ。287は賜物など後期の文に近いが、器は圜足鼎で顧龍の帶文をもつ。後期にはみられないものである。

289匡卣は文中に懿王の名のみえる標準器。器制は知られないが、卣とすればこれまたこの器種としては時期の下るものである。字は著しく疎緩で筆勢を缺く。290・291はともに紀年銘で右者司馬共の名がみえ、干支も合う。292諫毀の器影がその眞を傳えているものとすれば、變樣の夔文・虺文と瓦文とを組み合せ、三小足をもつ後期通行の毀の器制がこのころから成立してきたといえる。294休盤においては變樣文の便化が著しい。295の文樣も272の文樣から便化しているようである。296・297は字潤大なるも雅馴を失わない。298はいわゆる公字形を含む波狀文をもつ壺で、後期に盛行したものである。299は文字軟緩、筆畫嚴正を缺いているが、器は方座毀で文樣も古式による。301も妍潤の致に乏しい緊勁の體でこの期の異體とすべく、後期の次集三303舀鼎・304散盤の字風に通ずるものがある。ところがその器302は分尾の長尾をもつ鳳文で、またこの期以後にはみられぬものである。このように、器制・銘文・文字においてすでに後期の風を拓くものがありながら、一方においてこの期以後には殆んどみることのない器制・文樣がその名殘をとどめているというところに、この期彝器の特質がある。ここに前・後期の區劃點を求めることは、必ずしも理由のないことではないと思われる。

釋文

183・184　大盂鼎　〔銘〕盂鼎・克鼎　＊〔器〕同上

隹九月、王才宗周、令盂。王若曰、盂、不顯玟王、受天有大令、在珷王、嗣玟乍邦。闢厥匿、匍有四方、畯正厥民。

在雩御事、䣜酉無敢䤖、有[illegible]䰜祀、無敢醻。古天異臨子、灋保先王、□有四方。我聞、殷遂令、隹殷邊侯田、雩殷正百辟、率肄于酉。古喪𠂤。

巳、女、妹辰又大服。余隹即朕小學。女勿毘余乃辟一人。今我隹即井亩于玟王正德、若玟王令二三正。今余隹令女盂䀌𤇈。芍雝德巠、敏朝夕入諫、享奔走、畏天畏。

王曰、[illegible]、令女盂、井乃嗣且南公。王曰、盂、迺䀌夾、死嗣戎。敏諫罰訟、夙夕䀌我一人、䇂四方。雩我、其遹省先王受民受疆土。

易女鬯一卣・冂衣・市・舄・車馬。易乃且南公旂。用獸。易女邦嗣四白、人鬲自駿至于庶人、六百又五十又九夫。易尸嗣王臣十又三白、人鬲千又五十夫。遹[illegible]□（遷）自厥土。王曰、盂、若芍乃正、勿灋朕令。

盂用對王休、用乍且南公寶鼎。隹王廿又三祀。

隹れ九月、王、宗周に在りて、盂に命ず。王、若く曰く、盂よ、丕いに顯かなる文王、天の有する大命を受けられたまひ、武王に在りて、文に嗣ぎて邦を作したまへり。厥の匿を闢き、四方を匍有し、厥の民を畯正したまへり。

御事に在りて、酒に䣜ぶも敢て䤖ふこと無く、[illegible]し、蒸祀することを有るも、敢て醻るること無かりき。故に天、翼臨して子しみ、先王を灋保し、四方を□有せしめたまへり。我聞くに、殷の、命を墜せるは、隹れ殷の邊侯甸と殷の正百辟と、率ゐて酒に肄ひたればなり。故に師を喪ひたるなり。

巳、女、昧晨に大服のこと有り。余は隹れ、朕が小學に即かむ。女、余、乃の辟たる一人に毘ぶること勿れ。今、我は隹れ、刑稟に文王の正德に卽き、文王の命じたまへる二三正に若はむとす。今、余は隹れ、女盂に命じて䀌𤇈せしむ。德經を敬雍して、敏しみて朝夕に入りて諫め、享く奔走して天威を畏れよ。

王曰く、於、女盂に命じて、乃の嗣げる祖南公に刑らしむ。王曰く、盂よ、廼ち䀌夾して、戎を死嗣せよ。罰訟を敏しみ諫しみ、夙夕して我一人を䀌け、四方に烝たらしめよ。我に雩いて、其れ先王の受けられたまひし民と受けられたまひし疆土とを遹省せよ。

女に鬯一卣・冋衣・市・舄・車馬を賜ふ。乃に祖南公の旂を賜ふ。用て狩せよ。女に邦嗣四伯・人鬲、駿自り庶人に至るまで六百又五十又九夫を賜ふ。夷嗣王臣十又三伯・人鬲千又五十夫を賜ふ。亟かに厥の土自り[illegible]□（遷）せよ。王曰く、盂よ、乃の正を若敬し、朕が命を灋つること勿れ、と。

盂、用て王の休に對へ、用て祖南公の寶鼎を作る。隹れ王の廿又三祀なり。

道光（一八二一―五〇）の初、郿縣禮村の出土と傳える。岐山の河岸が崩れて三大鼎が出土、はじめ邑紳の有に歸したが、岐山の宰周雨樵に豪奪され、一時左文襄（宗棠）・潘伯蔭の有となつた。いま上海博物館藏。戰爭中埋藏して戰火を避けたという。その銘は一九行二九一字に及び、文詞蒼淵、書の酒誥と出入し、字跡もまた正統派の雄健な書風で器の氣象に適うている。

九月、王は宗周の地で盂に册命したが、王の仰せ言は次の如くである。「盂よ、丕顯の德ある文王は天より大命を與えられ、武王のときその業を嗣いで周邦を作興された。從來德澤の及ばなかつた地にも照被して四方を敷有し、その民を正された。祭事儀禮のとき酒に及ぶも亂に陥ることなく、[illegible]（祭儀の名）や烝祀のときにも惑亂のことがなかつたので、天が周室を翼臨し帝子としていつくしみ、先王をまもり四方を支配せしめたまうた（以上、周の受命の次第をいう）。聞き及ぶところによると、殷が天命を失墜したのは殷の諸侯や内服諸官が相ともに酒に沈湎したので、そのため師衆を喪つたゆえである（以上、殷滅亡の事由をいう）。

ああ、汝盂よ。この昧爽に大服に就く儀禮が行なわれ、余は學宮に涖むであろう。汝は余、すなわち汝の主君たる余一人に夸毗してはならぬ。今余は先王たる文王の正德を規範として奉じ、文王の命じたまうた施政の原則に若稽しようと考える。今、余は汝盂に命じて余を輔佐せしめる。徳の根基を敬しみ、いそしんで朝夕に入諫し、よく奔走して天威を畏れつつしむべきである（以上、輔佐のことを囑するをいう）」。

王は仰せられた。「ああ、汝盂に命じて、汝の嗣襲した祖南公に法り、周室に仕えしめる」。また王は仰せられた。「盂よ。されば周室を輔佐して、戎事を治めよ。聽訟のことにつとめつつしみ、夙夕入朝し身邊にあつて我一人を輔け、四方に君として治績あらしめよ。我が朝にあつて、先王より繼承せる民と疆土とを遹省して誤りなからしめよ（以上、任命の辭）。

汝に秬鬯一卣・絅衣・蔽黻・舄屨・車馬を下される。汝の祖南公の所持した旂を下される。狩して祀るがよい。汝に管理人たる邦司四伯と人鬲、駿より庶人までを含む六百五十九夫を下される。管理人たる夷司王臣十三伯と、その隷下の人鬲千五十夫を下される。すみやかにその領地に遷すがよい（以上、賜與をいう）」。王は仰せられた。「盂よ、汝の職事を恪謹して、朕が命を怠つてはならぬ（王の誥辭の結尾）」。

盂はよつて王の休寵に對えて、祖南公の寶鼎を作つた。王の廿三年である。

器は康王期の標準器とすべく、文は周誥諸篇に類し、周書成立の時期を推定せしめるものがある。文中、受命の思想が明確な形で述べられていることは、思想史の上からも重要である。賜與の禮器中、祖南公の旂があることは注意される。後にも本集三351師兌段一など、祖考のものを賜う金文例がある。つづいて多くの臣僕を賜うている。邦司四伯・夷司王臣十三伯は、187の鄭伯と同じく管理者である。庶人・人鬲の數も187に相匹敵し、殆んど封侯の場合と近い。その銘文よりみるも、盂の勢望が甚だ盛んであつたことが知られる。器もまた高さ一〇二糎の大鼎で、項下と足に饕餮を飾り、文様の部分には小鈎稜を付している。同出の小盂鼎はその銘文によつて康王廿五年の器と考えられ、從つて本器も康王廿三年の作とみられる。

185・186　作册大方鼎　〔銘〕善齋圖・四三　＊〔器〕故宮・下・六四

公朿鑄武王成王異鼎、隹四月既生霸己丑、公賞乍册大白馬、大丮皇天尹大僳宲、用乍且丁寶隮彝。

公朿、武王・成王の禩鼎を鑄る。隹れ四月既生霸己丑、公、作册大に白馬を賞せらる。大、皇天尹大保の宲に揚へ、用て祖丁の寶隮彝を作る。　鳥形圖象

同銘四器あり、うち二器は善齋に著錄、いま臺北故宮博物院に藏する。他の二器は銘拓のみ傳える。本集一の147令彝などとともに洛陽の出土である。文八行四一字。公朿は下文の皇天尹大保にして召公奭。周公旦とならんで周召二公といわれ周の元勳であつた。春秋後期、吳の者減鐘一に「若盥公壽（盥公の壽の若し）」とあるように非常な長壽者で、康王の初年にもなお存命し、尙書顧命篇によると康王卽位の大禮を主宰している。この器では武成二王の異鼎を作つているが、おそらく康王初年のことであろう。異は禩にして祀の義。首句は大事紀年の形式をとる。作册大が賜賞をえているのは、あるいはその鑄鼎に關する事功によるものであろう。白馬は詩の周頌有客にみえるように、神事に用いられた。皇天尹大保は召公の稱號。召公の家は他にも大保の稱號を用いている。本集一の113以下參照。書においては君奭ともよばれている。皇天尹と君と同義である。宲は休。祖丁はおそらく令器の丁公・父丁であろう。銘末の鳥形册圖象は、本集一の144令段・147令彝にもみえている。器は二器とも方鼎で器制同じ。口下には蛇身を左右に展開し、器腹の三方に小乳文、四足の脚頭に饕餮文を飾る。殷末周初に行なわれた器制である。錄入したものは、銘は第一器、器は第二器である。

187・188　宜侯夨段　〔銘〕錄遺・一六七　＊〔器〕照片

隹四月、辰才丁未。□□（王省）珷王成王伐商圖、徣省東或圖。王〔立〕于宜〔宗土、南〕鄉。王令虎侯夨曰、繇、侯于宜。易𩰫鬯一卣・商瓚一・□・彤弓一・彤矢百・旅弓十・旅矢千。易土。厥川三百□、厥□百又□、厥□邑卅又五、厥□百又卌。易才宜王人□又七生。易奠七白、厥鬲〔千〕又五十夫。易宜庶人六百又□□六夫。宜侯夨、丮王休、乍虎公父丁隮彝。

隹れ四月、辰は丁未に在り。（王、）武王・成王の伐てる商圖を（省し、）徣でて東國の圖を省す。王、宜の（宗社に立ちて、南）嚮す。王、虎侯夨に命じて曰く、繇、宜に侯となれ。𩰫鬯一卣・商瓚一・□・彤弓一・彤矢百・旅弓十・旅矢千を賜ふ。土を賜ふ。厥の川は三百□、厥の□は百又□、厥の□邑は三十又五、厥の□は百又四十なり。宜に在る王人、□又七生を賜ふ。鄭の七伯、厥の鬲（千）又五十夫を賜ふ。宜の庶人六百又□□六夫を賜ふ。宜侯夨、王の休に揚へて、虎公父丁の隮彝を作る。

一九五四年六月、丹徒縣龍泉鄉の農民が煙燉山南麓の壠溝から發見、銅器十二件を出土した。

江蘇省文物管理委員會藏。出土のとき器底が殘破し、修復の際接合を誤つて銘文を損したが、後また多少の修正がなされた。錄遺の銘は修復のままのものであるが、拓迹がよいので錄入する。文一二行、約一二六字。周初における封建の實際を詳記した唯一のもので、資料的に極めて重要である。

四月丁未、王は武王・成王の伐ちたまうた商國の舊域を巡察し、さらに東國の諸域を遹省したまうた。そのとき王は宜地の宗社に立つて南嚮し、矢に對する册命の式を擧行された。王は虎侯矢に命じていう。ああ、汝を宜侯に命ずる。汝に秬鬯一卣・商鬲一・□・彤弓一・彤矢百・黑弓十・黑矢千を賜う。また封土を賜う。その地は甽三百□、その□は百又□、その□邑は三十五、その□は百四十である。また宜の地にある王室所有の□又七姓を賜い、鄭の七伯と人鬲千五十夫を賜い、宜の庶人六百又□□六夫を賜う、と。宜侯矢は王の休寵に對えて、虎公父丁の隮彝を作るのである。

宜の地は出土地丹徒の附近であろうと考えられているが、王が遹省し、その地で册命を行なつているのであるから、それほど遠隔の地とは思われない。おそらく淮域にあり、鄭の東境方面であろう。その地は王室直領の地で、鄭地から人鬲や管理者も移されている。典型的な植民地的經營の行なわれていたところであろう。商圖は商國の舊域でその近畿の地、東國は河南東部を含む一帶と思われる。その宜地は王室直營の地で、その地に虎侯を移封したのである。虎侯はおそらく殷代虎方の後、その舊地は淮水の上游にあり、中方鼎二・三（博古・二・二〇，二一）に、王が虎方の叛を伐つにまず南國を檢分させたことを記している。のち周に歸服したが、その地が東都に近いので改易してこれを東國に遷したのであろう。封建のとき秬鬯弓矢を賜うことは尙書文侯之命にもみえるところである。次に封土の詳細が記されているが、その重要な部分が殘破のために泐している。川は甽、邑卅五に對して百四十はその四倍に當り、おそらく邑里の數をいうものであろう。王人は王室の私人とみてよく、生は姓、氏姓を單位として數える。奠七伯は鄭人の管理者なるべく、一伯の隸下に人鬲百五十人がある割合である。このように邑里・管理者と人鬲の數が倍數の關係にあることは、宜地が極めて經營的な農耕地であつたことを示し、當時の農耕經營の形態を推知しうるものがある。おそらくはその全體が、整然たる條里制をとつていたのであろう。矢は虎公父丁の器を作つている。矢が本集一144・146の矢令とどういう關係にあるかは知られないが、矢・父丁の名號は同じである。

器は四耳段。圈足部高く、器腹に大旋渦文と虺首、足に夔鳳を飾る。四耳下の圈足部に鈎稜がある。殷器の形制を承けるものとみられる。

189・190　𧺝圜器　〔銘〕三代・一三・四二・一　＊〔器〕澂秋・五〇

隹十又三月初吉丁卯、𧺝啓進事旌徙、事皇辟君。休王自穀、事賞畢土方五十里。𧺝弗敢諲王休異、用乍𢿨宮旅彝。

隹(こ)れ十又三月初吉丁卯、𧺝(せう)、啓(はじ)めて進事奔走し、皇辟君に事(つか)ふ。王の穀自(こうよ)りして、畢(ひつ)・土方五十里を賞せしむるを休(よろこび)とす。𧺝、敢て王の休翼(きうよく)を忘れず、用て𢿨宮(てつきう)の旅彝を作る。

文七行四四字。賜土のことをいう。三月は合文。𧺝は召の繁文。啓は肇と同じ。進事奔走は朝見して祭事に奉仕することをいう。皇辟君は、主君を尊んでいう。ここでは周王をさす。休は休寵、恩命を喜ぶ意。休を文首におく用法は191・193にもみえる。賞は賞賜。穀は地名。𧺝の進事の禮に當つて、王は穀よりして地を割き、畢・土方の地五十里を與えた。畢はあるいは卜辭にみえる𦉼であろう。土方もまた卜辭にみえる。里は邑里。その地は晉南河内の方面であつたようである。𧺝は當時いわゆる召南の地にあつたが、河内方面にはその故地があつたらしく、いわばその失地の一部を恢復したものと考えられる。𧺝は王の休翼を受け、これを紀念して𢿨宮の旅彝を作つた。𢿨宮は𧺝氏の旅宮。本集一181𧺝尊においても團宮の旅彝を作つている。器はおそらく康王の初年、𧺝公の後たるものが進事朝見した際のものであろう。この器は形制奇異。圜筒形にして兩鐶あり、卣・壺の變形とみられる。器種を定めがたいものであるから、陳夢家氏の稱に從つて圜器としておく。文様も類例のないもので、口緣に顧龍、圈足に蝸文を飾り、器腹には斜に帶狀花文を竝行させ、帶文は顧龍と雷文とを各條交互に用いている。

191・192　效父段　〔銘〕三代・六・四六・三　＊〔器〕照片

休王易效父●●三、用乍厥寶隮彝。　⋈八

王の效父に金三を賜ふを休(よろこび)とし、用て厥の寶隮彝を作る。　⋈八

器はいま寧樂美術館に藏する。文三行一四字。王は、何王であるか知られない、器制・銘文か

らみて西周初期であろう。郭氏ははじめ文首を休王とよみ孝王のことと解したが、器の時期からみて適當でないので、私はかりに康王とする解を試みた。康王の名が、當時の資料にみえなかつたからである。しかしのち史牆盤が出土、康王の名がみえ、休王とよむ根據が失われた。ただこのような構文の銘が、ほぼ康王期の器制のものに行なわれているのは事實である。〓は匀の初文にして金の意。金の字形中にこの形を含んでいる。匀は三十斤。内史鼎（三代・四・七・一）に金一匀・非余を賜うたことを記しているが、金は三十斤の定量に作られていたのであろう。從つて〓三とは金三匀にして、金九十斤の意である。銘末の圖象標識はその例が多くない。效父は本集三の303舀鼎にみえる效父とは別人であろう。器は兩耳犧首、珥あり、犧首の耳は開張して立ち、本集一の118大保設に似ている。正中の稜を界として器腹に兩象文相對し、やや高目の圈足部に垂尾の夔鳳が相對う。象身は渦文狀をなしており、他にも143中爯設など同様の文様數例がある。195大豐設はこのやや便化した文様である。

193　䣄父方鼎　〔銘〕三代・三・二四・二　〔器〕故宮・上・四四

休王易䣄父貝、用乍厥寶隮彝。

王の䣄父に貝を賜ふを休とし、用て厥の寶隮彝を作る。

器はもと三器あり、その第三器はいま臺北故宮博物院に藏する。文三行一二字。字は肥瘠強く、科斗狀のやや異體の字である。西淸・三・二五によると、第一器銘末に圖象標識あるも、明晰を缺いている。器は方鼎で、器腹四周に垂尾の夔鳳をめぐらす。鳳身は浮雕的な柔かな表出である。八稜あり、足部には稜を中心に饕餮を飾つている。

194　令鼎　〔銘〕三代・四・二七・一

王大耤農于諆田、餳。王射。有嗣眔師氏小子、卿射。王歸自諆田。王馭溓中僕、令眔奮先馬走。王曰、令眔奮、乃克至、余其舍女臣卅家。王至于溓宮、攸。令拜䭬首、曰、小□（子）廼學。令對刔王休。

王、大いに諆田に藉農し、餳す。王、射る。有嗣と師氏小子と、卿射す。王、諆田自り歸る。王の馭、溓仲、僕となり、令と奮と先馬走す。王曰く、令と奮よ、乃ち克く至らば、余は其れ女に臣三十家を舍へむと。王、溓宮に至りて、啓す。令、拜して稽首して曰く、小（子）廼ち學へむと。令、王の休に對揚す。

器影未見。文八行七一字。藉田・射儀など、儀禮に關する內容をもつ。藉農は國語周語上にみえる千畝の藉のことで、宗廟粢盛の用に供したのであろう。詩の周頌中、臣工・噫嘻・載芟・良耜の諸篇はその禮を歌うものと思われる。餳は饗食の禮で農耕儀禮の一。その後に鄉射のことが行なわれた。射は二班に分れて競射するもので、この器では有嗣と師氏小子の兩班である。鄉射は242靜設にもみえ、神事的な儀禮である。藉農の禮終つて歸還するとき、王の駮溓仲が僕となり、令と奮とが先驅した。王は歸還の上は臣三十家を與えようと約したが、溓の宮に到つてこれを賜うた。令は拜して稽首し、今後も精勵すべき旨を言上し、王の休寵に對えてこの器を作つた。學とは242靜設にいう學射のことであろう。臣三十家は重賜であり、單に先驅の功を賞したものとは思われない。溓仲は本集一の172䨻鼎・173厚趠方鼎にみえる溓公であろう。令の器ではあるが本集一の144令設、146令彝とは字迹甚だ異なり、時期はかなり下るものと考えられる。

195・196　大豐設　〔銘〕三代・九・一三・二　＊〔器〕大系新版・二五四

乙亥、王又大豐。王凡三方。王祀于天室、降。天亡又王、衣祀于王。不顯考文王、事喜上帝。文王臨才上。不顯王乍省、不䋣王乍庚、不克王衣。王祀。丁丑、王卿、大宜。王降。亡助〓〓〓。隹朕又慶。每刔王休于隮。

乙亥、王に大豐有り。王、三方に般す。王、天室に祀りて、降る。天亡、王を右けて、王に衣祀す。丕顯なる考文王、上帝に事饎す。文王臨みて上に在り。丕顯なる王、省することを作し、丕䋣なる王、賡ぐことを作し、丕競なる王、衣す。王、祀る。丁丑、王、饗し、大いに宜す。王、降る。亡、〓〓〓を嘉せらる。隹れ朕に慶有り。敏しみて王の休を隮に揚ふ。

道光末年、毛公鼎とともに關中に出土したという。久しく簠齋（鄧實）の藏するところであつたが、いま北京の故宮博物院に歸している。文中「丕顯考文王」の語があるので武王期のものとされ、西周の第一器といわれているが、器制・銘文からみて康王初年の器と考えられる。文八行約七七字。

乙亥、王は大豐の禮を行なつた。王は三方の示主を移して天室に祀り、降壇した。天亡は王を佑けて王所に衣祀した。丕顯なる父なる文王は上帝によく仕えたので、今は上天にあつて周室を監臨したまうている。また丕顯なる武王も周室を省視したまい、丕緐なる成王が祖業を賡がれ、丕兢なる現王康王が衣祀を行なわれたのである。王は祀典を終え、丁丑の日、饗して大いに隮宜行ない、退出された。亡はこの禮を佑けて禮器などを賜わつた。かく朕に嘉賞のことがあつたので、王の休寵にこの器を作つて對えるのである。

不顯考文王は武王を不顯王というに對して考という一字を加えたのである。不顯王・不緐王・不兢王はそれぞれ武・成・康に充てて解すべく、不兢王の王は縱の一畫を缺筆したものとみる。他に適當な解をえがたいところである。字迹も頽靡に近く、周初の雄偉健爽の體と敻かに異なつている。文は押韻。豐（東）・方（陽）・降（冬）・王・王・王・上・省・庚・卿（陽）・降（冬）・慶（陽）が陽東・陽冬の合韻。器は四耳方座段。器腹・方座の文様は一般に怪鳥文といわれているが、本集一の143・158・166などから出た變樣の象文で、この系統の文樣としては便化した後起のものである。

197・198　耳尊　〔銘〕錄遺・二〇六　＊〔器〕斷代・三・圖七

隹六月初吉、辰才辛卯。矦各于耳〓。矦休于耳、易臣十家。長師耳、對𢳎矦休、肇乍京公寶隮彝。京公孫子寶。矦萬年、壽考黃耇。耳日受休。

隹れ六月初吉、辰は辛卯に在り。侯、耳の〓（廟）に格る。侯、耳に休（休賜）して、臣十家を賜ふ。長師耳、侯の休に對揚して、肇めて京公の寶隮彝を作る。京公の孫子、寶とせよ。侯、萬年にして、壽考黃耇ならむことを。耳、日に休を受けられむことを。

文七行五二字。六月辛卯、侯が耳の宮廟において休寵を賜い、臣十家を與えられた。耳はそれに對えて京公の隮彝を作り、侯の萬年、壽考黃耇を祈り、また自らの休福を求めることを記す。臣を賜うことは西周初期の器に多くみえ、後期にもなお行なわれている。銘文中の侯は何人であるか知られない。文末の壽考黃耇のような嘏辭は、287師奎父鼎などから後にみえ、この器なども時期はもう少し下るものかも知れない。字は181矍尊などの系統に屬し、陳氏はこれを成康期においている。文樣は器腹を上下二層に分ち、各〻顧龍文を飾り、上下に小圏文を付している。また文は寶・耇・休の三字を押韻しているが、押韻の銘は早く144令段にみえるほか、195・216や本器、下つては271宗周鐘や史免簠に至つてまた行なわれている。本器は器制・文字よりすれば早期の器と思われるので、嘏辭の語彙に問題があるけれども、しばらくこれを康末に屬しておく。

199　𧊒段　〔銘〕三代・七・二一・七　〔器〕文物・一九五九・一二・五九

𧊒從王戍荊、孚。用乍𩰫段。

𧊒、王に從ひて荊に戍り、俘れるものあり。用て𩰫段を作る。

器蓋二銘。何れも二行一〇字。伐荊のことは200・201にもみえる。孚の賓語をあげていないが、孚は字形よりいえば人を俘獲することをいう。𩰫は祭名。金文では多く器名に冠して用いる。文字和潤、王字は古形を存している。器は四小足のある段で口下に二層の雷文、器腹に斜方格乳文を飾る。圈足淺く、四足は象首、その象鼻が伸びて足となり、末端は外卷している。十六（二・一三）にも圖樣を載せているが、その器には蓋を備えている。圈足下に小足を付することは、早く臣辰段（通考・三〇二）・204小臣謎段・257遹段にみられるが、その例は多くない。

200　䟭段　〔銘〕大系・二六

䟭駭從王南征、伐楚荊、又得。用乍父戊寶隮彝。

䟭、駭して王の南征に從ひ、楚荊を伐ちて、得たる有り。用て父戊の寶隮彝を作る。（圖象）

三行一九字。王の南征とは昭王南征の事實をいうと考えられている。楚荊を連言している例は珍しい。得は贖、俘獲のことをいう。銘末の標識は吳の字形に似ている。字迹は201過伯段に近く、兩器のいう伐荊は同時のことであろう。

201・202　過伯段　〔銘〕夢郼・上・二四　＊〔器〕同上

過白從王伐反荊、孚金。用乍宗室寶隮彝。

過伯、王に從ひて、反荊を伐ち、金を俘れり、用て宗室の寶隮彝を作る。

文三行一六字。過はおそらく滑縣の滑の初文であろう。その近くに渦水がある。王の伐楚の役に從つて金を俘獲し、これを紀念して宗室の器を作つた。文字は200に近く、荊といい楚荊というも同時の器であろう。器は方座段。方座は一部殘破、正面下部を花瓣形に刳り、臺下は空いている。器は口下に顧鳳、足は斜格雷文を飾る。

203・204　小臣謎段　〔銘〕三代・九・一一・一　＊〔器〕善齋圖・七〇

𠭯東戸大反。白懋父、以殷八𠂤、征東戸。唯十又二月、遣自䍐𠂤、述東、陷伐海眉。雩厥復歸、才牧𠂤。白懋父承王令、易𠂤遳征自五齵貝。小臣謎蔑暦、眔易貝。用乍寶障彝。

𠭯に東夷大いに反す。伯懋父、殷の八師を以て、東夷を征す。唯れ十又二月、䍐の師自り遣はされて、遂に東し、海湄を陷伐す。雩に厥の復歸して、牧の師に在り。伯懋父、王命を承け、師に遳征して五自り齵れる貝を賜ふ。小臣謎、蔑暦せられ、眔び貝を賜ふ。用て寶障彝を作る。

一九三〇年前後、河南の濬縣の出土と傳えられる。同銘二器、何れも中央研究院藏（いま臺北故宮博物院藏）。收錄したものは銘は第二器、器は第一器である。器は蓋を失しているが、故宮（下・一七一、一七二）には二器とも蓋を具している。文八行六四字。𠭯は發語。伯懋父は周の將帥で、その關聯器に本集一の179師旂鼎・181盟尊のほか、205・207がある。殷の八師は成周の八師と同じく、庶殷を以て構成される部隊であると思われ、周初の東方戡定には多くその師旅が用いられた。二月は合文。䍐𠂤は軍の基地。その所在は明らかでないが、東方作戰の基地であろう。述は遂。陷は銜の初文かと思われる。海眉は海湄。沿海にまで達する遠征であつたらしい。終つて牧𠂤に歸還し、論功のことが行なわれたが、伯懋父は王命を以て五より俘獲した貝を師旅に與え、小臣謎も旌表され、かつ貝を賜うたので、その寵榮を紀念してこの器を作つた。五は137保卣にみえる五侯征の五であろうと思われる。

兩器はその形制ほぼ同じく附耳三足、足は太く短く、足底は內側に屈曲している。器底に圈足部が殘されており、大きな附耳とともに異樣の感を與える。口下に二弦文あるほか無文。字に大小あり、やや柔撓の風がみえる。

205・206　小臣宅𣪘　〔銘〕貞松堂・上・三二　＊〔器〕同上

隹五月壬辰、同公才豐。令宅事白懋父。白易小臣宅畫干戈九、易金車馬兩。揚公白休、用乍乙公障彝。子〻孫永寶。其萬年、用卿王出入。

隹れ五月壬辰、同公、豐に在り。宅に命じて伯懋父に使せしむ。伯、小臣宅に畫干戈九・易金車馬兩を賜ふ。公・伯の休に揚へて、用て乙公の障彝を作る。子〻孫、永く寶とせよ。其れ萬年まで、用て王の出入に饗せよ。

もと貞松堂（羅振玉）の藏器であつたが、一九五五年、旅順の廢銅中から再發見され、いま旅順博物院に藏する。それまでに多くの銅器が廢銅として處分されていたということである。器は項下二弦文、正中に一獸首を付する高雅な制作である。同公は216也𣪘にもみえる。豐は莽京所在の地。畫はもと雕盾をいう。畫干戈は雕飾ある干戈。易は鍚。黃金色をした金車と一車分の馬匹とを、使者たる宅に儐物として賜うたのである。公伯とは同公と伯懋父とをいう。同公の使者として伯懋父に使し、この賜與をえたので、その寵榮を兩者に歸したのである。前器とともに伯懋父の名のみえる器で、字風にも似たところがある。また何れも東方系の小臣の器であることが注意される。

207・208　御正衞𣪘　〔銘〕武英・五七　＊〔器〕同上

五月初吉甲申、懋父賞御正衞馬匹。自王。用乍父戊寶障彝。

五月初吉甲申、懋父、御正衞に馬匹を賞せらる。王自りせるものなり。用て父戊の寶障彝を作る。

いま臺北故宮博物院藏。懋父は伯懋父。御正は官名。その賜賞は王命によつてなされたもので、特にそのことを記している。父戊は東方系の廟號である。器は項下に顧龍文あり、龍身はゆるやかなW字形をなす。この期に多い顧鳳文と對應する文樣である。

209・210　服方尊　〔銘〕三代・一一・三二・一　＊〔器〕故宮・上・一一二

服肇夙夕明享、乍文考日辛寶障彝。

服、肇めて夙夕明享し、文考日辛の寶障彝を作る。

夙夕明享は朝夕祭祀することをいう。日辛は文考の廟號。服がはじめて家祀を嗣いだときの作器である。字迹は緊湊の體で穆王期のものに近いが、文樣は古色に富み、饕餮の角飾が立刀形をなし、夔鳳は垂尾、器に鉤稜あり、耳は魚尾狀のいわゆる鳳耳である。この鳳耳は、後の238師遽方彝、269盠方彝・盠方尊にもみえるが、この系統のものでは本器が時期の早いものであろう。

211　同卣　〔銘〕三代・一三・三九・二

隹十又二月、矢王易同金車弓矢。同對揚王休、用乍父戊寶障彝。

隹れ十又二月、矢王、同に金車・弓矢を賜ふ。同、王の休に對揚して、用て父戊の寶障彝を作る。

器影未見。段として著錄しているものもある。矢王は212にみえる。本集三の304散氏盤の矢王は、あるいはその後王であろう。周室の他に王號を稱するものがあつたのである。二月合文。王は矢王。同はその家臣で、父戊という廟號からみると東方出自の族である。字迹は207御正衞段と極めて近い。

212　矢王方鼎　〔銘〕三代・三・三・六　〔器〕十二家・居・四

矢王乍寶隮鼎。

矢王、寶隮鼎を作る。

矢王は211にみえるものと同一人であろう。器はいま蓋のみを存し、四緣に八鳳文をめぐらす。鳳文は245命段のそれに似ており、分尾の鳳文に先立つものとみられる。矢王の器にはまた觶（三代・一一・一九・三，四）があり、同期のものであろう。

213　段段　〔銘〕三代・八・五四・一

唯王十又四祀、十又一月丁卯、王鼒畢。烝。戊辰、曾。王穠段曆、念畢中孫子、令龔娸、遺大鼎于段。敢對䚄王休、用乍段。孫〻子〻、萬年用享祀。孫子㠯〻

唯れ王の十又四祀、十又一月丁卯、王、畢に在り。蒸す。戊辰、曾す。王、段の曆を蔑し、畢仲の孫子を念ひて、龔娸を令ひ、大則を段に遺らしめたまふ。敢て王の休に對揚して、用て段を作る。孫〻子〻、萬年まで用て享祀せよ。孫子㠯〻。

器影未見。文は六行五七字。祀は殷式の紀年法である。鼒は在の繁文。畢は地名。文王の墓所にして畢仲の封地である。烝は蒸。曾は堂贈の贈。儺と同じく逐疫の儀禮。段はおそらくその儀禮に與つて賞賜をえたのであろう。段は畢仲の孫子。畢の家は文王の子畢公高より出ている。龔娸は賜物。麥尊に「者娸臣」の語があり、娸は戈戟の類であろう。大則は饋食を盛るものらしく、蒸曾の後に牲食を賜うたものと思われる。文末二字は漫漶して字形字義不明。文字は平直、200・201から出てやや平板に赴いている。

214・215　庚嬴卣　〔銘〕拓本　＊〔器〕斷代・三・圖九，一〇

隹王十月既望、辰才己丑。王洛于庚嬴宮。王穠庚嬴曆、易貝十朋、又丹一枏。庚嬴對䚄王休、用乍厥文姑寶隮彝。其子〻孫〻、徧年永寶用。

隹れ王の十月既望、辰は己丑に在り。王、庚嬴の宮に格る。王、庚嬴の曆を蔑し、貝十朋を賜ひ、丹一枏を宥せらるる。庚嬴、王の休に對揚して、用て厥の文姑の寶隮彝を作る。其れ子〻孫〻、萬年まで永く寶用せよ。

器はいま Fogg Museum of Art に藏する。器蓋二文、器銘は五行、蓋銘は七行、何れも五三字。王の蔑曆をえたことをいう。その儀禮は庚嬴の宮において行なわれている。蔑曆は旌表の意であるが、事功のことは記されていない。貝とともに、丹を賜うことは珍しい。作器者は文姑の器を作つており、あるいは婦人であるかも知れない。庚嬴鼎（西淸・三・三九）のほか、嬴氏鼎（夢鄣・上・七）・嬴氏方鼎（文選・下一・一七）があり、伯衞父盉（善齋圖・一〇八）にも嬴の名がみえる。銘は行款整い端正重厚な筆意である。庚嬴鼎には廿二年四月既望己酉とあり、昭王廿二年の器と思われ、本器の日辰はその翌年に當る。器は蓋に兩角あり、兩耳犧首、犧首の耳は118大保段のように扁平である。器蓋の主文は大顧鳳文、口下と圈足に同じく分尾の顧鳳帶文を付している。主文の顧鳳は243・253と同じく前垂甚だ大、分尾にして、昭穆期に盛行したものである。庚嬴鼎は立耳三足の鼎、同じく垂啄の大きな夔鳳一道を飾り、嬴氏鼎も同じ文様をもつ。本器は器・銘ともに精絕、この期の典型となしうるものである。

216・217　也段　〔銘〕三代・九・三八・一　＊〔器蓋〕善齋圖・八四

也曰、拜䭫首、敢䁃卲告朕吾考。令乃鴅沈子、乍緻于周公宗、陟二公。不敢不緻休同公、克成妥吾考㠯于顯〻受令。

烏虖、隹考肈念自先王先公、迺敉克衣、告剌成工。𢻻、吾考克淵克□、沈子其顈褭、多公能副。烏虖、乃沈子敉克蔑、見猒于公。休沈子肈斁・狃貯賫。乍丝段、用䣛鄉己公、用徦多公。其丮哀乃沈子也唯福。用水霝令、用妥公唯壽。也用褱㥶我多弟子我孫。克又井斅、欮父迺是子。

也曰く、拜して稽首し、敢て䁃みて朕吾が考に卲告す。乃の鴅べる沈なる子に命じて、緻ぐことを周公の宗に作したまひ、二公を陟（り祀）らしめたまふ。敢て休を同公に緻ぎ、克く吾が考の顯〻たる受命に以びたまひしを、成し綏んぜずばあらず。

烏虖、隹れ考、先王先公自りして肈念したまひ、迺ち敉みて克く衣（祀）したまひ、告剌して

功を成したまへり。戲、吾が考、克く淵にして克く□、沈なる子、其れ顈懷せられ、多公能く福したまへり。
烏虖、乃の沈なる子、枚みて克く蔑され、公に猒かれたり。沈なる子に休（賜）して、斁・狃の貯と賚とを肇がしめたまふ。茲の段を作りて、用て己公を䵼饗し、用て多公を格さしむ。其れ丮く乃の沈なる子也の福を哀しみたまへ。用て靈命を永くし、用て公の壽を綏んぜむ。也、用て我が多弟子、我が孫を懷𢦔せむ。克く型斆すること有らば、懿父は廼ち是を子しまむ。

洛陽出土。いま蓋のみを存する。銘一三行一四八字。周初の金文としては183大盂鼎・小盂鼎につぎ、麥尊とならぶ長銘で、しかも甚だ文辭に富む難解なものである。從來、文中の沈子を作器者と考えて沈子段とよばれていたが、作器者は周公の宗に屬する也という人物で、文は祖考二公を周公の宗に升祀することをいう。從つて也は周公の曾孫に當り、時期は昭末に近いと考えられる。

文は四段より成る。第一段は二公を陟宗することをいう。也が周公の宗をつぎ二公を祀るについて、同公の休榮をつぎ、父の顯〻たる事業を承ける決意を告げている。二段は父の功烈と懿德を頌し、その餘澤を蒙ることをいう。三段、その餘澤によつて也は天子の恩寵を受け、貯積すなわち租調の徵收權を與えられたので、器を作つて己公を祀り、多公を昭格し、順福靈命を求めることをいう。末段は自戒及び後人に告げる語である。

「也曰」のように自述の語を以てはじまる銘文の形式は、296師望鼎、本集三の321大克鼎・355毛公鼎など、後期における大族の彝銘に多くみえるところであるが、本器はその先蹤をなすものである。烏虖のような感動詞を多用し、反語や強勢語法をも交えるなど、語彙・語法の上にも注意すべきものがあり、文章史の上からも重要な資料といえよう。字形はやや狹長、成康期の健爽の風なきも、秀麗の致を極めている。文中の同公は205小臣宅段にみえるが、也の家系は同公・己公・也とつづき、周公の支族であるらしい。ただ周公の胤六家のうちに同公の名はみえず、おそらく成周にあつた周公宗室の一族であろう。蓋の文様は上下の小圈文の間に斜方格あり、方格中に乳文を加えている。器もおそらく同じ文様であろう。乳文段は殷器に多く概ね無耳、稀に有耳のものもある。文様としては殷器の系統に屬する古い形式のものである。

218・219　彔段一　〔銘〕三代・八・三五・三　＊〔器〕泉屋・一〇五

白雝父來自㝬、蔑彔曆、易赤金。對眔白休、用乍文且辛公寶䵼段。其子〻孫〻、永寶。

伯雍父、㝬自り來り、彔の曆を蔑し、赤金を賜ふ。伯の休に對揚して、用て文祖辛公の寶䵼段を作る。其れ子〻孫〻まで、永く寶とせよ。

文五行三二字。伯雝父・㝬は225遇甗にもみえ、兩器はほぼ同時の作とみてよい。おそらく伯雝父の南巡に從つて功あり、蔑曆を受けたものであろう。文祖辛公の器を作つている。別に一器（周存・三・八二）あり、「彔乍厥文考乙公寶障段（彔、厥の文考乙公の寶障段を作る）」とあり、220彔亥卣にも文考乙公という。しからば彔と彔亥とは同人であるとみてよい。器は器蓋に夔鳳の帶文、耳に雞首を飾る。鳳文尾端を内に卷き分尾の形に近い。

220　彔亥卣　〔銘〕三代・一三・四三・一　〔器〕日本・七六

王令亥曰、戲、淮戶敢伐內國。女其㠯成周師氏、戍于𤞷自。白雝父蔑彔曆、易貝十朋。彔拜䭫首、對眔白休、用乍文考乙公寶障彝。

王、亥に命じて曰く、戲、淮夷敢て內國を伐つ。女其れ成周の師氏を以ゐて、𤞷師に戍れと。伯雍父、彔の曆を蔑し、貝十朋を賜ふ。彔、拜して稽首し、伯の休に對揚して、用て文考乙公の寶障彝を作る。

器蓋各〻六行四九字。文中彔・亥の名を離析して用いる。彔は氏、亥は名である。成周の師氏とは、おそらく庶殷を以て構成されている成周八師の師長であろう。伯雍父・𤞷（古）自の名は225遇甗にもみえ、同じ征役の際のものと思われる。當時淮夷は淮水上游にあり、成周畿內に近く、ときに侵寇のことがあつたのである。字迹はやや平潤の趣を加え、222彔伯亥段に至つて後期の平板なる書風に赴く傾向をみせている。器制は競卣（泉屋・六三）と近く、蓋には兩角がある。器蓋に分尾の夔鳳帶文を付しているが、その鳳形は219彔段と殆んど同じである。同銘の尊があり、その圖を次に揭げた。

221　彔亥尊　＊〔器〕故宮・下・二二二

銘は220と同文、行款も全く同じ。器形は224效卣と近く、すでに三層の分段がない。文様は項下に凸線的表出をもつ目雷文に近い饕餮、圈足部に二弦文を付している。文様としては古い形式のものである。

222　彔伯㦰毀　〔銘〕三代・九・二七・二

隹王正月、辰才庚寅。王若曰、彔白㦰、繇、自乃且考、又毌于周邦。右闢四方、叀囩天令。女肈不彖。余易女秬鬯一卣・金車・桒畫較・桒囩・朱虢䩛・虎冟熏裏・金甬・畫轄・金厄・畫轉・馬四匹・鋚勒。

彔白㦰、敢拜手稽首、對揚天子不顯休、用乍朕皇考釐王寶隮毀。余其永邁年寶用。子〻孫〻、其帥井、受茲休。

隹れ王の正月、辰は庚寅に在り。王、若く曰く、彔伯㦰よ、繇、乃の祖考自りして、周邦に勳有り。四方を佑闢し、天命を惠張す。女、肈ぎて墜さざれ。余、女に秬鬯一卣・金車・賁幬較・賁韔・朱虢䩛・虎冟熏裏・金甬・畫轄・金厄・畫轉・馬四匹・鋚勒を賜ふと。

彔伯㦰、敢て拜手稽首し、天子の丕いに顯かなる休に對揚して、用て朕が皇考釐王の寶隮毀を作る。余は其れ永く萬年まで寶用せむ。子〻孫〻、其れ帥型して、茲の休を受けよ。

文一一行一一二字。冊命に當つて車服を賜與することをいう。このような銘文は車服賜與冊命形式とよばれ、後期に多くみえるものであるが、本器はその最も早い時期のものである。彔伯㦰の嗣服のときに行なわれた冊命を記している。「王若曰」以下の文は183大盂鼎にみえる形式である。賜與のうち秬鬯一卣は禮器、金車以下はみな車服の用である。金車は靑銅を以て諸末を飾つた車。以下はその附屬品である。桒幬較は皮革を卷いた較。韔は弓袋の象形字。朱虢は朱鞹。䩛は未詳。韔䩛何れも較につづけ、あるいは較・轄の閒に列しており、較・轄などに附屬するものであろう。虎冟朱裏は覆軾の皮革、朱字は穴に從つている。金甬は軛につける飾り。畫轄は伏兔のところを結合する彩飾ある皮。金厄は衡下の馬を繫ぐ金具。畫轉はおそらく輢軫閒に用いる彩飾ある皮であろう。桒幬較以下、靑銅もしくは皮革を以て作られた車の附屬品である。最後に馬四匹と飾ある轡とを列している。

彔伯㦰はその父を釐王と稱している。彔氏あるいは殷の彔父、金文にみえる本集一の117大保毀の彔子耶・99聖觚に天子耶と稱する者の後であろう。上文に「乃の祖考自りして、周邦に勳有り」とあり、周に歸服して少くとも二世を經ている。その字迹は屈曲多きも肥瘠なく平板な感じで、すでに周初の趣を失つている。冊命形式の金文は233部曶毀に至つて右者がみえ、251趞毀・268盠方彝に冊命の儀禮を記し、穆末に至つてその形式が確立したようである。

223　效卣　〔銘〕三代・一三・四六・二　〔器〕長安・一・一七

隹四月初吉甲午、王雚于嘗。公東宮、內鄉于王。王易公貝五十朋。公易厥涉子效王休貝廿朋。效對公休、用乍寶隮彝。烏虖、效不敢不邁年、夙夜奔走、𠳟公休亦。其子〻孫〻、永寶。

隹れ四月初吉甲午、王、嘗に雚す。公東宮、饗を王に納る。王、公に貝五十朋を賜ふ。公、厥の順子效に、王の休へる貝二十朋を賜ふ。效、公の休に對へて、用て寶隮彝を作る。烏虖、效敢て萬年まで、夙夜奔走し、公の休奕に揚へずんばあらず。其れ子〻孫〻、永く寶とせよ。

文七行六八字。器蓋二銘。文中の東宮・效の名が本集三の303曶鼎にもみえるので曶鼎と同期とする説もあるが、器制・文字からみて必ずしも同期とはしがたい。嘗は地名。雚は卜辭にもみえ、多く冊告の儀禮を伴つている。公東宮が納饗して貝五十朋を賜うているが、公はその子效にその二十朋を分賜し、效はその休賜に對えてこの器を作つた。父子の閒にこのような賜與が行なわれることは多く例をみない。順子といい、烏虖のような感動詞を用い、また二重否定の語法など、216也毀の文と通ずるところがある。字樣は227競毀などに通ずるところがある。同銘の尊があり、その圖を次に掲げた。

224　效尊　＊〔器〕照片

白鶴美術館藏。銘は卣と行款異なるも、同文。器の主文は大顧鳳文、口下に顧鳳を蕉葉形にして加え、頸部・圈足に虺龍の帶文を配し、文樣は鮮麗を極めている。

225　遹甗　〔銘〕三代・五・一二・二　〔器〕泉屋・一二

隹六月既死霸丙寅、師雝父戍才古𠂤。遹從。師雝父肩。史遹事于䟫医。䟫医蔑遹曆、易遹金。用乍旅甗。

隹れ六月既死霸丙寅、師雍父、戍りて古師に在り。遹從ふ。師雍父、肩す。遹をして䟫侯に使せしむ。䟫侯、遹の曆を蔑し、遹に金を賜ふ。用て旅甗を作る。

文七行三九字。師雝父は218彔毀一・220彔㦰卣に、古（𠂤）自も220にみえている。彔毀一と同時の征戍であろう。肩は儀禮の名。史は使役。「史……事（使）」の形式は本集一の116叔隋器にみえる。麸侯は218彔𣪘一の麸。271宗周鐘の麸はおそらくこの麸侯で、經籍にいう甫侯のことであろう。淮夷を伐つて古自に戍守しているとき、遇は師雝父の命によつて麸侯に使したが、麸侯から蔑曆を受けて金を賜うた。蔑曆は主君がその臣下に對して行なうのが通例であり、本器のように使を受けたものが使者に蔑曆することは稀有の例とすべく、遇はあるいは麸地出自のものかも知れない。226瘉鼎によると、遇は師雍父の省道に從つて麸に赴いている。器は口下に二弦文、足部に饕餮を飾る。周初の甗はほぼ遇・競の器ごろまで行なわれていた。字迹は彔・靜の諸器と近い。

226 瘉鼎 ＊〔器〕夢郼・續・六

瘉は前器遇甗の遇と同一人であろう。文にいう。「隹十又二月、師雝父省道、至于麸。瘉從。其父蔑瘉曆、易金。對揚其父休、用乍寶鼎（隹れ十又二月、師雍父、道を省して、麸に至る。瘉從ふ。其の父、瘉の曆を蔑し、金を賜ふ。其の父の休に對揚して、用て寶鼎を作る）」。前器と同じく師雍父に從つて麸に赴いている。器は傾垂の少い立耳三圓足鼎で、項下に分尾の夔鳳一道を飾る。夔鳳は230に近い。

227・228 競𣪘 〔銘〕三代・八・三六・一 ＊〔器〕斷代・五・圖一

隹六月既死霸壬申、白屖父蔑御史競曆、賞金。競敭白屖父休、用乍父乙寶隮彝𣪘。

隹れ六月既死霸壬申、伯辟父、御史競の曆を蔑し、金を賞せらる。競、伯辟父の休に揚へて、用て父乙の寶隮彝𣪘を作る。

洛陽北邙の出土、十四器が同出したという。伯辟父は229縣改𣪘その他にもみえ、競卣（泉屋・六三）にはその東南夷征伐のことを記している。本器にいう蔑曆はその事功に關するものであろう。𣪘は二器あり、兩器とも銘四行三二字。器制殆んど同じく、項下には目雷文一道、その下及び圏足に弦文を付している。器制古雅、字樣はやや狹長であるが、謹飭の風がある。

229・230 縣改𣪘 〔銘〕善齋圖・五七 ＊〔器〕同上

隹十又三月既望、辰才壬午。白屖父休于縣改曰、虘、乃仜縣白室。易女婦爵・娸之弋・周玉黃〓。縣改每敭白屖父休曰、休白哭䀘、卹縣白室、易君我、隹易壽、我不能不眔縣白萬年保。肄敢陴于彝曰、其自今日、孫〻子〻、毋敢望白休。

隹れ十又三月既望、辰は壬午に在り。伯辟父、縣改に休して曰く、虘、乃の仜れる縣伯の室あり。女に婦爵・娸の柲・彫玉黃〓を賜ふと。縣改、伯辟父の休に敏しみ揚へて曰く、伯の䀘を哭にして縣伯の室を卹みたまひ、君儀を賜ひ、隹壽を賜ひたまふを休とし、我縣伯と萬年まで保たざる能はざらむや。肆に敢て彝に陴して曰く、其れ今日自り、孫〻子〻、敢て伯の休を忘るること毋れ。

文八行八八字。特異な内容のもので、また難讀である。縣改が縣伯の室となるについて、伯辟父から嘉惠を受けたことをいう。十三月は年末置閏。縣改の嫁に當つて伯辟父は婦爵以下を賜うたが、縣改はそれに對えて伯の眉壽萬年を祝頌し、また縣伯と終生相約することを誓い、これを器に銘することをいう。伯辟父が縣伯夫妻とどういう關係にあるかは知られないが、媵器ではないようであるから、縣伯はあるいは伯辟父の家人なのであろう。媵器は列國に入つてから多く作られているが、西周期においてこの種の銘辭がみられるのは珍しい。字は屈曲多く侈靡の體であるが、肉太く、かなり力強い書風である。器の口下に分尾の夔鳳帶文を飾る。鳳文は215・219・226などと近い。

231・232 尹姞鼎 〔銘〕冠斝・上・一二 ＊〔器〕同上

穆公乍尹姞宗室于𢆶林。隹六月既生霸乙卯、休天君、弗望穆公聖粦明□、事先王、各于尹姞宗室𢆶林。君蔑尹姞曆、易玉五品・馬四匹。拜頴首、對敭天君休、用乍寶齍。

穆公、尹姞の宗室を𢆶林に作る。隹れ六月既生霸乙卯、天君の、穆公の聖粦明□にして、先王に事へしことを忘れず、尹姞の宗室𢆶林に格りたまふを休とす。君、尹姞の曆を蔑し、玉五品・馬四匹を賜ふ。拜して稽首し、天君の休に對揚して、用て寶齍を作る。

婦人の作器である。文八行六四字。「穆公が尹姞の宗室を𢆶林に造營された。六月乙卯、天君は穆公の聖明にしてよく先王に事えたことを忘れず、尹姞の宗室𢆶林に詣り、尹姞の功を旌表し、玉五品・馬四匹を賜うた。天君の休寵に對えてこの器を作る」。穆公の名は268盠方彝にもみえるが、同人であるか否か知られない。天君の天は天亡・天尹など、姓氏にみえる。君はおそらく君氏の意で、先君の妣にして母后であるから天君と稱したのであろう。公姞鼎（斷代・五・一二〇）にも天君の語がある。休は休寵。休の目的語が甚だ複雜な構文となつているが、休を文首におく例は189・191・193にもみえ、一時行われた構文である。器は三器あり、形制花文ほぼ同じであるという。冠斝に錄する一器を錄入したが、立耳三足の鼎で器腹は鬲のように張つた分當鼎である。三足は太く短かく、やや内向している。各分當面に饕餮を飾り、尾部は大立刀形をなす。文様は方雷を以て埋め極めて鮮麗、周初の魯侯熙鬲（斷代・三・八三）と相通うところがあり、器制になお周初の遺制を傳えている。字は頗る姸美、婦人の器であるからであろうと思われる。

233　卻咎段　〔銘〕錄遺・一六五

隹元年三月丙寅、王各于大室。康公右卻咎。易戠衣・赤⊖市。曰、用䛐乃且考事、乍𤔲土。咎敢對䰜王休、用乍寶段。子〻孫〻、其永寶。

隹れ元年三月丙寅、王、大室に格る。康公、卻咎を右く。織衣・赤黼市を賜ふ。曰く、用て乃の祖考の事を飼ぎ、𤔲土と作れと。咎、敢て王の休に對揚して、用て寶段を作る。子〻孫〻、其れ永く寶とせよ。

器影未見。銘六行五〇字。前器の尹姞鼎を肉太くしたような異様な字體で、王・土など古い形を存する。「元年三月丙寅、王は大室に至り、康公が卻咎を佑けて册命し、織衣・赤黼市を賜うた。王は咎に祖考の職事を嗣いで𤔲土となることを命じた。咎は王休に對えてこの器を作るのである」。册命を記した初期金文として注意される。字が異様である上に左文が甚だ多く、元・于・乃・考・事・咎・敢・休・寶・子・孫・永・寶などみな左文である。あるいは左右の雙器であつて、左器にこのようなかき方をしたものかも知れない。

234・235　㪤段　〔銘〕冠斝・上・二四　＊〔器〕同上

隹八月初吉丁亥、白氏宖㪤。易㪤弓矢束・馬匹・貝五朋。㪤用從。永䰜公休。

隹れ八月初吉丁亥、伯氏、㪤に宖（休）す。㪤に弓と矢束・馬匹・貝五朋を賜ふ。㪤用て從ふ。永く公の休に揚へむ。

字樣が231・233と類しているので、ここに排次しておく。宖は休。字は貝に從い、宖の繁文である。吉・馬も初形を存する。器は瓦文段であるが、273師虎段・285豆閉段などよりは、器・銘ともに早い時期のものである。

236　作册䰠卣　〔銘〕錄遺・二七八・二　〔器〕斷代・二・圖九

隹公大史、見服于宗周年、才二月、既望乙亥、公大史、咸見服于辟王、辨于多正。雩四月既生霸庚午、王遣公大使。公大使在豐、賞乍册䰠馬。䰜公休、用乍日己肇障彝。

隹れ公大史、宗周に見服するの年、二月に在り、既望乙亥、公大史、咸く辟王に見服し、多正に辨くす。雩に四月既生霸庚午、王、公大史を遣はす。公大史、豐に在り、作册䰠に馬を賞す。公の休に揚へて、用て日己の旅障彝を作る。

文六行六三字。公大史は何人なるか未詳。見服は見事と同じく謁見の禮。多正は諸官の正長、辨は徧。朝覲して諸官にも挨拶したのであろう。豐は地名。その地に葊京があるので、見服の禮の後葊京に遣わされたものらしく、その儀禮が終つて、公大史に扈從した作册䰠は公の賜賞を受けた。日己の器を作つていることからいえば作器者は東方の人なるべく、また公大史も見服の禮をしているので東方の人であろう。字は小字にして稍しく右下り、いわゆる讓右の體に書かれ、本集一の179師旂鼎に近い。卣は素文、176盂卣に似ており、蓋に小角がある。時期は康昭期にも入りうるものであるが、字樣が類するので師遽の器と併せ掲げておく。

237・238　師遽方彝　〔銘〕三代・一一・三七・二　＊〔器〕通考・六〇四

隹正月既生霸丁酉、王才周康寢。卿醴。師遽蔑曆、昚。王乎宰利、易師遽瑂圭一・環章四。師遽拜䭫首、敢對䰜天子不顯休、用乍文且也公寶障彝、用匄萬年亡彊。世孫子、永寶。

隹れ正月既生霸丁酉、王、周の康寢に在り。饗醴す。師遽蔑曆せられ、侑せらる。王、宰利を呼び、師遽に瑂圭一・環章四を賜はしむ。師遽、拜して稽首し、敢て天子の丕顯なる休に對揚して、用て文祖也公の寶障彝を作り、用て萬年無疆ならむことを匄む。世孫子、永く寶とせよ。

器蓋二文、器は六行、蓋は八行、各六六字。「正月丁酉、王は周の康寢にあつて饗醴し、その際師遽は旌表を受け、加宥の禮を賜うた。王は宰利をして師遽に瑂圭一・環章四を下賜せしめたので、師遽はその王休に對えて文祖也公の器を作り、萬年無疆を祈る。世〻子孫、永く寶とせよ」。器は鳳耳の方彝。鳳耳は210服方尊にもみえ、また269方盠彝も同じ器制である。270盠駒尊には師虘の名もみえている。器蓋は饕餮を主文としているが、便化のあとがみえる。蓋に二孔あり、勺を納れたところである。次の師遽段の日辰より考えると、その前年の器であろう。

239　師遽段　〔銘〕三代・八・五三・二　〔器〕恆軒・三九

隹王三祀四月既生霸辛酉、王才周、客新宮。王征正師氏。王乎師朕、易師遽貝十朋。遽拜䭫首、敢對揚天子不杯休、用乍文考庬叔隮𣪘。世孫子、永寶。

隹れ王の三祀四月既生霸辛酉、王、周に在り、新宮に格る。王𢓊でて師氏を正す。王、師眹を呼び、師遽に貝十朋を賜はしむ。遽、拜して稽首し、敢て天子の丕杯なる休に對揚して、用て文考庬叔の隮𣪘を作る。世孫子、永く寶とせよ。

文七行五七字。新宮は康宮新宮であろう。望𣪘・趞曹鼎二・師湯父鼎にみえるが、この器のころに造營されたものと思われる。客は格。𢓊は之往の義。正は遹正。丕杯は丕顯と同じ。世孫子は前器にもみえている。師氏を周に會して遹正し、その際賜賞を受けて器を作ったのである。圖象は蓋のみを存し、瓦文。瓦文𣪘は235戴𣪘にもみえ、共懿期以後に盛行した。

240・241　呂方鼎　〔銘〕三代・四・二二・一　＊〔器〕尊古・一・二七

唯五月既死霸、辰才壬戌。王饔于大室、呂𢓊于大室。王易呂𩰫三卣・貝卅朋。對揚王休、用乍寶齍。其子〻孫〻、永用。

唯れ五月既死霸、辰は壬戌に在り。王、大室に饔し、呂、大室に侍す。王、呂に𩰫三卣・貝三十朋を賜ふ。王の休に對揚して、用て寶齍を作る。其れ子〻孫〻、永く用ひよ。

文五行四三字。饔は本集一の155臣辰卣にみえる。𢓊は侍。𩰫は秬鬯の秬。鬱鬯の酒で卣はその器である。貝三十朋は相當の重賜で、饔の儀禮の重要さを示している。齍は方鼎。器は立耳の方鼎で四稜あり、口下に變樣の顧鳳、器腹の中央に鉤連雷文、三方に乳文を飾り、脚頭には饕餮文を付している。文樣は何れも便化のあとがみられ、この種の器制としては時期の新しいものである。字も小字の整齊謹飭なる書風である。

242・243　靜𣪘　〔銘〕三代・六・五五・二　＊〔器〕貞松堂・上・三三

隹六月初吉、王才葊京。丁卯、王令靜、𤔲射學宮。小子眔服眔小臣眔尸僕、學射。雩八月初吉庚寅、王㠯吳𠦪・呂犅、卿豳𦮣𠂤邦君、射于大池。靜學無畀。王易靜鞞𠜱。靜敢拜𩒨首、對揚天子不顯休、用乍文母外姞隮𣪘。子〻孫〻、其萬年用。

隹れ六月初吉、王、葊京に在り。丁卯、王、靜に命じて、射を學宮に𤔲らしむ。小子と服と小臣と夷僕と、射を學ふ。雩に八月初吉庚寅、王、吳𠦪・呂犅を以ゐて、豳𦮣の師邦君と卿し、大池に射る。靜、學へて斁ること無し。王、靜に鞞𠜱を賜ふ。靜敢て拜して稽首し、天子の丕顯なる休に對揚し、用て文母外姞の隮𣪘を作る。子〻孫〻、其れ萬年まで用ひよ。

文八行九〇字。鄉射の禮に與つて賜賞をえたことをいう。「六月初吉、王は葊京にあり、丁卯、王は靜に學宮における鄉射の司會を命じた。小子と服と小臣と夷僕とが射事を習つた。八月庚寅、王は吳𠦪・呂犅を率い、豳𦮣の師邦君を會して、大池にて競射を行なつたが、靜の指導には遺漏がなかつた。それで王は劍帶に用いる鞞𠜱を賜うた。靜は王休に對えて文母外姞の器を作つたのである」。葊京は本集一の155臣辰卣以下にみえ、周の神都。そこに辟雍があり、學宮や大池など、儀禮を行なう施設があつた。大池は256遹𣪘にもみえる。小子・小臣などはみな東方系の身分稱號で、この種の儀禮には東方の族も參加した。詩に殷士膚敏、京に祼將すと歌われているものがそれである。靜には254卣のほか小臣靜彝というものがあり、葊京の儀禮に奉仕して貝五十朋を賜い、父丁の器を作つている。從つて靜もまた東方出自のものである。器は前垂の大きな大顧鳳文を主文とし、項下にも顧鳳の帶文を飾つている。224・250・253などみな顧鳳で、この期に盛行したものと思われる。

244・245　命𣪘　〔銘〕三代・八・三一・一　＊〔器〕歐米・一一七

隹十又一月初吉甲申、王才華。王易命鹿。用乍寶彝、命其永㠯多友𣪘飤。

隹れ十又一月初吉甲申、王、華に在り。王、命に鹿を賜う。用て寶彝を作る。命、其れ永く多友と𣪘食せむ。

文四行二八字。鹿を賜うことは246貉子卣にみえるが、他には殆んど例がない。多友は同族をいう。鹿・飤は韻。器は附耳の𣪘。圈足部高く、器體は盂に近い。蓋鈕平底、鈕底に渦形の夔鳳、器腹に分尾の夔鳳、圈足部には顧龍を飾つている。

246・247　貉子卣　〔銘〕三代・一三・四一・二　＊〔器〕斷代・五・圖七

唯正月丁丑、王各于呂。𢽿王牢于庂。咸、宜。王令士道、歸貉子鹿三。貉子對揚王休、用乍寶隮彝。

唯れ正月丁丑、王、呂に格る。王牢を庂に𢽿む。咸りて、宜す。王、士道に命じて、貉子に鹿三を歸らしむ。貉子、王の休に對揚して、用て寶隮彝を作る。

二器あり何れも器蓋二文、各〻六行三六字。ただ第二器は第六行「用乍寶隮彝」の五字を「乍寶隮彝」の四字に作る。「正月丁丑、王は呂に格つて王牢に犧牲を治め、咸つて饗宜を行なつた。王は士道に命じて、貉子に鹿三をおくらせた。貉子はその王休に對えてこの器を作るのである」。貉子は249己侯貉子段にみえる己侯である。鹿を賜うことは244命段にもみえる。器二器はもと西清に著錄。いま米國の A. F. Pillsbury 氏の藏する器は、第一器の蓋と第二器の器とを合せた器制のもので、陳夢家氏はこれを目檢して、蓋は眞なるも器は僞器であるという。蓋に兩角あり、器蓋に鹿文の帶文を付している。鹿文は極めて寫實的で他に例のないものであるから、從來これを疑問とするものが多いが、近出の270盠駒尊のように寫實的なものがあることからいうと、必ずしも考えられぬ文樣ではない。要はその眞僞の如何が問題である。兩器の蓋は異なり、一器の蓋鈕は平底、他は帽頂形の鈕を付している。また字に變則のところ多く、王字は古形を存するも、他の文字には筆畫や篆撥の法などに疑うべき點も少くない。器・銘ともに問題のあるものであるが、いま命段と併せ掲げて參考の資とする。己侯の器には249のほか、本集四の456己侯鐘・457己侯段など山東出土のものがある。

248　大段一　〔銘〕三代・八・四四・三　〔器〕西清・甲・一二・四〇

唯六月初吉丁子、王才奠。穖大曆、易芻羊犙。曰、用啻于乃考。大拜䭫首、對䫉王休、用乍朕皇考大中隮段。

唯れ六月初吉丁巳、王、鄭に在り。大の曆を蔑し、芻羊の犙を賜ふ。曰く、用て乃の考に禘れと。大、拜して稽首し、王の休に對揚して、用て朕が皇考大中の隮段を作る。

器蓋二文、各五行四〇字。三代に錄するものは器文である。王が鄭にあつて大を旌表し、犧牲を賜うている。文意が244・246に類するのでここに掲げたが、「在鄭」は283免卣にもみえ、その關聯器から考えると時期は稍しく下るようである。禘は263刺鼎にもみえる。父を祀る祭名に用いていることが注意される。器は兩耳三小足の段。口緣及び蓋緣に變樣の夔文を飾り、蓋鈕下に一穿孔がある。器制よりするも共懿期に屬すべきものであるが、字樣は249己侯貉子段に類している。

249・250　己侯貉子段　〔銘〕三代・八・二・二　＊〔器〕夢郼・續・二〇

己侯貉子、分己姜寶、乍段。己姜石用⿱宀丰、用匃萬年。

己侯貉子、己姜に寶を分たんとして、段を作る。己姜石、用て⿱宀丰し、用て萬年ならむことを匄む。

四行一九字。おそらく媵器であろうが、それを分寶と稱している。媵器は本來宗廟の寶器を分つ意味をもつていたのであろう。字は直方の體を主としている。器はいま蓋のみを存し、蓋鈕平底、前垂の大きな大顧鳳文を飾り、雷文を以て地を埋めた鮮麗なものである。

251　趞段　〔銘〕窓齋・五・一〇

唯三月、王才宗周。戊寅、王各于大朝。㝡叔又趞即立、內史即命。王若曰、趞、命女乍𢿌自冢嗣馬。啻官僕射・士𩁹・小大又隣。取遺五寽。易女赤市・幽亢・䜌旂。用事。趞拜䭫首、對䫉王休、用乍季姜隮彝。其子〻孫〻、邁年寶用。

唯れ三月、王、宗周に在り。戊寅、王、大廟に格る。密叔、趞を右けて位に即き、內史命に即く。王、若く曰く、趞よ、女に命じて𢿌師の冢嗣馬と作さしむ。僕射・士𩁹・小大の右隣に嫡官となれ。遺五鍰を取らしむ。女に赤市・幽亢・䜌旂を賜ふ。用て事へよと。趞、拜して稽首し、王の休に對揚して、用て季姜の隮彝を作る。其れ子〻孫〻、萬年まで寶用せよ。

文九行八三字。文は册命を記しているが、「王若曰」という傳命の語を加えている。「王若曰」は183大盂鼎・222彔伯㦰段にみえる。「三月戊寅、王は宗周にあり、大廟に至つて册命を行なつたが、密叔が右者となり、內史が王の册命を傳えた。王はかく仰せられた。趞よ、汝に命じて𢿌師の冢嗣馬となし、僕射・士𩁹・小大右隣の正長とする。その俸として祖徵五鍰を給せられる。なお汝に赤市・幽衡・䜌旂を賜與される。これを以て事えよと。趞は拜して稽首し、王の休寵に對えて季姜の器を作る。子孫永く寶用せよ」。册命の形式はほぼ整つてきている。𢿌は𢿌の初文であろうと思われる。242靜段に「𢿌葊自」がみえる。冢嗣馬は僕射以下の長官たる職である。遺は徵の初文であろう。職俸をいい、特任の官職を命ずるときに多くみえる。器はいま器影を傳えず、著錄に鼎としているものが多い。字は各・市・拜などに波折を用いた秀麗の體で、216也段とともに、周初の筆意を傳えるものといえよう。

252・253　孟段　〔銘〕考古學報・一九六二・一　＊〔器〕同上

孟曰、朕文考眔毛公遣中、征無需。毛公易朕文考臣。自厥工。對䫉朕考易休、用宔茲彝乍厥。子〻孫〻、其永寶。

孟曰く、朕が文考と毛公趞仲と、無需を征す。毛公、朕が文考に臣を賜ふ。厥の工自りす。朕が考の賜へる休に對揚して、用て玆の彝に室（休）して厥を作る。子〻孫〻、其れ永く寶とせよ。

一九六一年長安縣張家陂より出土、同出五十三件。文五行四二字。自述の形式をとる。孟の文考は毛公・趞仲と無需を征して功あり、毛公より孟の文考に對して臣を賜うた。その臣は毛公有する工房所屬のものである。それで文考のえた寵光を紀念して器を作つた。厥を目的語に用いる例は殷周期の器にみえる。本集一の10向卣「向乍厥障彝」の省略形である。本來ならば受賜者が作るべきものを、その子が代つて銘しているのは、このとき事功のあつた文考がすでに沒していたからである。毛公・趞仲の名は班段（西清・一三・一二）にみえる。器は兩耳犧首、方座のある段である。犧首の兩角は偏平にして直立、器・方座とも全面に前垂のある大顧鳳文を飾り、字様は254靜卣・256遹段に近い。從つて器は穆王期に當ると思われるが、同出の器は概ね西周末に屬する。すなわち本集三の312師旋段等と同出である。おそらく傳世の器であつた本器が、埋葬當時の器と合せて窖藏されたものであろう。

254・255　靜卣　〔銘〕拓本　＊〔器〕故宮・下・二七一　善齋圖・一一六

隹四月初吉丙寅、王才葊京、王易靜弓。靜拜頴首、敢對覭王休、用乍宗彝。其子〻孫〻、永寶用。

隹れ四月初吉丙寅、王、葊京に在り。王、靜に弓を賜ふ。靜、拜して稽首し、敢て王の休に對揚して、用て宗彝を作る。其れ子〻孫〻、永く寶用せよ。

器は二器。第一器は器文四行、蓋七行、第二器は器文四行、各〻三六字である。葊京における辟雍儀禮に與つて、靜に弓を賜うたことを記す。242靜段によると、靜は葊京における司射のことを掌つて鞞剢を賜うており、この器において弓を賜うているのも、その職事に關する事功によるものであろう。二器のうち、一は善齋彝器圖錄に錄し、環耳に繩形の提梁あり、器蓋に虺龍・夔樣夔文を組合せた帶文を付している。夔樣夔文は以下に略して夔文という。夔文は尾端が魚尾形をなしており、この器にみえるものなどが時期的にも最も早いものと思われる。第二器は西清（一五・二〇）に錄するもので兩耳犧首、器蓋に大夔鳳文を飾り、頸部に自字形の文がある。224・243・250などにも認められるものである。器の口下にも分尾の夔鳳文があり、文様は全體としては215庚贏卣に近い。蓋に兩角あり、器腹の脹らみが著しく、無角の第一器とはかなり器形が異なつている。同銘の雙器にしてこのように器形文様を異にしているのは注意される。錄入したものは第一器である。

256・257　遹段　〔銘〕三代・八・五二・二　＊〔器〕善齋圖・八三

隹六月既生霸、穆王才葊京。乎漁于大池。王卿酉。遹御亡遣。穆王親易遹雓。遹拜首頴首、敢對覭穆王休、用乍文考父乙障彝。其孫〻子〻、永寶。

隹れ六月既生霸、穆王、葊京に在り。呼びて大池に漁せしむ。王、饗酒す。遹、御へて譴亡し。穆王、親しく遹に雓を賜ふ。遹、拜手稽首し、敢て穆王の休に對揚して、用て文考父乙の障彝を作る。其れ孫〻子〻、永く寶とせよ。

六行五五字。葊京の儀禮に與つて賜賞をえたことを記す。「六月既生霸、穆王葊京にあり、呼集して大池に漁の禮を行ない、王は饗酒の禮を設けた。遹はその禮に奉仕して遺漏がなかつた。それで穆王は親しく遹に雓を賜うた。遹は拜首し稽首して王の休に對え、文考父乙の器を作る」。穆王の名のみえる標準器の一。穆王の名は265長由盉にもみえる。穆字に重點らしいものがあるが、一字と解しておく。大池に漁することは麥尊にも「王、舟に乘りて、大豊を爲したまふ」と記されているように葊京辟雍の重要な儀禮の一であり、大池は242靜段に、漁は259井鼎にもみえる。雓は鳥に從い、牲禽の名であるらしい。拜手を拜首のように記す例は他にもある。遹は父乙の器を作つており、葊京の辟雍儀禮には東方系の族が多く參加していたことが知られる。字は行款の整つた緊湊の體。器は銜鐶の瓦文段で失蓋。瓦文は光澤を消した繩文狀の雅致あるもので、共懿期以後にみえる瓦文とは異なる。殷周期の直文にこの種のものがある。圈足下に三小足を付する器制は204小臣謎段などにもみられるが、後期の段にみられる小足はこのころから現われてくるようである。

258　伯鬸盉　〔銘〕錄遺・二九二

白鬸乍母妃旅盉。

伯鬸、母妃の旅盉を作る。

伯𤔲は本集一の178𤔲卣の作册𤔲の家であろう。文二行七字、行閒に界線がある。器影をみないので時期を確言しがたいが、卣よりは時期が下るようである。いま界線のある銘文中に加えておく。母姛の兄は、〓に従う。

259　井鼎　〔銘〕三代・四・一三・二

隹七月、王才葊京。辛卯、王魚于𦦨池。乎井從魚。攸易魚。對䫉王休、用乍寶䵼鼎。

隹れ七月、王、葊京に在り。辛卯、王、𦦨池に漁す。邢を呼びて從ひて漁せしむ。攸て魚を賜ふ。王の休に對揚して、用て寶䵼鼎を作る。

文六行三〇字。葊京における漁の儀禮を記す。「七月、王は葊京にあり、辛卯、𦦨池において取魚の儀を行なつた。このとき邢は呼ばれてその禮に従い、魚を賜うて、王休に對えてこの器を作つた」。256遹段と同じ儀禮である。文は方格中にあり、字は遹・靜の器に近い。

260・261　師趛鼎　〔銘〕貞松堂・上・二四　＊〔器〕同上

隹九月初吉庚寅、師趛乍文考聖公・文母聖姬䵼彝。其萬年。子孫永寶用。

隹れ九月初吉庚寅、師趛、文考聖公・文母聖姬の䵼彝を作る。其れ萬年ならむことを。子孫永く寶用せよ。

文五行二八字。字は方格の中にある。考妣ともに聖を謚號としている。書風は231尹姞鼎と似ており、それより稍〻小字である。䵼彝の〓は昇と辰に從い、他に例をみないが、彝の異文であろう。器は立耳の三足鼎。足長く、器腹中央に帶文があるため、器形は輕快の感を伴う。帶文は分尾の夔鳳、215以下この期に多くみられるものである。

262　君夫段　〔銘〕三代・八・四七・二

唯正月初吉乙亥、王才康宮大室。王命君夫曰、價求乃友。君夫敢每䫉王休、用乍文父丁䵼彝。子〻孫〻、其永用之。

唯れ正月初吉乙亥、王、康宮大室に在り。王、君夫に命じて曰く、乃の友を賣求せよと。君夫、敢て敏しみて王休に揚へ、用て文父丁の䵼彝を作る。子〻孫〻、其れ永く之を用ひよ。

文五行四四字。銘文は異色あるもので、その官友の罪を贖賕することを王より命ぜられ、その優渥に對えてこの器を作つたことを記す。友は官友の意。本集三の355毛公鼎に「善效乃友正（乃の友正を善效し）」とみえる「乃友」に同じ。贖刑の途を開くことも、恩惠と考えられていたのである。本集一の179師旂鼎も罪科のときに作られたものであるが、その輕減宥免を與えられることは殊寵とされたのである。字に柔媚の風を加え、次の剌鼎の書風と通ずるところがある。

263・264　剌鼎　〔銘〕三代・四・二三・三　＊〔器〕通考・五五

唯五月、王才初。辰才丁卯。王啻用牡于大室、啻卲王。剌御。王易剌貝卅朋。天子邁年。剌對䫉王休、用乍黃公䵼䵼彝。䫉孫〻子〻、永寶用。

唯れ五月、王、初に在り。辰は丁卯に在り。王禘して牡を大室に用ひ、卲王を禘す。剌御す。王、剌に貝三十朋を賜ふ。天子萬年ならむことを。剌、王の休に對揚して、用て黃公の䵼䵼彝を作る。其れ孫〻子〻、永く寶用せよ。

器はいま廣州市博物館に藏する。文六行五二字。在下の一字は、旅・初・衣の諸釋あるも字形は初が近く、周都附近の地名であろう。啻は祖考の祭祀。嫡と字原を同じうし、嫡祖を祀る意。248大段一にもみえる。卲王は昭王。器は穆王期のものと考えてよい。剌はその禘祀に奉仕して貝三十朋の賜賞をえているが、よほど重要な祀典であつたと思われる。字樣は前器君夫段に似ているが稍し右下りで横に張つている。器は立耳三足鼎。沈線を以て表出する流麗な顧鳳一道を飾る。下腹部の脹らみ、すなわち傾垂があまりなく、器形は226斁鼎と似ている。

265・266　長甶盉　〔銘〕陝西・三六　＊〔器〕N. Barnard・圖一

隹三月初吉丁亥、穆王才下減应。穆王卿豊。卽井白、大祝射。穆王蔑長甶、㠯逨卽井白。白氏彊不姦。長甶蔑曆。敢對䫉天子不杯休、用肇乍䵼彝。

隹れ三月初吉丁亥、穆王、下減の应に在り。穆王饗醴す。邢伯に卽きて、大祝、射す。穆王、長甶を蔑し、以に逨りて邢伯に卽かしむ。伯氏、彊くこと姦たず。長甶蔑曆せらる。敢て天子の丕杯なる休に對揚して、用て肇めて䵼彝を作る。

器は一九五六年長安縣普渡村出土。同出の器甚だ多く、周初及び穆王期の器を含む。銘は蓋內にあり六行五五字。穆王の名の見える標準器である。「三月初吉丁亥、穆王は下減の行宮において饗醴し、邢伯の班について大祝をして鄉射を行なわせた。穆王は長甶の技を旌表し、邢伯について その儀禮に參加させたが、邢伯は誤りなく射儀を終えた。長甶はその功を賞せられたので、天子の大いなる休寵に對えて、家を襲いで肇めてこの隮彝を作るのである」。長字は止に従う。应は行宮。蔡𣪘（薛氏・一四）・本集三の312師旋𣪘一に減应の名がみえる。饗醴のときには射儀が行なわれる例であつた。長甶は射儀に詳しいというので、このとき王の特旨により邢伯の班につき、その射儀を助けて賞をえたものと思われる。競射は242靜𣪘にもみえ、やはり穆王期のものである。盉は器蓋に夔鳳一道、下體に襷形の二弦文、咮に蟬葉文を付している。盉には爻盉（寶蘊・八八）のように、ときに襷形の文様をもつものがある。器蓋の鐶鈕をつなぐことも古くから行なわれていた。

267　長甶𣪘　＊〔器〕陝西・三四

器蓋に「長甶乍寶隮𣪘（長甶、寶隮𣪘を作る）」の六字を銘している。𣪘はかなり傷んでいるが、文様は266の盉と同じ。別に𣪘の一蓋（陝西・三五）あり、銘また六字、蓋緣に變樣に近い夔鳳を飾つている。後期に盛行する夔文はこの一層便化したものである。

268・269　盠方彝甲　〔銘〕陝西・五四　＊〔器〕考古學報・一九五七・二

唯八月初吉、王各于周廟。穆公右盠、立于中廷、北鄉。王冊令尹、易盠赤市・幽亢・攸勒。曰、用𤔲六𠂤。王行參有𤔲、𤔲土・𤔲馬・𤔲工。王令盠曰、䋣𤔲六𠂤眔八𠂤埶。盠拜䭫首、敢對揚王休、用乍朕文且益公寶隮彝。盠曰、天子不叚不其、萬年保我萬邦。盠敢拜䭫首曰、剌〻朕身、遹朕先寶事。

唯れ八月初吉、王、周廟に格る。穆公、盠を右けて中廷に立ち、北嚮す。王、尹に冊命し、盠に赤市・幽亢・攸勒を賜はしむ。曰く、用て六師を𤔲めよと。王、參有𤔲、𤔲土・𤔲馬・𤔲工を行る。王、盠に命じて曰く、併せて六師と八師との埶（璽）を𤔲めよと。盠、拜して稽首し、敢て王の休に對揚して、用て朕文祖益公の寶隮彝を作る。盠曰く、天子、丕叚丕其にして、萬年まで我が萬邦を保たむことを。盠、敢て拜して稽首して曰く、剌〻たる朕身、朕が先の寶（保）事を更がむ。

一九五五年、郿縣車站鄉東、李家村出土。彝二器のほかに尊一・犧尊一あり、新出の器中注目すべきものの一である。彝は器蓋各〻二文、一〇行一〇八字。尊も同銘である。文は二段より成り、前段は冊命の語を記し、後段には對揚・祝頌の辭を記している。「八月初吉、王は周廟にいたり、穆公が盠を右けて中廷に立ち北嚮し、冊命の禮が行なわれた。王は尹に冊命せしめて、盠に赤市・幽衡・攸勒を賜うた。そして六師を治めよと命じ、參有𤔲、すなわち𤔲土・𤔲馬・𤔲工を按行した。王はまた六師と八師との玉璽の保管を命じたまうた。盠は拜手稽首して王休に對え、文祖益公の器を作るのである」（前段）。「盠いう。天子は純嘏無諆にして萬年までわが萬邦を保有したまわんことを。盠、敢て拜手稽首して申す。剌〻たる德ある我は、朕が先祖についで永く王室に事えよう」（後段）。前段の冊命は、右者に導かれて中廷に立ち北嚮することをいい、殆んど冊命の定式に近づいている。しかし冊命の語の前に賜物をいい、また後段に盠の對揚の語を自述の形式で記すなど、後期の冊命形式金文と異なるところもあつて、冊命金文定形化への過程を示すものがある。參有𤔲は本集三の355毛公鼎に、また六𠂤・八𠂤は同349禹鼎などにみえる。埶はその軍令を發する璽印であるらしい。埶は遠邇の邇にも用いられる字である。不叚不其は丕嘏丕諆。前・後段に何れも拜稽首の語を用いている。

彝二器は器制殆んど同じく鳳耳の方彝である。鳳耳の器としては従來210服方尊・238師遽方彝などが知られているが、その器制は穆末にもなお行なわれていたのである。器蓋は何れもその中央に火焔狀をめぐらした巴文があり、その左右に蹲踞する虺龍文を配し、口下及び圈足部に變樣の虺文らしいものを付している。鳳・虺の變樣文はこのころから次第に行なわれたようである。四稜あり、稜にも鳳耳と同じく魚尾狀をしたところがある。別に同銘の尊（陝西・五六）あり、文樣は殆んど彝と同じく、耳もまた鳳耳である。

270　盠駒尊　＊〔器〕陝西・五七

別に殘蓋一あり、器はもと二器あつたものと思われる。駒は極めて寫實的なもので、この點よりすれば247貉子卣の鹿文のごとき文樣の存在も可能であろう。馬身の腹側に方彝・尊と同樣の巴文があり、前胸部に銘がある。泐損が多いので錄入を略したが、銘中に師虘の名があり、237・239師遽の器と同期であることが知られる。盠器の文字は何れも初期緊湊の風を失い、後期の字樣を開くものがある。

271・272　宗周鐘　〔銘〕三代・一・六五，六六　＊〔器〕故宮・上・二三八

王肇遹省文武堇彊土。南或𠬝子、敢召虐我土。王𦤎伐其至、𢦚伐厥都。𠬝子廼遣閒、來逆卲王。

南戸東戸、具見廿又六邦。

隹皇上帝百神、保余小子、朕猷又成亡競。我隹司配皇天王、對乍宗周寶鐘。倉〻悤〻、雃〻雝〻、用卲各不顯且考先王。先王其嚴才上、䨜〻數〻、降余多福、福余順孫、參壽隹剌。㝬其萬年、畯保四或。

王肇めて文武の勤めたまへる疆土を遹省す。南國𠬝子、敢て我が土を陷虐す。王、敦伐して其れ至り、厥の都を撲伐す。𠬝子廼ち遣閒(請和)し、來りて昭王を逆ふ。南夷東夷、具見するもの二十又六邦なり。

隹皇上帝百神、余小子を保ち、朕が猷成る有りて競ふ亡し。我隹皇天王に嗣配し、對へて宗周の寶鐘を作れり。倉〻悤〻、雃〻雝〻として、用て不顯なる祖考先王を昭格す。先王其れ嚴として上に在り、䨜〻數〻として、余に多福を降し、余に順孫を福し、參の壽を隹剌めしめむ。㝬其れ萬年まで、畯く四國を保たんことを。

器はもと淸の內府藏。一時民閒に流出したが、いまは臺北故宮博物院に歸している。鐘としては最も早い時期のものと思われるが、その時期については昭王說と厲王說とあり、從來問題とされているものである。銘は鉦と鼓の前後に分れて記され、すべて三所、正面鉦閒四行・鼓左八行・背面鼓右五行、一七行一二二字。文中に昭王の名がみえ、㝬を昭王の名瑕に充ててその自作の器とみるものと、昭王を單に王の美稱として、㝬を厲王胡の自稱とすることから昭王・厲王說を生ずるのであるが、天子が銘文中に自ら名をいう例は他になく、その點からいえば兩說とも成立しがたい。いま文を二段に分ち、前段は昭王の南征を追述した語、後段は呂王㝬が昭王をその先王に配祀することをいうものと解する。「昭王は卽位の後はじめて文王武王がかつて經營したまうた南方の疆土を遹省巡狩された。それというのも、南國𠬝子が敢てわが呂の地を侵寇してきたからである。昭王は諸方を戡定しながらこの地に至り、𠬝子の都城を攻擊しようとされた。𠬝子はおそれて和を求め、來つて昭王を迎えた。このとき南夷東夷もみな來服し、謁見朝覲の禮を執るもの廿又六邦に及んだ。かくてわが國も安泰なるをえたのである」(前段。昭王南征し、東南夷も靜謐に歸して國の安泰をえたるをいう)。「これみな皇上帝百神がわれを保佑したまうゆえで、わが謀猷はみごとに成就した。余はそれで昭王の威靈を偲び、わが皇天王に配してこれを祀り、その恩寵に對える意味を以て宗周の寶鐘を作りこれを紀念する。その音は倉〻悤〻、雃〻雝〻として、不顯なる祖王先考の靈を招格するであろう。これを以て祀れば、先王は嚴として上帝の側にあり、䨜〻數〻として神氣降格し、余に多福を與え、余が順孫に福あらしめ、不老の壽をも求めえよう。㝬は萬年に至るまで、ながく四國を保たんことを祈る」(後段。作器の事由をいう)。この文によると作器者は㝬であるが、㝬は218彔毀一に地名の㝬、225遇甗に㝬侯としてみえる。㝬は簠の字の金文にこの形に從うものあり、經籍にみえる甫、すなわち呂で、姜姓四國の一。古くより河南の西南部にあり、周とは歷世通婚の族であつた。それで南國𠬝子の侵寇を蒙るや、昭王は南征してその急を救うたのである。書の呂刑は、この族が古く苗族を攘うた神話を傳えるが、𠬝子も卜辭にみえる𠬝で南方の族であつたらしい。昭王が漢域に作戰し、ついにその身を墜したと傳えられるのも、この銘にいうところと關係があろう。それで㝬は昭王を祀りこれをその先王に配祀し、紀念として宗周の寶鐘と名づけるこの器を作つたのである。器は鼓上に象首文、篆閒に便化した斜格の兩虺龍文を飾り、舞上に變樣の鳳文がある。銘の記すところを以上のように解し、またその器制文樣・字迹を以て考えるに、これを穆王期に位置せしめても大なる齟齬を感じないように思われる。もし穆期に入りうるものとすれば、最も早い時期の鐘となしうるのである。土土都(魚)・王(陽)邦(東)競王(陽、陽東合韻)・鐘悤雝(東)王上(陽)數(東、陽東合韻)・福剌域(之)の諸字押韻。

273・274　師虎毀　〔銘〕三代・九・二九・二　＊〔器〕通考・三二二

隹元年六月既望甲戌、王才杜㡴。洛于大室。井白內右師虎、卽立中廷北鄉。王乎內史吳曰、冊令虎。王若曰、虎、載先王、既令乃取考事、啻官𤔲左右戲緐荆。今余隹帥井先王令、令女叓乃取考、啻官𤔲左右戲緐荆。苟夙夜、勿灋朕令。易女赤舄。用事。虎敢拜䭫首、對䫹天子不秠魯休、用乍朕剌考日庚𨺅毀。子〻孫〻、其永寶用。

隹れ元年六月既望甲戌、王、杜㡴に在り。大室に格る。邢伯內りて師虎を右け、位に中廷に卽きて北嚮す。王、內史吳を呼びて曰く、虎に冊命せよと。王、若く曰く、虎よ、先王に在りて、既に乃の祖考の事を命じ、嫡として左右の戲緐荆を官𤔲せしむ。今余は隹れ、先王の命に帥型し、女に命じて乃の祖考に更ぎ、嫡として左右の戲緐荆を官𤔲せしむ。夙夜を敬しみ、朕が命を灋つること勿れ。女に赤舄を賜ふ。用て事へよと。虎、敢て拜して稽首し、天子の丕怌なる魯休に對揚して、用て朕が剌考日庚の⿰阝尊既を作る。子〻孫〻、其れ永く寶用せよ。

文一〇行一二四字。「元年六月甲戌、王は杜の離宮の大室で册命し、丼伯が師虎を右け、內史吳が册命の書を讀んだ。王はかく仰せられた。虎よ、さきに先王は既に汝の祖考に職事を命じ、長官として左右戲の繁荊を官司することを命ぜられた。今、余は先王の命に則つて、汝に祖考の職事をつぎ、同じく長官として、左右戲の繁荊を司らしめる。夙夜を敬しみ、わが命を廢してはならぬ。汝に赤舄を賜う。用て事えよ、と。虎は拜して稽首し、天子の大いなる魯休に對えて、わが烈考日庚の⿰阝尊𣪘を作るのである。子〻孫〻、永く寶用せよ」。丼伯は邢伯。右者としてこの期の諸器にその名がみえ、斷代上の標識とすべき人名である。內史吳は275吳方彝の作册吳であろう。また諸器にその名がみえる。左右戲は軍旅の名。繁荊は軍中の法をいうのであろう。この册命は官職の世襲を命じたものであるが、册命形式金文には官職の世襲をいうものが多く、西周貴族社會の秩序の安定を示す事實とみてよい。册命形式金文は251趞𣪘・268盠方彝甲や本器のころより、その定形が成立したといえよう。器は失蓋にして兩耳また失鐶。器制は全器瓦文。瓦文𣪘は235・257・286にみえるが、後期になると變樣の夔文などを伴うことが多い。

275　吳方彝　〔銘〕三代・六・五六・一　〔器蓋〕通考・六〇五

隹二月初吉丁亥、王才周成大室。旦、王各廟。宰朏右乍册吳入門、立中廷北鄉。王乎史戊、册令吳、𤔲旃眔叔金。昜𩰫鬯一卣・玄衮衣・赤舄・金車・𠦪𠟭・朱虢𩏑・虎冟熏裏・𠦪較・畫轉・金甬・馬四匹・攸勒。吳拜𩒨首、敢對𩰫王休、用乍青尹寶⿰阝尊彝。吳其世子孫、永寶用。隹王二祀。

隹れ二月初吉丁亥、王、周の成大室に在り。旦に王、廟に格る。宰朏、作册吳を右けて門に入り、中廷に立ちて北嚮す。王、史戊を呼び、吳に册命し、旃と叔金とを𤔲どらしむ。秬鬯一卣・玄衮衣・赤舄・金車・賁䡇・朱虢𩏑・虎冟熏裏・賁較・畫轉・金甬・馬四匹・攸勒を賜ふ。吳、拜して稽首し、敢て王の休に對揚し、用て青尹の寶⿰阝尊彝を作る。吳其れ世子孫まで、永く寶用せよ。隹れ王の二祀なり。

器はいま蓋のみを存し、文一〇行一〇二字。「二月丁亥、王は周の成大室において册命した。宰朏が右者となり、史戊が作册吳に對する册命を讀み、吳に巾車の職を命じ、秬鬯以下の賜物を賜うた。吳は拜して稽首し、王休に對えて青尹の器を作った。王の二祀である」。旃と叔金とは何を指すのか明らかでないが、車旗の屬であるらしい。賜與は殆んど222彔伯𢦚𣪘にみえるものと同じである。銘末に二祀というのは殷式の紀年法である。作册の家であるから、殷禮の傳統をなお保つていたのであろう。文字は273師虎𣪘とともに篆化の傾向がみられる。揚・⿰阝尊・永・祀など左文が多い。鉤稜あり、主文は饕餮。柱を缺き、柱下に夔文一道があるようである。方彝はこの期以後には殆んどみえない。

276　史懋壺　〔銘〕愙齋・一四・一三

隹八月既死霸戊寅、王才葊京溼宮。親令史懋路筭。咸。王乎伊白、昜懋貝。懋拜𩒨首、對王休、用乍父丁寶壺。

唯れ八月既死霸戊寅、王、葊京の溼宮に在り。親しく史懋に路筮を命ず。咸る。王、伊伯を呼び、懋に貝を賜はしむ。懋、拜して稽首し、王の休に對へて、用て父丁の寶壺を作る。

葊京では周初より昭穆のころまで多く祭祀儀禮が行なわれていたが、この器より後には殆んどその名がみえない。路筭はどういう儀禮か不明。卜筮のことに關していよう。溼宮は蠶室であろうと思われる。字は小字、五行四一字。貝を賜い、父丁の器を作つているが、葊京の儀禮に與るものには東方出自の族が多い。銘は蓋銘という。器影は知られていない。

277　康鼎　〔銘〕三代・四・二五・二　〔器〕故宮・上・四一

唯三月初吉甲戌、王才康宮。熒白內右康。王命。死𤔲王家。命女幽黃鋚革。康拜𩒨首、敢對𩰫天子不顯休、用乍朕文考釐白寶⿰阝尊鼎。子〻孫〻、其萬年、永寶用。奠丼

唯れ三月初吉甲戌、王、康の宮に在り。熒伯、內りて康を右く。王、命ず。王家を死𤔲せよ。女に幽黃・鋚勒を命ふと。康、拜して稽首し、敢て天子の不顯なる休に對揚して、用て朕が文考釐伯の寶⿰阝尊鼎を作る。子〻孫〻、其れ萬年まで、永く寶用せよ。鄭邢

文一〇行六二字。「三月甲戌、王は康宮にあり、熒伯を右者として康に册命を行ない、康に王家を宰治することを命じ、幽黃・鋚勒を賜うた。康は王休に對えて、文考釐伯の器を作つた」。熒の家は名家であつたらしく、周初より後期に至るまで、その名がみえている。死は尸、主治の

意。命を賜與の意に用いることは本集一の162獻毀に例がある。幽黄は幽亢・幽衡にして玉、鋚革は馬具である。鄭丼は邢伯の支族であるらしく、鄭丼叔康盨（三代・一〇・三三・三、四）のように鄭丼叔とする器もある。器は立耳の三獸足鼎。器腹は半球形をなし、口下に夔文、その上下に弦文を加えている。これより後、鼎は概ね獸足形となる。故宮の圖は上・四〇（康鼎）と上・四一（頌鼎）が互易している。

278・279　趩觶　〔銘〕拓本　＊〔器〕冠斝・補・二

隹三月初吉乙卯、王才周。各大室。咸丼叔入右趩。王乎內史、冊令趩。更厥且考服。易趩戠衣・載市・冋黃・旂。趩拜䭫首、揚王休對。趩蔑曆、用乍寶䵼彝。枻孫子、毋敢豙、永寶。隹王二祀。

隹れ三月初吉乙卯、王、周に在り。大室に格る。咸邢叔入りて趩を右く。王、內史を呼び、趩に冊命せしむ。厥の祖考の服を更げと。趩に織衣・載市・冋黃・旂を賜ふ。趩、拜して稽首し、王の休に揚へて對ふ。趩、蔑曆せられ、用て寶䵼彝を作る。世孫子、敢て墜すこと毋く、永く寶とせよ。佳王の二祀なり。

文八行六八字。「三月乙卯、王は周の大室において趩に册命、咸邢叔が介者となり、內史が王命を傳え、趩にその祖考の職事を嗣がしめ、織衣・載市・冋黃・旂を賜うた。趩は王の休寵に對え、蔑曆を受けたのを紀念して器を作つた。子孫はこの榮光を忘れず永く寶とせよ」。銘末に275吳方彝と同じく佳王二祀の紀年あり。日辰の干支も合う。同年の器である。咸丼叔もまた邢伯の支族であろう。ゆえに鄭・咸を付して區別しているのである。字は瘦癯、殆んど線刻に近い字樣である。器は器高の低い觶。項下に夔鳳一道を飾るが、鳥身は柔軟で尾は下垂內巻、文様は219・226などのそれに近い。

280・281　趞曹鼎一　〔銘〕拓本　＊〔器〕斷代・六・圖一

隹七年十月既生霸、王才周般宮。旦、王各大室。井白入右趞曹、立中廷北鄉。易趞曹載市・冋黃・䜌。趞曹拜䭫首、敢對䅌天子休、用乍寶鼎。用鄉倗稥。

隹れ七年十月既生霸、王、周般宮に在り。旦に王、大室に格る。邢伯入りて趞曹を右け、中廷に立ちて北嚮す。趞曹に載市・冋黃・鑾（旂）を賜ふ。趞曹、拜して稽首し、敢て天子の休に對揚して、用て寶鼎を作る。用て朋友を饗せむ。

文八行五六字。七年十月、周の般宮において賜與を受けたことを記しているが、事功についてはふれていない。末文の倗友は倗生・倗友婚媾の語からも知られるように、もと同族の同輩行のものなどをいう語である。器はいま上海博物館藏。附耳の三足鼎。腹底淺く、口下に二弦文を付している。第二鼎も器形は第一鼎と似て器腹淺く、口下に顧龍文を飾る。その文は、十五年五月既生霸壬午、龔王が周の新宮の射盧において射儀を行ない、史趞曹に弓矢等を賜うたことを記し、銘末は本器と同じく「用鄉倗稥」の句を以て結んでいる。龔王の名のみえる紀年銘で斷代上の標準器であるが、泐損多くして書品を失つているのでこれを割愛した。しかし第二鼎によつて本器は共王七年の器であることが知られる。書風は277康鼎と似ている。

282　免簠　〔銘〕拓本

隹三月既生霸乙卯、王才周。令免乍嗣土、嗣奠還歔眔吳眔牧。易戠衣・䜌。對䅌王休、用乍旅䵼彝。免其萬年、永寶用。

隹れ三月既生霸乙卯、王、周に在り。免に命じて嗣土と作し、鄭還の歔と虞と牧とを嗣らしむ。織衣・鑾を賜ふ。王の休に對揚して、用て旅䵼彝を作る。免其れ萬年まで、永く寶用せむ。

文四行四四字。王は周において免に嗣土の職に任じ、鄭還の歔と虞と牧とを官司させ、織衣・鑾を賜うた。その休に對えて器を作ることをいう。免には他に毀・盤・283卣のほか、史免簠というものがある。免の諸器は字迹殆んど同じく、行款整い謹飾の風あり、靜・彔の字風を承けている。簠の器影はいま傳えないが、史免簠は陶齋・續・一・四三に繪圖を載せている。しかしその銘も器も、免の諸器より稍しく時期が下るようである。簠は後期以後に盛行したもので、免簠のごときは簠としては初期のものであるが、器制を確めがたいのは遺憾である。

283　免卣　〔銘〕拓本

隹六月初吉、王才奠。丁亥、王各大室。丼叔右免。王蔑免曆、令史懋、易免載市・冋黃、乍嗣工。對䅌王休、用乍䵼彝。免其萬年、永寶用。

隹れ六月初吉、王、鄭に在り。丁亥、王、大室に格る。邢叔、免を右く。王、免の曆を蔑し、史懋をして、免に載市・冋黃を賜はしめ、嗣工と作す。王の休に對揚して、用て䵼彝を作る。

兗其れ萬年まで、永く寶用せむ。

この器も器影を傳えないが提梁ある卣であるという。文五行四九字。「六月丁亥、王は鄭に在り、大室に來つて兗に册命した。右者は邢叔。王は兗を旌表し、史懋に命じて𢦏市・同黃を賜い嗣工に任ぜられた。王の休に對えて器を作る」。「王在奠」は248大𣪘一にもみえる。邢叔は鄭の邢叔であろう。史懋には276史懋壺があり、莽京の儀禮を記す。273師虎𣪘・275吳方彝や兗の諸器の字風は、この期を代表するものといえよう。

284　兗盤　＊〔器〕K氏・B一五五

兗の簋・卣何れも器影を傳えていないので、盤の器影を掲げる。附耳三足、器・圈足に線狀の流麗な顧龍文を飾る。寧壽・三・一六に收める兗觶も顧龍文を付しているが、それは龍身を己字狀に屈している。

285・286　豆閉𣪘　〔銘〕冠斝・上・二五　＊〔器〕同上

唯王二月既眚霸、辰才戊寅。王各于師戲大室。井白入右豆閉。王乎內史、册命豆閉。王曰、閉、易女戠衣・㊙市・䜌旂。用併乃且考事、𤔲窔𣪘邦君𤔲馬・弓矢。閉拜䭫首、敢對珝天子不顯休命、用乍朕文考釐叔寶𣪘。用易壽壽（考）。萬年永寶、用于宗室。

唯れ王の二月既生霸、辰は戊寅に在り。王、師戲の大室に格る。邢伯入りて豆閉を右く。王、內史を呼び、豆閉に册命せしむ。王曰く、閉よ、女に織衣・黼市・鑾旂を賜ふ。用て乃の祖考の事を併ぎ、窔俞の邦君𤔲馬・弓矢を𤔲めよと。閉、拜して稽首し、敢て天子の丕顯なる休命に對揚して、用て朕が文考釐叔の寶𣪘を作る。用て壽考を賜はらむことを。萬年まで永く寶とし、宗室に用ひよ。

失蓋。環耳にして銜鐶あり、瓦文の𣪘。銘九行九二字。「二月既生霸戊寅、王は師戲の大室に至り、邢伯が豆閉の右者となり、內史が册命を傳えた。閉に織衣・黼市・鑾旂を賜い、その職事を承け、窔俞の邦君𤔲馬・弓矢を治めることを命じた。閉は天子の休命に對え、文考釐叔の器を作り、壽考を祈る。永く寶として宗室に用いんことを」。邢伯を右者とする器には273師虎𣪘・280趞曹鼎一をはじめ數器あり、その器群を構成して、斷代の資とすることができる。趞曹鼎二に龔王の名があり、關係諸器はその期の前後に入りうるものである。壽考は銘では壽字を重ねていて、下の一字は耂に從うが、誤筆であろう。文字は231尹姞鼎の書風に類している。

287・288　師奎父鼎　〔銘〕拓本　＊〔器〕恆軒・一三

隹六月既生霸庚寅、王各于大室。𤔲馬井白右師奎父。王乎內史駒、册命師奎父、易𢦏市・冋黃・玄衣黹屯・戈琱㦴・旂。用𤔲乃父官友。奎父拜䭫首、對珝天子不杯魯休、用追考于剌中、用乍𩰫鼎。用匄眉壽、黃耇吉康。師奎父其萬年。子〻孫、永寶用。

隹れ六月既生霸庚寅、王、大室に格る。𤔲馬邢伯、師奎父を右く。王、內史駒を呼び、師奎父に册命し、𢦏市・冋黃・玄衣黻純・戈琱㦴・旂を賜はしむ。用て乃の父の官友を𤔲めよと。奎父、拜して稽首し、天子の丕杯なる魯休に對揚して、用て剌仲に追孝し、用て𩰫鼎を作る。用て眉壽、黃耇吉康ならむことを匄む。師奎父、其れ萬年ならむことを。子〻孫、永く寶用せよ。

文一〇行九三字。𤔲馬邢伯が右者となり、內史駒が王の册命を傳え、師奎父に𢦏市・冋黃などを賜うたことを記す。玄衣黼純とは、へりにぬいとりのある玄衣、戈琱㦴とは琱飾のある戈であろう。官友とは僚官をいう。器は立耳三圜足の鼎。下腹の含らみが大きい。項下に夔鳳かと思われる帶文があり、尾部內卷。右者𤔲馬邢伯は走𣪘（甲編・一二・四四）にもみえる。繪圖は長安・一・五にもみえ、その文樣は十五年紀年の趞曹鼎二（斷代・六・圖一）の帶文と似ている。共王末期前後のものと思われる。

289　匡卣　〔銘〕三代・一〇・二五・一

隹四月初吉甲午、懿王才射盧。乍象舞。匡甫象樂二。王曰、休。匡拜手䭫首、對珝天子不顯休、用乍文考日丁寶彝。其孫〻子〻、永寶用。

隹れ四月初吉甲午、懿王、射盧に在り。象虡を作る。匡、象樂二を甫く。王曰く、休なりと。匡、拜手稽首し、天子の丕顯なる休に對揚して、用て文考日丁の寶彝を作る。其れ孫〻子〻、永く寶用せよ。

文五行五一字。銘の上下に拓に入らぬ部分がある。懿王の名のみえる重要な標準器であるが、その器形は知られない。射盧は趞曹鼎二・師湯父鼎（三代・四・二四・一）にみえ、何れも周新宮の下に記されており、新宮の射盧である。象虡は鐘磬を懸けるもの。獸形の飾りをつける例であるから象文を刻したのであろうと思われる。甫は甬形に近く、甬に懸繫する意とみられる。射盧における鼓鐘を作り、それによつて王の嘉賞をえたのである。休は善。匡は日丁の器を作つているが、東方系の族である。この器を三代に簠として収めるが、尊とし卣とするものがある。いま周存・五・八四に卣とするによる。文字平板にして甚だ抑揚のない書風である。

290　師俞𣪘　〔銘〕三代・九・一九・一

隹三年三月初吉甲戌、王才周師彔宮。旦、王各大室、卽立。𤔲馬共右師艅入門、立中廷。王乎作册内史、册令師艅、䵼𤔲□□。易赤市・朱黃・旂。艅拜䭫首。天子其萬年、眉壽黃耇、畯才立。艅其蔑曆、日易魯休。艅敢對䚕天子不顯休、用乍寶𣪘。艅其萬年永保、臣天子。

隹れ三年三月初吉甲戌、王、周の師彔の宮に在り。旦に王、大室に格り、位に卽く。𤔲馬共、師俞を右けて門に入り、中廷に立つ。王、作册内史を呼び、師俞に册命し、併せて□□を𤔲めしむ。赤市・朱黃・旂を賜ふ。俞、拜して稽首す。天子其れ萬年、眉壽黃耇にして、畯く位に在らむことを。俞、其れ蔑曆せられ、日に魯休を賜ふ。俞、敢て天子の丕顯なる休に對揚して、用て寶𣪘を作る。俞其れ萬年まで永く保ち、天子に臣へむ。

器影未見。著錄によると蓋のみを存し、銘も蓋銘である。文一〇行九九字。師彔宮・𤔲馬共の名は291諫𣪘にもみえる。䵼𤔲の下二字未詳。すでに師職にあるので、他に兼官を命じ、册命の證に赤市・朱黃・旂を賜うた。天子萬年以下は嘏辭。「畯才立」・「日易魯休」・「臣天子」の語は後期の克の器などにみえる。師俞には他にも尊（考古・四・一七）・鼎（積古・四・一八）あり、尊には象文らしい文樣があり、文によると金を賜うている。これらを合せ考え、また曆譜によつてその關係諸器の時期を察するに、師俞の器は懿王期にあるものと思われる。

291・292　諫𣪘　〔銘〕三代・九・二〇・一　＊〔器〕陶齋・二・一〇

隹五年三月初吉庚寅、王才周師彔宮。旦、王各大室、卽立。𤔲馬共右諫入門、立中廷。王乎内史光、册命諫曰、先王既命女、䵼𤔲王宥。女某不又昏、毋敢不善。今余隹或𤔲命女。易女勒。諫拜䭫首、敢對䚕天子不顯休、用乍朕文考叀白𨺜𣪘。諫其萬年。子〻孫〻、永寶用。

隹れ五年三月初吉庚寅、王、周の師彔の宮に在り。旦に王、大室に格り、位に卽く。𤔲馬共、諫を右けて門に入り、中廷に立つ。王、内史光を呼び、諫に册命せしめて曰く、先王既に女に命じ、併せて王宥（囿）を𤔲めしむ。女謀りて昏有らず、敢て不善なること毋かりき。今余隹れ嗣ぎて女に命ずること或（有）り。女に（攸）勒を賜ふと。諫、拜して稽首し、敢て天子の丕顯なる休に對揚して、用て朕が文考叀伯の𨺜𣪘を作る。諫其れ萬年ならむことを。子〻孫〻、永く寶用せよ。

文九行一〇一字。宮名・右者は290師俞𣪘に同じ。册命は先王の命を認證し併せて別命を加え、攸勒を賜うたことを記す。器文は、攸勒の攸字を脫している。蓋文により補う。字は肥瘠整うて次第に篆體に近づく傾向をみせている。器は繪圖を傳えるのみであるが兩耳三小足𣪘。器蓋の口緣に夔文、蓋上器腹に瓦文、圈足部に斜格文を飾る。後期に多くみえる形制であるが、この器などがその先蹤をなすものであろう。

293・294　休盤　〔銘〕三代・一七・一八・一　＊〔器〕照片

隹廿年正月既望甲戌、王才周康宮。旦、王各大室、卽立。益公右走馬休入門、立中廷北鄉。王乎乍册尹、册易休玄衣黹屯、赤市・朱黃・戈琱戟・彤沙敔必・緣旂。休拜䭫首、敢對䚕天子不顯休令、用乍朕文考日丁𨺜般。休其萬年。子〻孫〻、永寶。

隹れ二十年正月既望甲戌、王、周康宮に在り。旦に王、大室に格りて位に卽く。益公、走馬休を右けて門に入り、中廷に立ちて北嚮す。王、乍册尹を呼び、休に玄衣黹純・赤市・朱黃・戈琱戟・彤綏敔柲・鑾旂を册賜す。休、拜して稽首し、敢て天子の丕顯なる休命に對揚し、用て朕が文考日丁の𨺜盤を作る。休、其れ萬年ならむことを。子〻孫〻、永く寶とせよ。

文八行九一字。走馬休に對する册命を記す。益公が右者となり、乍册尹が王命を傳えているが、任命の職事を記していない。賜物は287師奎父鼎の他に、後期の器にしばしばみえている。銘の後半に至つて左文が多い。字は謹飭なるも骨力に乏しい。休には別に休𣪘（西清・二八・三　三代・六・三八・七）があり、顧龍文を飾つた腹底の淺い𣪘で、「休乍父丁寶𣪘　」（休、父丁の寶𣪘を作る。　」とあり、銘末に圖象文字を記している。本器に日丁の器を作るとあるのは、𣪘の父丁のことであろう。すなわち休は東方系の族である。器は附耳の盤。般側に便化した夔文、圈足に一弦文を附している。

295　虘鐘一　〔銘〕三代・一・一七・一　〔器〕泉屋十鐘

隹正月初吉丁亥、虘乍寶鐘。用追孝于己白、用享大宗、用濼好賓。虘眔蔡姬、永寶、用卲大宗。

隹れ正月初吉丁亥、䖒、寶鐘を作る。用て己伯に追孝し、用て大宗に享し、用て好賓を樂しましめむ。䖒と蔡姬と、永く寶とし、用て大宗に卲らむ。

銘は篆上の右よりはじまつて鉦閒に記され、すべて三五字。䖒と蔡姬とは夫妻の名であろう。夫妻の名を列することは229縣改𣪘とともに珍しい例である。䖒にはなお大師䖒𣪘（斷代・六・一一八）・大師䖒豆（三代・一〇・四七・五）があり、𣪘には師晨の名がみえていて、師晨鼎（攈古・三之二・二二）と同期であることが知られるが、師晨鼎にも290・291と同じく師彔宮・司馬共の名があり、懿王期の器と思われる。通考に傳世三器あり、全銘一・分銘二というも、三代には全銘二器を錄し、また別に分銘の器一を錄する。器は篆閒鉦緣の界線に小乳文を用い、篆閒に斜格文、鼓上にも簡略な雷文形、右方に圓渦文を付している。

296　師望鼎　〔銘〕三代・四・三五・一　〔器〕金匱論古初集・五七

大師小子師望曰、不顯皇考寬公、穆〻克盟厥心、悊厥德、用辟于先王、得屯亡敃。望肈帥井皇考、虔夙夜、出內王命。不敢不豖不妻。王用弗𦖞聖人之後、多蔑曆、易休。望敢對𤔲天子不顯魯休、用乍朕皇考寬公𩰫鼎。師望其萬年。子〻孫〻、永寶用。

大師小子師望曰く、丕顯なる皇考寬公、穆〻として克く厥の心を明らかにし、厥の德を哲にし、用て先王に辟へ、純を得て敃ること亡し。望、肈ぎて皇考に帥型し、夙夜を虔しみ、王命を出納す。敢て墜さずして、肅まずんばあらず。王、用て聖人の後なることを忘れず、多く蔑曆せられ、休を賜ふ。望、敢て天子の丕顯なる魯休に對揚して、用て朕が皇考寬公の𩰫鼎を作る。師望、其れ萬年ならむことを。子〻孫〻、永く寶用せよ。

文一〇行九四字。全文自述の語よりなるが、冊命蔑曆のときに作られたものであることは明らかである。大師小子は官名。小子はもと身分稱號であつた。皇考の德を頌する語を文中に列することは後期の金文に多い。祖考を聖人と稱している例は珍しい。器は立耳三獸足鼎。器口に變樣の虺龍を飾り、器腹の文樣は鳳の便化したものかとみられる。字は290師奎父鼎などに比して稍しく平潤の趣を加えている。

297・298　師望壺　〔銘〕拓本　＊〔器〕雙劍古・上・二〇

大師小子師望乍寶壺。其萬年。子孫〻、永寶用。

大師小子師望、寶壺を作る。其れ萬年ならむことを。子孫〻、永く寶用せよ。

文四行一八字。前器と同じ作者の器である。字迹も鼎と同じ。望には別に十三年銘の𣪘があり、摹本（攈古・三之一・八三）のみをとどめている。文中に康宮新宮の語あり、宰倗父・史年がみえる。畢の王家を司ることを命ぜられている。器は兩耳犧首銜環、器の口・頸・腹には何れも波狀文を飾り、波狀の閒に公字形の文樣がある。また圈足部には環文一道を付している。これらの文樣は何れも後期に盛行したものであるが、本器のごときはその最も初期に當るものと考えてよい。十三年𣪘の日辰は懿王期に屬しうるものであり、鼎・壺も當時の器であろう。

299・300　倗生𣪘　〔銘〕三代・九・一六・一　＊〔器〕夢鄣・上・三三

隹正月初吉癸子、王才成周。格白取良馬乘于倗生。厥賓卅田。𠟭析。格白𨖭。殹妊彶仡人、從格白、厈彶甸。殷人紉雹谷杜木邍谷旅桑、涉東門。厥書史戠武、立㽞成壘、鑄保𣪘、用典格白田。其邁年。子〻孫〻、永保用　田

隹れ正月初吉癸巳、王、成周に在り。格伯、良馬乘を倗生より取る。厥の貯三十田なり。則ち析す。格伯遷ふ。殹妊と仡人と、格伯に従うて甸に按及す。殷人、雹谷の杜木と原谷の旅桑とを紉ぎて、東門に涉る。厥の書史戠武、立㽞成壘し、保（寶）𣪘を鑄て、用て格伯の田を典す。其れ萬年ならむことを。子〻孫〻、永く保（寶）用せよ。　田

五器六銘あり、第一器の銘は完全で八行八二字であるが、他器には脫字がある。拓迹は第四器が最も佳良であるのでそれを採り、第一器により補釋を加えた。器は從來格伯𣪘の名で知られているが、銘文は一種の契約文書で、格伯が倗生の良馬乘を讓り受けたのに對して、その償を定め、かつその田地にいわば抵當權を設定するという內容のもので、權利者は倗生である。「正月癸巳、王が成周にあるとき、格伯が倗生から良馬四匹を讓り受けた。その代償として三十田の租收を充當することとし、契約書を作成した。ところが格伯がその契約を履行しないので、殹妊と仡人とが格伯に從つて甸を按及し、殷人が雹谷の杜木、原谷の旅桑をつなぎ、東門を涉る地域を檢分し、書史戠武が盟誓をして寶𣪘を作り、格伯の以上の田に抵當權を設定した。子孫は永くこの器を寶用せよ」。大體以上の意であると思われる。銘末の圖象標識は周氏の族徽であるらしく、周乎卣（三代・一三・四〇・一，二）をはじめ周某の器五器に用いられている。王が成周にあるときのことで

あるから、田は成周にある周氏の用いた圖象である。なお格伯には格伯作晉姬段（雙劍誃・上・一六）があり、倗生には曩仲作倗生壺（雙劍誃・上・二七）がある。

段は第四器は器影があり、第五器は圖象を存し、錄入したのは第四器である。兩器の器制は殆んど同じ。器は兩耳方座あり、耳は羊首にして羊鬚を垂れている。口下と圏足部に巴文を中心として虺頭文を飾り、器腹には直文を付す。方座の三方にも口下と同じ帶文あり、中央下半はまた直文を飾る。この期に直文を用いることは珍しい。格伯作晉姬段は三小足段で顧龍と瓦文、また曩仲作倗生壺は蓋のみで四稜あり、象文より脫化した渦文と口緣には蝸文を飾る。蓋のみがやや古調を示しているが、この期は前・後期の交替期とみられ、器制・銘文の上にその傾向を指摘しうるものが多い。この器のごときも直文のような文様を用いる一方、その字樣は殆んど後期の頹放の體に近いものである。尤もこの種の書風は、すでに早く229縣改段にもみえている。

301・302　輔師嫠段　〔銘〕考古學報・一九五八・二・圖二　＊〔器〕同上・圖一

隹王九月既生霸甲寅、王才周康宮。各大室卽立。焚白入又輔師嫠。王乎乍册尹、册令嫠曰、䡅乃且考嗣輔。緘。易女載市・素黃・緣旜。今余曾乃令。易女玄衣黹屯・赤市・朱黃・戈彤沙琱威・旂五。日用事。嫠拜䭫首、敢對揚王休令、用乍寶障段。嫠其萬年。子〻孫〻、永寶用事。

隹れ王の九月既生霸甲寅、王、周の康宮に在り。大室に格りて位に卽く。焚伯入りて輔師嫠を右く。王、作册尹を呼び、嫠に册命せしめて曰く、乃の祖考に更ぎて輔を嗣めよと。緘る。女に載市・素黃・鑾旜を賜ふ。今余乃の命を曾ぬ。女に玄衣黹純・赤市・朱黃・戈彤緌琱威・旂五を賜ふ。日に用て事へよと。嫠、拜して稽首し、敢て王の休命に對揚して、用て寶障段を作る。嫠、其れ萬年ならむことを。子〻孫〻、永く寶として用て事へよ。

一九五七年長安縣兆元坡村出土。文一〇行一〇二字。輔師嫠に對する册命を記す。輔の職はその世襲するところで、後の本集三の380師嫠段にもそのことがみえている。右者焚伯は277康鼎をはじめ、同段・卯段・敔段三などにもみえる。この器は新出であるが、その文に特異のところ多く、たとえば一たび册命恩賜のことがあつて、また再命と賜與とを記している。再命のときには䡅賣という語を用いる例であるが、この器では曾命という。緘は咸。册命の禮の終るをいう。賜物の素黃は他にみえぬものであり、才琱威の閒に彤沙を加える例もない。その字形、筆意は後期のものであるが、器は侈口無蓋の段で口下に分尾の鳳文一道を飾り、その上下と圏足部に弦文を付し、器制は殆んど昭穆期の通型による。ここにも新舊様式の交替の姿が認められる。それでこの器を本集の終りに列するのである。

復刊後記

この冊中に收めた器銘の「休王」の問題について、その後の所見による訂正を加えておきたい。舊釋においては休王を連讀して、王名と解した。冊中の189䀇圜器・191效父段・193𨚲父方鼎の銘文中にみえる「休王」、231尹姞鼎の銘文中にみえる「休天君」の「休」については、休王が文首に位置していることが多く、これを主語としてよむときは、周の王名と解するほかない。それで郭沫若の兩周金文辭大系には、これを文獻にいう孝王と解し、その䀇卣に注して

皇辟君休王、猶作册大齋言皇天尹大保。休王卽懿王之弟孝王也。休孝古本同音字。孝王本稱休。後世于傳說閒、轉變爲孝耳。

と論じ、休を動詞とする唐蘭の說を批判した。唐蘭は書・召誥の「今休王不敢後、用顧畏於民碞」の例をあげ、また

古人多有此例。如云魯天子之命、魯亦動詞也。揚天子或王之魯休。而稱休王、或魯天子。其義一也。

と論じている。魯は

1斁段（本集一の165周公段）　拜頴首、魯天子寏厥順福（拜して稽首し、天子の厥の順福を造したまへるを魯とす）。

2無冥段（本集三の329）　無冥拜手頴首曰、敢對昜天子魯休令（無冥、拜手稽首して曰く、敢て天子の魯休の命に對揚せむと）。

3師兪段（本集二の290）　鯀其蔑曆、日易魯休（兪、其れ蔑曆（旌表）せられ、日に魯休を賜ふ）。

などその例があり、殊に1は周初の器で、魯を動詞に用いる例である。それで陳夢家の斷代（二・二五）には、召圜器の條に

小臣逋鼎　休中易逋（中の逋に賜へるを休とす）。

小臣𧴩鼎　休于小臣𧴩貝五朋（小臣𧴩に貝五朋を休す）。

效父段　休王易效父●●三（王の、效父に●●（金）三を賜ふを休とす）。

穆公鬲　休天君、弗望穆公……（天君の、穆公の……を望（忘）れたまは弗（ざ）るを休とす）。

𠭯段　休朕匋君公白易厥臣弟……（朕が匋君公伯の、厥の臣弟……に賜へるを休とす）。

などの例をあげて、動詞によむべきことを主張している。

西周歷代の王號は、金文に文武・昭穆・共懿の諸王の生號がみえるが、ひとり康王の名がみえず、郭氏は「休王」の休と聲通の字として休王を孝王に充てたが、䀇圜器の器制・銘文はその時期にまで下るものでなく、また周の諸王號のうち、ひとり康王の名が缺けているのはいかにも不審であり、それでこの書册の解說執筆の當時は、同じく聲義の關係を以ていうならば、時期的にも康王に比定すべきであろうと考えた。この冊中の關係諸器の條では、すべて「休王〜」は康王說で解說を試みたものであるが、そののち史墻盤（一九七六年一二月出土、文物・一九七八・三　通釋第五〇輯、金文補釋一五、卷六・三三二）が出土し、そこには追述の文であるが「淵哲なる康王」とあつて康王の名がみえている。周の宮廟の名としては、早く277康鼎に康宮の名がみえ、本集三の361頌鼎等に「周康卲宮」、また克盨・袁盤に「周康穆宮」、本集三の344鬲攸從鼎に「周康宮徲大室」などの名がみえ、康宮を大廟として、昭・穆の二宮をそれに配し、多くの大室が備えられていたらしい昭穆制的な宮廟の制が、康宮を中心として構成されていたことが知られる。このことからいえば、康王の名はその生號として早くから存しており、ただその時期の器に、單に王と稱し、康王とする生稱の例が未見であるに過ぎない。

郭氏ものちに休王孝王說を撤回して、大系增補版に補筆していう。

此䀇、與另一䀇卣之䀇、當是一人。彼銘有伯懋父（見補彔）、乃成王時。故此器當屬于成世。本銘句讀有誤、以「休王」爲孝王、尤不確。今於句讀已改正、關於「休王」及「土方」等說解作廢。「賞畢土方五十里」正爲周初施行井田制之一佳證。

郭氏はまた次の休王の名のみえる效父段等の二器についても、

今案殊不確。器制與字體均有古意、當在孝王之前。

としている。これらの器は、何れも康王期の前後に位置しうるものと考えられるが、しかし休王

が康王であるのではなく、休はやはり唐蘭・陳夢家の初釋のように、動詞に解するのがよいと思う。ただこのような語法は、周初の康王期の前後に、一時の風尚として行なわれたものであるらしく、文例としてはなお一器、一九七五年、北京房山縣琉璃河黃土坡村M二五三號出土の圉方鼎を加えることができる。器蓋同銘、銘は三行一四字である。

休朕公君匽灰、易圉貝、用乍障彝。

朕が公君匽侯の、圉に貝を賜へるを休とし、用て障彝を作る。

この文においては、文首の休は動詞に訓むほかはない、器は匽侯關係のものであるから、西周の初期に位置しうるものである。

休を文首におく文で最も複雜な構造をもつものは、189靈圜器の

休王自穀、事賞畢土方五十里。

王の穀自りして、畢・土方五十里を賞せしむるを休とす。

という文と、また231尹姞鼎の

休天君、弗望穆公聖粦明□、事先王、各于尹姞宗室〓林。君蔑尹姞厤、易玉五品・馬四匹。拜頴首、對䍙天君休、用乍寶齋。

天君の、穆公の聖粦明□にして、先王に事へしことを忘れず、尹姞の宗室〓林に格りたまふを休とす。君、尹姞の曆を蔑し、玉五品・馬四匹を賜ふ。拜して稽首し、天君の休に對揚して、用て寶齋を作る。

という二銘である。靈圜器の文はやや複雜であるが、構文上それほど曲折のあるものではない。ただ尹姞鼎の文においては、文中に休天君・君・天君のように三通りの呼稱があることが、不自然なように思われる。君は天君の略稱であるとしても、休天君を君と略稱することは考えがたいからである。

この天君の稱はまた遹盂にみえる。遹盂は一九六七年七月、陝西長安縣澧西新旺村出土の器で、銘六行四九字、文首に「隹正月初吉、君在猷、卽宮」とあり、本文に

天君史遹事泉。遹敢對䍙、用乍文且己公障盂、其永寶用。

天君、遹をして泉に使せしむ。遹敢て對揚して、用て文祖己公の障盂を作る。其れ永く寶用せよ。

とあつて、はじめに君、後に天君と稱している。この天君は、あるいは尹姞鼎にみえる天君その人であるかも知れない。それならば、休天君の休は動詞によむべき一證となるものと考えられる。

以上の理由によつて、私はこの集をはじめ、金文通釋（白鶴美術館誌、一九六二年八月第一輯刊行開始）、平凡社東洋文庫本の金文の世界（一九七一年四月）において、休王康王說によつて銘文の解釋を試みてきたが、改めて休を動詞として解することにした。本册や金文の世界は、著作集に加えるに當つて（著作集第五卷、二〇〇〇年六月刊）部分的に書き改めたが、金文通釋は加筆し訂正することが困難であるので、本册後記においてその概要をしるし、他の書の當該部分についても、この後記の趣旨によつて、解釋を改めて頂きたいと思う。*

平成十年十二月五日しるす。

〔編注〕

＊　著作集別卷の金文通釋は二〇〇四年一月より刊行が開始されたが、ここで論じられている「休王」問題は、全てこの後記の趣旨に從つて著者自身の手によつて該當部分は加筆訂正されている。

金文集 三

本集には西周後期、孝王期より幽王期に至る器を收めた。後期の銅器斷代には種〻の困難がある。王名が一も器銘にみえていないこと、器制・文様の上に斷代の基準としうる顯著な特徴が求めがたいこと、銘文の解讀に困難なものが多いこと、共和期の性格が明らかでないことなど、みなその理由であるが、また懿・厲の曆朔が似ていてその分屬を誤りやすく、克・嫠の諸器が各期にわたつていることなども、斷代の整理を困難にしている。これらの事情のため時期の比定をえないものがあり、容庚氏のごときは孝・夷二期の器をあげず、唐蘭氏も懿・孝の二期闕、陳・唐二家は幽王期の器を錄していない。また時期の比定を試みられているものでも、諸家の閒にかなりの出入がある。大體厲王以後はその紀年もほぼ知られており、春秋より逆算して曆朔を求めることもある程度可能なわけであるが、しかも容易に一致がみられないということは、この期の銅器斷代がいかに困難であるかを示すものといえよう。

後期に屬すると思われる紀年銘約二五器を排次し、どうしても一王に屬しがたいものを整理してゆくと、大體各期に屬すべきものがえられるようである。まず井叔の名のみえる303曶鼎は、本集二の283免卣との關係から考えて孝王期に入るものと思われ、孝王の元年は一應㉙からはじまるとみてよい。懿王を廿九年とするときは、孝王期は元㉙・二㊿よりはじまるが、曶鼎にみえる元・二年の曆朔はこれに合う。310克鐘㉛はその十六年に入りうると思われる。尤も置閏を定則的におくときは十六年は①となるが、春秋初期の置閏法は十九年七閏の範圍でかなり不規則なものであるから、十六年㉛という曆朔は考えうるのである。克鐘は他の時期では厲宣期のほか考えがたいが、克の器はほぼ孝・夷二期の前後にあるものと思われるので、曶鼎・克鐘をこの期の標準器としておく。舊說によると、孝王の在位は十五年とされているが、これによると十六年を超えることになり、次期の曆朔を考慮するときは、在位十九年となる。

夷王期の器については異說多く、郭氏は虢盤・伯克壺、吳氏は免器、陳氏は克盨・伊𣪘、唐氏は康鼎・鄭井諸器、董氏は師兌・兮甲の器をあげるという狀態である。紀年銘あるこれらの諸器をここにおくため、これに應じて諸家の編年は多く異なるものとなる。しかし以上の諸器中、夷王期と推定しうる根據のあるものは、殆んどないといつてよい。

近年新出の器に312師旋𣪘一・314師旋𣪘二があり、何れも紀年日辰を記している。郭沫若氏は兩器を考釋してこれを厲王期に屬したが、郭氏がすでに厲期としている元年師獸𣪘・五年諫𣪘とは各〻日辰に十日以上の差があり、同期に入りうる可能性は全くない。郭氏の編年にはしばしばこのように曆朔を無視した比定がみられるが、斷代を試みる以上、この種の不合理は當然避けるべきであると思う。

314五年師旋𣪘に「羞追于齊」の句があり、このとき周室が何らかの事情で齊を伐つている。齊は太公望呂尚の後で周室とは密接な關係があり、周・齊の閒に干戈を用いることは考えがたいことであるが、文獻によると一度だけ不和を生じたことがある。すなわち史記齊世家に「哀公時、紀侯譖之周、周烹哀公」という記事があり、この時の周王は夷王である。從つて師旋の兩器は夷王に屬すべく、この兩器によつて夷王の元年朔を求めると⑧をうる。すなわち夷王期は

⑧*③㉗㉑⑮*・㊴*……

のような曆朔となるが、312元年師旋𣪘⑭・314五年師旋𣪘⑮・六年史伯碩父鼎㊴の日辰はすべてこの譜に合う。そしてこれらは、他のどの時期にも入りえないものである。

この譜を展開してゆくと、十八年㊿・廿六㊸・廿七⑦がえられ、十八年克盨②・廿六年324番匊生壺㊿・廿七年326伊𣪘⑨はみな譜に入ることとなる。伊𣪘には𩰫季の名があり、それに關聯して廿三年316小克鼎・321大克鼎もこの期に屬しうる。夷王の在位は從來最も長いもので十六年であつたが、少くとも廿六年を下らず、厲王期の曆朔と接するところを求めると卌四年がえられる。

宋刻であるから錄入しなかつたが、師獸𣪘（博古・一六・二七）というものがあり、兩耳方座の𣪘である。その文は「白龢父若曰」という語ではじまる師獸に對する册命賜與を記し、文首に「隹王元年正月初吉丁亥」という。伯龢父は、351・353兩師兌𣪘にいう師龢父のことであろう。宣王期と思われる380師嫠𣪘にはその殂落が記され、孫に當る師嫠が册命を受けている。師龢父はよほどの高齢を以て卒した人らしく、厲・宣にわたる人であつた。從つて師獸𣪘の元年の干支は宣王以前にあるべく、しかも厲より前ではありえない。厲王元年より宣王十一年まで六十二年に及んでいるからである。それで師獸𣪘を厲王元年とし、328十二年大𣪘・341十五年大鼎の干支に適合する曆譜を求めると、元年㉑・十二年⑰・十四年⑥・十五年㊾がえられる。これは懿王期の曆譜と干支4あるいは5の相違にすぎないので、兩者の混淆を生じやすいおそれがある。ただ厲王の在位

は三十七とも四十年とも傳え、廿八年の寰盤（三代・一七・一八・二）・卅一年の344鬲攸從鼎などもその譜に入り、それら諸器の繫聯關係からみて、各期の適當とする器を擇ぶほかはない。一般的にいつてこの期の器銘には、淮夷・南夷の叛亂、南國討伐をいう器が多く、そのため成周の經營が重要性を加えており、また内部にあつても漸く豪族專權の兆がみえはじめ、田土のことをいう器物が多い。内外に事の多かつた時期と思われる。こうしてついに厲王が彘に出奔するという周室未曾有の事變を生ずるのであるが、おそらくはこの期における内憂外患の結果が、周王室の分裂という事態を招いたものと思われる。厲王の卅七年のことである。

厲・宣の閒十四年はいわゆる共和の時代である。共和は周召二公執政のときであるともいい、共伯和が攝位した時期ともいう。そして共伯和についても、師默段にみえる白龢父、351・353兩師兌段・380師釐段にみえる師龢父であるとする說や、衞の武公に擬する說などがある。史記の年譜はこの共和からはじめられており、いかにも確かな記錄の時代に入つたように扱われているが、共和の内容も知られず、金文資料の上からも、その實態を把握することは容易でない。

宣王十一年の師釐段に師龢父の殂落が記されているので、師龢父の佐胥を命じている兩師兌段はそれより以前の器であるが、その元年・三年の曆朔は厲・宣の何れにも入りがたい。從つて兩器は共和期に屬して考えるほかない。いま厲三十七年につづく曆朔を求めると

㊻*⑩⑤・㉙㉔㊽*・㊷*

のような譜がえられる。ところで元年師兌段㊸はその元年に入りうるのであるが、三年段㊸はどうしても接合せず、この器のとり扱いについては最も苦心が拂われている。郭氏は兩器の日辰相銜接すと述べているが、どういう計算をしたのか不明。吳氏は兩器を幽王期におき、第一器の初吉を既望の誤としている。吳氏はしばしば自己の曆譜に合わぬ彝銘を誤として恣に改訂しているが、それでは趾を削る譏りを免れがたい。

兩師兌段は器制・文字殆んど近く、何れも師龢父を佐胥する旨の册命を記し、第二器に「余既令女」として第一器の册命内容をあげている。從つて一王在位中のものであること疑がない。しかもその日辰は銜接しないので、吳氏は第一銘に誤ありとし、董氏は第二器を錄入していない。共和以後は史記に紀年があり、宣・幽の在位年數も確實とされているので、その曆朔の計算も春秋から遡つて推算しうる。いま吳・新城二氏の共和期曆朔表をあげると次のごとくである。

吳氏　⑰⑫㉟㉚㉔㊽㊷⑥①㊺⑲⑬⑧㉜

新城氏　⑱㊷㊲㉛㊺㊾㊹⑧②㉖⑳⑮㊳㉝

董氏の譜は⑲よりはじまり、各〻一兩日あるいは三日の差にすぎない。それで厲王を卅七年とするときは、少くとも厲以後の諸家の曆朔は兩三日の差において一致するが、その閒に三年師兌段の適合する曆朔を求めることは不可能である。

この難問を十分に解決することは極めて困難であるが、これに對する一應の處置がなされなくては、後期の斷代はその體系をえがたいので、一の試案を提出しておきたいと思う。

共和期の政權擔當者が實質的に何びとであつたにせよ、王位は空位であるはずはない。厲王がすでに彘に出奔して王都を捨てていることからいえば、次の宣王が當然位を嗣いだと思われる。しかし宣王は當時なお幼弱であつたし、また亡命中にもせよ厲王在世中のことであるから、あるいは公式の改元を留保し、厲王の崩を待つて元年を稱したので、その閒がいわゆる共和であつた。ただ共和はあくまで暫定的な稱であり、その閒周室は事實上東西に分裂していた。おそらく共和十四年は一貫した紀年をもつこともない時代であつたのではないかと想像される。

厲王の在位年數は史記以來殆んど卅七年說がとられている。ただ通鑑外紀・通志は四十年說である。兩書の記す諸王の歷年は概ね帝王世紀と一致しているから、四十年說はおそらく帝王世紀によるものであろう。すなわち厲王奔彘の後なお三年を、厲王の在位とする說があつたのである。もしこの事情を共和の紀年の上に適用すると、奔彘と同時に改元した場合と、三年後に厲王の退位が宣言されて改元した場合と、二度の改元が考えられる。もしこの考え方を師兌段の紀年の解釋に用いるときは、351元年段は前元、353三年段は後元の三年の曆朔に入り、兩段紀年の問題はともかくも一應說明がつくことになる。

しかるに共和期にはさらに一の問題がある。宋代著錄の器であるから錄入しなかつたが、薛氏（一四・一五）に師訇段があり、「元年二月既望庚寅」の紀年日辰を付している。既望初日とすれば干支數は㊷となる。この元年曆朔は厲王以後にはなく、またその器銘は天の疾畏降喪をいうもので、共和期のような大喪亂の時代を背景にしない限り理解しがたいものである。そして同様の表

現をもつ毛公鼎をはじめ關聯の諸器には殆んど紀年日辰がなく、それら諸器の時期を推定する手がかりは一に師詢設にかかつている。もし宋刻に誤謬なしとすれば、師詢設に記す日辰は極めて重要な意味をもつのである。呉・董氏らはその元年朔に合うところを求めてこれを康王元年におき、355毛公鼎を成王期におく論據としたのであるが、全く時代觀を誤るものであることはいうまでもない。

師詢設が厲王以後にあるべく、しかもその元年朔に入るべき時期がないこと、また銘にいうところがまさしく共和期の政情を反映するものがあるとすれば、共和十四年は前後二元のみでなく、あるいはさらに細分されていたのではないかということも考えられる。師詢設によると、師詢は天の疾畏降喪の際に余小子を綏立し、王は前命を䌛𩫖して輔弼と王身の扞護を命じている。元年の銘にして前命を申ねているのは一王中に改元の行なわれた證である。しかもその元年朔は厲・宣・幽の譜に入らず、また兩師兌設の場合に推定した共和の前・後元にも合しない。ただ、もし共和が三年ごとに改元されていたとすると、第三次の元年はあたかも㊷となる。すなわち共和はさきにあげた㊻*⑩⑤・㉙㉔㊽*・㊷*……のように、いくつかに區分された紀年をもつていたのではあるまいか。このように解しない限り、兩師兌設及び師詢設を、その時代觀に合する時期の暦譜に加えることは不可能である。極めて大膽な試論たるを免れないが、他に適當な方法を見出すことは困難であるように思われる。

毛公鼎の時代については、これを成・夷・厲・宣の各期に屬する説や春秋中葉以後とする説などがあつて聚訟を極めているが、成王期説の論據は上述の師詢設を康王元年におき、それとの文辭の類似、また本集二の183大盂鼎の器銘の形式と似ているという點にあるが、器制・銘文からみて後期の器であることは疑ない。これを夷・厲・宣とするのは、紀年がないため任意錄入したにとどまる。いま師詢設を共和期に屬しうるものとすれば、毛公鼎の器制・銘文はまさしくその時代に適合する。このとき周王朝は分裂の狀態にあり、天の疾畏降喪をおそれる情は詩の周頌、二雅の詩篇にもみえ、毛鼎・詢設のいうところと符節を合するものがある。

思うに共和期は、新舊の二政權をめぐつて婦姑勃谿、内憂の上に外患も相つぐという狀態であつた。それで宣王を擁する一派は、當時の諸豪族の力を藉りて事態の拾收につとめたが、金文資料によつていえば、兩師兌設にみえる師龢父、毛公鼎の毛公厝、詢設の師詢などが輔弼に任じた人であつたらしい。共和を周召二公の執政とし、あるいは共伯和・衞の武公の攝政とするのは、何れも後世の解釋にすぎず、金文にその證をえないのである。

共和十四年にして厲王沒し、周は宣王の一統に歸する。その元年朔は㉖となり、以下の暦譜は次のように想定される。

㉖⑳㊹*㊴③*・(57)(51)⑮⑩④・㉘*㉒*㊻

本集に錄入したものでは三年361頌鼎(51)・五年365兮甲盤⑥・十一年380師嫠設㉘・十二年376虢季子白盤㉔などみなこの譜に合し、虢盤の翌年と思われる378不嬰設㊾は十三年の暦朔に入りうる。また召伯虎の名がみえる374・375琱生設兩器は、何れも五・六年の暦譜と齟齬しない。この期にみえる玁狁征伐は宣王期とされる詩篇にもみえていて、虢盤・不嬰設はそれと關聯し、召伯虎も宣王期の詩篇にその名がある。かつ宣王期の暦譜は春秋から逆算しうる範圍にあり、従つて紀年銘の排比には大きな困難はない。ただ紀年をもたぬ諸器を屬する場合にかなり異説を生じているが、骨骼は大體定まつている。

宣王は在位四十六年に及ぶが、紀年銘は十三年の不嬰既以後にはみえない。このこともあるいは宣王期の國勢を反映するものがあるかと思われ、いわゆる中興の業はその初年にあり、その後年は、國語にいうように再び國政が荒廢に歸したのではないだろうか。これより後は王室の冊命賜與を記した彝器がみられず、殆んど空白の時代となる。これは中興の業がすでに終つて事功を紀すべき特別の事績がなかつたというよりも、王室の陵夷甚だしく、やがて東遷を餘儀なくされる周室の運命を示唆しているとみるべきであろう。何れにしても、後期の諸王中、この時期ほど長きにわたつて紀年銘を缺く時期がないという事實は、注目を要する。

宣王四六年の後を承けて、幽王期は㉙㉓⑰*という暦譜が考えられる。郭・呉・容・董氏らは353師兌第二器をこの期に加えているが、351の第一器が暦譜に入りがたいことはすでに述べた。近年齊家村出土の器に381柞鐘㉒があり、その器は後期では幽王の譜以外に入りうるところがない。おそらく宗周における最末の時期のもので、中大師の家臣柞の作るところ、すなわち陪臣の器である。こうして幽王十一年、王は犬戎のために驪山の下に殺され、平王卽位して洛陽に東遷し、東周の世となる。周末四十年間にわたつてみるべき彝器を殘していない事實は、王室の衰微をそのまま反映しているものと考えてよい。

以上、主として金文資料に基づいて西周各期の斷代を試みたが、周初以來の諸王在位の年數は、ほぼ次のごとくになる。

成	康	昭	穆	共	懿	孝	夷	厲	共和	宣	幽
30	25	31	32	27	29	19	34	37	14	46	11

文9・武6であるから、文王受命以來昭末まで一〇一年となり、その間を一〇〇年とする舊說に近い。武王より共和まで二七〇年、西周の總年は一一世一二王三四一年、克殷の年は前一一一〇年となる。このうち昭・穆・夷の在位は、次王の干支の接續點をさらに短くとることもできるし、また逆に延長しうる場合もあるが、舊說は右の推定より一二年長く、克殷の年を一一二二とするものが多い。

彝銘中紀年をもつものは約六十器であるが、その日辰は一應すべて右の斷代曆譜に收めることができる。ただ相似た曆譜の間、たとえば昭と穆、共と孝、懿と厲との間には、何れかを選擇しうる場合がある。しかしそれらは、群別法あるいは關聯諸器との關係から、ある程度解決しうる。また閏法を年中置閏とするときは、若干の器について移動の可能性を生ずるが、それも限られた範圍にある。最も問題のあるものは共和期に屬した三器であるが、これらは諸王曆譜の體系の埒外にある。この三器を各王期に列入しようとしたため、從來少なからぬ混亂を生じていたのであるが、もし本集に試みたような方法に何らかの可能性があるならば、金文による曆譜構成は最大の障碍を除きうることになろう。

この期の青銅器は前期末以來の傾向を承けて、食器においては鼎・段を主として盨が漸く盛行の兆を示し、飲器においては殷周期に盛行した諸器は殆んど姿を沒し、代つて壺が行なわれている。盥器においては、盤、また樂器では鐘が多い。器種は殷周期・前期に比して甚だしく減少し、文樣も單調化の傾向が著しく、ただ壺の類に新しい樣式をみることができる。いま錄入した器影を器種別にあげておく。

鼎　317・322・342・346・350・356
段　307・313・315・319・327・330・335・340・348・352・354・360・368・371・375・379
盨　358・373
壺　309・325・363
匜　364
盤　305・366・377
鐘　311・332・382

鼎は殆んど立耳獸足鼎。稀に342のように附耳のものもある。段は兩耳三小足段がこの期の通型となつており、319のような方座段や330のような圈足段などは稀である。375のように圈足部を高くとり、珥を長く垂れるものは、變化を求めたものであろう。盨はその蓋がそのまま容器に利用しうるようになつており、その點では後の敦と似ている。壺は各期を通じて行なわれているものであるが、時期によつて器制・文樣が異なる。後期の壺の特質は概ね獸耳銜環、蓋は口甚だ深く、器銘は多くその口の內外にある。文樣には波狀文や蛟龍文が多い。匜は殷周期における兕觥の器だけの形と考えてよい。この期以後に行なわれるが、兕觥と異なつて概ね四足があり、文樣も簡單である。

盤では305など圈足高く、かなり古制を存しているが、377虢季子白盤などは器形長方にして深く、銘文中に「乍寶盤」という語でもなければ、器種について問題が出そうな器制である。鐘は本集二の271宗周鐘以來、その器制に大きな變化はみられない。ただ編鐘が多くなつてきているのは、宗廟における禮樂と關係があろう。すべて各期における器種の隆替は、いうまでもないことであるが、祭祀儀禮の變遷に伴つているのである。

この期における器種の單調化に伴つて、文樣の類型化、形式化も著しい。殷周期あるいは前期に行なわれた饕餮文・虺龍文・夔鳳文などは、その本來のモチーフにおいて用いられることは殆んどなく、蟠文・蟬文・象文などの動物文樣、蕉葉文・雷文・圓渦文・小圈文なども行なわれず、前期末以來の瓦文・變樣文・環文が支配的である。ただ波狀文・蛟龍文などが壺・盤の文樣に用いられて、わずかに新風をみせている。

夔鳳・虺龍は前期末以來便化が著しく、眼形を中心に左右に組合せた文様では、鳳と虺龍の區別も嚴密には困難な場合が多い。かつては靈性を示唆したこれらの文様も、殆んど形式化し類型化して、單なる文様と化している。ここにも器制におけると同じく、彝器に對する心意の變化をみることができる。

變様の夔文・虺文は從來竊曲文などとよばれているが、波状文もときにその名でよばれることがあつて紛らわしいから、一應變様文という名で夔文・虺文を一括しておく。後期文様の傾向をみるため、本集所收器影の文様を表示する。

饕餮文　305*・375（*は目雷文）
虺龍文　305・311*・319・334・358・382*（*は鐘の文様）
變様文　307・309・313・315・317・319・322・325・327・332・335・340・350・358・360・363・364・366・371・373・377・379
蛟龍文　363
象文　332
瓦文　307・313・327・330*・335・340・348・352・354・358・360・364・368・371・373・379（*は全瓦文）
環文　307・346・348*・352*・354*・356・368（*は重環文）
直文　315
波状文　317・322・325・332・350・363・377
鱗文　327・360・363・371
弦文　342・346

段には變様文・瓦文を組合せたものが壓倒的に多く、環文がこれに次ぐ。波状文は壺に多いが、鼎・盤にも用いた例がある。鱗文は殆んど圏足あるいは口下に飾る。他の文様は寥々、殆んどいうに足らない。

文字もまた器制・文様と同じく、一の方向に統一されてゆく傾きがある。殷周期における多彩な字様は、前期以來、雅醇な正統的書風と、細字の謹飭な書風とに分れたが、後者は昭穆期前後の特徴的な風尚であつたらしく、後期にはもはや行なわれていない。しかし303曶鼎のような細字にして骨力ある筆意は、そこから出ているようである。

この期の文字は306師酉段のようにかなり屈曲の多い筆意の古いものから、次第に篆意の強い篆體の完成を志向したとみてよい。303曶鼎と同じ作器者とみられる308曶壺には、すでにその志向がうち出されている。そういう字様は、鐘銘においてはかなり早くからみえていたもので、271宗周鐘・295虘鐘一などにもみられるが、310克鐘には一應の完成を示している。その書風はのち361頌鼎のような篆體となるが、初期のものは多少の肥瘠を殘している。この期の主流は、この種の字様にあつたと考えられる。

このような正統派の整齊な書風に對して變化を試みたものも少くない。303・304のような樸素な趣をもつものもあり、特に304は少し右下りの讓右體であるが、筆意にみるべきものがある。また328は字に大小あり、屈曲多く、329は平板にして裝飾風である。341・343・349は粗鬆の風を加え、344はやや緊湊の趣を含んでいる。

こういう傾向の中にあつて、321大克鼎・355毛公鼎・376虢季子白盤の三銘は、後期金文の代表的なものであり、その器もまた一代の重器にふさわしい偉容を示している。その字は大克鼎はやや圓潤、毛公鼎は正統的な謹嚴な書風をもち、虢盤は筆畫緊健、石鼓の先蹤をなすとみてよい。初期の本集二183大盂鼎の渾厚とともに、西周期金文の冠冕ともいうべき大作である。ただこの期の典型的な字様としては克氏の諸器・頌氏の諸器にみられる典雅整齊なる篆體の書風を推すべく、365兮甲盤のごときは、西周末期としてはむしろ異例に屬するものといえよう。これより後、列國の器にみえる字風は各地各様の展開を示し、いわば分裂期に入る。このような書風の變遷を通じても、西周期文化の統一と分裂の過程を、その側面からうかがいうるようである。

前期の後半ごろから定型化してきた册命形式金文は、この期においても金文の主流をなしているが、土地の係爭事件や契約問題の紛爭に關するもの、戰役や政治情勢を反映する銘文など、西周後期の社會の動きを示す彝銘の多いことも、この期の特質といえよう。303曶鼎は二つの爭訟事件を記し、一は盜禾事件の顚末を記したものであるが、被告側に重い負擔が課せられていて、農耕生産者が十分な保護を受けていた事實が知られる。また農夫五人の讓渡契約不履行事件についても、契約の履行が嚴重に要求されている。社會經濟生活を維持する上に、法的秩序が尊重されていたのである。當時の經濟の地盤はいうまでもなく農業にあり、從つて土地問題は氏族勢力の消長に關していた。304散氏盤は、夨が散の邑に損害を與えた代償として土地を供與することを述べた約劑的文書であるが、土地の境界線が詳記され、界標が設けられ、當事者の代理人多數が立會つた上、文書に附屬する地圖まで作成されており、最後に文書作成の場所、作成者の署名認證が行なわれている。おそらく當時の權利書の形式を示すものとみられる。以上の二器によつて、當時の土地經濟の重要性と、その秩序維持のための法的規範が、極めて嚴しいものであつた事實を認めることができよう。

廣大な土地經營に伴つて、當然勞働力の補給充足を必要とするが、そのためには周初以來、東方から移してきた被征服諸氏族のほか、新に移入した外族を以て補塡する方法もとられた。306師酉毀にみえる諸夷は必ずしも農耕に從うものでなく、あるいは師旅に用いるものであつたかも知れないが、農耕その他の生産にも、かれらが新しい勞働力として用いられたことは確かである。成周は古く庶殷をおいたところであるが、308舀壺には、舀が冢嗣土となり、成周の八師を管理する職が與えられている。嗣土は後の司徒に當り、その人民をも合せて管理するものであつた。成周庶殷中には百工の屬をも含んでいたと思われる。

周室の統治支配は、その直接支配する地域に對しては管理者を派遣し、ときに特命のものをして遹正查察せしめるという方法をとつている。310克鐘では、王が親しく克に命じて涇東陝北の地を遹正させ、また316小克鼎では善夫克に成周の八師を遹正し、王命を傳達させている。

克はまた321大克鼎において多數の田土・臣妾の屬を賜うている。その田は七處に散在し、ときには現に他氏の所有しているものや、臣妾を伴うものがある。これは當時の王室所有地が、いわば莊園的な性格をもつ經營地であつたとも解され、そのためこのような分散的な賜土が可能であつたのであろう。この場合、王室が賜與した田土については、王室は必要に應じてこれを他に轉賜することができた。すなわちその土地については王室は上位所有權を行使することができたわけで、328大毀二は、現に趞嬰の有する田を、王命を以て大に轉賜することを記している。

王室は多くの直領地と私民とをもつていた。また宮廟などにも、その經營維持のための料田や臣妾百工の屬があり、326伊毀には康宮の王の百工臣妾を管理することが命ぜられている。それらの供給源は古くは東方の支配圈からえたものであろうが、西周後期になると南夷・淮夷の賦貢するものが多かつたらしい。306師酉毀には諸夷の名がみえ、329無曩毀・337師寰毀に南夷・淮夷の討伐を記しているのは、それらの賦貢義務を懈怠した罪を責めたものとみられる。師寰毀に「淮戸繇我貟晦臣（淮夷は繇我が貟晦の臣なり）」といい、またやや後れて365兮甲盤に「淮戸舊我貟晦人。毋敢不出其貟・其賚・其進人・其賓（淮夷は舊我が貟晦の人なり。敢て其の貟・其の賚・其の進人・其の貯を出さざること毋れ）」とみえることからいえば、かれらは租調のほかに進人、すなわち勞働力を賦貢する義務を早くから負擔していたのである。

こうして周室の經濟は、その直領地の經營と、支配地からの租入賦貢などで支えられていたのであるが、王室の經費の增大するにつれて、新たな直領地の開發が困難であるため、自然諸異族に對して苛斂誅求を強めることとなり、諸族の抵抗を受けるに至つた。成周庶殷に對する遹正の強化、相つぐ南夷・淮夷の叛亂は、その閒の事情を示すものであろう。338にみえる噩侯のごときも、一時周は通婚政策をとつて南國統治の橋頭堡たらしめようとしたが、349禹鼎では南淮夷・東夷を率いる叛亂の首謀であつた。こうして周室經濟にかなりの比重を占めていたと思われる諸夷の背反は、その經濟を窮迫させ、周室の支配力を大きく傾かせた。尤も周室の陵夷はこういう外的な理由のみではなく、本質的には、その社會の深部に胚胎するものがあり、しかもそれはすでに根強く生長していたのである。

周室の危機は、王室の經濟力が限界に達し、あるいは畿外の賦貢に依存する度合が大きいだけにつねに不安定な狀態にあつたのに對して、諸豪族の興起が著しく、これを規制する實力を缺くに至つたことが大きな原因であつたと思われる。畿外の地には諸侯の實力が次第に蓄積されて、春秋列國の領土國家的體制は急速に進行しつつあつた。列國は周の東遷によつてはじめて興起したものではなく、西周末期にはすでに列國對峙の形勢が準備されていたのである。そのことは、このころから列國の彝器が次第にあらわれてくる事實からも知られる。周室の畿外の經營は限界に達し、ときにその維持も困難であつた。南夷・淮夷の叛亂が相つぐのも、こういう事情を背景としている。

畿内にあつても諸豪の興起が著しい。この期になると、銘文の形式に、たとえば320・321・331・347・349のように某曰ではじまるものがみられ、何れもその祖考の盛徳偉業を頌える辭を連ねている。中には全く册命に關しないものもあり、何れもその家廟に隆祀するための作器である。また作器の數も克・頌・凾の諸器はその數甚だ多く、かれらの富強をみるに足る。

諸豪の勢力を示すものとしては、陪臣の器が次第に多くなつてきている事實をも指摘しえよう。349禹鼎は二百字の長銘を錄し、宋刻にもその一器を收めているものであるが、武公の陪臣であり、378不嬰段もその將帥白氏の賜與を受けて器を作つている。宣王の中期以來、王命を錄したとみられる確實な器はなく、381柞鐘も中大師の賜休に對えたものである。

王室の陵夷は厲末には決定的な段階に達し、王が彘に奔つた後にはすでに統一王朝としての實力を失つていたと思われる。王が彘に赴いたのは、344鬲攸從鼎によると少くとも卅一年より後であるから、その奔彘は卅四年說がよいようである。王の放逐という事態は未曾有の異變であるが、當時下剋上の傾向の存したことは、武公の陪臣である禹の作つた347段、あるいは304散盤にみえるその家臣鬲攸從が344では直接王廷で爭訟を行なつていることなどから、氏族勢力に變動が多く、王室をめぐる貴族社會の秩序が大きく動搖していたことが知られる。詩の變雅諸篇には、その具體的な表現がある。

こうして共和を迎えるが、周王朝は今まさに崩壞の危機に直面している。周王朝の崩壞という事態になれば、西周の貴族社會ももとより瓦解を免れない。ここにおいて國老級の重臣が事態の拾收に當ることになる。351・353兩師兌段にみえる師龢父は、厲王元年の師默段にみえる伯龢父であろうが、380師嫠段によると宣王十一年に沒しているのであるから、共和の初すでに七十歳に近い年輩であつたと思われるが、推されて左右走馬を率い、秩序の維持に當つたらしい。355毛公鼎は紀年を記していないが、その文辭からみて、毛公厝は冢宰となつて庶政を總攬したようである。ついで師訇段にも相似た文辭がみえ、357師克盨の銘文もこれに近い。この三器は何れも文武の受命より說き起しており、殊に前二器には周室の危機に及び、天畏降喪の際、余小子を輔弼し、先王の遺緒を完うすべきことを依囑している。語意優渥を極め、周室が未曾有の危機にあることを示すとともに、これらの老臣勢家の力によつて、やがて中興の業が成就することは、宣初の諸器にこれを徵することができる。

361頌鼎・362頌壺にみえる成周の經營、つづいて365兮甲盤の淮夷討伐は王業の再興を意圖する一聯の積極策のあらわれとみられ、それは十二年の376虢季子白盤・378不嬰段の玁狁討伐を頂點として、周室の勢威は一應恢復されたようにみえる。詩經には、この他にも崧高・烝民・韓奕・江漢・常武など、廣範圍にわたる當時の經營を傳えている。しかしそれらの諸篇が、王業の恢宏そのものよりも、むしろ諸族の功業を頌するための詩篇であることは注意を要する。すなわち宣王中興の業は、王室の權威を恢復するものであつたが、同時にそれはその事業に參與した諸族を有力化する機會となり、おそらくは王室を挾んで勢力を爭う結果となつて、幽王期の大壞を招く。宣王の後半以後約四十年にわたつて、册命や賜與をいう彝銘がみえぬことは、東遷以後に同樣の銘文をみないことと合わせて、周室の宗主權が事實上失われたことを示すものであろう。

彝銘を資料として西周後期の歷史を考えるとき、大體以上のような概觀がえられる。もし器の編年に大なる過誤なしとすれば、古本紀年をはじめ、詩・書その他の文獻と彼此考覈して、西周史の骨骼を構成することも、必ずしも不可能ではないように思われる。尤も、編年のことは容易ならぬ難業であり、この試案のごときも今後の檢討にまつべきところが多く、また新しい資料の出土によつて、推論が訂正され確證されてゆくことを期待したい。ただ現存の資料に依據するかぎり、この金文集に試みた推論は、一應の蓋然性をもちうるであろうと思われる。

最後に、本集の排次について一言しておく。303舀鼎には元年㉙・二年53の曆朔が考えられるので、文中に井叔の名のみえることをも考慮して孝王に屬した。304散氏盤は器制・花文は古制を存するが、その文字銘文、また文中に焂從嵩の名があることなどから、文字の氣味に通ずるところある舀鼎に配した。306師酉段は日辰を備えていないが、關聯器からみて孝王期であろう。308舀壺は舀氏の器中時期の早いもので、天の字形など古意を存している。310克鐘は孝王十六年の曆譜に合し、文中に士舀の名がある。字は308舀壺と近い。

312元年師旋𣪘・314五年師旋𣪘は干支相銜接し、314は伐齊の役を記す。夷王期と考えてよい。312に減応がみえ、蔡𣪘（薛氏・一四・九）にも減応で册命しているが、その文中に宰曶の名があり、曶の時期と近いことを示している。十八年克盨（三代・一〇・四四・二）はその暦譜に入り、316小克鼎もおそらく夷王廿三年であろう。318・320は文字・文辭が近い。321大克鼎には䵼季の名がみえるが、その名のみえる326伊𣪘は廿七年、324番匊生壺の廿六年とともに夷王期に屬しうる。

328大𣪘二の十二年と、341十五年大鼎の暦朔を合すると厲王期の暦譜がえられ、廿八年寰盤⑭（三代・一七・一八・二）はその譜に密合する。本集には337師寰𣪘を錄入した。卅一年344鬲攸從鼎には虢旅の名があり、331虢叔旅鐘以下、關聯して考うべき器を錄した。341・343は文字の書風が似ており、349禹鼎もこれと近い。347も禹の器。329以來、南夷・淮夷の南征をいう器が多い。この期に屬した十三年329無㠱𣪘㊴は十二年大𣪘⑰と日辰が二日合わず、十四年ならば暦譜に入る。未剔の一畫があるともみえないので、あるいは他期に屬すべきであるかも知れない。全瓦文𣪘の器制は共懿期に行なわれたものである。もし年中置閏を認めるとすれば、懿王期に入る可能性がある。

351・353兩師兌𣪘は厲元の師𣪕𣪘の關係から共和期のものと考えられる。同じく共和期と思われる師詢𣪘も元年銘をもつが、三者の元年朔はみな異なる。共和期の特殊な事情からみて、しばしば改元されたとみる外ない。355毛公鼎は共和期におそらく冢宰として事態の拾收に任じた毛公厝への册命を記したもので、器・銘・文字何れもこの期の壓卷とすべく、危機克服の上下の努力を示すものである。357師克盨も相似た內容をもつ。

359以下の頌器は308以來の篆體の字樣を完成したものとすべく、宣王三年の譜に入る。宣王初年の成周經營の努力がみられる。367～372は同系の字樣である。365五年兮甲盤・376十二年虢季子白盤は378不嬰𣪘とともに、宣王初年の外征を記している。374六年琱生𣪘は五年琱生𣪘とともにこの期の譜に入り、何れも宣王期とされる召伯虎の名がみえている。380十一年師嫠𣪘には共和期の師龢父の死が傳えられており、文中に374の宰琱生の名がある。この後、宣王期と定めうる確實な器は殆んどみえず、新出の381三年柞鐘は幽王期の譜に合う。圖版排次の關係上、ときに多少前後したところもあるが、一應ここに試みた斷代を出發點として、今後の補正を考えてゆきたいと思う。

釋文

303　曶鼎　〔銘〕拓本

一、a　隹王元年六月既望乙亥、王才周穆王大〔室。王〕若曰、曶、令女䝨乃且考嗣卜事。易女赤〓〔市・旂〕。用事。

二、b　王才遷应。井叔易曶赤金鈞。曶受休□□王。曶用絲金、乍朕文考弈白䵼牛鼎。曶其萬〔年〕用祀。子〻孫〻、其永寶。

三、c　隹王四月既眚霸、辰才丁酉。井叔才異爲□。〔曶〕事厥小子䵼、㠯限訟于井叔。我既賣女五〔夫效〕父、用匹馬束絲。限誥曰、䛺則卑我賞馬、效〔父則〕卑復厥絲束。䛺・效父廼誥䵼、于王參門□□木榜、用償征賣兹五夫、用百守。非出五夫、□□㫁、廼䛺又㫁眔鼓金。

d　井叔曰、才王人、廼賣用□、不逆付曶、毋卑貳于䛺。

e　曶則拜䭫首、受兹五夫。曰陪、曰恒、曰藉、曰〓、曰眚。事守㠯告䛺。廼卑□㠯曶酉彶羊、絲三守、用致兹人。曶廼每于䛺〔曰〕、女其舍䵼矢五秉。曰、必尚卑處厥邑、田厥田。䛺則卑復令曰、若。

四、f　昔饉歲、匡衆厥臣廿夫、寇曶禾十秭。㠯匡季告東宮。東宮廼曰、求乃人。乃弗得、女匡罰大。匡廼䭫首于曶、用五田、用衆一夫。曰益、用臣。曰疐、曰朏、曰奠。曰、用兹四夫䭫首。曰、余無逌具寇、正□不□〓余。

g　曶或㠯匡季告東宮。曶曰、必唯朕□賞。東宮廼曰、賞曶禾十秭、遺十秭、爲廿秭。〔乃〕來歲弗賞、則付卌秭。廼或卽曶、用田二、又臣〔一夫〕。凡用卽曶田七田、人五夫。曶覓匡卅秭。

一、a　隹れ王の元年六月既望乙亥、王、周の穆王の大〔室に〕在り。〔王、〕若く曰く、曶よ、女に命じて、乃の祖考の嗣卜の事を更がしむ。女に赤黼〔市・旂〕を賜ふ。用て事へよと。

二、b　王、遷の应に在り。邢叔、曶に赤金鈞を賜ふ。曶、休を（丕へなる）王に受く。曶、兹の金を用て、朕が文考弈伯の䵼牛鼎を作る。曶、其れ萬〔年〕まで、用て祀らむ。子〻孫〻、其れ永く寶とせよ。

三、c　隹れ王の四月既生霸、辰は丁酉に在り。邢叔、異に在りて□を爲す。〔曶、〕厥の小子䵼をして、限を以て邢叔に訟せしむ。我既に女に五〔夫〕を〔效〕父に賣ふに、匹馬束絲を用てせり。限許して曰く、䛺には則ち我をして馬を償せしめ、效〔父〕には〔則ち〕厥の絲束を復へしめむと。䛺・效父、廼ち䵼に許して曰く、王の參門□□の木榜に于て、償を用て征きて兹の五夫を賣るに百鍰を用てせむ。五夫を出すに非ざれば、（效父は）㫁、廼ち䛺は㫁と鼓金とを侑せむと。

d　邢叔曰く、王人に在りて、廼ち賣るに□を用てし、曶に逆付せず、䛺に貳はしむること毋れと。

e　曶、則ち拜して稽首し、兹の五夫を受く。陪と曰ひ、恒と曰ひ、藉と曰ひ、〓と曰ひ、眚と曰ふ。守をして、以て䛺に告げしむ。廼ち□をして曶の酒と羊、絲三鍰を以て、用て兹の人を致さしむ。曶、廼ち䛺に誨へて〔曰く、〕女其れ䵼に矢五秉を舍へよと。曰く、必ず常に厥の邑に處り、厥の田を田つくらしめよと。䛺則ち復命せしめて曰く、諾せりと。

四、f　昔、饉ゑし歳に、匡の衆、厥の臣廿夫、曶の禾十秭を寇せり。匡季を以て東宮に告ぐ。東宮廼ち曰く、乃の人を求せよ。乃し贖せざれば、女匡の罰大なりと。匡廼ち曶に稽首するに五田を用てし、衆一夫を用てす。益と曰ふ。臣を用てす。疐と曰ひ、朏と曰ひ、鄭と曰ふ。曰く、兹の四夫を用て稽首すと。曰く、余、倶に寇する攸無し。……（一句不明）。

g　曶、或匡季を以て東宮に告ぐ。曶曰く、必ず唯朕が□を償せよと。東宮廼ち曰く、曶に禾十秭を償し、十秭を遺へ、二十秭と爲せ。〔乃〕し來歲償ずんせば、則ち四十秭を付へよと。廼ち或曶に卽ふるに田二、又臣〔一夫〕を用てせり。凡そ曶に卽ふるに田七田、人五夫を用てす。曶、匡の三十秭を覓めたり。

文二四行約四〇〇餘字。西周金文中有數の長銘であり、かつその内容は賣買契約の不履行に本づく損害の賠償、寇禾に對する贖罪など、極めて珍しいもので、資料的に貴重な文獻といいうる。ただ器は兵火に燬滅して今見ることができず、拓は未剔・已剔の二種を存するも若干の泐損があり、各行とも下邊の字を缺いているが、文の大意を辿ることができる。文は前後四段、前二段は冊命を記し、後二段に爭訟の顚末を記すという異例のものである。後二段の事件關係は甚だ紛紜を極めていて、その委細を知ることは容易でない。各段の概要を記しておく。

一、a 曶に祖考の職事たる嗣卜の職を嗣襲させる冊命を記す。右者をいわず、文末にも對揚の辭を缺く。冊命の語のみを載せる異例のものであるが、あるいは二bの邢叔の賜與と前後關聯のある記述であるかも知れない。第一段。

二、b 王が𨗉の別宮にあるとき、邢叔より赤金𩷋を賜うたが、それは王より與えられた寵榮であつた。曶はその金を以て文考弃伯の䵼牛鼎を作つた。第二段。

三、c 以下eまでは第一の爭訟の顚末を記す。四月丁酉、邢叔の異にあるとき、曶はその小子𩰫を代理人として、限を邢叔に提訴した。提訴の内容は、曶が限の隷下なる效父より五夫を贖い、四馬絲束を與えた。限は、五夫の所有者の一人である𩕏には馬を、また效父には糸束を交付することを受諾した。そこで𩕏と效父とは、𢿱に王城參門の□□の木榜にて現物の受渡しを約し、五夫の對價である百鋝を以て契約の履行をすること、もし五夫の交付を怠る場合には、效父は、旂、𩕏は旂と鼓金とを違約の賠償として提供することとなつた。（しかしこの契約は履行されなかつた。）

d 曶の提訴を受けた邢叔は裁決していう。王人たるものが、契約して手附まで受領しておきながら、曶に物件の引渡しをしないのは不都合である。義務者たる𩕏に違約させるようなことをしてはならぬ。（この結果、前記の契約は履行された。）

e 曶は拜手稽首してこの五人の身柄を受取つた。陪・恆・藉・[illegible]・眚の五人である。そこで守をして授受の終つたことを𩕏に告げさせ、□をして曶の酒と羊と絲三鋝を禮物として贈り、この五人を引取らせた。曶は𩕏に誨言していう。汝は𩰫に矢五束を與えよ。五人の者は必ず指定の邑に居住し、その田を耕作すべきである、と。𩕏はこれに復命して、受諾の旨を回答した。第三段。第一の爭訟事件。

四、f 先年の饑饉のとき、匡の衆なる臣廿夫が曶の田の禾十秭を掠取した。それで曶は匡季を東宮に告發した。東宮は裁定して、匡季にその下手人を引渡して謝罪すること、もし贖罪しなければ大罰を受けよう、といい渡した。それで匡は曶に田五田と衆一夫・臣三夫を以て謝罪の意を表した。しかし匡季自身はこの寇禾のことを關知せず。（その賠償には應じがたいとしてこれを拒否した。）

g 曶はまたその賠償を求めて匡季を東宮に提訴した。曶は、必ずわが受けた農穀の損害を賠償せよと要求したのである。東宮はこれに對して、曶に禾十秭を返濟し、十秭を慰籍として加え、二十秭を交付すること、もし次の收穫時に履行しない場合は、四十秭として倍額を賠償することを命じた。そして贖罪として、なお田二田・臣一夫を追加し、計田七田・人五人を與えしめた。また損害の禾については、匡の三十秭を取得したのである。

この銘文によつて、當時の賣買契約の方法、違約の場合の損害の方法、また寇禾に對する賠償のしかたなど、極めて興味ある多くの事實を知ることができる。文に拓入しない部分があり、また釋讀上の困難もあつて容易にその事實關係を把握しがたい點もあるが、大要以上のような顚末であろう。單に裁判事件の記錄としてのみならず、このような事件の背景にある社會・經濟の問題についても示唆するところが大きい。器の日辰は孝王の元年に入る。

字はおそらく當時の實用の體に近いものであろう。特に筆鋒を示したところもないが自ら骨法あり、從來にない一體を開いている。文中の邢叔は本集二の283免卣にみえる邢叔と同一人とみてよく、字も免器の體に近いところがある。

器はもと畢沅の藏するところで、積古によると高さ二尺、深さ九寸、款足に牛首形を飾つていたという。毛公鼎に匹敵するほどの大鼎で、銘文に䵼牛鼎とあるのも肯かれる。器はのち兵火に燬滅して今存せず、文樣なども知られていないのは惜しまれる。後期には鼎・盤などに大器が現われてくるが、本器などはその先蹤をなすものと考えられる。

304・305 散氏盤 〔銘〕拓本 ＊〔器〕故宮・上・二一〇

a 用矢𢦏散邑、廼即散用田。

b 眉。自濡涉以南、至于大沽、一封。以陟、二封、至于邊柳。復涉濡、陟雩𠭯𩁹𨻰。以西、封于𢿱城桂木、封于芻逨、封于芻道。內陟芻、登于厂湶、封割杆・𨻰陵・剛杆、封于𩁹道、封于原道、封于周道。以東、封于[illegible]東彊、右還、封于眉道、以南、封于谷逨道、以西、至于𨸏莫。

c　眉井邑田。自根木道、左至于井邑封道、目東、一封。還、目西、一封、陟剛、三封。降、目南、封于同道。陟州剛、登桁、降棫、二封。

d　矢人有嗣、眉田鮮・且・散・武父・西宮襄、豆人虞丂・彔貞・師氏右眚・小門人繇、原人虞艿・淮、嗣工虎孝・開豐父、堆人有嗣荆・丂、凡十又五夫、正眉矢舍散田。

e　嗣土屰寅・嗣馬單𡼩、䢅人嗣工駷君・宰德父、散人小子眉田戎・散父・效果父、襄之有嗣橐・州亯・攸從鬲、凡散有嗣十夫。

f　唯王九月、辰才乙卯。矢、卑鮮・且・𦥎旅誓曰、我既付散氏田器。有爽實、余有散氏心賊、則爰千罰千、傳棄之。鮮・且・𦥎旅、則誓。

g　廼卑西宮襄・武父誓曰、我既付散氏溼田牆田。余又爽變、爰千罰千。西宮襄・武父、則誓。

h　厥受圖矢王于豆新宮東廷。厥左執䋣、史正中農。

a　矢の、散の邑を䢦てるを用て、廼ち散に卽ふるに田を用てす。

b　眉。濡自り渉りて、以て南し、大沽に至りて一封す。以て陟りて二封し、邊柳に至る。復濡を渉り、雩に陟り䚄𨸏に𨰌ぶ（以上南行）。以て西し、𢼸城の楮木に封じ、芻逨に封じ、芻道に封ず。內りて芻に陟り、厂湶に登り、𨤿桁・𨸏陵・剛桁に封じ、單道に封じ、原道に封じ、周道に封ず（以上西行・北行）。以て東し、𢆶の東疆に封じ、右に還りて眉道に封じ（以上東行・南行）、以て南し、谷逨の道に封じ（以上南行）、以て西し、堆莫に至る（以上西行。眉地の境界をいう）。

c　眉の邢邑の田。根木道自りして、左して邢邑の封道に至り、以て東して一封す。還りて以て西して一封し、剛に陟りて三封す。降りて以て南し、同道に封ず。州剛に陟り、桁に登り、棫に降りて二封す（以上、眉の邢邑の田をいう）。

d　矢人の有嗣、眉の甸なる鮮・且・散・武父・西宮襄、豆人の虞なる丂、麓なる貞、師氏なる右眚、小門人の繇、原人の虞なる艿・淮、嗣工なる虎孝、開なる豐父、堆人の有嗣なる荆・丂、凡て十又五夫、眉なる矢の散に舍ふる田を正す（以上、矢人側の立會人をいう）。

e　嗣土なる屰寅、嗣馬なる單𡼩、䢅人の嗣工なる駷君、宰なる德父、散人の小子にして眉の甸なる戎・散父・效果父、襄の有嗣なる橐・州亯・攸從鬲、凡て散の有嗣十夫なり（以上、散氏側の立會人をいう）。

f　唯れ王の九月、辰は乙卯に在り。矢、鮮・且・𦥎旅をして誓はしめて曰く、我既に散氏に田器を付せり。爽實すること有り、余に散氏を心に賊とすること有らば、則ち鍰千・罰千、傳してこれを棄てよと。鮮・且・𦥎旅、則ち誓ふ（以上、矢人側の誓約一）。

g　廼ち西宮襄・武父をして誓はしめて曰く、我既に散氏に溼田牆田を付せり。余に爽變有らば、鍰千・罰千ならむと。西宮襄・武父、則ち誓ふ（以上、矢人側の誓約二）。

h　厥の、圖を矢王より、豆の新宮東廷に受く。厥の左執䋣は、史正仲農なり（以上、文書作成の場所・作成者をいう）。

銘一九行三五〇字。銘辭は303㫚鼎と同じく契約文書、いわゆる約劑である。

a　矢が散氏の邑に損害を與えたので、その賠償として散氏に田を與えることを記す。いわゆる主文に當る。以下その付與する物件を表示する。

b　眉地の境界をいう。眉はまずその地名を題し、以下境界を細說する。濡は水名。大沽は湖沼の名であろう。そこに封界を示す標識を作り、それより丘陵を陟つて二封、また濡水を渉り、雩に陟つて䚄𨸏に及ぶ。それより西して楮木・芻逨・芻道に封し、北して諸地を經、周道に及ぶ。周道とは渭水南岸の東西路であろう。それより東し、また南し、稍しく西に還つて眉地を一周する。

c　眉地の邢邑の田を割讓する。剛・桁はbにもみえており、その地においてbの境域と接している。

d　矢人の有嗣十五夫が、眉地における矢より散氏に與える田の境界を正したことを記す。矢人側の立會人である。甸・虞・麓・師氏・嗣工はみな職名であろう。邦族にはこれらの諸職が設けられていたのである。

e　散氏の有嗣十夫が、同様これに立會つたことを記す。嗣土・嗣馬・嗣工・宰・小子もみな官職の名。攸從鬲は344に鬲攸從鼎あり、他に鬲從盨などもあり、鬲從・鬲攸從と關係あるものと思われる。

f　矢の代理人として、鮮・且らが誓約することを記す。誓約の辭は、この契約に違反し、また不滿を示すことがあれば、鍰千罰千、傳車もて他地に放逐しようとあつて、當時慣行の語であつたらしい。

g　同じく西宮襄、武父が矢に代つて誓約する。濂田はb、牆田はcに當るようである。bには原隰の地らしい地名表現がみられる。誓約の辭は同じく鍰千罰千、ただ傳棄の語を缺くのはこれを略したのであろう。件毎に誓約が行なわれている。

h　最後に圖の授受が行なわれ、文書作成の場所と文書の作成・認證者を記す。權利證書としての形式を具備している。矢氏は矢王と稱している。本集二の212矢王方鼎はその家の器であろう。

金文の多くは賜與、もしくは册命を記したものであるが、本器は303曶鼎とともに證書としての內容をもつ。いわゆる約劑である。そういう性質のものは本集二の299倗生段にすでにあらわれており、344鬲攸從鼎・374琱生段二も同種のものである。後期金文の一特質をなすものといいうる。彝器銘文にこの種の契約文書としての性質が附與されるに至つたことは、從來の彝器に對する觀念の上に變化が生じてきたことを示すものと考えてよい。散氏の器は孝王期にあるものと考えられる。

字迹は讓右、いわゆる右下り體であるが、樸素にして骨力あり、一種の風格をもつ。この樣式のものとしては、傑出した書品を示している。

器は乾隆のとき一たび內府に入り、咸豐の初にまた民閒に流れたと傳えるが、いまは臺北故宮博物院に歸している。口徑五四・六糎、高二〇・六糎の大盤で附耳、圈足部はかなり高い。器腹に柔軟な虺龍文、圈足部に饕餮文を飾る。何れも細い線狀の表出で鮮麗である。この種の文樣は、これより後には殆んどみることができない。

306・307　師酉段　〔銘〕拓本　＊〔器〕癡盦・一六

隹王元年正月、王才吳。各吳大廟。公族□釐、入右師酉、立中廷。王乎史𦖞、册令師酉。嗣乃且啻官邑人虎臣、西門尸・彙尸・秦尸・京尸・畀身尸。新易女赤市・朱黃・中絅・攸勒。敬夙夜、勿灋朕令。師酉拜𩒨首、對𢜰天子不顯休命、用乍朕文考乙白寛姬隮段。酉其萬年。子〻孫〻、永寶用。

隹れ王の元年正月、王、吳に在り。吳大の廟に格る。公族□釐、入りて師酉を右けて、中廷に立つ。王、史𦖞を呼び、師酉に册命せしむ。乃の祖の嫡官たりし邑人虎臣、西門夷・彙夷・秦夷・京夷・畀身夷を嗣めよ。新たに女に赤市・朱黃・中絅・攸勒を賜ふ。夙夜を敬しみ、朕が命を灋つること勿れと。師酉、拜して稽首し、天子の丕顯なる休命に對揚して、用て朕が文考乙伯寛姬の隮段を作る。酉、其れ萬年ならむことを。子〻孫〻、永く寶用せよ。

三器六銘あり、文みな一一行一〇六字。王が吳の地にあり、吳大の廟で師酉に册命賜與を行なつたことを記す。吳大は同段（三代・九・一七・二　又九・一八・二）にみえる吳大父のことであろう。同段には淲より東して河に至る地の官嗣を命じており、河曲附近の地である。その地で册命が行なわれているのは、銘文中の諸夷のおかれている地がその附近であるからであろう。西門夷以下はみな夷族。當時この方面に多數の諸夷が遷されていたことを知りうる。師酉の祖はその管理責任者であつた。これらの諸夷は、邑人虎臣と併擧され、かつ師職たる師酉の管轄にあることが注意される。册命は王の元年正月、その卽位のはじめに行なわれている。おそらく厲王期の器であろう。

器三器のうち、一・二は兩罍に圖樣を錄し、第三器は癡盦に圖象があるが、その蓋は器と文樣異なり原配ではなく、その銘もまた僞刻である。三器みな形制殆んど同じく、兩耳犧首、三小足の段。犧首に肉角狀の角あり、器蓋口緣、圈足部に何れも環文、器腹に瓦文を付す。錄入した圖象は第三器。蓋は文樣異なり、器との銜接も不自然である。字迹柔媚、本集二287師奎父鼎などに近い。

308・309　曶壺　〔銘〕三代・一二・二九　＊〔器〕善齋圖・一〇三

隹正月初吉丁亥、王各于成宮。井公內右曶。王乎尹氏、册令曶曰、𦔻乃且考、乍冢嗣土于成周八自。易女秬鬯一卣・玄衮衣・赤市・幽黃・赤舄・攸勒・䜌旂。用事。曶拜手𩒨首、敢對𢜰天子不顯魯休令、用乍朕文考釐公隮壺。曶用匄萬年眉壽、永令多福。子〻孫〻、其永寶用。

隹れ正月初吉丁亥、王、成宮に格る。邢公內りて曶を右く。王、尹氏を呼び、曶に册命せしめて曰く、乃の祖考を更ぎ、成周の八師に冢嗣土と作れ。女に秬鬯一卣・玄衮衣・赤市・幽黃・赤舄・攸勒・鑾旂を賜ふ。用て事へよと。曶、拜手稽首し、敢て天子の丕顯なる魯休の命に對揚し、用て朕が文考釐公の隮壺を作る。曶、用て萬年眉壽、永命多福ならむことを匄む。子〻孫〻、其れ永く寶用せよ。

器は蓋のみを存する。その銜接部甚だ深く、銘はその四周に鑄込まれている。文二五行一〇二字。「正月丁亥、王は成宮に在り、邢公が曶を右けて册命が行なわれた。王は尹氏を呼んで册命を傳えさせた。曶に命じていう。汝の祖考を賡いで、成周八師の冢嗣土に就任せよ。汝に秬鬯以下のものを賜與する。用て事えよ、と。曶は天子の丕顯なる休命に對えて文考釐公の壺を作り、萬年眉壽、永命多福ならんことを祈る。子〻孫〻永く寶用せよ」。成周八師は316小克鼎にもみえ、本集二の203小臣謎段・本集349禹鼎にみえる殷八師と同じであろう。曶の家はその冢嗣土の職を世襲していたのである。姞曶母鼎（三代・三・一五・六）はあるいはその族の器であろうが、周初の器と思われ、蔡段（薛氏・一四・九）の宰曶、310克鐘の士曶はこの器と時期が近い。宰・士は王廷での職事なのであろう。303曶鼎ではその家職は嗣卜となつている。字迹は曶鼎と比べて篆意甚だ強く、秀媚の字體である。316〜克器・359〜頌器に近いが、それほど平板に陷つていない。

蓋は肉の厚い變樣夔文らしい文樣をつけ、鈕下に二條の弦文を付す。後期の壺としては早い時期のものと思われるが、蓋のみを存し、器を失つてることが惜しまれる。

310・311　克鐘　〔銘〕三代・一・二一〜二三　＊〔器〕昭片

隹十又六年九月初吉庚寅、王才周康剌宮。王乎士曶召克。王親令克、遹涇東、至于京𠂤。易克甸車馬乘。克不敢家、專奠王令。克敢對䫉天子休、用乍朕皇且考白寶𬭚鐘、用匄屯叚永令。克其萬年。子〻孫〻、永寶。

隹れ十又六年九月初吉庚寅、王、周の康剌宮に在り。王、士曶を呼び、克を召さしむ。王、親しく克に命じ、涇東を遹して、京𠂤に至らしむ。克に甸車・馬乘を賜ふ。克、敢て墜さず、溥く王命を奠めむ。克、敢て天子の休に對揚して、用て朕が皇祖考伯の寶𬭚鐘を作り、用て純嘏永命ならむことを匄む。克、其れ萬年ならむことを。子〻孫〻、永く寶とせよ。

すべて六器。一，二、三，四の各器は銘銜接、五は前銘、六は全文を銘する。五の後銘を勒するものが別に一器あるはずである。前銘の二器はいま寧樂美術館・藤井有鄰館藏。銘は前銘三十九字、後銘四十二字。合せて八十一字。文は克に涇東の遹正を命ずることを記す。涇は涇水、京師は詩の大雅公劉篇にみえる。321大克鼎の陴原も公劉篇にいう溥原に當り、何れも陝北の豳の地である。克氏は岐の大族で、このとき甸車馬乘を賜うと涇東の遹正を命ぜられたのである。

器は篆閒に變樣の夔文、鼓上舞上に獸首・雷文の文樣あり、鼓に相對う雙鳳を飾る。鼓上の雙鳳はまた虺龍ともみえるので、鳳・龍の二文を合せたものといえよう。變樣文にも夔・虺何れとも定めがたいものが多いが、兩者の混淆が起つているようである。この鼓文の拓はその消息を示すものがあろう。文字は暢達雅醇のうちに稍しく篆意をみせており、後の克・頌諸器の字樣に展開する。器の日辰は孝王期の譜に入る。

312・313　師旋段一　〔銘〕考古學報・一九六二・一　＊〔器〕同上

隹王元年四月既生霸、王才淢应。甲寅、王各廟、卽立。遟公入右師旋、卽立中廷。王乎作册尹克、册命師旋曰、備于大左、官嗣豐還、左右師氏。易女赤市・同黃・麗般。敬夙夕、用事。旋拜䭫首、敢對䫉天子不顯魯休令、用乍朕文且益中𩛥段。其邁年。子〻孫〻、永寶用。

隹れ王の元年四月既生霸、王、淢の应に在り。甲寅、王、廟に格りて、位に卽く。遟公入りて師旋を右け、位に中廷に卽く。王、作册尹克を呼びて、師旋に册命せしめて曰く、大左に備はりて、豐還を官嗣し、師氏を左右けよ。女に赤市・同黃・麗鞶を賜ふ。夙夕を敬しみ、用て事へよと。旋、拜して稽首し、敢て天子の丕顯なる魯休の命に對揚して、用て朕が文祖益仲の𩛥段を作る。其れ萬年ならむことを。子〻孫〻、永く寶用せよ。

一九六一年、張家坡出土五十三件の一。器銘一〇行、各行一〇字、凡て九九字。淢应は淢の別宮、蔡段（薛氏・一四・九）にもみえる。備は備官。職に就くことをいう。從來みえなかつた語である。大左は官名。左師などに當るものであろう。豐還は本集二の282免簠にみえる奠還と語例同じ。麗般もこの器に初出。上に列する賜物から考えると、鞶厲の屬であろう。

器は兩耳三小足の段。足端は外卷。器蓋の口縁、圈足に變樣の虺文らしい帶文あり、蓋上・器腹に瓦文を付す。器制は後期の通制である。

師旋には別に次の314の段あり、また完全な紀年を有する。この元年・五年銘の日辰によつて構成される曆譜は夷王期に當ると考えられ、從來標準器をえなかつたこの期の斷代に、有力な資料をうることになつた。字は殆んど篆體に近い。

314・315　師旋段二　〔銘〕考古學報・一九六二・一　＊〔器〕同上

隹王五年九月既生霸壬午、王曰、師旋、令女羞追于齊。儕女干五・昜登・盾生皇畫內・戈琱戚・眩必彤沙。敬毋敗速。旋敢昜王休、用乍寶殷。子〻孫〻、永寶用。

佳れ王の五年九月既生霸壬午、王曰く、師旋よ、女に命じて齊に羞追せしむ。女に干五・瑒登・盾生皇畫內・戈琱戚・眩柲彤緌を儕る。敬しみて敗績すること毋れと。旋、敢て王の休に揚へ、用て寶殷を作る。子〻孫〻、永く寶用せよ。

前器と同出。文七行五九字。軍事を命ぜられることを記す。册命形式をとらず、日辰の次に直ちに王の降命を載せている。羞追は378不娶殷にみえる。討伐をいう。齊は齊國。夷王のとき、諸侯を致して齊の哀公を鼎に烹たことが、今本紀年・齊世家にみえており、この器銘はそれをいうものと思われる。儕は賚。干五・昜登・盾生皇畫內など、みな兵器の類で、これを賜うて専征せしめたのである。戈琱戚以下は本集二の293休盤にみえている。敗績の語は初出。出陣に臨んでこの器を作ったのであろう。

器制は三小足の殷であるが、器形は前器と甚だ異なり、兩耳銜環、器蓋は直文を主とし、口縁に近く何れも分尾の夔鳳文を付している。鳥身は柔軟で、昭穆期の分尾夔鳳に近い。蓋の肩は口部で直下し、器にも傾垂少く、三小足の尖端は外卷している。器制の大體は、耳を除いて毳殷（故宮・下・一七二）に近い。文様などからみても、むしろ前期的な器であるが、字は312より一層平板である。本銘が夷王討齊の史實を傳えるものとすれば、師旋の兩器は夷王期の標準器となり、かつその曆譜構成の標準器として重要な資料を提供するものとなろう。

316・317　小克鼎　〔銘〕三代・四・三〇・一　＊〔器〕日本・三一一

佳王廿又三年九月、王才宗周。王命善夫克、舍令于成周、遹正八自之年。克乍朕皇且釐季寶宗彝。克其日用䵼朕辟魯休、用匄康勱。屯右眉壽、永令霝冬、邁年無彊。克其子〻孫〻、永寶用。

佳れ王の二十又三年九月、王、宗周に在り。王、善夫克に命じ、命を成周に舍き、八師を遹正せしむるの年なり。克、朕が皇祖釐季の寶宗彝を作る。克、其れ日に用て朕が辟の魯休を將にし、用て康勱を匄む。純祜眉壽、永命靈終にして、萬年無疆ならむことを。克、其れ子〻孫〻まで、永く寶用せむ。

同銘七器。藤井有鄰館・黑川古文化研究所に各〻その一を藏し、上海博物館にも窓齋舊藏の一器を藏する。善夫克が王命を受けて成周に舍命し、成周の八師を遹正したことを紀念して作ったものである。舍命は本集一の146令彝にみえ、成周八師は308曶壺にみえる。成周の地位はこのころからまた特に重要性を加えてきたらしく、東方諸夷の動向は周王朝の隆替に大きな影響を及ぼしている。

克氏の諸器は、光緒一六年（一八九〇年）、陝西扶風法門寺任村より大鼎一・小鼎七・盨二を出土、別に師克盨二・克鐘六（別に一器あるべし）、尊一（周存・疑）あり、また宋刻に伯克壺（考古・四・四〇）を載せ、合せて一九器に及ぶ。一氏族の出土器としては、亞醜・亞矣・臣辰の器群に次ぐもので、後期金文の斷代研究上、重要な一群を成すものである。本集にはすでに310克鐘を收めたが、克盨・大小兩克鼎は關聯器との關係上、この期に屬するのが適當と思われる。

本器の器制は322大克鼎とほぼ同じく、項下に變樣の虺文、器腹に公字形を含む山形の波狀文を飾り、足頭に饕餮を付している。伯克壺も同じく波狀文をもつ。波狀文は本集二の298師望壺のころからみえはじめるものである。

318・319　追殷　〔銘〕三代・九・六・二　＊〔器〕故宮・上・六八

追虔夙夕、卹厥死事、天子多昜追休。追敢對天子䚄、䵼用乍朕皇且考𩐁殷。用享孝于前文人、用𫱈匄眉壽永令。畯臣天子霝冬。追其萬年。子〻孫〻、永寶用。

追、夙夕を虔み、厥の死（司）事を卹み、天子多く追に休を賜ふ。追、敢て天子の䚄に對へて、揚へて用て朕が皇祖考の𩐁殷を作る。用て前文人に享孝し、用て眉壽永命を𫱈匄す。畯く天子に臣へて靈終ならむことを。追、其れ萬年ならむことを。子〻孫〻、永く寶用せよ。

四器一蓋、器蓋不明一銘の全六銘あり、文七行六〇字。厥は領格の助詞に用いる。夙夕は多く祭事をいう。死は尸、職とするところ。䚄は顯の異文、丕顯休の省であろうが、例の乏しい語である。「畯臣天子」は克盨（三代・一〇・四四・二）・345梁其鼎・361頌鼎など、後期の器にみえる。四器とも器制・文樣同じ。兩耳方座の殷である。後期には方座の殷は殆んど例がない。器腹・方座に何れも鮮麗な顧龍、器の項下・圈足には變樣の虺文を付す。器制・文様からいえば前期の遺制をもつものであるが、銘辭・文字は克器などに近く、字迹は殊に小克鼎に似ている。

320　井編鐘　〔銘〕三代・一・二四・二，二五・一，二六・二，二七・一　〔器〕泉屋十鐘

丼仁妄曰、䚄盄文且皇考、克哲厥德、得屯用魯、永冬于吉。妄不敢弗帥用文且皇考、穆〻秉德。

安害〻聖趰、疐處宗室。肄安乍龢父大薔鐘、用追孝、侃前文人。前文人其嚴才上、數〻彙〻、降余厚多福無疆。安其萬年。子〻孫〻、永寶用享。

邢の仁安曰く、䝨淑なる文祖皇考、克く厥の德を哲にし、純を得て用て魯あり、吉に永終なりき。安、敢て文祖皇考の、穆〻として德を秉りたまひしに帥用せずんばあらず。安、聖趰に憲〻として、疐く宗室に處らむ。肆に安、龢父の大薔鐘を作り、用て追孝し、前文人を侃ましめむ。前文人、其れ嚴として上に在り、數〻彙〻として、余に厚く多福を降すこと無疆ならむ。安、其れ萬年ならむことを。子〻孫〻、永く寶として用て享せよ。

器は三器あり、一・二器同文にして前銘、第三器は後銘である。なお後銘の一鐘があるはずである。銘は第一器鉦閒四行、鼓左三行、凡四十三字、第三器は鉦閒四行、鼓左二行、凡四十七字、合せて九十字である。文は邢仁安の自述の語より成る。「䝨淑なる文祖皇考はその德により純魯永終なるをえたまうたが、安はその文德を率用し宗室をついだので、龢父の鐘を作って追孝する。前文人の多福無疆を下したまわんことを」。得は賚とも釋されるが、得の異文としておく。趰は踪跡の意であろう。龢父を380師嫠毁にみえる師龢父とする說もあるが、別人である。侃は喜侃。數〻彙〻は威靈のさかんなる狀をいう語で、本集二の271宗周鐘にみえる。「嚴在上」以下は鐘銘の常語である。

このような自述形式の銘は、早く本集二216也毁にみえ、296師望鼎もこの形式であるが、後期の彝銘に最も頻繁にみられ、次の321大克鼎以下、331・355・357などみなその形式をとつている。器は篆閒・甬幹に變樣虺文、舞上に鳳樣文を飾り、鼓上は象首文。文字はやや狹長なるも豐潤の趣があり、正統な書法である。

321・322　大克鼎　〔銘〕盂鼎・克鼎　＊〔器〕同上

一、a　克曰、穆〻朕文且師華父、悤襄厥心、寍靜于猷、盄悊厥德。肄克龔保厥辟龔王、諫辪王家。叀于萬民、擾遠能𤞷。肄克□于皇天、頊于上下、得屯亡敃、易贅無疆、永念于厥孫辟天子。

b　天子明悊、䝨孝于申、巠念厥聖保且師華父、勵克王服、出內王令、多易寶休。不顯天子、天子其萬年無疆、保辪周邦、畯尹四方。

二、c　王才宗周。旦、王各穆廟、卽立。𪊟季右善夫克入門、立中廷北鄉。王乎尹氏、冊令善夫克。

d　王若曰、克、昔余旣令女、出內朕令。今余隹𪊟𩫏乃令。易女叔市・參冋莽悤。易女田于埜。易女田于渒。易女丼家𩰬田于㽙。㠯厥臣妾。易女田于康。易女田于匽。易女田于𨸏原。易女田于寒山。易女史小臣霝龠鼓鐘。易女丼𨒪𩰬人。䡬易女丼人奔于量。敬夙夜、用事、勿灋朕令。

e　克拜稽首、敢對揚天子不顯魯休、用乍朕文且師華父寶𪔂彝。克其萬年無疆。子〻孫〻、永寶用。

一、a　克曰く、穆〻たる朕が文祖師華父、厥の心を聰襄にし、猷に寧靜にして、厥の德を淑哲にす。肆に克く厥の辟龔王を龔保し、王家を諫し辪めたり。萬民に惠にして、遠きを柔らげ、𤞷きを能んず。肆に克く皇天に□せられ、上下に頊れ、純を得て敃むことなく、贅を賜ふこと疆無く、永く厥の孫の辟たる天子に念はる。

b　天子明哲にして、神に䝨孝し、厥の聖保なる祖師華父を經念し、克を王服に勵はしめ、王命を出納せしめ、多く寶休を賜ふ。丕顯なる天子、天子、其れ萬年無疆にして、周邦を保辪し、畯く四方を尹めたまはむことを。

二、c　王、宗周に在り。旦に王、穆廟に格り、位に卽く。𪊟季、善夫克を右けて門に入り、中廷に立ちて北嚮す。王、尹氏を呼びて、善夫克に冊命せしむ。

d　王、若く曰く、克よ、昔、余旣に女に命じて朕が命を出納せしむ。今余隹れ、乃の命を緟𩫏す。女に叔市・參冋莽悤を賜ふ。女に田を埜に賜ふ。女に田を渒に賜ふ。女に邢家の𩰬ふる田を㽙に賜ふ。厥の臣妾と以にす。女に田を康に賜ふ。女に田を匽に賜ふ。女に田を𨸏原に賜ふ。女に田を寒山に賜ふ。女に史小臣・靈龠・鼓鐘を賜ふ。女に邢𨒪の𩰬ふる人を賜ふ。併せて女に邢人の量に奔れるを賜ふ。夙夜を敬しみて、用て事へ、朕が命を灋つること勿れと。

e　克、拜して稽首し、敢て天子の丕顯なる魯休に對揚して、用て朕が文祖師華父の寶𪔂彝を作る。克、其れ萬年無疆ならむことを。子〻孫〻、永く寶用せよ。

器は光緒一六年（一八九〇年）扶風より他の克器とともに出土。いま上海博物院藏。本集二183大盂鼎と竝ぶ大鼎として知られている。銘二八行二九〇字。二面に分れ、右面には陽文の方格界線があり、左面にはない。字様はひとしいが、左面の字がやや潤大の趣がある。銘文は前後二段に分れ、前段は克の自述の語、後段には册命賜與を記している。

一、a　文祖師華父の德を頌する。穆〻たる文祖師華父はその心を聰讓にし、その猷謀を愼密にし、その德を淑哲にしたまうて、その辟君龔王を輔け、王室を治めた。また萬民に惠し、遠邇を柔らげ康んじたので、よく皇天に嘉せられ、上下にその德があらわれて、純佑を受くることやむことなく、無疆の恩寵を賜うと、永くその孫辟天子に顧念されるのである。

b　いま天子明德、先王に顯孝し、聖保なる師華父のことを經念したまうて、その孫なる克に對して王の職事を與えられ、王命を出納する官に任じ、多くの寶休を賜うた。丕顯なる天子の萬年無疆にして周邦を治め、ながく四方を統治したまわんことを祈念する。第一段。册命に先立って、聖祖の遺德を述べ、天子の顧念をうるをいう。

二、c　王は宗周に在り、旦に穆廟に至つて位に卽き、𩰫季が右者となり尹氏が命書を讀んで册命が行なわれた。册命前文。

d　王はかく仰せられた。克よ、昔、余はすでに汝に王命を出納する職を命じたが、今かさねてその命を認證する。汝に叔市・參同莽恩を賜う。汝に埜の田、渒の田を賜う。邢家の經營する𤲞の田とその臣妾を賜う。康の田、匽の田、陣原の田、寒山の田を賜う。汝に史小臣・靈籥・鼓鐘のものを賜う。汝に邢退の管理下の人僕、㠱に奔つて徒隸となつた邢人を賜う。夙夜を敬しんで事え、わが命を廢してはならぬ。册命及び賜與をいう。

e　克は拜手稽首し、天子の丕顯なる魯休に對えて、文祖師華父の彝器を作る。萬年無疆、子孫永く寶用せんことを祈る。對揚及び作器の辭。

前段は後段の册命が先祖の恩寵に本づくことをいうもので、世襲制をとる西周貴族社會では、王室と世臣の家との傳統的な君臣關係がその骨骼をなしていたのである。ただ從來は先世に對する辭が概ね對揚の末に添えられていたが、このように獨立した形式で册命の前に記されていることは注意してよい。おそらく後期には大族の勢力が殊に伸張して、家〻の傳統を重んずる風が興つたものと思われ、詩の大雅にも諸家の傳統や功績を歌うものがある。王室の衰微は、このような諸豪族の興起による勢力關係の推移のうちに、重要な理由の一があるようである。

𩰫亶とは前命を再認證することで、概ね先王の命じた職事をそのまま認證するときに用いる。わが國の安堵に當るような語である。この文では今王は前命を𩰫亶していて、その閒に何らか特別の事情があるらしいが、銘文上には何も記されていない。克の聖祖師華父は龔王に事えており、世次を以ていえばこの器は夷王期に當る。cにみえる右者𩰫季は326尹𣪘にみえ、𣪘の日辰は夷王廿七年の譜に入る。孝・夷二世は本紀にただその王名をあげるのみであるが、この前後、內部的には王位繼承上など種〻の問題があつたものと考えられ、そういうことが一面では豪族の勃興を促したとみられる。本器にいう多數の賜田のごときは、當時における豪族擡頭の消息を示すものと思われる。

賜與は一件ごとに列次されている。物件目錄のような具合である。まとまつた采土でなく、各處に分散する土田が分賜されているのは、當時の土地經營の狀態を示すものとして注意される。邢家の田や陣原の田も與えられているが、陣原は詩の公劉にみえる溥原である。岐陽の大族克氏は陝北・豳の諸田を賜與され、臣妾徒隸、樂人の屬をも與えられている。田と臣妾とが併賜されているのは、田土が分散していることとともに、本地を離れた土地の經營管理の方法が進んでいた事實を示している。經營地に多數の有𤔲がおかれていたことは、すでに304散氏盤にみえている。

器は高さ九三糎、腹圍二三七糎、口徑七五糎に及ぶ大鼎で、前期の大盂鼎・後期の毛公鼎と竝んで周鼎中の重器というべきものである。立耳三獸足。口下に變樣の虺文、器腹に公字形を挾む山形の波狀文、また脚頭には饕餮文を飾る。立耳は甚だ大、耳の外側に鈎連狀の虺文を付している。

字迹は、毛公鼎とともに後期金文中書品の最もすぐれたもので、深厚雅醇、殆んど凝滯するところがない。ただ左右の二面に稍しく風趣の異なるところがあつて、右面は嚴正にして骨力に富み、左面は文字もやや潤大で溫潤の趣がある。

323　德克𣪘　〔銘〕三代・八・一一・二　〔器〕貞松堂・三五

德克乍朕文且考障𣪘。克其萬年。子〻孫〻、永寶用享。

德克、朕が文祖考の障𣪘を作る。克、其れ萬年ならむことを。子〻孫〻、永く寶として用て享せよ。

文三行二一字。字迹に參考とすべき點があるので列入した。克字は克器の克とは異なるが、一應克と釋しておく。圓弱にして骨力のない字であるが、316・318に似た一體である。器は圏足部に缺損あるも、環文・瓦文の段で、文様は338亜侯段と同じ。ただ三足はなく、それよりやや早い時期のものであろう。

324・325　番匊生壺　〔銘〕小校・四・九二　＊〔器〕尊古・二・三〇

佳廿又六年十月初吉己卯、番匊生鑄賸壺。用賸厥元子孟妃尒。子〻孫〻、永寶用。

佳れ二十又六年十月初吉己卯、番匊生、賸壺を鑄る。用て厥の元子孟妃尒に賸る。子〻孫〻、永く寶用せよ。

文五行三二字。方格があるが、字は必ずしも方格中に入らず、各行字數異なる。番匊生の元子孟姫に與えた賸器である。賸器と銘したものでは早い時期のものである。番には別に番生段（三代・九・三七・二）があり、銘一一行一三九字の長文を勒しているが、字迹はこの壺がすぐれている。器は字様は308曶壺に似ており、頌器より時期が早いと思われる。紀年日辰は夷王期に入りうる。器は兩耳銜環、器の全體に三層に分つて公字形を挾む波狀文、圏足部に變様の夔文を付す。蓋の口縁にも波狀帯文を飾つているが、波狀文をこのような帯文に使用している例は多くない。

326・327　伊段　〔銘〕三代・九・二〇・二　＊〔器〕日本・三二六

佳王廿又七年正月既望丁亥、王才周康宮。旦、王各穆大室、卽立。黼季內右伊、立中廷北鄕。王乎命尹封、册命伊。䎘官𤔲康宮王臣妾百工。易女赤市・幽黃・緣旂・攸勒。用事。伊拜手䭫首、對䫇天子休。伊用乍朕不顯文且皇考徲叔寶𩰫彝。伊其萬年無彊。子孫永寶用享。

佳れ王の二十又七年正月既望丁亥、王、周の康宮に在り。旦に王、穆の大室に格り、位に卽く。黼季內りて伊を右け、中廷に立ちて北嚮す。王、命尹封を呼びて、伊に册命せしむ。併せて康宮の王の臣妾百工を官𤔲せよ。女に赤市・幽黃・鑾旂・攸勒を賜ふ。用て事へよと。伊、拜手稽首して、天子の休に對揚す。伊、用て朕が丕顯なる文祖皇考徲叔の寶𩰫彝を作る。伊、其れ萬年無疆ならむことを。子孫永く寶として用て享せよ。

文一〇行一〇二字。册命を記す。右者黼季の名は321大克鼎にもみえる。命尹は令尹。册命は兼官を命じたもので、兼職として康宮の王の臣妾百工を官司せしめ、衣服車器の類を賜うている。康宮には王室所有の臣妾百工あり、宮廟の用を奉じ、粢盛・祭器の生産製作などにも從つていたのであろう。日辰は夷王の譜に入る。伊はあるいは本集二の276史懋壺にみえる伊伯の家であろう。器は兩耳三小足。緣に變様の夔文、器腹に瓦文、圏足に鱗文を飾る。兩耳犧首。羊鬚をつけている。珥は外卷して上端が魚尾形をなす。文字は殆んど線條化して筆力なく、字形も甚だ疎緩で大小長短あり、規矩に入らぬものが多いが、この風は後期の彝銘にしばしばみられるものである。

328　大段二　〔銘〕三代・九・二六・一　〔器〕甲編・一二・四六　善齋・禮七・九七（蓋）

佳十又二年三月既生霸丁亥、王才𩁹侲宮。王乎吳師召大、易趩睽里。王令善夫豖、曰趩睽曰、余既易大乃里。睽賓豖章帛束。睽令豖曰天子。余弗敢斁。豖曰睽、賴大易里。大賓豖訊章・馬兩、賓睽訊章・帛束。大拜䭫首、敢對䫇天子不顯休、用乍朕皇考剌白隮段。其子〻孫〻、永寶用。

佳れ十又二年三月既生霸丁亥、王、𩁹侲宮に在り。王、吳師を呼び大を召さしめ、趩睽の里を賜ふ。王、善夫豖に命じ、趩睽に曰はしめて曰く、余既に大に乃の里を賜へりと。睽、豖に璋・帛束を賓る。睽、豖をして天子に曰はしむ。余敢て斁まずと。豖と睽と、大の賜へる里を履む。大、豖に訊璋・馬兩を賓り、睽に訊璋・帛束を賓る。大、拜して稽首し、敢て天子の丕顯なる休に對揚して、用て朕が皇考剌伯の隮段を作る。其れ子〻孫〻、永く寶用せよ。

同銘二文、一は一〇行一〇七字、一は一二行一〇八字、第八行第一字「賓」重出、何れも蓋文とみられる。第二銘を錄入した。銘は土地問題を記し、特異な内容のものである。「王は、吳師を呼んで大に趩睽の所有する里を與え、そのことを善夫豖を使者として趩睽に傳達させた。睽は使者である豖に璋・帛束を贈つてねぎらい、異存のないことを奉答させた。かくて豖と睽とは、新たに大に與えられた里に赴いてその引渡しをした。大は豖には訊璋と馬兩を、睽には訊璋と帛束とを、それぞれ禮物として贈り、これをねぎらつた。大は天子より里を賜うた恩寵に對えて皇考剌伯の隮段を作るのである」。この銘を例として考えると、王はその諸臣の有する邑里を、他の臣に轉賜することがあつたようである。いわば王は諸臣の所有地に對して、上位所有權を行使しえたのである。この場合、それに代るべき何らかの給付があつたかは記されていない。所有地を召し上げられた嬰は、王からの使者に對して禮物を贈り、土地の授受に立會つており、また大は豖と嬰にそれぞれ禮物を贈つているが、その禮物も、原所有者の嬰に對してよりも、王使たる豖に對して厚い。土地の轉賜は何らの葛藤もなく行なわれているので、こういう場合が、一般的にもあつたものと思われる。當時の土地所有權のあり方を考える上に、重要な資料とすべきものである。

器は二器、西清甲編と善齋とに錄するが、後者は瑞典博物院に入つたという。一は兩耳三小足の𣪘。耳の犧首は龍のように口部突出し、角は鹿角狀をなす。蓋緣は重環文、器の口緣に變樣夔文、圈足部に鱗文を付している。二は蓋のみを錄入し、緣邊重環文、上半は瓦文で第一器と同じ。第二銘は左文多く、兩器はおそらく雙器であろう。字はやや頽靡の風であるが結體にかえつて興味を惹くところもある。器の日辰は厲王の譜に入る。

329・330　無㠱𣪘　〔銘〕拓本　＊〔器〕夢鄣・上・三一

隹十又三年正月初吉壬寅、王征南尸。王易無㠱馬四匹。無㠱拜手𩒨首曰、敢對𩵋天子魯休令。無㠱用乍朕皇且釐季𨽸𣪘。無㠱其萬年。子孫永寶用。

隹れ十又三年正月初吉壬寅、王、南夷を征す。王、無㠱に馬四匹を賜ふ。無㠱、拜手稽首して曰く、敢て天子の魯休の命に對揚せむと。無㠱、用て朕が皇祖釐季の𨽸𣪘を作る。無㠱、其れ萬年ならむことを。子孫永く寶用せよ。

器は三器、器蓋二銘のもの二器、蓋銘一器。他に疑問の一銘がある。各〻七行五八字。王の南征に當つて無㠱に馬四匹を賜與されたので、その恩命に對えて器を作ることをいう。この文によると、天子魯休の命に對揚する語は、賜與の儀禮の際に拜首稽首して言上したものであるらしい。器を郭氏は厲王期に屬すべきものであるとしているが、その日辰は後期の懿王の譜にのみ適合する。懿王期にも南夷に對する討伐のことがあつたのであろう。南征のことは夷王期に至つて頻繁に金文にみえるが、そういう狀勢は、懿王のときにすでに發しており、それで三家詩說では懿王のとき、王室衰え、刺詩起るという。懿王期の金文の册命は、多く師彔の宮で行なわれている。

三器のうち、一は夢鄣に、三は善齋に錄する。一は兩耳犧首銜環、器蓋すべて瓦文。三は蓋のみで、また瓦文を飾る。おそらく同制の器であろう。文字は行款整い甚だ平板で、結構に緊湊を缺く。326伊𣪘など同樣の書風である。

331・332　虢叔旅鐘　〔銘〕三代・一・五七・三，五八・一　＊〔器〕泉屋十鐘

虢叔旅曰、不顯皇考叀叔、穆〻秉元明德、御于厥辟、得屯亡敃。旅敢肇帥井皇考威義、□御于天子、亶天子多易旅休。旅對天子魯休𩵋、用乍朕皇考叀叔大𪒠龢鐘。皇考嚴才上、異才下。數〻㚇〻、降旅多福。旅其萬年。子〻孫〻、永寶用享。

虢叔旅曰く、不顯なる皇考惠叔、穆〻として元明の德を秉り、厥の辟に御へ、純を得て泯むこと亡かりき。旅、敢て肇ぎて皇考の威儀に帥型し、天子に□御し、亶て天子多く旅に休を賜ふ。旅、天子の魯休に對へて揚へ、用て朕が皇考惠叔の大𪒠龢鐘を作る。皇考、嚴として上に在り、翼として下に在り。數〻㚇〻として、旅に多福を降さむ。旅、其れ萬年ならむことを。子〻孫〻、永く寶として用て享せよ。

七器。銘九一字。全銘のもの四器、他は銘を分載している。長安の河沿いの地から出土したと傳える。全文虢叔旅の自述の語より成る。皇考惠叔の德を頌し、その威儀に帥型して旅もまた天子の魯休を蒙り、皇考の祭器として鐘を作ることをいう。虢旅の名は厲王期344鬲攸從鼎にみえる。泉屋に藏する第六器によると、篆間に變樣の夔文、鼓上・舞上に象首形文樣、甬上に山形波狀文を飾り、鼓右に一鸞鳳を付している。字は篆意の強いものである。

333・334・335　伯喜𣪘　〔銘〕考古學報・一九六二・一　＊〔器〕同上

白喜乍朕文考剌公𨽸𣪘。喜其萬年。子〻孫〻、其永寶用。

伯喜、朕が文考剌公の𨽸𣪘を作る。喜、其れ萬年ならむことを。子〻孫〻、其れ永く寶用せよ。

器は張家坡出土。ただし本集二の252盂𣪘、312・314師旋𣪘一・二とは異坑、336伯梁父𣪘と同出である。器蓋口緣に變樣虺文、器腹に瓦文、圈足部に斜格獸文を飾る。器制は伯梁父𣪘と同じ。

336　伯梁父𣪘　〔銘〕考古學報・一九六二・一　〔器〕同上

白梁父乍龏姞𨽸𣪘。子〻孫〻、永寶用。

伯梁父、龏姞の𨽸𣪘を作る。子〻孫〻、永く寶用せよ。

同じく張家坡出土。前器と同じ位層から出ており、器も同形であるが全器瓦文。字樣もほぼ似ており、やや字が肥えている。おそらく厲王期に位置しうるものであろう。器は340𩰫𣪘と極めて

近い。器蓋二文のうち、蓋銘を錄した。

337 師寰𣪘 〔銘〕三代・九・二八・一 〔器〕圖譜・二五

王若曰、師寰𢦏、淮尸繇我貟晦臣、今敢博厥衆叚、反厥工吏、弗速我東𢦔。今余肇令女、逹齊帀・曩贅・𩹂尸・左右虎臣、正淮尸、即賀厥邦嘼。曰冉、曰𡘋、曰鈴、曰達。師寰虔不豙、夙夜卹厥牆事、休既又工。折首執嘰。無諆徒馭。毆孚士女羊牛、孚吉金。今余弗叚組、余用乍朕後男𦅫𣪘𣪘。其邁年、子〻孫〻、永寶用享。

王、若く曰く、師寰父よ、淮夷は繇我が貟晦の臣なるに、今敢て厥の衆叚を博し、厥の工吏を反せしめ、我が東國に績あらざらしむ。今余肇めて女に命じ、齊帀・曩贅・𩹂尸・左右虎臣を率ゐて、淮夷を征し、卽きて厥の邦酋を質さしむ。冉と曰ひ、𡘋と曰ひ、鈴と曰ひ、達と曰ふ。

師寰虔みて墜さず、夙夜厥の牆事を卹み、休にして既に功有り。折首執訊あり。無諆なる徒馭あり。士女羊牛を毆俘し、吉金を俘れり。今余叚組せず、余用て朕が後男𦅫の𣪘𣪘を作る。其れ萬年まで、子〻孫〻、永く寶として用て享せよ。

二器あり。第一器、器文一〇行一一七字、蓋文一〇行一一三字。第二器、器文一一行一一七字。錄入したものは蓋文で字の脫落あるものであるが、字迹が最もよいのでとつた。厥工吏・我東𢦔・齊帀・折首の四字を脫する。このように諸所に字を脫するものは他に多く例をみない。

銘辭は前後二段に分れ、前段は征命、後段は軍功をえて器を作ることをいう。前段は王の誥辭をそのまま錄している。「王はかく仰せられた。師寰父よ、淮夷は舊來わが朝に對し帛畝を貢する義務をもつ臣であるが、いまはその租調に從うものを迫害し、その工吏を追反し、東國の賦徵を困難にしている。今、余ははじめて汝に命じ、齊帀以下左右虎臣のものを率いて淮夷を征し、その地に泣んでその邦酋たちの罪を問わせる。邦酋の名は冉・鈴など四名である」。以上征命を發するをいう。

「師寰は虔しんでその征命を奉じ、夙夜に職事に努力してすでに十分な成果をあげた。酋虜を伐つて折首執訊を獲、多數の徒馭を擊破した。男女や羊牛をも俘獲し、吉金をも押收した。今、余は叚組（未詳）せず、その功を紀念してわが後男𦅫の器を作るのである」。戰功を紀念して器を作るをいう。後人・後民に實用を命ずる例はあるが、後男の器を作るという例はない。あるいは後男は師寰の子にして、この戰役に沒したものであろうか。叚組はそれに關する語であろう。365兮甲盤にはこの銘と似た表現もみられる。それで宣王初期としてもよいのであるが、寰盤（三代・一七・一八・二）の紀年日辰は厲王期に入るものであり、淮夷の討伐は329無曩𣪘にもみられるように一次にとどまらぬものと思われるので、かりに厲末に列しておく。尤も宣初に入れても不都合があるわけではない。

第一器は器影未見。第二器は兩耳犧首、獸首は角大きく、珥は外卷して魚尾狀をなす。口下に變樣の夔文、腹に瓦文、圈足に鱗文を付する。三小足は獸足形をしている。全體として、327伊𣪘と酷似している。

338 噩侯𣪘 〔銘〕三代・七・四五・五 〔器〕武英・七五

噩侯𣪘 噩侯乍王姞朕𣪘。王姞其萬年。子〻孫、永寶。

噩侯、王姞の媵𣪘を作る。王姞、其れ萬年ならむことを。子〻孫、永く寶とせよ。

器三器三銘、行款みな同じく二行一七字。噩侯がその女のために作つた賸器で、王姞と稱しているから王室に入嫁したものであろう。噩は姞姓。殷末に西伯・九侯とともに三公となつたと傳えられる。別に噩侯鼎（三代・四・三二・一 通考・上・二九五・圖二）があり、王の南征のとき、噩侯馭方が王に醴を納れ、宴射が行なわれて、王から親しく玉・馬・矢などを賜うたことを記している。王室と通婚の關係にあつた家である。鼎は通耳高さ一尺二寸、項下に斜格狀の顧龍一道を飾り、足頭に饕餮を付していて、𣪘よりも稍し時期が早いかと思われる。

𣪘三器中、二器はいま臺北故宮博物院に藏する。何れも重環文、瓦文の𣪘で、第二器は小三足がある。字樣は三器みな同じく、頌器に近い。

339・340 𪚰𣪘 〔銘〕三代・九・四・一 ＊〔器〕善齋圖・八一

唯王正月、辰才甲午。王曰、𪚰、命女𤔲成周里人眔者侯大亞。𧦴訟罰、取遺五寽。易女尸臣十家。用事。𪚰拜䭫首、對䚄王休命、用乍寶𣪘。其子〻孫〻、寶用。

唯れ王の正月、辰は甲午に在り。王曰く、𪚰よ、女に命じて、成周の里人と諸侯大亞とを𤔲めしむ。訟罰を訊せよ。遺五鋝を取らしむ。女に夷臣十家を賜ふ。用て事へよと。𪚰、拜して稽首し、王の休命に對揚して、用て寶毀を作る。其れ子々孫々、寶用せよ。

器はいま臺北故宮博物院藏。銘は器蓋二文、七行五八字。行款同じ。成周の里人はいわゆる庶殷である。その周邊の諸侯大亞を合せて官司し、かつ訟罰のことをも掌らせた。その職務俸として、賦徵五鍰を給し、また册命の證として夷臣十家を賜うている。大亞は詩書にみえる亞旅の亞。本集一の54以下の殷器にもみえる。

器は兩耳三小足の毀。蓋は甚だ淺い。器蓋の口緣に變樣夔文らしい文樣あり、他は瓦文。器制は335伯喜毀と似ている。

341・342　大鼎　〔銘〕三代・四・三三・一　＊〔器〕故宮・上・四二

隹十又五年三月既霸丁亥、王才糧侲宮。大㠯厥友守。王卿醴。王乎善夫騕、召大㠯厥友、入攼。王召走馬雁、令取雒騆卅二匹、昜大。大拜䭫首、對䵼天子不顯休、用乍朕剌考己白盂鼎。大其子々孫々、邁年永寶用。

隹れ十又五年三月既□霸丁亥、王、糧侲宮に在り。大、厥の友と以に守る。王、饗醴す。王、善夫騕を呼び、大と厥の友とを召し、入りて攼らしむ。王、走馬雁を召し、雒騆三十二匹を取らしめ、大に賜ふ。大、拜して稽首し、天子の丕顯なる休に對揚して、用て朕が剌考己伯の盂鼎を作る。大の子々孫々、萬年まで永く寶用せよ。

器は三器あり、銘各々八行八〇字。三器とも月象を既霸に作る。厲王の曆譜に入れて考えると既死霸であるが、三器ともその字を脫しているのは不審である。王が糧侲の宮にあるとき、大はその友官とともに宮を守り、また饗醴に及ぶや、友官を伴つて王身を扞護し、馬三十二匹を賜うた。その寵榮を紀念して剌考己伯の器を作つた。卯毀（三代・九・三七・二）に馬牛十を賜うた例はあるが、本器のように馬卅二匹に及ぶ重賜は稀有である。この饗醴はよほど重要な儀禮であつたのであろう。大は328大毀二の大と同一人と考えられる。月象を既死霸として日辰は厲王の譜に合う。

同銘三器の中、二器は西清・二・一七，一九、一は懷米・下・八に著錄する。一はいま臺北故宮博物院にあり、三は近年上海の廢銅中から、賢毀・郝大宰簠など十數器とともに、危うく發見されて毀銷を免れた。不幸にして厄に遭うた器もあつたのであろう。第一器は附耳侈口、第二・三器は立耳鼎で、何れも器腹に二弦文、足は獸足形である。字迹やや粗鬆の風あり、次の伯晨鼎や349禹鼎に近い。

343　伯晨鼎　〔銘〕愙齋・五・六　〔器〕懷米・下・七

隹王八月、辰才丙午。王命䡄侯白晨曰、飼乃且考、侯于䡄。昜女秬鬯一卣・玄袞衣・幽夫亢・赤舄・駒車・畫𦥑・䡲較・虎幃冟衣里幽・攸勒・旅五旅・彤弜・旅弓旅矢・𢦏戈・虢・冑。用夙夜事、勿灋朕命。晨拜䭫首、敢對䵼王休、用乍朕文考順公宮障鼎。子々孫、其萬年、永寶用。

隹れ王の八月、辰は丙午に在り。王、䡄侯伯晨に命じて曰く、乃の祖考を嗣ぎて、䡄に侯となれ。女に秬鬯一卣・玄袞衣・幽亢・赤舄・駒車・畫𦥑・䡲較・虎幃冟衣裏幽・攸勒・旅（櫓）五旅・彤弓彤矢・旅（盧）弓旅矢・𢦏戈・虢・冑を賜ふ。用て夙夜に事へ、朕が命を灋つること勿れと。晨、拜して稽首し、敢て王の休に對揚して、用て朕が文考順公の宮の障鼎を作る。子々孫、其れ萬年まで、永く寶用せよ。

文一六行一〇〇字。伯晨が祖考についで䡄侯となることを命ずる封册を記す。いわゆる本領安堵である。賜物は禮器車服の類。秬鬯のほか、玄袞衣以下禮服、駒車以下車馬の具。旅は旅器であろうか。彤弜は彤弓彤矢の合文、他に戈・冑は兵器。書の文侯之命にも秬鬯・弓矢・馬匹を賜うており、これらは封册のときの賜物である。

器は懷米の圖象によると附耳の三獸足鼎。その器制は西周末から東周期にわたつて行なわれている。

別に師晨鼎（攈古・三之二・二二）あり、右者飼馬共の名は本集二の290師俞毀・291諫毀にみえ、その關係彝器からみて、伯晨とは必ずしも同期としがたいものがある。器制・文字からいつても前器大鼎と近い。字迹は蹇鈍不軌、328大毀二より變じて獨自の風體を示している。

344　鬲攸從鼎　〔銘〕三代・四・三五・二　〔器〕大系・二二

隹卅又一年三月初吉壬辰、王才周康宮徲大室。鬲从㠯攸衛牧、告于王曰、女覓我田牧、弗能許鬲从。王令眚、史南㠯卽虢旅。虢旅廼事攸衛牧誓曰、我弗具付鬲从其且、射分田邑、則放。攸衛牧則誓。从乍朕皇且丁公皇考叀公障鼎。鬲攸从其邁年。子々孫々、永寶用。

隹れ三十又一年三月初吉壬辰、王、周の康宮徲（夷）の大室に在り。鬲從、攸衛牧を以て、王に告げて曰く、女、我が田牧を覓り、𤔲從に許すこと能はずと。王、省せしめ、史南をして以て虢旅に卽かしむ。虢旅廼ち攸衞牧をして誓はしめて曰く、我、𤔲從の租を具付し、謝するに田邑を分たざるときは、則ち放たれむと。攸衞牧、則ち誓ふ。從、朕が皇祖丁公・皇考惠公の隮鼎を作る。𤔲攸從、其れ萬年ならむことを。子〻孫〻、永く寶用せよ。

銘一〇行一〇二字。田牧に關する訴訟事件の顚末を記す。𤔲從は、攸衞牧がその田牧を侵しながら、𤔲從の交渉に應じないのでこれを王に告訴し、王はその審理を命じた。史南は當事者を伴つて、理官たる虢旅のもとで兩者の主張を述べさせ、裁判を行なつた。その結果虢旅は、攸衞牧に對し、もし𤔲從の租を返還し、贖罪として田邑を分與しないときには、追放されても異議はない旨を宣誓させた。それで、攸衞牧はその裁定に服し宣誓を行ない、𤔲從の提訴は勝利に歸したのである。從はそれで皇祖考の器を作り、その顚末を器に勒しているのである。虢旅は331虢叔旅鐘にみえる虢叔旅であろう。本器は厲王末年の器であると思われるが、王はこのときなお周京にあつたので、その奔彘以後に共和となる。土地に關する係爭の問題は後期の彝銘にその例が少くないが、詩の變雅諸篇にみえる社會不安の狀態は、金文資料の上からもその一斑を證することができるのである。𤔲從にはまた𤔲從盨（三代・一〇・四五・二　澂秋・上・二三）があり、同じく田邑に關する紛爭を記している。銘末に圖象標識を記しており、また祖を本器と同じく丁公と稱しているので、あるいは東方出自の族であろうかと思われる。そのため周人の追窄を受け、この種の紛爭を生ずることがあつたのであろう。

器は立耳の三獸足鼎。口下に環文と一弦文を付している。器制は346梁其鼎と殆んど同じく器腹は半球形をなしている。

文字は303曶鼎・304散氏盤などと通ずるところがあり、散氏盤銘には散の有𤔲として㚤從𦧅の名がみえていて、本器の𤔲攸從・𤔲從・從はその家であるらしい。ただ散氏盤では散の有𤔲として陪臣的地位にあり、この銘では直接王廷に係爭の事件を提訴していてその身分に變更があると思われ、その名號も㚤從𦧅が𤔲攸從に改められている。またその紀年日辰は孝夷二期に適合せず、廿五年銘の𤔲從盨とともに、厲王期に屬すべきものと思われる。盨では𤔲從は多數の田邑を有し、すでに大族の列に加わつていたようである。盨もまた環文・瓦文を飾つている。

345・346　梁其鼎　〔銘〕陝西・六九　＊〔器〕同上

隹五月初吉壬申、梁其乍隮鼎。用享考于皇且考、用㫃多福。眉壽無彊、畯臣天〔子〕。其百子千孫、其萬年無彊。其子〻孫〻、永寶用。

隹れ五月初吉壬申、梁其、隮鼎を作る。用て皇祖考に享考し、用て多福を祈る。眉壽無疆にして、畯く天（子）に臣へむ。其れ百子千孫にして、其れ萬年無疆ならむことを。其れ子〻孫〻、永く寶用せよ。

扶風縣法門寺任村の出土器で、近年廢銅中から危うく回收されたものである。銘六行四八字。錄遺・九六にも同銘の拓を載せているが行款異なる。兩銘とも「畯臣天」とあつて子字を脫している。百子千孫という語も珍しい。器は立耳三獸足鼎。口下に環文と一弦文を付し、器腹は半球形をなしている。344𤔲攸從鼎と殆んど同制である。字はほぼ361・362頌器に近い。

347・348　叔向父禹𣪘　〔銘〕拓本　＊〔器〕通考・三四〇

叔向父禹曰、余小子司朕皇考、肈帥井先文且、共明德、秉威義、用𤔲𦞦奠保我邦我家、乍朕皇且幽大叔隮𣪘。其〔嚴才〕上、降余多福緐𩁹、廣啓禹身、勱于永令。禹其邁年、永寶用。

叔向父禹曰く、余小子、朕が皇考を嗣ぎ、肈めて先文祖に帥型し、明德を恭しみ、威儀を秉り、用て緟恪して我が邦我が家を奠保し、朕が皇祖幽大叔の隮𣪘を作る。其れ〔嚴として〕上に〔在り〕、余に多福緐𩁹を降し、禹の身を廣啓して、永命に勱へしめむことを。禹、其れ萬年まで、永く寶用せむ。

文七行六七字。自述の語を記す。おそらく家嗣を繼いで皇祖を祀るときの器であろう。肈めて先文祖に帥型すとはその意である。明德・威義の語は梁其鐘（上海・六〇）・331虢叔旅鐘に、𤔲𦞦は番生𣪘（三代・九・三七・一）・355毛公鼎にもみえる。𤔲は𤔲𩫖の𤔲で緟の初文。緟續の意。𦞦は毛公鼎に「𦞦夙夕」の例あり、敬・虔と同義。おそらく恪に當る語であろう。「我邦我家」も毛公鼎にみえる。銘の末文は鐘銘に近く、虢叔旅鐘・士父鐘（三代・一・四三・二）などに相似た表現がある。叔向父にはまた𣪘（三代・七・三六・三，四、又三七・一～四）があり、婞姒の器を作つている。禹には次の禹鼎があり、南征のことを記している。

器は兩耳犧首、三小足の𣪘である。項下と圈足に重環文、器腹に瓦文を飾る。通考の圖は失蓋、大系新版（二五九）には器蓋の備つた照片を載せている。器は352師兌𣪘一と器制全く同じく、時期は極めて近いとみられる。

349・350　禹鼎　〔銘〕錄遺・九九　＊〔器〕陝西・七八

a　禹曰、不顯趄〻皇且穆公、克夾𥃝先王、奠四方。肄武公亦弗叚望賸聖且考幽大叔・懿叔、命禹仦賸且考、政于井邦。肄禹亦弗敢忝、賜共賸辟之命。

b　烏虖、哀哉。用天降大喪于下或。亦唯噩侯駿方、䢦南淮尸東尸、廣伐南或東或、至于歷寒。

c　王迺命西六𠂤殷八𠂤曰、□伐噩侯駿方、勿遺壽幼。肄𠂤彌宂匌匡、弗克伐噩。

d　肄武公迺遣禹、䢦公戎車百乘・斯駿二百・徒千。曰、于匡朕肅慕、叀西六𠂤殷八𠂤、伐噩侯駿方、勿遺壽幼。

e　雩禹𠂤武公徒駿、至于噩、𦎫伐噩、休。隻厥君駿方。

f　肄禹又成。敢對𢱭武公不顯耿光、用乍大寶鼎。禹其萬年。子〻孫〻、寶用。

a　禹曰く、丕顯にして趄〻たる皇祖穆公、克く先王を夾𥃝して、四方を奠めたまへり。肆に武公も亦朕が聖祖考幽大叔・懿叔を遐忘したまはず、禹に命じて朕が祖考を併けて、邢邦に政せしめたまふ。肆に禹も亦敢て忝らず、朕が辟の命を惕恭す。

b　烏虖、哀しい哉。用て天、大喪を下國に降す。亦唯れ噩侯馭方、南淮夷・東夷を率ゐて、南國東國を廣伐し、歷寒に至れり。

c　王迺ち西の六師、殷の八師に命じて曰く、噩侯馭方を□伐し、壽幼を遺すこと勿れと。肆に師、彌怵し匌匡し、噩を伐つこと克はず。

d　肆に武公迺ち禹を遣はし、公の戎車百乘・廝馭二百・徒千を率ゐしむ。曰く、于いて朕が肅謨を匡にし、西の六師、殷の八師を叀めて、噩侯馭方を伐ち、壽幼を遺すこと勿れと。

e　雩に禹、武公の徒馭を以ゐて、噩に至り、噩を敦伐して、休あり。厥の君馭方を獲たり。

f　肆に禹、成有り。敢て武公の丕顯なる耿光に對揚し、用て大寶鼎を作る。禹、其れ萬年ならむことを。子〻孫〻、寶用せよ。

文二〇行二〇七字。器は早く博古（二・二三）に錄せられているものであるが、一九四二年、岐山任家村から同出百餘件とともに新器が出土した。博古の文と行隷異なり、別の一器である。博古の器は華陰の出土と傳える。器制同じく雙器であると思われるが、出土地を異にしている。

文は六節より成る。aは禹の家系をいう。丕顯にして趄〻たる武威ある皇祖穆公は、よく先王を輔弼して四方を治定した。それでわが辟君武公もわが聖祖考幽大叔・懿叔の德を忘れず、禹に命じて祖考の職事をつぎ、邢邦の治政を掌らしめたまうた。それで禹もまた職事を怠らず、わが辟君の命に對えて職事を恭しみ事えるのである。b、ああ哀しいかな。天は大喪を遠國に降し、噩侯馭方が南淮夷・東夷を率いて東國・南國を廣伐し、歷寒にまで侵寇するという大亂を招くこととなつた。c、王はそこで西の六師・殷の八師に命じ、噩侯馭方を伐つて壽幼をも遺すことなく、これを殲滅せよとの嚴命であつた。しかるに師旅は賊威に懼れ、逡巡彷徨して、噩侯を討伐することができなかつた。d、ゆえに武公はさらに禹を派遣し、公の戎車百乘・廝馭二百・徒兵千を率いて出陣させた。そして軍謀を肅しみ、西の八師・殷の八師をもよく統率して、噩侯馭方を伐ち、壽幼を遺さなく醜虜を殲滅せよと命じた。e、かくて禹は武公の徒馭を從えて噩に至り、噩を敦伐して成果を收め、その君馭方を俘獲したのである。f、禹はかかる戰果を收めたので、武公の丕顯なる耿光に對えて大寶鼎を作つた。禹の萬年にして、子孫の永く寶用せんことを。

穆公の名は本集二の231尹姞鼎・268盠方彝甲などにみえるが、禹の家との關係は無いようである。また武公は南宮柳鼎（錄遺・九八）にみえる武公とは同期である。禹の家は歷世武公の家に臣事していたらしい。武公はあるいは邢邦の世主であろう。從つて周の一族で、そのゆえに上文に先王といい、後に武公の名を出しているものと思われる。この器では朕に「朕肅慕」を除いてみな朕の字を用いている。

烏虖は早く本集二216也𣪘にみえるが、哀哉のような詠歎の語は師訇𣪘（薛氏・一四・一五）などこの期のものにはじめてあらわれる。大喪は博古に亦喪に作る。天の降喪をいうものも、355毛公鼎・師訇𣪘など、この期のものに限られる。厲末・共和の際の喪亂をいう。その端は噩侯馭方の叛亂などに發しているらしい。噩侯は338噩侯𣪘では王姞の器を作り、噩侯鼎（三代・四・三二・一）では王に納饗の禮を行ない、王室と親緣の關係にあるものであつたが、本器では南淮夷・東夷を率いてその叛亂の首謀者となつている。おそらく王室と扞格を生ずることがあつて離叛したのであろう。噩侯の國は東南の域にあつたらしい。廣伐は378不𡢁𣪘にもみえる語である。

かくて王は西の六師・殷の八師を動員して討伐せしめた。殷の八師とは成周の八師であろう。しかしかれらは勇戰せず、討伐の功をあげなかつた。そこで武公は禹を派遣することとし、公の戎車百乘・廝馭二百・徒千を與え、謀猷を肅しみ、六師・八師を督勵して噩侯を剪伐せよと命じた。壽幼を遺す勿れとは、敵愾にみちた語である。廝馭の語は他にみえぬが、下文にみえる徒馭は、あるいは廝馭と徒とを合せたものであろう。經籍には概ね徒馭という。禹は武公の徒馭を率いて噩に至り戰功をあげ、馭方を獲た。辜伐は本集二の271宗周鐘・378不嬰段にもみえる。禹はその成功により、その君武公の耿光に對えてこの器を作つた。耿光の語は毛公鼎にもみえる。自らの作器を大寶鼎と稱する例は多くみない。

新出の一器によつて博古の器・銘が實證をえたことは稀有の例である。それで本器をめぐつて、禹を詩の十月之交にみえる楀とし、あるいは武公を衞の武公とし共伯和とする說など種〻の意見が出されているが、禹は武公の世臣にして王官に非ず、武公は邢の世主にして衞の武公に非ず、何れも傅會の說である。

器はその大きさ殆んど356毛公鼎と同じ。立耳三獸足鼎。項下に變樣虺文、器腹は波狀文、脚頭に饕餮を飾る。文樣の肉は極めて淺い。項下帶文の四面及び脚頭に稜を付している。その器制は博古に載せるものと同じ。317・322兩克鼎と器制は近いが、文樣の表出法が異なつている。文字は剔抉のよくない點もあつて甚だ疎鬆の感を與え、341・343などに類する。同じく禹の作器である347叔向父禹段と著しく字風を異にしている。

351・352　師兌段一　〔銘〕三代・九・三二・二　＊〔器〕善齋圖・七四，七五

隹元年五月初吉甲寅、王才周。各康廟、卽立。同中右師兌入門、立中廷。王乎內史尹、册令師兌。疋師龢父、嗣左右走馬・五邑走馬。易女乃且市・五黃・赤舄。兌拜韻首、敢對覨天子不顯魯休、用乍皇且城公䵼段。師兌其萬年。子〻孫〻、永寶用。

隹れ元年五月初吉甲寅、王、周に在り。康廟に格りて、位に卽く。同仲、師兌を右けて門に入り、中廷に立つ。王、內史尹を呼び、師兌に册命せしむ。師龢父を疋けて、左右走馬・五邑走馬を嗣めよ。女に乃の祖の市・五黃・赤舄を賜ふと。兌、拜して稽首し、敢て天子の丕顯なる魯休に對揚して、用て皇祖城公の䵼段を作る。師兌、其れ萬年ならむことを。子〻孫〻、永く寶用せよ。

二器、器蓋各二文。銘九行九一字。師兌に對する册命賜與を記す。疋は從來足と釋し嗣續の意とされているが、善鼎（三代・四・三六・二）に左疋、走段（甲編・一二・四四）・蔡段（薛氏・一四・九）に𦔻疋の語があり、それらの銘文からみても佐助の意である。從つてその器は、師龢父の殂落をいう380師嫠段より前に位置すべきである。左右走馬は次の師兌段二にもみえる。册命に當つて祖考の物を賜う例は本集二の183大盂鼎參照。器の日辰は厲王元年に入るが、次の三年器と銜接しない。器は二器同制。兩耳三小足の段。器蓋の口緣と圈足部に重環文、器腹には瓦文を飾る。348叔向父禹段と近い。文字は行款整い、篆意多く、361・362頌器の文字に近づいている。

353・354　師兌段二　〔銘〕三代・九・三〇・一　＊〔器〕照片

隹三年二月初吉丁亥、王才周。各大廟、卽立。㝨白右師兌入門、立中廷。王乎內史尹、册令師兌。余旣令女、疋師龢父、嗣左右走馬。今余隹𩁹𩫏乃令、令女𦔻嗣走馬。易女𩰟鬯一卣・金車・𠦪較・朱虢𠣷靳・虎冟熏裏・右厄・畫轉・畫輯・金甬・馬四匹・攸勒。師兌拜韻首、敢對覨天子不顯魯休、用乍朕皇考盩公䵼段。師兌其萬年。子〻孫〻、永寶用。

隹れ三年二月初吉丁亥、王、周に在り。大廟に格りて位に卽く。㝨伯、師兌を右けて門に入り、中廷に立つ。王、內史尹を呼び、師兌に册命せしむ。余既に女に命じて、師龢父を疋け、左右走馬を嗣めしむ。今余隹れ乃の命を緟𩫏し、女に命じて、併せて走馬を嗣めしむ。女に秬鬯一卣・金車・𠦪較・朱虢𠣷靳・虎冟熏裏・右厄・畫轉・畫輯・金甬・馬四匹・攸勒を賜ふと。師兌、拜して稽首し、敢て天子の丕顯なる魯休に對揚して、用て朕が皇考盩公の䵼段を作る。師兌、其れ萬年ならむことを。子〻孫〻、永く寶用せよ。

銘は二器一蓋、一二行一二八字。蓋文は二四字を缺く。文は册命賜與を記し、元年銘の册命の認證と、別に兼官を命じているが、賜與は秬鬯・車馬など殆んど初命のときとかわらない。前器では皇祖、この器では皇考の器を作つているが、器の日辰が連ならず、斷代上、最も處置の困難な一器である。いまかりに何れも共和期のものとして列入した。𩁹𩫏は概ね前王の命じた職を認證する意であるが、ここでは一王が𩁹𩫏している。その例は師詢段（薛氏・一四・一五）にもあり、異常のことである。349禹鼎・355毛公鼎・357師克盨など天威の降喪をいう一群の器はこの

前後のものと思われる。共和中にして王と稱するものは宣王であるが、龏にはなお厲王があり、崩後改元した。これらの冊命はすべて周において行なわれており、宣王攝位中のものと思われる。

器影は從來著錄のないものであるが、いま照片によつて補つておく。器制は殆んど元年𣪕と同じく、字跡も近い。三年銘の日辰には誤記說もあり、兩器の時期は確定しがたい。

355・356　毛公鼎　〔銘〕拓本　＊〔器〕拓影

a　王若曰、父厝、不顯文武、皇天弘猒厥德、配我有周。雁受大命、率褱不廷方、亡不閈于文武耿光。唯天𨟻集厥命、亦唯先正、畧辪厥辟、𦤎堇大命。肆皇天亡斁、臨保我有周、不巩先王配命。

b　旼天疾畏、司余小子弗彶、邦𨟻害吉。䌤々四方、大從不靜。烏虖、趯余小子、家湛于𪏽、永巩先王。

c　王曰、父厝、今余唯肇巠先王命。命女、辪我邦我家內外。惷于小大政、甹朕立。虩許上下若否雩四方、死毋童。余一人才立。弘唯乃智。余非庸又昏。女毋敢妄寧。虔夙夕、叀我一人、雝我邦小大猷、毋折緘。告余先王若德、用印邵皇天、𤕦𤕦大命、康能四或、俗我弗乍先王憂。

d　王曰、父厝、雩之庶出入事于外、尃命尃政、埶小大楚賦。無唯正昏、弘其唯王智、迺唯是喪我或。厤自今、出入尃命于外、厥非先告父厝、父厝舍命、毋又敢惷尃命于外。

e　王曰、父厝、今余唯𤕦先王命、命女亟一方、圅我邦我家、毋雝于政、勿雝速庶□賓。毋敢龏橐。龏橐迺敄鰥寡。善效乃友正、毋敢湛于酉。女毋敢家。才乃服、𩠐夙夕、敬念王畏不昜。女毋弗帥用先王乍明井。俗女弗㠯乃辟圅于𪏽。

f　王曰、父厝、巳、曰、彶兹卿事寮大史寮、于父卽尹。命女、𤔲𤔲公族雩參有𤔲、小子師氏虎臣雩朕褻事。㠯乃族、干吾王身。取遺卅寽。

g　易女䰜鬯一卣・鄭圭鬲寶・朱市・悤黃・玉環・玉瑹・金車・桒緟較・朱鞹𢦏靳・虎冟熏裏・右厄・畫轉・畫輯・金甬・逪衡・金嫜・金豙・𠡤𣪘・金簟弼・魚葡・馬四匹・攸勒・金𡢕・金雁・朱旂二鈴。易女兹关。用歲用政。

h　毛公厝、對揚天子皇休、用乍𨚬鼎。子々孫々、永寶用。

a　王、若く曰く、父厝よ、不顯なる文武、皇天弘いに厥の德に厭き、我が有周に配す。大命を膺受し、不廷方を率懷して、文武の耿光に閈されざる亡し。唯れ天將いに厥の命を集し、亦唯れ先正、厥の辟を襄辪し、大命に勳勤せり。肆に皇天斁ふこと亡く、我が有周に臨保し、先王の配命を丕鞏にせり。

b　旼天疾畏にして、嗣げる余小子彶めず、邦將いに害吉あらむとす。䌤々たる四方、大いに縱れて靜らかならず。烏虖、懼るる余小子、家艱に湛み、永く先王に恐れあらしめむとす。

c　王曰く、父厝よ、今余唯れ先王の命を肇巠す。女に命じて、我が邦我が家の內外を辪めしむ。小大の政を惷み、朕が位を甹けよ。上下の若否を四方に虩許にし、死めて動せしむること毋れ。余一人位に在り。乃の智唯るを弘いにせよ。余、有聞を庸ふるに非ず。女敢て妄寧なること毋れ。夙夕を虔み、我一人に惠し、我が邦の小大の猷を雍げ、折緘すること毋れ。余に先王の若德を告げ、用て皇天に印昭し、大命を緟恪し、四國を康んじ能め、我が、先王の憂を作さざらむことを欲す。

d　王曰く、父厝よ、之の庶の出入して外に使し、命を敷き政を敷くに雩て、小大の楚賦を埶めよ。正聞唯り、其の王智唯るを弘いにすること無くば、迺ち是れ我が國を喪ふこと唯らむ。今自り厤たるのち、出入して命を外に敷くに、厥の、先づ父厝に告げ、父厝、命を舍くに非ずんば、敢て惷みて命を外に敷くこと有る毋れ。

e　王曰く、父厝よ、今余唯れ先王の命を緟ぎ、女に命じて一方に亟とし、我が邦我が家を圅ならしめ、政に離るること毋く、庶□の貯を壅速すること勿れ。敢て龏橐すること毋れ。龏橐するときは、迺ち鰥寡を敄ましめむ。乃の友正を善效し、敢て酒に湛むこと毋れ。女、敢て墜さず、乃の服に在りて、夙夕を𩠐み、王畏の易からざるを敬念せよ。女、先王の作りたまへる明刑を帥用せざること毋れ。女の、乃の辟を以て艱に圅れざらむことを欲す。

f　王曰く、父厝よ、巳、曰げて兹の卿事寮・大史寮に彶め、父に于て卽きて尹さしめよ。女に命じて、併せて公族と參有𤔲、小子・師氏・虎臣と、朕が褻事とを𤔲めしむ。乃の族を以ゐて、王の身を敔せよ。遺三十鍰を取らしむ。

g　女に秬鬯一卣・鄭圭鬲寶・朱市・悤黃・玉環・玉瑹・金車・桒緟較・朱鞹𢦏靳・虎冟熏裏・右厄・畫轉・畫輯・金甬・逪衡・金嫜・金豙・𠡤𣪘・金簟弼・魚箙・馬四匹・攸勒・金

嚻（らふ）・金膺・朱旂二鈴を賜ふ。女に玆（こ）の賸（おくりもの）を賜ふ。用て歲し用て政せよ、と。

h　毛公厝、天子の皇休に對揚して、用て隮鼎を作る。子〻孫〻、永く寶用せよ。

通篇三二行四九九字に及び、文辭は宏博深厚、詩書と出入し、兩周金文中最も精彩に富むものである。前半に王若曰・王曰の語を五たび用い、當時の誥辭の實際を傳える。またこの文の背景をなす政治的社會的情勢にも注意すべきものがあり、甚だ示唆に富む。

a　王はかく仰せられた。父厝よ、丕顯なる文武は天帝が大いにその德に厭足したまい、わが有周を天意に適うものとして大命を授けられた。王威にまつろわぬものを懷け從え、文武の耿光に光被せぬものとてなかつた。天はその命を成就して周の大統一を實現し、また先臣たちもその辟王を輔弼し、大命を翼戴するにつとめた。かく君臣一致して天意を奉じたので、皇天もいとうことなく眷寵し、わが周の國を上天よりまもり、先王の受けた天命を一層鞏固ならしめたのである。先王の受命・肇國と、先臣輔弼の功をいう。

b　しかるに今、天は疾畏を示し試練を下したまうた。嗣王たる余が大いに戒懼することなければ、邦は大災を被るに至るであろう。四方䌠〻として大いに擾れ、靜謐を失つている。ああ、心安からぬ我は、王家が艱難に淪み、永く先王に憂を殘すことをおそれる。いま天畏降喪、周室の危機に瀕するをいう。

c　王は仰せられた。父厝よ、今余は先王の命を紹繼し國政を執ることとなつた。汝に命じてわが邦わが家の內外を宰治し、王の小大の政事をつつしみ、わが王位を輔弼させる。上下の若否と四方の是非とを明らかにし、治めて動搖せしめてはならぬ。余一人が王位を保ちうるか否かは、汝の智によるところ大である。余は自らを聞德ありとするものではない。汝も決して妄寧不愼のことがあつてはならぬ。夙夜を敬しんで事え、我一人を惠恤し、わが國の小大の猷謀を和敬し、上下の意を杜塞するところがあつてはならぬ。余に先王の神意に愜える德を告げ、もつて天意を燮和し、大命を承繼發展させ、四國を康んじ治め、わが施政が先王の靈を憂えさせることのないように望む。周室の危機に臨んで、輔弼の大任を以て命ぜられることをいう。

d　王は仰せられた。父厝よ、この百僚庶官の王廷に出入し、あるいは外に使し、命を傳え政を敷くに當つて、小大の祖賦を徵し治めて財政を經理せよ。眞の聞德を有して、王こそ智ありと王聽を大いに開張することがなければ、やがてはわが國運は喪うであろう。今より後、王廷に出入し命を外に敷くに當つて、人〻はまず父厝にそのことを告げ、父厝が命を發するのでなくては、敢てつつしんで命を外に施すことがあつてはならぬ。毛公に百官の統率、王命の出納を任ずることをいう。

e　王は仰せられた。父厝よ、今、余は先王の命を承繼し、汝に命じて一方の統治者として、わが邦わが家を張皇させる。政にみだることなく、庶民の進貢する貯積を壅塞してはならぬ。苛斂誅求のことがあつてはならぬ。苛斂誅求は鰥寡の人を苦しめることになろう。汝の諸官長を教導して、酒に沈湎させてはならぬ。汝はその職事を失墜することなく、汝の服事に從つて、夙夜を恪しみ、王畏の伸張せざることを敬念せよ。汝は、先王の作りたまえる規範に從わぬことがあつてはならぬ。汝が、汝の辟君たる余をば、艱難に陷らせることのないように望む。施政上の要を述べ、輔弼の責を果たすべきことをいう。

f　王は仰せられた。父厝よ、ああ、卿事寮・大史寮諸官に戒告し、萬事を父の決裁に待つようにせよ。汝に命じて、併せて公族と參有事、小子・師氏・虎臣と、わが左右執御の臣とを官司させる。汝の族人を率いて、王の身邊を扞護し、親衞のことに當れ。この兼職に對する職務俸として、賦徵三十鋝を給する。毛公に諸官の宰治統帥を任ずることをいう。

g　汝に秬鬯一卣以下の禮器、朱市悤黃以下の禮服玉飾、金車以下車具一式、馬四匹と馬具一式を賜う。汝にこのおくりものを與える。これを以て祀り、政務につとめよ。冊命に當つての賜與をいう。以上すべて冊命の辭である。

h　冊命を受けた毛公厝は、天子の皇休に對えて、その寵榮を紀念して隮鼎を作る。子孫は永く寶用せよ。

器は出土の後、陝西の著名な仿製家蘇億年が都に攜えて陳介祺の手に入り、濰縣に運ばれ、陳氏は祕して人に示さず、その拓本は非常に高價であつたという。錄入した拓本はその數少い中の特に精拓といいうるものである。器はのち宣統に入つて端方の有に歸し、その後數轉し、一時海外に去る危險もあり、香港に移つたこともあるが、のち上海の商人陳詠仁が所有した。陳氏はこれを政府に獻納しようとして、手續きの齟齬のため却つて控留の厄に遭うたという。出土以來、話題の多い器であるが、いまこの重器は海を超えて臺北故宮博物院に藏している。

文は五百字に近く、文辭は淵雅高古、一篇の尙書に當る重器であるから、その考釋を試みたもの二十數家あり、しかも措辭崇奧にしてなお適解をえがたいところもある。その時期についても成王說・夷王說・厲王說・宣王說・春秋中葉以後とする說など諸說あり、紛殺を極めている。しかしその器制は西周後期にあたること疑がない。

器は通耳高五三・八糎、深二七・八糎、口徑四七・九糎、腹圍一四五糎、重三四・七〇五瓩に及ぶ重厚、文章の渾穆と相適うている。文字もまた一代の重器にふさわしく、正統的な字樣で、古籀の典型と稱してよい。器銘にいう天威降喪は、師訇𣪘（薛氏・一四・一五）や350禹鼎にもみえ、おそらく厲王𢜽に奔り、周が分裂の危機に直面した當時のことであろう。すなわち共和期の混亂を反映するものであると思われる。

357・358　師克盨　〔銘〕陝西・一〇二　＊〔器〕同上

a　王若曰、師克、不顯文武、膺受大令、匍有四方。刪繇隹乃先且考、又𤔲于周邦。干害吾王身、乍爪牙。

b　王曰、克、余隹巠乃先且考、克𢽎臣先王。昔余既令女。今余隹𤕌𠦪乃令。令女叓乃且考、𤔲𤔲左右虎臣。

c　易女𩰪鬯一卣・赤市・五黃・赤舄・□□・駒車・𠦪較・朱虢𠚤𩏂・虎冟熏裏・畫𩌏・畫𩍏・金甬・朱旂・馬四匹・攸勒・素戉。敬夙夕、勿灋朕令。

d　克敢對䫸天子不顯魯休、用乍旅盨。克其萬年。子〻孫〻、永寶用。

a　王、若く曰く、師克よ、不顯なる文武、大命を膺受し、四方を敷有す。則ち繇隹れ乃の先祖考、周邦に勳有り。王の身を干吾して、爪牙と乍れり。

b　王曰く、克よ、余は隹れ乃の先祖考の、克く𢽎めて先王に臣へたるを巠（念）す。昔、余既に女に命じたり。今余隹れ乃の命を緟𠦪す。女に命じて乃の祖考を更ぎ、併せて左右虎臣を𤔲めしむ。

c　女に秬鬯一卣・赤市・五黃・赤舄・□□・駒車・𠦪較・朱虢𠚤𩏂・虎冟熏裏・畫𩌏・畫𩍏・金甬・朱旂・馬四匹・攸勒・素鉞を賜ふ。夙夕を敬しみ、朕が命を灋つること勿れと。

d　克、敢て天子の丕顯なる魯休に對揚して、用て旅盨を作る。克、其れ萬年ならむことを。子〻孫〻、永く寶用せよ。

二蓋一器。何れも從來未著錄のもので、一九五七年、その蓋のみの一器が陝西省博物館に歸し、はじめて紹介されたものであるが、重要な銘文である。一三行一四七字。三銘の閒に一、二文字の異同出入がある。

a　王はかく仰せられた。師克よ、丕顯なる文王武王は天の大命を受けて四方を敷有したまうたが、もともと汝の先祖考は周邦にその名高きものにて、王の身を扞護し、王の爪牙の臣たりしものである。以上克の勳功をいう。

b　王は仰せられた。余はつねづねより汝の先祖考がよく先王に事えたことを顧念しており、さきにすでに汝を官に任じたが、今また改めてその職を認證し、汝に命じて汝の祖考の職をつぎて師職に就かしめ、また兼ねて左右の虎臣を官司せしめる。以上克の前命を認證し、兼官を命ずるをいう。

c　汝に秬鬯一卣、赤市以下の禮裝の具、駒車以下の車具と馬四匹、素鉞を與える。夙夜を敬しんで事え、わが命を廢してはならぬ。賜與と戒めの辭を記す。

d　克は天子の丕顯なる休命に對えて旅盨を作った。子孫寶用せよ。對揚の辭。

冊命の前文を加えず、直ちに「王若曰」ではじまる形式は、早く本集二の183大盂鼎・222彔伯𢦚𣪘などにもみえ、この期では355毛公鼎・師訇𣪘（薛氏・一四・一五）などその例が多い。また文武の受命より說き起すことも大盂鼎以後、この期に至つて多くみえているが、これは特に意味のあることであろう。毛公鼎、師訇𣪘には、文首に文武の受命・創業の際を回顧し、後に天威降喪をいう。そして當時の危機的な樣相が述べられている。この器では時勢の艱難には及んでいないが、文武創業のときを述べて克の先世に及び、克の忠誠を期待しており、毛公鼎・師訇𣪘と通ずるところがある。aの爪牙という語は、師訇𣪘にもみえる語である。

bは一王の𤕌𠦪の辭である。先王の命を𤕌𠦪するのと異なつて、王がその前命を重ねることをするのは、政治情勢の變化など特別の理由があるものとしなくてはならぬ。從つて本器以下、毛公鼎・師訇𣪘・禹鼎の諸器は、おそらく周王朝が分裂の危機に瀕した共和期のものと思われる。

ｃの賜物はすでに概ね222彔伯𢦚段にみえる。なお前器毛公鼎は車服の具においては最も備わるものである。

克氏の諸器はその數甚だ多く、中に紀年をもつものも少くないが、暦譜の上からいうと幾世にもわたることが知られ、よほどの大族であつたらしい。その字は概ね端正な篆意の強いものであるが、この器の字樣はそれらとかなり異なる。拓はその原寸を明らかにしないので、紙幅の容れうる大きさにしておいたが、蓋の寛約二〇糎、長二八糎近いものであるから、銘は圖よりもなお若干大きいようである。

陝西省博物館に歸した蓋は、光緒ころの出土とみられ、火盆に使われていたという。のち北京の故宮博物院に器蓋一器が入つたが原配でなく、前出の蓋がその器と合う。出土後流轉の閒に原配を失し、かつ器の一を失つたものであろう。居中に變樣の顧龍文あり、中央で兩尾交わる文樣である。緣邊にも變樣虺文、ついで瓦文を付す。居の側面にも顧龍を付している。第二器の器影は文物一九六二・六に載せている。

359・360　史頌段　〔銘〕拓本　＊〔器〕故宮・上・六七

隹三年五月丁子、王才宗周。令史頌省穌。瀀友里君百生、帥覊盩于成周。休又成事。穌賓章・馬四匹・吉金。用乍𩰫彝。頌其萬年無疆、日遲天子覭令。子〻孫〻、永寶用。

隹れ三年五月丁巳、王、宗周に在り。史頌をして蘇を省せしむ。瀀友里君百生、帥覊して成周に盩ふ。休にして成事有り。蘇、璋・馬四匹・吉金を賓る。用て𩰫彝を作る。頌、其れ萬年無疆にして、日に天子の覭命に遲へむ。子〻孫〻、永く寶用せよ。

四器八銘、他に疑わしい一器がある。各〻銘六行六二行。史頌が命を奉じて、蘇の查察を行なうことを記す。蘇は己姓國。河内溫縣方面の古族である。瀀友は官友、里君は里邑の長。蘇の瀀友里君百姓がみな成周に會同し、そこで盟約して服事の禮を行ない、滯りなく成果をあげた。蘇は史頌に璋以下を賓物として贈り、それで頌は𩰫彝を作つた。頌はその萬年無疆を祈り、日に天子の顧命に對え、子孫の寶用を求めるのである。字跡は篆意頗る饒く、この種の字樣としては最も完成された樣式を示している。

同銘四器のうち、一は西清（二七・一六）、二は兩罍（六・三五）、三は故宮（上・六七）、四は高鴻縉の頌器考釋（一九五九年）にみえる。三はいま臺北故宮博物院、四は寧樂博物館藏、他に日本（三二三）に一器を錄している。三は失蓋、兩耳犧首、魚尾狀の角を付す。口緣に變樣の夔文、腹に瓦文、圈足には鱗文、足端は外卷してまた魚尾狀をなす。四は足の形が異なるほかは三に同じ。一・二の圖樣もこれに近い。ただこれらの中には、原配かどうか疑わしいものもある。

史頌には別に同文の鼎のほか、短銘の匜・盤がある。字樣は殆んどこの器と同じ。鼎の器制は322大克鼎と似ている。

361　頌鼎　〔銘〕拓本　〔器〕故宮・上・四〇

隹三年五月既死霸甲戌、王才周康卲宮。旦、王各大室、卽立。宰弘右頌入門、立中廷。尹氏受王令書。王乎史虢生、冊令頌。王曰、頌、令女官嗣成周賓廿家、監嗣新寤賓。用宮御。易女玄衣黹屯・赤市・朱黃・䜌旂・攸勒。用事。頌拜䭬首、受令冊、佩㠯出、反入堇章。頌敢對䚄天子不顯魯休、用乍朕皇考龔叔、皇母龔始寶隮鼎。用追孝、旛匄康𧾷屯右、通彔永令。頌其萬年眉壽、畯臣天子、霝冬。子〻孫〻、寶用。

隹れ三年五月既死霸甲戌、王、周の康卲宮に在り。旦に王、大室に格り、位に卽く。宰弘、頌を右けて門に入り、中廷に立つ。尹氏、王に命書を受く。王、史虢生を呼び、頌に冊命せしむ。王曰く、頌よ、女に命じて、成周の貯二十家を官嗣し、新造の貯を監嗣せしむ。用て宮に御ひよ。女に玄衣黹純・赤市・朱黃・鑾旂・攸勒を賜ふ。用て事へよと。頌、拜して稽首し、命冊を受け、佩びて以て出で、瑾璋を返納す。頌、敢て天子の丕顯なる魯休に對揚して、用て朕が皇考龔叔、皇母龔姒の寶隮鼎を作る。用て追孝し、康𧾷純祐、通祿永命ならむことを祈匄す。頌、其れ萬年眉壽にして、畯く天子に臣へ、靈終ならむことを。子〻孫〻、寶用せよ。

三銘あり、一は十五行、二は十六行、三は十四行。錄入したものは第一銘で十五行一五一字。一行にほぼ十字を入れている。

三年五月既死霸甲戌、王は周の康卲宮にあり、旦に大室にいたり位に卽きたまうた。宰弘が頌の右者となり、門に入つて中廷の位置についた。尹氏が王に冊命の書を手渡すと、王は史虢生に命じてその書を讀ませ、冊命を行なつた。王の仰せには、頌に命じて成周の貯廿家を官司させ、新造の貯を監司させる。その貯入を以て宮の經費に充當せしめる。汝に玄衣黹純・赤市・朱黃・鑾旂・攸勒を賜う。用て事えよと。頌は拜して稽首し、命册を受領し、それを佩びて退出し、瑾璋を返納した。頌はつつしんで天子の丕顯なる休命に對えて、わが皇考龔叔、皇母龔姒の隮鼎を作つて追考し、純佑と永命とを祈る。頌は萬年眉壽、永く天子に事えて天祿を完うせんことを。子孫永く寶用せよ。

この銘文は一般の册命形式金文と異なつて、當時の册命儀禮の實際を傳えるところがあり、その點甚だ參考となる。これによると、册命のときには尹氏がその書を天子に手交し、天子から史官に渡してよみあげられるのである。それでそういう形式をとらず、王が直接に事を命ぜられるときには、本集二の276史懋壺、310克鐘のように「王親命」というが、それは異例のことであつた。册命が終ると、命書は受命者に渡され、受命者はそれを佩びて退出する。これらの次第は、他の銘文には記されていない貴重な資料である。その儀禮の最後に記されている「反入堇章」という句は難解の語であるが、新命を賜うたとき、舊命の際に賜うた品の一を返納する禮があつたのではないかと思われる。嗣襲のときの册命に、受命者の父祖のものを賜う例、本集二の183大盂鼎、351師兌殷一があるのはその證であろう。器の紀年は、孝王の譜に合う。

頌の職事は、成周の租調を徵すべき廿家を差配し、また新たに設定された課役地を監司することであつた。その賦納は、おそらく成周の宮寢の經費に充てられたもので、成周の貯廿家、新造の貯は、いわば御料田の性質をもつものである。

鼎は三器あり、二・三は甲編・一・二八，三一に圖樣を載せ、二はいま臺北故宮博物院、三は北京故宮博物院に藏する。第二器の故宮の圖は277康鼎と互易、二弦文の鼎が頌鼎である。第三器の器制文樣も第二器と殆んど同じ。文字は359史頌殷と同じく、篆體の完成された樣式である。

これと同銘のものに殷五器・壺二器がある。殷は器蓋合せて十銘。中に蘇億年・蘇兆年兄弟の仿鑄僞銘があるといわれ、若干の文字の異同がある。その字迹も、鼎・壺に及ぶものをみない。壺は器制・字迹ともにみるべきものがあるので次に錄した。

362・363　頌壺　〔銘〕三代・一二・三〇　＊〔器〕武英・八七

銘文は361と同文。器は二器。器蓋各二文。器銘は腹に、蓋銘は308曶壺と同じく項の部分にある。錄入したものは銘・器とも第二器。蓋銘は一行四字、蓋の項の部分をめぐつて施され、器銘には方格がある。字は殆んど筆鋒を示さないが、字樣は359史頌殷・361頌鼎に近い。

器は兩耳犧首銜環、蓋あり、蓋上は平底、鈕下に鱗文、口緣に變樣夔文を飾る。器腹の文樣は上下二層、上層はいわゆる公字形を含む山形の波狀文、下層は龍形をからみ合せた蛟龍文とよばれるもので、圈足部には鱗文を付している。芮公壺（故宮・上・一四六）などがこれに近い形制をもつている。

以上のように頌鼎と同銘のものが鼎三・殷五・壺二、合せて一〇器、一七銘に及んでいる。同銘の器を多く作ることは當時行なわれた風尚であるらしく、宗婦の器のごときも鼎四・殷三・壺二・盤一などあり、367凾皇父殷によると鼎十一・殷八・兩罍・兩壺を作つている。周末の風とみられる。

364　史頌匜　＊〔器〕雙劍誃・上・二一

頌の諸器中、匜一器の器影を錄しておく。口緣に變樣夔文、腹部に瓦文、鋬や前二足に獸首を飾る。繚白繞碧、晶光が人を射るような美しい器であるという。「史頌乍鉇。其萬年。子〻孫〻、永寶用（史頌、匜を作る。其れ萬年ならむことを。子〻孫〻、永く寶用せよ）」という銘がある。字は361頌鼎に似てすぐれている。

365・366　兮甲盤　〔銘〕三代・一七・二〇　＊〔器〕照片

隹五年三月既死霸庚寅、王初各伐厰𤞷于䍐虞。兮甲從王、折首執噝、休亡敃。王易兮甲馬四匹・駒車。

王令甲、政𤔲成周四方賚、至于南淮尸。淮尸舊我貝晦人。毋敢不出其貝・其賚・其進人・其貯。毋敢不卽餗卽岑、敢不用令。鼎卽井𢦏伐。其隹我者侯百生厰貯、毋不卽岑。毋敢或入䜌宄貯。鼎亦井。

兮白吉父乍般。其眉壽、萬年無疆。子〻孫〻、永寶用。

隹(こ)れ五年三月既死霸庚寅、王初めて玁狁(けんいん)を䍐虞(ひぎょ)に各伐す。兮甲(けい)、王に從つて折首執訊あり、休にして敃(や)むこと亡(な)し。王、兮甲に馬四匹・駒車を賜ふ。

王、甲に命じて、成周四方の賚(せき)を政𤔲せしめ、南淮夷に至らしむ。淮夷は舊(もと)我が貝晦(はくほ)の人なり。

敢て其の賔・其の賫・其の進人・其の貯を出さざること毋れ。敢て餗に卽き、市に卽かずして、敢て命を用ひざること毋れ。則ち刑に屡伐に卽かしめむ。其れ隹れ我が諸侯百姓の貯、市に卽かざること毋れ。敢て蠻に入りて、貯を妟すこと或ること毋れ。則ち奕刑あらむ。

兮伯吉父、盤を作る。其れ眉壽にして、萬年無疆ならむことを。子〻孫〻、永く寶用せよ。

銘一三行各行一〇字、すべて一三三字、重文四。文は玁狁討伐のことをいう。彝銘に玁狁のことをいうものは、本器の他に376虢季子白盤・378不娶段などがある。

五年三月既死霸庚寅、王ははじめて玁狁を嵒盧に伐ち、兮甲はその王征に従つて折首執訊の功あり、よき首尾をえた。王は甲に馬四匹と駒車とを賜うた。王は兮甲に命じて成周四方の賦調を治めしめ、南淮夷の地域まで至らせた。淮夷は久しくわが周に對して、その生產する帛・穀を貢する義務を負えるものである。その帛、その積、その勞働力、その賦調の貢納を怠るべきではない。軍の駐屯地への物資の供給や、市に生產品の供出を怠り、敢て王命に從わぬことがあつてはならぬ。かくのごときものは刑に處し、撲伐を受けよう。わが諸侯百姓の供すべき生產物は、市に集荷を拒否すべきではない。また諸侯百姓が、蠻地に入つてその貢調すべきものを掠取してはならぬ。かくのごときものは大刑を受けよう、と。

兮伯吉父は王の休寵を紀念して盤を作つた。眉壽萬年、無疆ならんことを。子〻孫〻、永く寶用せよ。

　文は三段より成る。第一段は、吉父が王の玁狁討征に従つて折首執訊の功あり、恩賞を受けたことをいう。第二段は吉父が成周四方の賦調を徵收し、さらに南淮夷にまで至つてその貢納義務を督責し、諸侯百姓の物資調達の義務、かれらが蠻地を掠取する不法を取締るよう命ぜられたことをいう。その王命を錄した文である。末段は對揚の辭である。器の日辰は宣王の譜に合う。

　當時玁狁と淮夷とが相呼應して周室に抵抗し侵寇を試みなどしたことは、詩の小雅六月篇などにもみえ、そのため周は玁狁を伐ち、淮夷に對する支配權の維持強化をはかつた。玁狁の討伐に成功するや、吉父が直ちに軍を旋して淮夷の強壓に向つたのはそのためである。當時淮夷は淮水の上游方面にまで及んでいたので、成周四方の地とは接壤の關係にあつた。この銘文によつて考えると、成周方面の諸侯百姓が蠻地を掠取して淮夷の不滿を買い、また諸侯百姓も十分に王室に對する義務を盡くさぬものがあつたようである。それで吉父は成周四方・淮夷の賦調を徵し、周室の利益を確保するため、この地に派遣されたのである。この銘文によつて、この方面に對する周室の支配關係、諸族の政治的經濟的從屬關係の一斑をみうるが、尙書禹貢にいう徐州淮夷の朝貢義務のごときも、こういう事實の傳承によるところがあろう。

　この器は宋・元の文獻にすでにみえていて、傳世の古器としては稀有のものである。器は附耳。嘗て餠皿に使用されていたという。腹・足に變樣の夔文らしい文樣を飾るが、尖銳ではない流れるような細い凸線で表出されている。通考（八三九）によると器の圈足を缺いているが、器はいま書道博物館にあり、圈足を備えている。その銘を諸著錄と比べてみると、泐蝕のところなどが異なつている。必ずしも搨拓のしかたによるとも思えないが、その同異を確かめがたい。

367・368　函皇父段　〔銘〕三代・八・四一・一　*〔器〕日本・三二四

函皇父乍琱娟般盉障器鼎段一具。自豕鼎降十又一・段八・兩罍・兩壺。琱娟其萬年。子〻孫〻、永寶用。

函皇父、琱娟の盤盉障器・鼎段一具を作る。豕鼎よりして降ること十又一、段八・兩罍・兩壺なり。琱娟、其れ萬年ならむことを。子〻孫〻、永く寶用せよ。

四器、一器未著錄。第一器蓋二文、第二器・第三器各〻蓋文、四行三九字。函皇父を詩の十月之交にみえる皇父に充てる說もある。琱娟の琱は374琱生段の琱であるらしい。これだけのセットを作つている函氏は、よほど富裕な勢力ある家であろう。鼎段一具の鼎と一、十又一の一は盤銘によつて補う。

　盤・盉・障器・鼎・段を一具としているが、下文に列する器と異なつている。豕鼎は䵼牛鼎のように、器の大小を示した語であろう。鼎十又一・段八・兩罍・兩壺、合せて二十三器、盤・盉を加えるときは二十五器となる。他に同文の盤（陝西・六五）や函皇父匜（三代・一七・三一・三）などもあり、琱娟の器を作る。字迹は何れも361・362頌器の系統に屬する。

　三器のうち一は猷氏、一は天理參考館、一は陝西省博物館に藏する。何れも兩耳三小足の段。器蓋の口緣・圈足に環文、腹と蓋上に瓦文を飾つている。兩耳の犧首に鼻梁樣の凸起がある。

皇父關係の器は、いま陝西省博物館に函皇父鼎二・盤一・段一及び函皇中簠を存する。鼎・盤・段各一器は本器と同文である。その盤銘によつて、同銘他器の脫文三を補うことができる。陝西収藏のものは一九三三年、扶風縣康家村出土、もと三十器近い器群であつたと推定されている。鼎の甲器（函皇父鼎一　陝西・六一）は立耳獸足鼎、項下に四稜を挾んで變様夔文、腹にも同じ文様を飾る。器腹の大部分は金色を呈しているという。369鼎乙と盤一は環文を飾つている。

369　函皇父鼎二　〔銘〕陝西・六二　〔器〕同上

函皇父乍琱娟䢅鼎。子〻孫〻、其永寶用。

函皇父、琱娟の䢅鼎を作る。子〻孫〻、其れ永く寶用せよ。

三行一七字。皇父の器の一である。䢅下の一字不明。段の異文かと思われるが確かでない。器は立耳三獸足鼎。項下に環文をめぐらしている。

370・371　㝬兌段　〔銘〕尊古・二・八　＊〔器〕同上

隹正月初吉甲午、㝬兌乍朕文且□公皇考季氏䢅段。用𣄰眉壽、萬年無彊多寶。兌其萬年。子〻孫〻、永寶用享。

隹れ正月初吉甲午、㝬兌、朕が文祖□公・皇考季氏の䢅段を作る。用て眉壽、萬年無疆にして、多寶ならむことを祈る。兌、其れ萬年ならむことを。子〻孫〻、永く寶として用て享せよ。

銘六行四三字。文字は函皇父の諸器と近い。器は失蓋、三小足段。器形・文様は360史頌段と極めて近く、ただ小足の尖端だけが異なつている。兩耳の犧首に肉角狀の角がある。㝬兌あるいは351・353の師兌の家と關係があるかも知れない。

372・373　杜伯盨　〔銘〕三代・一〇・四三・一　＊〔器〕尊古・二・一七

杜白乍寶盨。其用享孝于皇申且考于好倗友。用桒壽、匄永令。其萬年、永寶用。

杜伯、寶盨を作る。其れ用て皇神祖考と、好倗友とに享孝せむ。用て壽を桒り、永命を匄む。其れ萬年まで、永く寶用せよ。

銘四行三〇字。皇神祖考という語は珍しい。倗友は百諸婚媾などと合せ用い、族內の相近い年輩者をいう。

器は三器あり、光緒廿年（一八九四年）陝西韓城澄城交界より出土、兩器は蓋を失つている。盨は後期に至つてみえる。文様は前器に近い。圈足に瓣花狀の淺い刳りがある。盨は358師克盨のように、蓋上の居にも文様のあるのが普通である。

銘は第一器。器影は第二器。字迹は兌・頌の器と似ており秀媚である。杜伯には別に鬲（三代・五・三九・一）などもある。墨子明鬼篇によると、杜伯は宣王に殺された人で、王の田獵のときに素車朱衣冠、朱弓を執つてその亡靈が現われたという話が傳えられている。

374　琱生段二　〔銘〕三代・九・二一・一

隹六年四月甲子、王才莽。䢅白虎告曰、余告慶。曰、公厥稟貝、用獄諫。爲白又甫又成。亦我考幽白幽姜令。余告慶、余邑邑嗌有𤔲。余典、勿敢封。今余既嗌。有𤔲曰、戾令。今余既一名、典獻。白氏㓻報璧。琱生對䞓朕宗君其休、用乍朕剌且䢅公嘗段。其萬年。子〻孫〻、寶用享于宗。

隹れ六年四月甲子、王、莽に在り。䢅伯虎告げて曰く、余慶を告ぐ。曰く、公の稟けたる貝は、用て獄諫とせり。爲伯に祗める有り、成有り。亦我が考幽伯幽姜の命じたまへるままなり。余、慶を告ぐ。余、邑を以て有𤔲に訊げたり。余、典して、敢て封ずること勿し。今余、既に訊げたりと。有𤔲曰く、命を戾かにせりと。今余、既に一名して典獻す。伯氏則ち璧を報じたまへり。琱生、朕が宗君の休に對揚して、用て朕が烈祖䢅公の嘗段を作る。其れ萬年ならむことを。子〻孫〻、寶として用て宗に享せよ。

銘一一行一〇五字、各行ほぼ十字である。第一器（中國・一〇）は五年銘。この銘はそれと關するもので、兩銘とも特に難解を以て聞えており、その內容の大體を知り文意をたどることさえ、いまなお困難である。おそらく第一器は土地の領有あるいは用益についての紛爭が記されているものと思われ、この器にはその事案解決の方法が記されているのであろう。大旨はほぼ次のごとくであろうと思われる。

六年四月甲子、王が莽にあるとき、召伯虎は告げていう。「余は爭訟の結末について報告する。それは以下のごとし。公の受領した貝は、訴訟費用に充當する。理官たる爲伯は愼重に審議し公平な裁定をした。その裁定はわが父幽伯、母幽姜の命と合致している。余はその結末を報告する。余は邑を以て有𤔲に引渡す。余はその權利書を作成したが、現地に封界を設定する要はない。余はすでに有嗣に引渡して、命を確認せしめた。余はすでに誓約して署簽を終えたのである」。（こうしてその權利證書は琱生に手交された。）

（事案はすでに解決したので）、召伯は琱生に璧を償報した。琱生は宗君の休に對えて、わが烈祖召公の嘗毀を作つた。希くは萬年、子〻孫〻を寶用して、宗に享祀せんことを。

文中の人物の關係、王・召伯・公・爲伯・琱生が、この事件についてどういう立場にあるのか、幽伯・幽姜は第一器にもみえるがすでに故人であるはずで、その命がどういう内容をもつのか、不明なところが多い。

告慶とはおそらく裁判用語であろう。慶は鹿の形に従うが、善・法の初形と同じく、その動物は獬豸の形で、慶とは勝訴、あるいは和解の結末をいうようである。召伯と琱生とは事件の當事者、公は何人を指すのか不明である。爲伯は理官であるらしい。琱生が召公の祭器を作り、子孫にその宗に祀ることを命じていることからいえば、琱生も召公の一族である。すなわちこの事件は同族間の繫争で、かねて幽伯・幽姜の提示していた解決案の線で和解が成立したものと思われる。そしてその文書は王廷の認證を受け、權利書として確認された。このようにでも解しなくては、この文のよみようがない。

琱生は380師嫠毀にみえる宰琱生で、367函皇父の器にみえる琱娟の琱氏であろう。字にやや頽靡の風がある。その器影をとどめていないが、第一器と同制であるという。

375　琱生毀一　＊〔器〕中國・一〇　〔銘〕同上

器のみを錄した。第二器も同じ器制であるという。兩耳の毀で圈足部が極めて高い。耳の犧首は雞首、珥は圈足に沿うて長く垂れ、外卷。器・足に饕餮を飾る。前後に器の上下に達する鈎稜がある。例をみない異樣な作りである。一は五年銘、二は六年銘であるが、器制が同じであるとすれば、あるいは同時に作られたものかも知れない。

376・377　虢季子白盤　〔銘〕三代・一七・一九・一，二〜二〇・一　＊〔器〕虢盤

隹十又二年正月初吉丁亥、虢季子白乍寶盤。不顯子白、𣪘武于戎工、經纏四方。博伐厰GF、于洛之陽。折首五百、執噝五十、是目先行。趄〻子白、獻戒于王。王孔加子白義。王各周廟、宣廚爰卿。王曰、白父、孔䚄又光。王易乘馬。是用左王。易用弓。彤矢其央。易用戉。用政緣方。子〻孫〻、萬年無彊。

隹れ十又二年正月初吉丁亥、虢季子白、寶盤を作る。丕顯なる子白、戎工に壯武にして、四方を經維す。玁狁を搏伐す、洛の陽に。折首五百、執訊五十、是を以て先行す。趄〻たる子白、馘を王に獻ず。王、孔だ子白に儀を加ふ。王、周廟に格り、宣榭に爰に饗す。王曰く、白父、孔だ顯にして光有りと。王、乘馬を賜ふ。是を用て王を佐けよと。賜ふに弓を用てす。彤矢と旗央と。賜ふに鉞を用てす。用て蠻方を政せよと。子〻孫〻、萬年無疆ならむことを。

銘八行一一一字。錄入した銘は貼合わせたもので、原銘は各行一三字、合文・重文七字。字迹は錄入したものが最もみごとである。

十二年正月初吉丁亥、虢季子白、寶盤を作る。丕顯なるわれ子白は戰役にあたつて武勇をあらわし、四方を經營し、玁狁を洛水の北に討伐した。そして折首五百、執訊五十を獲て先行した。趄〻たるわれ子白は、その俘獲を王に獻じ、王は大いに嘉賞を加えられた。王は周廟宣榭において告捷を報じ、饗宴を賜うた。王は仰せられた。伯父よ、汝の戰功は甚だみごとにして名譽あるものである。王は乘馬を賜うて、これを以て王を佐けよと囑された。また彤弓彤矢旗旄を賜い、彫鉞を賜うて、蠻方を征せよと命ぜられた。子〻孫〻、萬年無疆ならんことを。

文は飮至策勳、克捷の禮を記す。文體簡荘、多く四字句を用い、工・方・陽・行・王・卿・光・王・央・方・彊が陽・東の合韻。殆んど詩の六月・釆芑の表現に類するところがある。この銘にいう征役は、あるいはそれらの詩篇に歌う征役と關係あるものかも知れない。なお378不嬰毀にみえる玁狁征伐も、この銘と關係があろう。器の日辰は宣王の譜に入る。

器は縱一三〇・二糎、横八二・七糎、高四一・三糎に及ぶ現存最大の盤である。四面に各〻二獸首あり、銜環・四足は矩形をなす。口下に變樣の夔文、腹部に公字形を含む波狀文をめぐらしている。環は縄形をなしている。郿縣禮邨の出土ともいい、また寶雞から出たともいう。道光（一八二一〜一八五〇）のころ、馬槽などに使われているのを眉縣の知事が見出し、故郷の江蘇陽湖にもちかえつていたが、太平天國の亂後その舊宅から發見され、のち火に遭うたが難を免れ、度

重なる戦禍をも逃れて、いま故宮博物院太和殿に収められている。355毛公鼎とともに、浮沈を極めた器である。銘は盤の内底にあり、字迹は氣象に富み、後の石鼓に近いものを感じさせる。

378・379　不嬰𣪘　〔銘〕三代・九・四八・二　＊〔器〕夢郼・上・三四

唯九月初吉戊申、白氏曰、不嬰駿方、厰允廣伐西俞。王令我、羞追于西。余來歸獻禽。余命女御追于䍙。女㠯我車、宕伐厰允于高陶。女多折首執訊。戎大同、從追女、女彶。戎大臺戟、女休。弗㠯我車圅于囏。女多禽、折首執訊。

白氏曰、不嬰、女小子、女肇誨于戎工。易女弓一、矢束・臣五家・田十田。用從乃事。

不嬰拜𩒨手休、用乍朕皇且公白孟姬障𣪘、用匃多福。眉壽無疆、永屯靈冬。子〻孫〻、其永寶用享。

隹れ九月初吉戊申、伯氏曰く、不嬰・駿方よ、玁狁、西俞を廣伐す。王、我に命じて、西に羞追せしめたまふ。余、來歸して擒を獻じたり。余、女に命じて䍙に禦追せしむ。女、我が車を以て、玁狁を高陶に宕伐す。女、折首執訊多し。戎、大いに同まりて女を從追せしに、女彶めり。戎、大いに敦搏せしに、女休あり。我が車を以て艱に陥らしめず。女、多く擒して、折首執訊ありき。

伯氏曰く、不嬰よ。女小子なるも、女、戎工に肇敏せり。女に弓一・矢束・臣五家・田十田を賜ふ。用て乃の事に從へと。

不嬰、休に拜稽手し、用て朕が皇祖公伯・孟姬の障𣪘を作り、用て多福を匃む。眉壽無疆にして、永純靈終ならむことを。子〻孫〻、其れ永く寶として用て享せよ。

銘一三行一五二字。主文は白氏の語を錄している。白氏は376虢季子白盤の虢季子白であろうといわれているが、子白という名を白氏とよぶことは考えがたいから、あるいは虢季の爵號でよんだのかも知れない。374では、䵼伯虎を伯氏と稱している。

九月初吉戊申、伯氏は仰せられた。不嬰・駿方よ、玁狁が西俞に大規模な侵寇をしてきた。王は余に命じて、これを西方に追擊せしめたまうた。余は戰果をえて來歸し、擒獲を以て王に獻じた。余は汝不嬰に命じて、䍙に戎を迎擊追討せしめたところ、汝はわが車を以て玁狁を高陶に擊攘し、多くの折首執訊をえた。戎は諸所の兵力を結集して汝を執拗に追擊してきたが、汝はよくその危機を支えた。戎はさらに大擧攻擊してきたが、汝はみごとに奮戰した。わが車を艱に陥れることなく危難を脱し、汝は多く折首執訊の擒獲をえたのである。

伯氏は仰せられた。不嬰よ、汝は小子なれど、はじめて軍事に從つてめざましい働きをした。その功に對して、弓一・矢一束・臣五家・田十田を與える。もつて汝の事に永く服せよ、と。

不嬰はその休榮に對し、拜し稽首して、皇祖公伯・孟姬の𣪘を作り、多福を求める。希くは眉壽無疆、純佑を受け靈命を全うせんことを。子〻孫〻も永く寶用して享祀せよ。

日辰を以ていえば、十二年の虢季子白盤につづいて十三年の宣王譜に入りうる。駿方については諸說あるも、人名とするほかない。玁狁は365兮甲盤・376虢季子白盤にもみえ、みな宣王初年の器とみられる。伯氏の來歸獻禽とは、あるいは虢季子白盤にいう獻馘のことであろう。䍙は洛の異文。玁狁は概ね涇洛の上流山閒より南下したので、戰鬪は陝北の山地、涇洛の閒で行なわれたのであろう。彶には戒・棘の意がある。この戰功によつて不嬰は、軍司令たる伯氏から弓矢・臣・田を賜うている。伯氏は多くの田・人を所有していたのであろう。

器はいま蓋のみを存する。蓋鈕平底、上に瓦文、口緣に變樣の夔文を飾る。蓋鈕の底には、渦文狀の鳥文がある。この期通行の文樣である。

380　師嫠𣪘　〔銘〕拓本　〔器〕通考・三三四

師龢父伇。嫠叔市、巩告于王。

隹十又一年九月初吉丁亥、王才周。各于大室、卽立。宰琱生内右師嫠。王乎尹氏、冊令師嫠。王若曰、師嫠、才昔先王、小學女。女敏可事。既令女、更乃且考、𤔲小輔。今余唯𤕌亶乃令、令女𤔲乃且舊官小輔眔鼓鐘。易女叔市・金黃・赤舄・攸勒。用事。敬夙夜、勿灋朕令。師嫠拜手𩒨首、敢對䣄天子休、用乍朕皇考輔白障𣪘。嫠其萬年。子〻孫〻、永寶用

師龢父、殂す。嫠、叔市して、巩しみて王に告ぐ。

隹れ十又一年九月初吉丁亥、王、周に在り。大室に格りて、位に卽く。宰琱生、内りて師嫠を右く。王、尹氏を呼びて、師嫠に冊命せしむ。王、若く曰く、師嫠よ、在昔、先王女に小學せしむ。女敏しみて使ふ可し。既に女に命じ、乃の祖考に更ぎ、小輔を𤔲めしむ。今余唯れ乃の命を緟亶し、女に命じて、乃の祖の舊官たる

小輔と鼓鐘とを嗣めしむ。女に叔市・金黄・赤舄・攸勒を賜ふ。用て事へよ。夙夜を敬しみて、朕が命を灋つること勿れと。

師嫠、拜手稽首し、敢て天子の休に對揚して、用て朕が皇考輔伯の隮𣪘を作る。嫠、其れ萬年ならむことを。子〻孫〻、永く寶用せよ。

二器あり、器蓋各〻二文。一は器一〇行一四二字、蓋一二行一二五字、二は器第一器と同じく、蓋一一行一二五字。蓋文には奪文がある。錄入したものは第二器蓋文。他の銘拓によつて第二器蓋銘にない文字を補入し、誤字を正した。

文首の十一字は器文のみにある。㑇は殂。素市して王にその死を報ずるのである。師龢父の名は351・353の兩師兌𣪘にみえる。宰琱生は374琱生𣪘の琱生。師嫠は師龢父の後を嗣ぐものであろうが、このときすでに祖考の職を襲いでいるので、龢父あるいは退隱の身であつたのであろう。

小學は動詞によむべきところ。師嫠はすでに先王のときより出仕していたが、このとき再命を受けて小輔と鼓鐘とを兼ねることになつた。小輔は禮記文王世子にみえる大傅・少傅の少傅で禮樂を教える官。鼓鐘も樂官である。叔市を賜う例は321大克鼎にもみえ、その前文には師華父を追述する語がある。何れもその祖の死に當つての賜物である。

師嫠は皇考輔伯の器を作つている。父は祖に先立つて沒していたのである。その家系は、師龢父・輔伯・師嫠となる。新出の器に本集二の301輔師嫠𣪘があり、その器制・銘文からみて、この師嫠と同一人とも思われないので、しばらく懿孝の閒においたが、もし輔師嫠が師龢父の前に位置する人とすれば、嫠の家は早くより輔・師の職を世襲していたこととなる。郭沫若氏は輔師嫠𣪘の出現によつて、本集二の277康鼎をはじめ一群のその關聯器を厲世に屬すべきものと改めている。器の日辰は宣王十一年の譜、九月朔日にあたる。

器は兩耳犧首、珥あり、三小足の𣪘。器蓋の口緣に變樣夔文、蓋上・器腹に瓦文、圈足に環文を飾る。二器あるも他の一器は未見。通考に收めるものは第一器である。

381・382　柞鐘　〔銘〕扶風・二五　＊〔器〕同上

隹王三年四月初吉甲寅、中大師右柞、柞易截・朱黄・䜌、嗣五邑甸人事。柞拜手、對䚄中大師休、用乍大𨫷鐘。其子〻孫〻、永寶。


隹れ王の三年四月初吉甲寅、仲大師、柞を右け、柞、截（市）・朱黄・鑾を賜ひ、五邑の甸人の事を嗣めしむ。柞、拜手し、仲大師の休に對揚して、用て大𨫷鐘を作る。其れ子〻孫〻、永く寶とせよ。

一九六〇年一〇月、扶風齊家村より出土した三十九件の一。鐘は八具。錄入したものはその乙器である。銘六行四八字。仲大師は右者として柞を導き、かつ自ら賜物を與え職事を命じている。五邑は351師兌𣪘一に五邑走馬があり、他にも五邑祝（鄭𣪘　薛氏・一四・一二）というものがある。甸人の事とは、農作者の管理の職であろう。仲大師はだれのことか知られないが、同出の器に幾父壺があり、その銘に同仲の名があつて、西宮において幾父に僕四家・金十鈞を賜い、幾父は同仲を朕皇君と稱している。あるいはその家の人であろう。他にも仲伐父・中義などの器が同出している。

器は八具中、全銘四器、器制はほぼ同じ。鼓閒の文樣は311克鐘に似ている。銘文は一般の鐘銘に比して文は簡略であり、鐘銘特有の韻語を含んでいない。文字平板、鐘銘の字としては精彩に乏しく、西周末期の器であることを思わせる。曆朔からみて、幽王期に入るべきものであろう。齊家村出土の器は柞・幾父の器何れも陪臣のものであることが注意される。

以上303曶鼎より382柞鐘に至る八〇圖、銘四五、器三五を錄した。毛公鼎・大克鼎・散氏盤・虢季子白盤など見るべき大作が多く、資料としての價値は絶大である。殊にこれらを原寸を以て印行するのはわが國ではじめてのことであり、毛公鼎のような稀有の精品を收めえたことも、讀者とともにその眼福を喜びたい。

復刊後記

金文集第三冊には、西周後期の金文を収めた。西周の斷代暦譜は、正確には最後の宣・幽二王の在位年數が明らかであるとしても、いわゆる共和十四年の實態も知られず、夷・厲以前に至つては、從來暦譜を試みた十數家の閒に、一として一致するものがない。ただ暦譜の進行は動かしがたい事實であるから、もし幾つかの定點を設定することができるならば、斷代暦譜の構成も可能となるはずである。たとえば詩小雅十月之交にみえる日食は、古文の讀み違えによるもので、七月朔辛卯の日食であることが知られたが、これによつて幽王元年の暦譜を定めることができる。*あるいは二十八年寰盤、三十一年鬲攸從鼎の暦譜を銜接することによつて、厲王の在位は共和に接續するところを求め、三十七年說が正しいことを推定することができる。それでこの冊では、その概要を記しておいたが、金文通釋でその問題を扱つたのは、それから二十數年のちのことであつた。それでその斷代暦譜は、金文集編輯のときよりは、いくらか考察の範圍も廣くなつており、斷代のしかたも多少異なるものとなつているので、一應その暦譜をあげておく。干支表は計算の便宜上、干支を數字に改めるため、その計算表を上に揭げておく。

	Ⅰ	Ⅱ	Ⅲ	Ⅳ	Ⅴ	Ⅵ
1	甲子	甲戌	甲申	甲午	甲辰	甲寅
2	乙丑	乙亥	乙酉	乙未	乙巳	乙卯
3	丙寅	丙子	丙戌	丙申	丙午	丙辰
4	丁卯	丁丑	丁亥	丁酉	丁未	丁巳
5	戊辰	戊寅	戊子	戊戌	戊申	戊午
6	己巳	己卯	己丑	己亥	己酉	己未
7	庚午	庚辰	庚寅	庚子	庚戌	庚申
8	辛未	辛巳	辛卯	辛丑	辛亥	辛酉
9	壬申	壬午	壬辰	壬寅	壬子	壬戌
10	癸酉	癸未	癸巳	癸卯	癸丑	癸亥

すなわち干支の丁卯は4、庚辰は17、丁亥は24、甲午は31、戊申は45、壬戌は59である。それで西周最後の幽王は在位十一年、春秋長暦より推算すると、下段のような元旦朔の干支表を得ることができる。表のうち、aは新城新藏博士、bは董作賓、cは吳其昌の編成した暦譜であるが、同じく春秋長暦から出發したものでありながら、それぞれ一兩日の差異がある。

		a	b	c
781	幽元	30	30	29
780	2	54	24	23
779	3	48	49	47
778	4	43	44	42
777	5	7	7	6
776	6	1	2	60
775	7	25	56	54
774	8	19	20	18
773	9	14	14	13
772	10	38	38	7
771	11	32	33	31

この干支表は、何れが正確であるかは容易に定めがたく、十七年九閏の閏月をどこに加えるかによつて異なるから、そのため相互に一兩日の差を生ずることは免れない。ただ最近の古代日食の研究によつて、詩小雅十月之交にみえる日食は、實は七月の古文の誤讀であることが明らかにされ、それで幽王元年七月朔辛卯㉘として、その元旦朔を求めると、元旦の朔に㉛を求めることができる。すなわちa・bは早きこと一日、cもなお早きこと二日であるから、もしこれを定點として暦譜を構成するときは、この三家の暦譜より一兩日を減らした干支數を考えなければならぬ。

金文集はもとより、金文通釋執筆の當時においても、小雅十月之交の日食の問題はなお未解決であつた。それで、明確な定點を得ることなく、一箇月を初吉8・既生霸7・既望7・既死霸7・8の日數に充てて計算したものであるから、計算上の錯誤が生ずることを、避けることはできなかつた。今は金文通釋において試みた斷代と、その元旦朔とを參考のためにあげておく。この金文集のはじめにしるした斷代暦譜は、金文通釋ではいくらか修正されたところがあるからである。暦譜は幽王から倒敍的に推算するので、幽以前、宣王・共和・厲王の順序で、その年數と元旦朔とのみをあげておく。元旦朔は、十月之交の元旦朔に二日早い吳其昌推算の干支により、數字で表記する。

宣王　四六年　B.C.八二七～七八二
26 50 44 39 3 ・ 57 51 15 10 4 ・ 28 22 46 40 35 ・ 59 53 47 11 6 ・
30 24 18 42 37 ・ 31 55 49 44 8 ・ 2 26 20 15 38 ・ 33 27 51 45 9 ・ 4 58 22 16 11 ・ 35

共和　一四年　B.C.八四一～八二八
17 12 35 30 24 ・ 48 42 6 1 55 ・ 19 13 8 32

厲王　三七年　B.C.八七八～八四二
52 16 10 5 29 ・ 23 47 41 36 59 ・ 54 48 12 6 30 ・ 25 19 43 37 32 ・
56 50 44 8 3 ・ 27 21 15 39 34 ・ 28 52 46 10 5 ・ 59 23

かりにこの厲王の暦譜を以て、紀年日辰のある器銘の屬するところを求めると、元年叔專父盨㊻（初吉第五日）、328十二年大設⑰（前に置閏があるとして、既生霸第一日）、341十五年大鼎③（前に置閏があるとして、既死霸第四日）、十六年伯克壺㉗（既生霸第三日）、二十八年寰盤⑭は五月既望庚寅で、その第二日に當る。344㝬攸従鼎㉚は「隹れ卅又一年三月初吉壬辰」とあり、正月朔は癸巳㉚、初吉の第三日に當る。このようにして、器制・文様・銘文の關係によつて、ほぼ時期の當るところを求め、紀年日辰のあるものを暦譜に編入し、次第に前代に及ぼしてゆくのである。夷王以上はまた干支表のみを掲げる。

夷王　三九年　B.C.九一七～八七九　38 33 56 51 45・9 3 27 22 16・40 34 29 53 47・11 5 60 24 18・
12 36 31 25 49・43 7 1 56 50・14 8 32 27 51・45 39 3 58

孝王　一九年　B.C.九三六～九一八　58 53 17 11 5・29 24 48 42 36・60 55 49 13 7・31 25 20 44

懿王　一四年　B.C.九五〇～九三七　50 44 8 2 57・20 15 9 33 27・51 46 40 4

共王　一七年　B.C.九六七～九五一　28 22 17 41 35・29 53 48 12 6・60 24 19 13 37・31 26

穆王　三一年　B.C.九九八～九六八　28 52 46 41 5・59 53 17 12 6・30 24 48 43 37・1 55 50 14
8・32 26 21 45 39・33 57 52 46 10・4

昭王　二六年　B.C.一〇二四～九九九　29 23 18 41 36・30 54 48 12 7・1 25 19 14 38・32 26 50 45
9・3 57 21 16 10・34

康王　三五年　B.C.一〇五九～一〇二五　22 16 11 35 29・53 47 6 5 60・54 18 13 7 31・25 49 43 38
2・56 50 14 9 33・27 21 45 40 34・58 52 47 11 5

成王以前は金文に紀年日辰を記すものがなく、ただ本集二の174睘卣に十九年とあつて成王の紀年とすべく、その在位がそれ以上であつたことが知られる。その成王期を含めて、西周創業の時期を、かりにB.C.一〇九七～一〇六〇とする。それは周初の年代を、穆王まで百年とする古い傳承があつて、かりに設定したものであるが、書の武成・洛誥などにしるす周初の暦法とも、一應合致するものを求めた。本册の冒頭にしるした斷代暦譜の法が簡略であり、かつ金文通釋において試みた斷代暦譜と異なるところを生じたので、いま金文通釋に述べたところによつて補足しておく。解説中にも新しい繫年を追記したところがある。

ただこれらの試みは、干支の上では各王の銜接點を五・六年の單位で移動することも可能であり、新しい資料によつて變更する必要が生ずることもありうる。それである程度定點的な紀年日辰銘があるとしても、より決定的な資料がない限り、年數は容易に確定しがたい。各王の在位數についても、古來定説とすべきものは一つもない。

私が金文通釋において試みた斷代暦譜も、その意味であくまでも暫定的なものであり、今後の資料によつて變動する可能性がある。改めて算定する機會があれば、前述の暦譜についても、再検討を試みてみたいと思う。なお暦譜構成の詳細については、金文通釋第五巻通論篇の第七章～第九章（白鶴美術館誌第四四輯～四五輯、一九七五年三月～四月刊）を參照されることを希望する。**

平成十年十二月記す。

〔編注〕

* 詩小雅十月之交「朔月辛卯　日有食之」とある日食は七月朔辛卯の日食であり、幽王元年（前七八一年）の暦譜に合うという天文學の知見については、著者はすでに詩經雅頌1（平凡社東洋文庫、一九九八年六月刊）において簡略ながら言及し、著作集別巻に收めた金文通釋5（二〇〇五年四月、平凡社刊）の「第八章　西周期の斷代編年一　一、斷代の再論について」ではさらに詳しく天文學の專家の提説を紹介している。

** 白鶴美術館誌の金文通釋第五巻「第八章・第九章　西周期の斷代編年」は著作集別巻として刊行されるに際して（二〇〇五年四月刊）、新出の紀年銘をもつ彝器を大幅にとり入れて暦譜を再構成し、各器を繫年しているので參照されたい。

金文集四

本集には列國の器を収めた。列國とは東周、すなわち春秋・戰國期の諸國をいう。しかしそれらの諸國の中には、周の統一以前からの古國もあり、周の統一の際始封をえた國もあり、またその後封建あるいは改易されたものなどもあつて、東周期以前に作られたものもかなり多い。大體において、西周期の諸器は、東方系諸族の遺裔と、宗周・成周を中心とする周王朝關係の器が多く、東周列國の器は王畿に對して地方諸國の器であるといえよう。青銅器文化は、殷・周にあつてはそれぞれその王室・王畿を中心として行なわれたが、西周後期ごろから地方列國の政治的獨立の態勢が整い、王畿の文化が地方にも移植され、同時に青銅器文化の上にも地方化の傾向がみられるに至つた。尤もそのような分化は緩漫に進められていつたので、列國器に地方的な特徴が漸く著しくなるのは春秋中期以後である。

列國器には、青銅器文化の一般的な歴史的展開の面と、それに加えて地方的分化の面とがある。この兩面を通じて、西周後期以來進展しつつあつた中國の政治的・社會的な分化の過程を辿ることができる。すなわち列國器の背景には列國の政治・文化などの問題を含みながら、そこに一般史との關聯もみられるのであるが、同時に青銅器文化を通じて、中國の文化がいくつかの地域的な文化圏を形成しつつあつた事實が認められる。それぞれの文化圏はいうまでもなく歴史的・風土的な條件によつて形成されてゆくもので、それは青銅器文化の上にも顯著に反映されているし、また青銅器文化を通じて相互の交渉關係を追迹しうる點もあつて、これによつて當時の文化波動の實體を知りうるものがある。

列國器をいくつかの文化圏に分つことは、すでに陳夢家氏によつて試みられている。「海外」下に東周銅器を分つて

東土系　齊・魯・邾・莒・杞・鑄・薛・滕……
西土系　秦・晉・虞・虢……
南土系　吳・越・徐・楚……
北土系　燕・趙……
中土系　宋・衞・陳・蔡・鄭……

の五系とし、このうち東・中・西三系は黃河流域で正統の華夏の文化、南は江淮、北は塞外に近く域外文化の影響を受け易いという。しかし青銅彝器文化は本來殷・周兩王朝の宮廷貴族文化として、その祭祀儀禮に隨伴して起つたものであるから、華夏と域外という關係はあまり重要な問題ではなく、列國の器はむしろ王畿の彝器文化が地域的に波及し分化した所產と考えるべきである。ただ地域により傳統に對する態度にそれぞれ異なるところがあつて、そこにおのずから流變を生ずるのである。本集においては、列國器を次の諸系に區分した。

西北系　秦・虢・虞・芮・蘇・三晉・匽（燕）
中土系　鄭・鄧・鄀・宋・陳・蔡・許
東土系　齊・魯・紀・曩・杞・邾・小邾・祝・薛・滕・郜
南土系　曾・楚・徐・吳・越

西北系のうち、秦は宗周の後を承けてその器・文ともに最も正統的であり、虢・虞・芮・蘇はもと畿內の地、三晉・匽は僻遠ながらその系列に入る。中土系・東土系もほぼ正統的であるが時期が下るにつれて文字は裝飾的となり、殊に南土に接する諸國のものは南方系に近い特質を示している。これは南方系の影響というよりも、むしろ徐淮の文化、たとえば壽縣を中心とする文化というような文化的中心を考える方が妥當であるらしく、壽縣出土の486吳王光鑑のごときは、その子の484攻吳王夫差鑑よりも文字ははるかに線條化している。當時青銅器の制作技術はかなり一般化していたのであろうが、それでも技術者やその工房は特定の地に集まっていたと思われ、いわばその技術系列が青銅文化の上に文化圏的な分布を示したともいえよう。そしてそれは必ずしも青銅文化のみに限らず、同樣のことは他の文化領域にもあつたはずだと思われる。

列國の器にこのように地方的要素を含むことが多いとすれば、器の時期を樣式的な面から規定することは困難であり、少くともその文化を地域的な各系列に分つて考える必要がある。また銘文の中には史籍にその人を徵し、史實を求めうるものもあるので、それらによつてまず標準器を設け、それを中心に樣式的な系列化を考えるということも可能であろう。郭氏は大系においてすでにその方法を試みており、東周器について三十器に近い標準器を示したが、しかし樣式的な問題に對する顧慮は必ずしも十分であつたといえない點がある。たとえば、487者減鐘二を吳王柯轉の器として春秋の初頭におき、412王子嬰次盧を鄭子嬰齊の器として、その制作年代は遲くとも魯

莊公元年（B.C. 693）以前の公子たる時期におき、また477曾姬無卹壺を楚の惠王廿六年（B.C. 463）とするなどは、器の様式や文字からみてなお考慮すべきものがあるようである。容庚氏は通考に簡王廿八器・靈王三器・景王三器・敬王五器・元王二器・考王一器・威烈王十三器・烈王三器・顯王二器・始皇帝統一以前七、計六十七器を示している。いま本集所收器のうち、時期のほぼ推定しうるものをえらんで新たに排列を試みておく。

列國標準器表

391 虢文公子伇鼎 ○虢文公は宣王期（B.C. 827〜782）の人。その子伇は幽（B.C. 781〜771）・平（B.C. 770〜720）の際の人である。
433 齊大宰歸父盤 ○僖公二十九年、翟泉の會（B.C. 631）に會している。
418 趨亥鼎 ○宋の莊公（B.C. 709〜692）の孫に當る。
434 國差𦉜 ○大宰歸父の子。春秋宣公十年（B.C. 599）にみえ、成公十八年（B.C. 573）に殺されている。
383 秦公𣪘 ○秦の景公（B.C. 576〜537）の初年の器。
460 杞伯每匄壺 ○杞の孝公匄（B.C. 566〜550）の器。
463 邾公華鐘 ○邾の悼公（B.C. 555〜541）の器。
487 者減鐘二 ○呉王皮難（諸樊）（B.C. 560〜548）の子者減の器。
475 楚王領鐘 ○楚王郟敖員（B.C. 544〜541）の器。
419 宋公差戈 ○宋の元公佐（B.C. 531〜517）の器。
438 洹子孟姜壺甲 ○田文子の死は景公（B.C. 547〜490）の初年以後。その子田桓子夫人の器。
文中の齊の太子は景公五八年（B.C. 490）に沒した。
424 蔡侯䵼鼎甲 ○蔡の平侯廬（B.C. 529〜522）の器。
486 呉王光鑑 ○呉王闔閭（B.C. 514〜496）の器。
484 攻呉王夫差鑑 ○呉王夫差（B.C. 495〜473）の器。
477 曾姬無卹壺 ○楚の昭王廿六年（B.C. 490）の作器。
440 陳肪𣪘 ○田常（B.C. 484〜481）の兄弟輩に當る。
401 趙孟介壺 ○黃池の會（B.C. 482）のときの器。
481 王孫遺者鐘 ○禮記檀弓下にみえる容居の器。威烈王（B.C. 425〜402）のときの人。
490 姑馮句鑃 ○越王勾踐（B.C. 496〜465）のときの賢者馮同の子。
399 驫羌鐘 ○晉の烈公の廿二年（B.C. 394）の作器。
489 其次句鑃 ○王翳の子太子諸咎（〜B.C. 376）の器。
405 郾王戠戈 ○燕の昭王（B.C. 311〜279）の器。
479 楚王酓忎鼎 ○楚の幽王悍（B.C. 237〜228）の器。

なお本集に収錄しなかつた器で時期を推定しうるものも少くないが、右表に收めたのと同じ作器者の器やその關聯器、また同出の器やあるいは器制文様・銘文字迹の比較などによつて、その前後の時期に排次しうるものも多い。これに地域的な差異をも考慮に入れて愼重に排次すれば、列國器の年代觀を様式史的に編成することは必ずしも不可能ではないと思われる。なお西周期に遡る器については、すでに試みた西周諸器の斷代に準的を求めることができるはずである。

春秋は五霸の時代であるといわれている。西周期は周の實力はもとよりのことであつたが、その統治支配の根柢には強力な宗主權があつた。宗主權はその成立からいえば宗教的權威に裏づけられた支配權であり、基本的性格において、周は殷の神聖國家と似たところがある。しかし西周後期以來の地方列國の勃興と、厲末以來の西周内部の崩壞、それにつづく周の東遷の結果、その宗主權は全く名義的なものとなり、それより後は力關係の支配する新しい時代を迎えて五霸の勃興を促すのである。こういう時代に、宗教的な權威にかしずくものとしての祭祀儀禮が昔日の莊嚴さを保ちがたいことは當然である。青銅彝器は、從つてその新しい時代に應じて意匠をかえなくてはならない。

器種においては、西周後半以來の傾向ではあるが、酒器が著しく衰頽して、この期ではただ壺のみが行なわれている。酒は神に薦めるものとしてよりも、むしろ祭事の燕飲歌舞の用に多く用いられたのであろう。食器としては烹飪の器に鼎・鬲がなお盛行し、盛食の器としては𣪘のほか簠・盨の類が多い。稻粱を粢盛とすることが行なわれたのである。鼎は平蓋となり、段からは敦が分化してくる。盤・匜のほか新たに鑑が生れたが、このような器制の分化は、彝器の全體を通じてみられ、かつそこにはまた地域的分化のあとをもたどることができる。

西周の後半に興つた鐘は各地で盛んに行なわれ、大きな鎛も作られた。鐘のような樂器、殊に編鐘が盛んに用いられていることは、祭儀形式の上に大きな變化があらわれてきたことを示すとみてよい。廟室の中で儀節を正すに用いるに過ぎなかつた鉦・鐸の類に代つて、おそらくは耳を聾する鐘鳴が廷前に鳴りひびく豪華な祭式が盛行したのであろう。このような中にあつて、啇鐸の名殘をとどめる句鑃が主として徐・越の地に行なわれているのは極めて示唆的である。それは鐘があるいは河南西南の地の發祥でないかと考えられること、南とよばれる銅鼓形の樂器が南人の用いたものを祖型としたと考えられることなどと合せて、この種樂器の起原をさぐる一つの手がかりとなろう。詩の小雅鼓鐘は淮域に人を葬る歌であると思われるが、鐘を鼓し南を鼓することが歌われている。

器の文様は、春秋の初期においては殆んど西周後期の延長と考えてよく、變樣の虺文や環文・鱗文・瓦文・波狀文などが一般的であるが、中期以後になると變樣虺文を細密に組合せた蟠虺文が廣く行なわれるようになる。それは殆んど全地域にわたり、また器種も各種のものに及んでいるが、384秦公段にみえるものなどが時期的にも早く、文様としても典型的なものといつてよい。器形によつて自然その文様にも變化するところはあるが、晉公盦や402趙孟介壺・429許子妝簠・471曾伯霥簠・452魯大嗣徒厚氏元豆をはじめ、壽縣出土の蔡器や呉器にもその文様がみえる。また鐘の鼓間の文様も鳳文系・象首文系・雷文系の行なわれたのち、やはりこの蟠虺系の文様が支配的となり、邵鐘をはじめ宋・許・蔡・齊・邾・楚・徐・呉・越などの鐘にはみなこの文様がある。尤もその中でも宋公戌鐘や者汈鐘のように蟠螭に似た形をとるもの、480沇兒鐘のようにその部分の數處に眼形を付したもの、437黔鎛や壽縣編鐘のように眼球狀の數が多くいわゆる蝌蚪狀に近い文様を示すもの、あるいは邾公牼鐘・488者減鐘二など、これを方形狀の中に便化して組入れるものなどがある。金村・新鄭・壽縣などの出土器にこの系統の文様が多い。一時秦式とよばれていたものであるが、實は春秋中期から戰國期にわたつて行なわれたもので、これに木葉形を配した398寬兒鼎・489其次句鑃・490姑馮句鑃などはその最も便化したものとみられ、485攻呉王夫差鑑などもそれに屬するものであろう。この系統の文様は從來にない細密精緻なもので、同じモチーフのくりかえしが多く、あるいは印板を用いたものかと思われる。この文様の採用とともに器形の上にも既成の形態に泥まない清新の風が起り、鐘は甬鐘より紐鐘に、鼎は附耳平蓋、壺には蓋飾あるもの多く、盤にも簠のように矩形の新形式が行なわれ、他にも盦・鑑など新しい器形が生れるなど、彝器文化の上にかなりの變化を生じている。このことは、春秋中期以後における新しい國家群の活動、新しい社會と文化への動きを示すものと思われる。

春秋中期以後にみられる器形・文様の新しい様式的な動きは、銘文の上にも文字の上にも同様の反映をみせている。自作の器や媵器が多いため、銘文には簡單なものが多いが、長文のものには名告りからはじまつて祖業や自己の功業をいう文辭の繁富なものが多い。それは西周後期においても自述形式ではじまる銘文にみえたもので、383秦公段や晉公盦・陳侯因脊敦などはその形式を承けている。また自己の功業を述べるものには471曾伯霥簠や399厲羌鐘などがある。しかしこの期の特徴的な形式としては、家系をあげていう「名告り」がある。

邵鐘　余畢公之孫、邵白之子（余は畢公の孫にして、邵伯の子なり）。
陳昉段　余陲中𢿐孫、竃叔和子（余は陳仲の𢿐孫、竃叔の和子なり）。
陳逆簠　少子陲逆曰、余陲桓之裔孫（少子陳逆曰く、余は陳桓の裔孫なり）。
黔鎛　齊辟𩊚叔之孫、遵中之子黔、乍子中姜寶鎛（齊の辟鮑叔の孫、遵仲の子黔、子中姜の寶鎛を作る）。
子璋鐘　羣孫斨子子璋（群孫斨の子子璋）。
沇兒鐘　郤王庚之思子沇兒（徐王庚の淑子沇兒）。
者減鐘　工𫚉王皮𪊨之子者減（工𫚉王皮𪊨の子者減）。

こういう名告り形式の成立にはそれなりの理由のあることと思われるが、490姑馮句鑃に「姑馮昏同之子」とのみいつて自らの名をいわぬ例から考えると、その家系を誇示するところに意味があるらしい。464邾公釷鐘には「陸鼜之孫邾公釷（陸終の孫、邾公釷）」といい、叔夷鐘にはその高祖成唐より說き起し、夏殷の革命より伊小臣に及びその家系を述べているが、楚辭離騷の「帝高陽之苗裔兮」という冒頭の名告り形式はこのころから行なわれていたのである。彝器にこの形式がとられているのは、もとは宗廟の神靈に自己の身分を明かすことからでたのであろうが、器銘では身分的な誇示の意味もあつたとみられる。銘文內容において異色あるものは秦・晉・齊の器、文辭のみるべきものは曾・徐器のほか鐘銘の類、古禮に關しては438洹子孟姜壺、邑土については叔夷鐘・436鎓鎛などが興味ある記述をもつている。

文字は大體において西より東するにつれて粗放となり、また各地とも時期が下るにつれて線條化し裝飾化する傾向をもつといえよう。秦晉の器は、かなり時期の下るものにもなお古籀の遺意をとどめるものがあるけれども、中土・東土系のものには粗放に赴くもの多く、411鄭大內史叔上匜・438洹子孟姜壺・447魯伯大父段一などにその風がみられ、440陳昉段に至つて極まるといつてよい。その閒にあつて、416鄀公平侯鼎や434國差罎・460杞伯每匃壺のごときは、文字闊大なるもよく結構を保ち、佳品というべきものである。433齊大宰歸父盤は漸く文字線條化の傾向をみせ、398寬兒鼎・428許子妝簠・430子璋鐘には次第に曲折を加え、鐘銘には多くその體を用いている。その傾向は426蔡侯鸔盤など、壽縣蔡侯の諸器に至つて極まる。字は狹長、稀に肥點を加えている。464邾公釷鐘にも、肥點を加えたところがある。そういう裝飾的意識の最も強くあらわれたものは鳥書である。鳥書はその數必ずしも多くなく十數例にすぎないが、おそらく少虡劍（錄遺・六〇一）などの字樣からさらに脫化したものであろう。主として南土系の兵器銘にみえるもので、本集には491子賏戈を錄しておいた。なお古銅器の銘は概ね鑄銘であり、文字も范型に加えられていて筆鋒は圓潤であるが、この期には刻文とみられる字樣がみえる。412王子嬰次盧・479楚王酓忎鼎などがそれである。兵器・量器の類にはこの種のものが多い。

このように列國器における青銅器文化の流れは、一應西よりして東し南するという傾向をもち、江淮の域において流變を極めるに至つたと考えてよい。勿論部分的には倒波逆折ということもあるが、全體の傾向はこのように把握しえよう。この後、戰國期の無銘の器には、また新しい要素を加えたものも起り、あるいはスキタイ系文化との影響かといわれているものもあるが、銘文を主とする本書の範圍外にあるので今はふれない。

右の事情を考慮して、本集では、列國器を西北系・中土系・東土系・南土系の順序で排列した。すなわち次の如し。

西北系　秦器383・384　虢器385〜392　虞器393　芮器394・395　蘇器396〜398　晉（韓器）399・340（趙器）401・402　匽（燕）器403〜405

中土系　鄭器406〜412　鄧器413〜415　鄀器416・417　宋器418・419　陳器420〜422　蔡器423〜427　許器428〜430

東土系　齊器431〜443　魯器444〜455　己（紀）器456・457　曩器458・459　杞器460〜462　邾器463・464　祝器465・466　薛器467　滕器468・469　鄁器470

南土系　曾器471・472　楚器473〜479　徐器480〜482　吳器483〜488　越器489〜491

以上二八國、一〇九圖、銘八一、器影二九である。他にも器を殘している小國が若干あるが、列國器金文の大觀はこれによつて窺いうると思う。

殷代銅器が安陽遷徙後いくほどかを經て禮器時代を出現したと考えて、かりに前一三〇〇年頃の成立とし、古銅器の終末を前二〇〇年頃とすると、中國古銅器の時期は通じて一一〇〇年にわたる。時期的にいうと、一、二の器を除いて、本集はその後半約五〇〇年閒の器である。彝器の黃金時代は過ぎ、彝器文化のもつ森嚴な氛圍氣は失われているが、それだけに古代的な精神の重壓から脫した自由な、解放的な感情の表現をみることができる。

中國における古代青銅器文化の展開をあとづけてゆくと、そこに歷史の大きな動きが認められるように思う。殷代彝器のもつ神祕さは、その神話的世界觀に支えられた神聖國家の性格を示している。西周期の典雅な彝器文化は、その禮教的な貴族社會を反映して餘蘊がない。また東周期列國の器には、そういう古代的性格が漸次拂拭されて、現實的な、權力國家への步みを感じさせるものがある。青銅器文化は、それ自身完結性をもつた一つの歷史である。

そのことは、その彝銘である金文においてもいうことができよう。殷器の圖象文字や器銘は、おそらく文字の草創期から程遠くない、最古の文字である。嚴肅な祭儀の執行を通じて、文字誕生への意欲が長い醞釀をつづけるうち、何らかの啓示によつて生命が與えられ、文字が成立した。文字ははじめ神を祀るために、神につかえるために作られたものである。殷器の文字は多様であるが、何れも強い内部衝迫の表現を感じさせるものがある。その氣象は周初にもなお承けつがれていたが、次第に形式的な完成を志向するようになつた。後期にみられる篆體の字様は、その一應の結着とみてよい。しかし東周期になると、その安定からはげしく脱け出そうとする努力がみえる。粗放化もその一つであり、裝飾化もまたそのあらわれであろう。しかし神につかえる意識を弱めてきた文字は、やがて刻文や兵器・量器銘にみられるような、いわば退化の傾向をたどつてゆく。文字が新しい生命をうるためには、また新しい精神的支柱が必要であつた。この場合、漢隷の完成を墓誌碑銘の盛行に求めることは、必ずしも傅會ではないように思われる。そしてそこからまた新しい書の歴史がはじまる。これを以ていえば、金文の文字の様式もまた、それ自身の完結した歴史をもつているのである。同様のことは甲骨文にもみられることで、そのことは甲骨文集にもすでに一言しておいた。

一つの様式はそれ自身の歴史をもつものであるということ、そういう歴史のくりかえしのうちに新しい發展が進められてゆくということは、大まかにいえばすべての藝術の領域にわたつていえることではないかと思う。その意味で金文の歴史は、われわれに多くのことを示唆するものがあると思われる。ここに金文集四冊を好事の方〻の座右におくり、書道史の研究に資するとともに、この機會に金文研究の大綱を記しておくのである。

釋文

秦・虢・虞・芮・蘇・三晉（趙・魏・韓）・匽（燕）
鄭・鄧・鄀・宋・陳・蔡・許
齊・魯・紀・曩・杞・邾・祝・薛・滕・郝
曾・楚・徐・吳・越

列國の歴史については史記・漢書地理志・水經注及び顧棟高の春秋大事表、雷學淇の竹書紀年義證、陳槃氏の春秋大事表列國爵姓及存滅表譔異・同續編（集刊廿六本〜卌五本）など參照。

秦

嬴姓。伯翳の後で一時夷狄の閒にあつたといわれるが、姓を以ていえば偃・嬴の諸族と關係があろう。始祖傳説として卵生説話を傳える。その史は秦本紀に記されているが、始皇本紀論贊末にみえる秦紀や、年表とも合わぬところがある。

秦器には彝器少く、秦公鐘・秦公𣪕の他には量器・兵器あるいは虎符の類を存するのみである。許子と通婚していたことは428許子妝簠によつて知られる。秦公鐘は宋刻（薛氏・七・二）に傳えられ、器の存するものは秦公𣪕一器にすぎないが、その文辭・制作は當時の秦の文化を示すものがあり、詩の秦風や石刻の石鼓などとともに、秦地における西周期文化の濃厚な遺存をみることができる。

383・384　秦公𣪕　〔銘〕三代・九・三三・二，三四・一　＊〔器〕通考・三四四

秦公曰、不顯朕皇且、受天命、鼏宅禹賚。十又二公、才帝之𡉚。嚴韹夤天命、保𤔲厥秦、虩事緣夏。余雖小子、穆〻帥秉明德、剌〻桓〻、邁民是敕、咸畜胤士。盩〻文武、鎮靜不廷。虔敬朕祀、乍□宗彝、吕卲皇且。䫉嚴歸各、吕受屯魯多釐、眉壽無彊。畯疐才天、高弘又慶、竈囿四方。　宜

秦公曰く、丕顯なる朕が皇祖、天命を受けられて、禹迹に鼏宅す。十有二公、帝の𡉚に在り。嚴として天命を韹夤し、厥の秦を保𤔲し、蠻夏を虩事す。余、小子と雖も、穆〻として明德に帥秉し、剌〻桓〻として、萬民を是れ敕し、胤士を咸畜せむ。盩〻たる文武、不廷を鎮靜す。朕が祀を虔敬し、□宗の彝を作り、以て皇祖を卲かにす。其れ嚴として歸格し、以て純魯多釐、眉壽無彊を受けられむことを。畯く疐まりて天に在り、高弘にして慶有り、四方を竈有せむ。

宜。

銘は蓋に十行各行五字、また器に五行各行一〇字。小子合文、他に重文四字、計一〇五字である。別に蓋外・器外に各九字の刻字がある。

文は秦公自述の語を記している。「秦公いう。丕顯なるわが皇祖は天命を受けて、禹が平治したこの地域を奄有したまうた。その後十二公の先公先世が相承けて帝の所にあり、嚴として天命を恭しみおそれ、その子孫たる秦國を保んじおさめ、蠻夏を支配せしめたまうた（以上、秦の先世が天命をえて秦國をたて、帝所にあつて秦をまもることをいう）。余は小子なるも、穆〻として敬しみ明德を範としてとり守り、剌〻桓〻としてその威儀を明らかにし、萬民をただし、士人をやすんじおさめるであろう。盩〻たる文武の士を以て來廷せざるものどもを討征しよう。わが宗廟の祀を虔敬し、□宗の彝器を作り、以て皇祖を祀り昭格する（以上、器を作つて皇祖を祀ることをいう）。かく祀るにつけて、希くは皇祖の神靈が嚴として昭臨し、以て純魯多福・眉壽無彊を授けられんことを。また、その冥助によつて余は長くその位にあり、國威恢弘にして慶福あり、四方を敷有することを祈る（祝禱の辭を述べる）」。

別に秦公鐘（薛氏・七・二　考古　七・九）というものがあり、宋刻であるが、その文辭は𣪕銘と極めて似ている。參考のためその文をあげておく。

秦公曰、不顯朕皇且、受天命、竈又下國。十又二公、不豖才上。嚴韹夤天命、保𤔲厥秦、虩事緣夏。曰、余雖小子、穆〻帥秉明德、叡専明井、虔敬朕祀。吕受多福、協龢萬民。唬夙夕、剌〻桓〻、萬生是敕、咸畜百辟胤士。盩〻文武、鎮靜不廷、𩁹燮百邦、于秦執事。乍盄龢〔鐘〕。厥名曰□邦。其音鉠〻雝〻孔煌、吕卲零孝享。吕受屯魯多釐、眉壽無彊。畯疐才立、高弘又慶、匍又四方、永寶。　宜

秦公曰く、不顯なる朕が皇祖、天命を受けられて、下國を竈有す。十有二公、墜さずして上に在り。嚴として天命を虩夤し、厥の秦を保爨し、蠻夏を虢事す。曰く、余、小子と雖も、穆〻として明德に帥秉し、叡く明刑を敷き、朕が祀を虔敬す。以て多福を受けられ、萬民を協和す。夙夕を虩しみ、剌〻桓〻として、萬姓を是れ敕し、百辟胤士を咸畜せむ。盩〻たる文武、不廷を鎭靜し、百邦を柔らぎ燮め、秦において事を執らしむ。淑和〔鐘〕を作る。厥の名を□邦と曰ふ。其の音鉠〻雍〻として孔だ煌かに、以て招格孝享す。以て純魯多釐、眉壽無疆を受けられむことを。畯く疐まりて位に在り、高弘にして慶有り、四方を敷有して、永く寶とせむ。宜。

兩者の文に小異同があり、かえつて文意や語句を比較することができる。

「鼏宅禹賚」は鐘の「竈又下國」に當る。鼏は冪と同じく、覆う意。十又二公は秦公の先世より祖考までをいう。襄公より數えたものであろう。「才帝之矿」は鐘では「不豕才上」とある。矿は叔夷鐘に「又敢才帝所（嚴として帝所に在る又り）」とあり、矿は所と同じ。叔夷鐘にはこの段銘と相似た表現がみられる。虩（龔）は恭、虔龔・諾虩その他の用法が列國の器に多い。保爨は保辪と同義で保んじおさめる意。䜌夏は蠻夏。蠻は本集三の365兮甲盤・376虢季子白盤にみえ、晉公盞には百蠻の語がある。

「余雖小子」以下、段・鐘の文には出入が多い。胤士は萬民に對する語。鐘では「百辟胤士」という。萬民は被治者、百辟胤士は支配層である。不廷は不廷方。本集三の355毛公鼎の他にも例があるが、本來は朝貢義務を怠るものをいう。この段がその語を用いていることは注意すべきである。□宗の□は字がよく知られない。卲は鐘には卲零に作る。慶は鹿に文を加えた字であるが、心を加えた慶と同じく、神の恩寵をいう。「竈囿四方」は鐘銘では文首に「竈又下國」とあるのと語例同じ。銘末の宜は鐘銘にもあり、おそらく作器に從つたものの名であろう。銘は鐘と同じく押韻。且賚矿夏・（命命秦）・德敕・士祀・且各・彊慶方の諸字がそれぞれ韻に入る。なお列國器には押韻の銘が甚だ多いが、特に注目すべき器の押韻についてのみ附記することとする。

蓋器は別に一行「西一斗七升大半升　蓋」・「西元器、一斗七升奉　段」の刻文がある。刻文であるから字様は銘と甚だ異なつている。この西を郭氏は西縣西垂宮の西とし、秦の文公元年（前七六五年）西垂宮に居り、死後西垂に葬られたことを證として、西は西垂にして文公の廟所とし、この段・鐘は文公の宗彝であるという。また鐘は叔夷鐘と形制花文が酷似しており、その時代が同じであるとして、秦公の兩器は景公のときに當り、襄公以下桓公まで十二世、器は襄公の次の文公を祀るものとする。これは刻銘の西の一字から推演し、鐘の器制文様を齊器と比較して、器の時代を景公（前五七六～五三七）と定めたものである。

この器の時期については、早く考古圖に引く楊南仲の說に成公說（前六六三～六六〇）、また歐陽脩は共公說（前六〇八～六〇五）・景公說をあげて一是を定めず、羅振玉には穆公說（前六五九～六二一）がある。郭說は、秦公鐘が叔夷鐘と同制であるとして器の時期を推定し景公說をとつたが、叔夷鐘と秦公鐘は宋刻では全く同じで、繪圖が混同したらしいおそれがある。段は銘辭においても文様においても晉公盞（大系・一六三）と最も近く、かつそれより稍しく早い器であるとみられる。かつ始皇紀と同形式の秦紀が襄公からはじめられている點から、秦では襄公以後を諸侯として廟祀したことが知られ、宋人がすでに一說としてあげている景公說がよいと思われる。西はおそらく西時の西で西は地名。西宮は襄公以下を祀るものであろう。

段は器形完整、三小足なく、兩耳は犧首あるもやや外に向つて上り、珥がない。あるいは環があつたものかも知れない。文様は器蓋の口緣部には鉤連狀の蟠虺文、他は瓦文。圈足部に波狀文を用いている。蟠虺文は變樣夔文をくみ合せ文様化したもので、文様としては春秋中期以後に盛行した新しいものである。

文字は石鼓文と同系で、西周後期の本集三の359史頌段・376虢季子白盤などから出ている。王國維が籀文と稱しているものであるが、史頌段などの篆體の字がさらに線條化し、緊湊の風を加えて屈曲が多くなつたものとみてよい。

文中の重用の字、秦・公・不・朕・皇・且・受・天・命・才・嚴・𠭯の十二字をとつて各字を重ねてみると、その字形は全く同じ。羅振玉は、この銘文は字母を押捺して成るものとしているが、事實であると思われる。銘文の各字が界線の中にあることも、それと關聯していよう。器の文様にも、あるいは印板が利用されているかも知れない。

本器の器制・銘文・文字は何れも西周末期の風を承けたもので、その點東方列國の器と異なるところがある。秦の文化を考える上に、石鼓文とともに貴重な資料というべきである。

虢

姬姓。虢には東虢・西虢をはじめ南虢・北虢・小虢などの稱あり、金文には城虢・鄭虢の名もみえ、その始封・分岐及び仲叔の關係などに問題が多い。その文獻資料は陳槃氏の譔異下二（集刊二九本）に聚められており、諸說を折衷してあるが、金文資料によつて若干の補足を行なうことができる。

左傳僖五年に「虢仲・虢叔は王季之穆なり」とあり、虢仲は東虢、虢叔は西虢、平王東遷のとき西虢は上陽に遷り、その雍に留まるものは小虢、また東虢は河を挾んで陝と平陵とに分れ、南北二虢とよばれたとするのが通說といつてよい。

金文にみえる虢には虢・虢仲・鄭虢仲・城虢・虢叔・虢季などがあり、これを上記文獻にみえる諸虢の何れに充てるかについて種〻の問題がある。その關係を考えるに當つて、これら諸器の出土地が直接の示唆を與えよう。近年陝縣東の上村嶺虢國墓が發見されたが、その諸墓から虢大子元徒戈・虢季氏子伇鬲・虢數盤をはじめ蘇子叔鼎・蘇貉豆などが出土した。

虢の諸器中、出土地の知られ、あるいは推定されているものには次の諸器がある。

虢叔旅鐘（長安河壖土中）
虢仲殘段（鳳翔道中）　虢季氏子組盤（鳳翔）　城虢仲段（鳳翔）　虢季子白盤（鳳翔寶雞虢川司地）
虢大子元徒戈・虢季氏子伇鬲・虢數盤（陝縣上村嶺）
虢叔簠（關中）

また虢氏の器を氏號別にあげると、次の諸器がある。

虢　虢文公子伇鼎　虢文公子伇鬲　虢姜鼎　虢姞鬲　虢數盤△　虢大子元徒戈△
虢仲　虢仲鬲　虢仲盨*
城虢　城虢仲段*　城虢遣生段
鄭虢　鄭虢仲段○
虢叔　虢叔旅鐘　虢叔旅盂　虢叔尊　虢叔簠（一・二）　虢叔盨　虢叔鬲　虢叔大父鼎
虢季　虢季子白盤*　虢季氏子組段　虢季氏子組壺　虢季氏子組盤*　虢季氏子伇鬲
虢伯　虢伯鬲

○長安　*鳳翔　△上村嶺出土

虢の諸氏と器の出土關係からみてゆくと、虢叔は周都附近、虢季氏ははじめ西虢におり、のち上村嶺、すなわち東虢に移つたらしい。また虢仲も西虢より、のちに城・鄭に移つたものがあるとみられ、虢叔も左傳によると制、すなわち成皐の地に入つたことがある。おそらく周初には虞虢といわれて陝縣附近の河の南北にあつた國であるが、周の關中經營に當つて周の一族たる虢が關中に所封をえ、虢叔は周都の附近、虢仲・虢季は鳳翔に入つたものであろう。周室の陵夷するに及んで虢季は本宗の地に歸り、虢仲は城より鄭へと王畿を東方に移り、虢叔も遙か東して一時成皐に入つたという經過が考えられる。

その族は本集三の376虢季子白盤にみられるように極めて有力な大族で、諸侯とも婚を通じ、城虢遣生と同人かと思われる遣叔吉父は虢王姞の旅盨を作り、蘇器には虢姬魚母・數改の媵器あり、齊侯も虢孟姬良女の匜を作つている。蘇と通婚している遣叔は、當時城虢の故地を棄てて、あるいは本宗の地に還つていたのかも知れない。周の東遷前後、諸虢の中にはその故地に復歸していたものがあるようだ。

虢氏の代表的な彝器である376虢季子白盤はすでに錄したから數器をえらんでおく。

385　虢叔簠一　〔銘〕拓本　〔器〕文物・一九六四・四・圖六・三

虢叔乍旅匡、其萬年永寶。

虢叔、旅簠を作る。其れ萬年まで永く寶とせよ。

虢叔は虢叔旅であろう。本集三の331虢叔旅鐘と同じ作器者と思われるが、諸虢の一としてここに一器を錄しておく。器は二器、一は陳介祺舊藏、いま青島市博物館藏。文字は雅醇、虢叔旅鐘と通ずるところがある。史記周本紀正義に引く括地志によると虢叔城は岐州陳倉縣東南十里にあるという。すなわち寶雞の附近で、殆んど西虢の近くである。

386・387　虢仲盨　〔銘〕三代・一〇・三七・三　*〔器〕通考・三六九

虢中目王南征、伐南淮戸。才成周、乍旅盨。𢆶彝友十又二。

虢仲、王と南征し、南淮夷を伐つ。成周に在り、旅盨を作る。茲の彝、十又二有り。

銘四行二二字。虢仲が王の南征に従つて南淮夷を伐ち、成周において旅盨十二を作ったことを記す。後漢書東夷傳に「厲王無道なり。淮夷入寇す。王、虢仲に命じて之を征せしめしも克たず」とあり、銘はそのことをいうと解されている。東夷傳の文はあるいは紀年の文に據るものであろう。本集三の329無㠱段にも南夷を親征することを記している。

器はいま蓋のみを存する。蓋緣に變樣文、四足に虺龍の蹲居形を飾る。文字は無㠱段と同じく平板であるが、筆畫はやや太い。

388 虢季氏子組段 〔銘〕三代・八・七・二 〔器〕陶齋・續・上・三五

虢季氏子緵乍段。其萬年無彊。子〻孫〻、永寶用享。

虢季氏子組、段を作る。其れ萬年無疆ならむことを。子〻孫〻、永く寶として用て享せよ。

銘四行二〇字。三銘あり、器影一をとどめている。器は兩耳犧首、珥あり、三小足の段。口下に變樣夔文、腹部に瓦文、圈足部に鱗文を飾る。396蘇公子癸父甲段と殆んど同制で、虢・蘇の親近を示している。兩器とも錢塘瞿氏の舊藏であるが、あるいは同出であるかも知れない。本集三の327伊段・337師寰段とも近く、厲王期以後の器制である。同じ作器者に虢季氏子組壺（雙王・一七）があり、文樣は段と同じモチーフを用いている。「虢季氏子緵乍寶壺、子〻孫〻、永寶、其用享（虢季氏子組、寶壺を作る。子〻孫〻、永く寶とし、其れ用て享せよ）」の一七字を銘している。虢季氏の器は早く鳳翔より、のち上村嶺から出土している。

389・390 虢叔大父鼎 〔銘〕貞松堂・上・二〇 ＊〔器〕同上

虢叔大父乍隮鼎。其萬年、永寶用。

虢叔大父、隮鼎を作る。其れ萬年まで、永く寶用せよ。

銘三行一三字。本集三の331虢叔旅鐘・385虢叔簠一に比して字は少し便化しているが、391虢文公子𣪕鼎に比すると正統の筆意を残している。器は立耳三獸足鼎。項下に二弦文あり、器腹深く、器制は蘇衛改鼎（長安・一・八）に近い。西周末の器とみられる。

391 虢文公子𣪕鼎 〔銘〕夢郼・上・一三 〔器〕同上

虢文公子𣪕乍叔妃鼎。其萬年無彊。子孫〻永寶用享。

虢文公の子𣪕、叔妃の鼎を作る。其れ萬年無疆ならむことを。子孫〻、永く寶として用て享せよ。

銘四行二一字。虢文公は、史記周本紀に宣王が千畝に藉する禮を修めないのを諫めた話がみえ、その子𣪕は幽王（前七八一〜七七一）以後に當る。

器は二器。ともに立耳獸足鼎。項下に變樣文、下腹部に波狀文を飾つている。

392 虢墓出土獸形豆 ＊〔器〕上村嶺・圖四三

近年發掘された上村嶺虢墓一七〇四號墓出土。類例の乏しいものであるから、虢國文化の一端を紹介するために錄した。獸は兎のようで全身に雷文を主とする文樣あり、背上に豆形を載せ、口緣に斜格化した變樣虺文を加えている。犧尊から演化した形式であると思われる。

虞

姬姓。史記吳世家に「武王、殷に克ち、太伯・仲雍の後を求む。……乃ち周章の弟虞仲を周の北、故の夏虛に封ず」とみえ、太伯の弟仲雍の曾孫が夏虛に封ぜられたとする。漢書地理志には、武王が太伯の後を吳城に封じて虞公としたという。左傳は太伯・虞仲を太王の昭とする。春秋僖公五年、晉に滅ぼされた。また西虞・北虞の名あり、金文は字を虞あるいは吳に作る。吳越の吳は攻敔・攻吳に作り、兩者を區別しうる。

393 虞司寇伯吹壺 〔銘〕三代・一二・二二・一

虞𤔲寇白吹、乍寶壺。用享用孝、用𣄰眉壽。子〻孫〻、永寶用之。

虞の司寇伯吹、寶壺を作る。用て享し用て孝し、用て眉壽を祈る。子〻孫〻、永く寶として之を用ひよ。

器二器。各〻器蓋二文。他の銘により、白・之の二字を補入した。文は蓋銘。文左行。𤔲寇は𤔲寇良父壺（三代・一二・一五・二）にもみえるが、西周後期以來、𤔲工・𤔲徒などの職は國名・地名を冠しているものが多い。伯吹は虞國の𤔲寇で、王官ではない。

芮

姬姓。詩の大雅緜篇「虞芮　厥の成を質す」とみえ、殷末以來の古國である。もと芮城にあり、のち同州に移つたらしい。金文では内に作り、内公鐘・内公鼎・内公鬲・内公壺・内公鐘句・内伯啓壺・内伯多父設・内姬壺・内大子伯壺・内大史鼎などはその器であろう。内姬壺によると呂王と婚を通じており、姬姓の國である。その器は西周末より春秋初期に及んでいる。今本紀年によると、秦の穆公二年（前六五八）、秦に滅ぼされたという。

394・395　芮伯啓壺　〔銘〕三代・一二・九・一　＊〔器〕日本・二九六

内白攸乍盦公隮彝。

芮伯啓、盦公の隮彝を作る。

銘三行八字。壺の文様に異色あり、蓋緣及び器の項・下腹・足に蟬形飾を鈎稜狀に縱・橫に等間隔に配置し、器の口下・腹部には波狀文を飾る。文字・器制よりみて、東遷前後の器であろうと思われる。

蘇

己姓。殷代以來の古國で、國語晉語一に「殷辛、有蘇を伐つ。有蘇氏、妲己を以て女はす」とあり、有名な妲己の出自の國である。鄭語には己姓の國として昆吾・蘇・顧・溫・董の名があげられている。本集三の359史頌設に「王、宗周に在り。史頌をして蘇を省せしむ」とみえ、そのとき灋友里君百生みな成周に會し、蘇は史頌に儐物を贈つている。しかしその後まもなく蘇は絕封となつたらしい。顧棟高の存滅表、溫の條下に、「春秋の初、蘇氏已に絕封す。隱十一年、王、鄭人に蘇忿生の田十二を與ふと。溫、（其の）一に居る。何れの時に、地、王に復歸せるかを知らず。蘇氏續封して、仍ほ溫に居る。僖十年、狄の滅ぼす所と爲る。二十五年、王、其の地を以て晉に賜ふ。文の十年に至り、女栗の盟に、復た蘇氏を見る。杜（預）注に、蓋し王、之を復すと。或いは云ふ、是れ自りして河南に遷ると」とあり、傳には蘇氏が狄に信なくして滅ぼされた事情を記している。左傳成十一年に、周が克殷のとき蘇忿生を溫に封じ司寇としたと傳える。すなわち殷室に妲己を送つた蘇氏は、殷周の際には周に與して司寇となり、西周末期には王室の遹省を受け、春秋初期にはその本地を失つていたが、のち溫に居り、僖十年、狄に逐われて衞に奔つたという經過がたどられる。

金文にみえる蘇器には蘇公設・蘇衞改鼎・蘇冶妊鼎，盤・蘇公子癸父甲設・寬兒鼎・蘇子叔鼎・蘇駱盤・蘇甫人盤，匜・甫人父匜・甫人盨などあり、王・衞・虢と婚を通じ、蘇器の中には虢墓から出土したものもある。

396　蘇公子癸父甲設　〔銘〕三代・八・一二・二　〔器〕寶蘊・六六

穌公子癸父甲、乍隮設。其萬年無彊。子〻孫〻、永寶用享。

蘇の公子癸父甲、隮設を作る。其れ萬年無疆ならむことを。子〻孫〻、永く寶として用て享せよ。

銘四行二二字。癸父は字、甲は名であろう。名字對待の例である。金文にみえる名字は竝擧するものが少く、このように名字の對待を明らかにしうる例は多くない。

器は兩耳犧首、三小足の設。犧首に羊鬚があるほかは、器制文樣何れも芮公設（故宮・上・七七）・魯伯大父設（故宮・下・一八〇）と極めて近く、器蓋瓦文、その口緣部に變樣虺文、圈足に鱗文を飾る。ほぼ西周末期に入りうるものであろう。

397　蘇冶妊鼎　〔銘〕三代・三・三六・一　〔器〕夢郼・上・一一

穌冶妊乍虢妃魚母賸。子〻孫〻、永寶用。

蘇の冶妊、虢姬魚母の賸を作る。子〻孫〻、永く寶用せよ。

銘三行一六字。賸は媵器。蘇と虢との通婚を證するもの。器は立耳三獸足鼎。器腹は半圓形、項下に變樣文を付している。器制は邾王鼎（善齋圖・三六）に近い。字樣は西周末期の體とみられる。同銘の盤（三代・一七・九・一）があり、「賸」を「盤」に作る。

398　寬兒鼎　〔銘〕三代・四・一三・一　〔器〕善齋圖・三八

唯正八月初吉壬申、蘇公之孫寬兒、擇其吉金、自乍飤繁。眉壽無期、永保用之。

唯れ正八月初吉壬申、蘇公の孫寬兒、其の吉金を擇び、自ら食繁を作る。眉壽無期にして、永く之を保用せむ。

銘は右行、五行三〇字。正は鄀公敄人設（三代・八・四七・一）に「隹鄀正二月初吉乙丑（隹れ鄀の正二月初吉乙丑）」とあるように、その國の曆によることをいう語であるが、ここでは國名を著けていない。430子璋鐘などと同例である。壬申の申字は異體。楚子睽簠（三代・一〇・一五・三）にもその例がある。寛は近似の字形に釋した。「擇其吉金、自乍……」という形式は列國の器に多い。飤は食。歓飤歌舞のような語例があり、また481王孫遺者鐘には「思于威義、誨猷不飤（威儀に淑しくして、誨猷食たず）」と用いられている。多く器名に冠して飤器・飤鼎・飤盂・飤簠のようにいう。飤緐は427蔡大師鼎にもみえ、緐は鼎の異名のようであるが、442陳曼簠にも鏻般の名があり、盛食の器にもいう。盤を設と皿とに従う字に作る例のあることも參照される。飤緐とは要するに宴飲の際に用いる盛器の意であろう。

器は有蓋・附耳の底の深い三獸足鼎で、列國の器に多くみえる形制である。通考八六以下參照。蓋・腹には鉤連化した蟠虺文を飾り、足に饕餮を付している。

文字は他の蘇器がなお西周後期の字様を存しているのに比して細い篆繆を以て記し、南土系に近い。おそらく蘇子がその故土を逐われ、河南の地に移つてからのもので、時期もかなり下るものと思われる。虢・蘇の器には、この種の字様はみえていない。

晉

姬姓。晉國の原委は史記晉世家にみえ、その異說あるものについては陳槃氏の存滅譔異下一（集刊二八本上册）・晉楚兩國別記（孔孟學報第三期）に詳しい。武王の子唐叔虞の封ぜられた國といわれるが、その地は左傳定四年に「啓くに夏政を以てし、疆するに戎索を以てす」とあるように、もと戎族のいたところのようである。はじめ太原の唐城に居り、のち絳に移り、翼と改め、また曲沃に移つたという。これによるとその國勢ははじめ北よりして南したこととなるが、始封の地よりして南することは當時の情勢上考えがたいので、初封の地を平陽とみる說もある。もし舊說のままとすれば、周の始封という說に問題があることになろう。また唐叔より五世、靖侯の十八年は厲王が彘に奔つた年に當るというが、周は成王より厲王まで八世九王でその世次が合わぬことにも疑問がもたれる。

晉器には晉嗣徒伯郄父鼎・晉姜鼎・晉公𥂕（以上、大系に錄入）のほか、格伯段（雙劍誃・上・一六）に晉姬の名がみえている。𥂕は文字泐損多く、また他の二器は宋刻に傳えるもので、本書の性質上何れも採錄しなかつたが、晉姜・晉公の二器は晉史を考える上に重要な資料である。晉の靜公二年（前三七六年）、晉は三分されて趙・魏・韓の三國となつた。しかし三晉分立の形勢はすでに前四〇三年、三國が列國としての地位を確立したときに定まつていたのである。晉器はほぼ東遷前後より春秋中葉までのもので、それより後には趙・魏・韓三國の器がこれに代つている。

三晉及び晉の諸大夫の器では、韓の驫羌鐘、魏の郘鐘、趙の趙孟介壺及び令狐君嗣子壺が知られている。郘鐘は山西榮河、驫羌鐘・嗣子壺は洛陽金村、趙孟介壺は輝縣の出土である。いま驫羌鐘と趙孟介壺とを收めたが、鐘は前三九五年、壺は前四八二年頃のもので、何れもその絕對年代を推定しうる稀有の例である。樣式的には壺の方が新しいようにもみえるが、これは列國各地の文化の樣態を考える場合に示唆するところがある。

晉地出土の器にはなお殷商の遺器をはじめ叔碩父甗・叔姞段・仲邑父鼎（吉州）・194令鼎（芮城）や渾源出土の諸器がある。夫差鑑のような呉器がこの地から出土しているのは、あるいは黃池の會（前四八二年）のときなどに將來されたものであろうか。段器がかなり多いのは、この地が一時殷周兩勢力の接觸點であつたことを示すものといえよう。晉地出土の器物を通觀してゆくと、この地における文化の展開と合せて政治史的な波動を把えることもできて興味が深い。勿論このことは他の地域についてもいいうることである。

韓

399・400　驫羌鐘　＊〔器〕善齋圖・二甲　〔銘〕泉屋新收・圖七

唯廿又再祀、驫羌乍戎厥辟韓宗敽。逹征秦、迮齊入長城先、會于平陰。武侄寺力、富敓楚京。
賞于韓宗、令于晉公、卲于天子。用明則之于銘。武文咸剌。永枼毋忘。

唯れ二十又再祀、驫羌、戎の辟韓宗の敽（器）を作る。逹ひて秦を征し、齊を迮ちて長城に入るに先んじ、平陰に會す。武侄にして力を寺ち、楚京を富敓す。韓宗に賞せられ、晉公に命ぜられ、天子に卲げらる。用て之を銘に明則す。武文咸く剌なり。永世忘るること毋れ。

器はいま十二器を存し、四器は全銘、他は「驫氏之鐘」の四字を銘する。全銘は前後の鉦面に各四行、合せて六一字。器は洛陽太倉の韓君墓から出土。銘辭の釋讀と合せて、その時期が問題

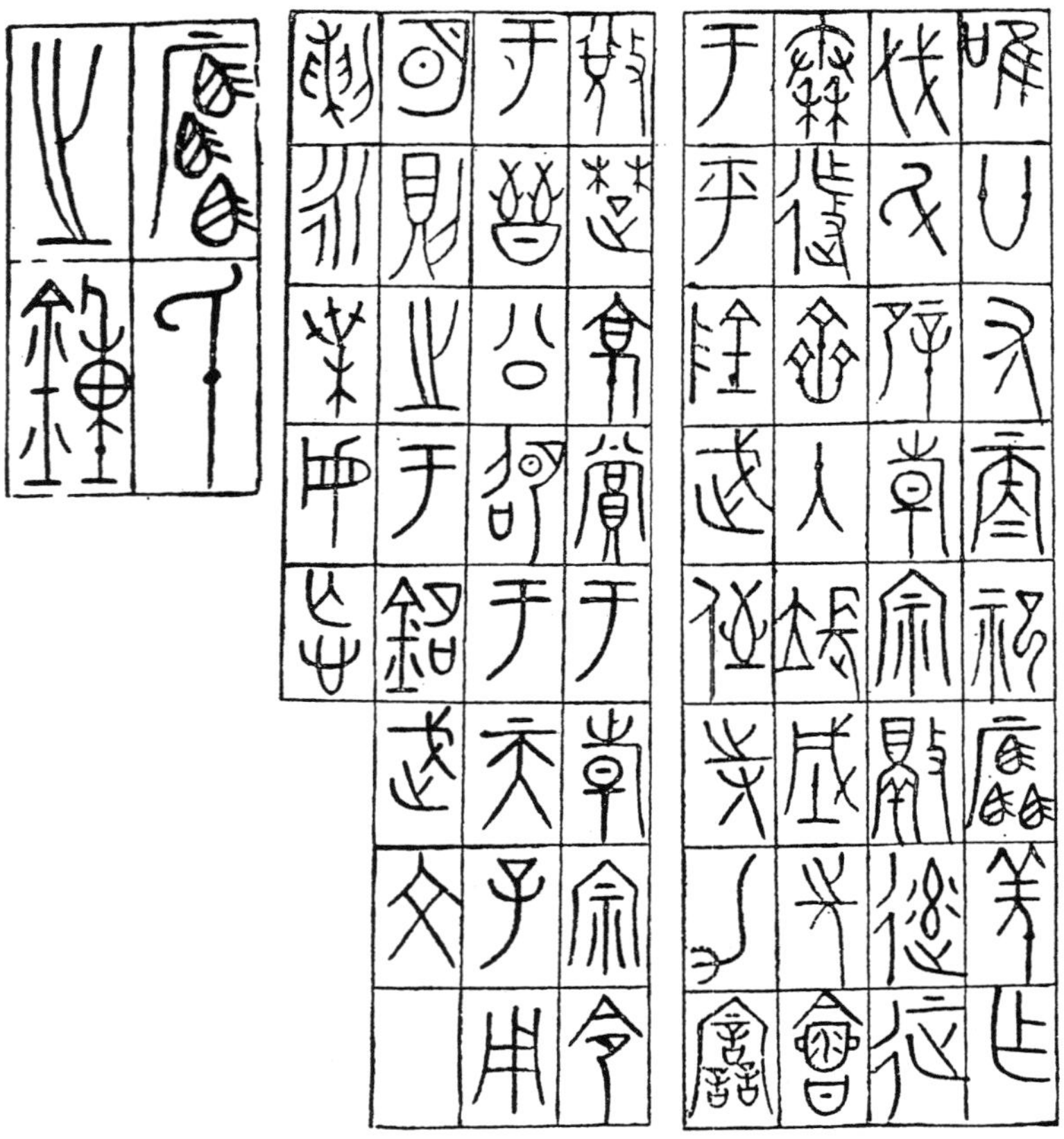

とされた。

文首の廿二年を何王に屬するかによつて、器の時期は大體規定される。從來次の諸說がある。

周靈王廿二年說　前五五〇年　劉節・唐蘭・徐仲舒・W. C. White・楊樹達・董作賓
周靈王廿三年說　前五四九年　吳其昌
周威烈王廿二年說　前四〇四年　溫庭敬・容庚
周安王廿二年說　前三八〇年　郭沫若

A前二說とB後二說との閒に約百五十年前後の差があるが、何れも年紀を周王にかけてみるものである。しかし列國の器にはその宗國の紀年を用いるのが例で、周の紀年を以て記すことは行なわれていない。かつ銘文中の征役を文獻に徵してこれに合致するものを求めると

晉烈公廿二年　前三九四年　周安王八年　韓列侯六年

とするのがよいと思われる。この紀年は作器の年をいい、以下にみえる征役はすべて追述の語で作器の由來をいう。

⿸厂驫は驫の繁文。⿸厂驫似の器二器が同じく洛陽から出土しており、⿸厂驫氏は古くからこの方面にいた羌種の族であろう。「戎厥辟韓宗」とは⿸厂驫羌の辟君韓の宗という意であるが、⿸厂驫羌は自ら戎と稱している。敓は上文乍の目的語で、普通は器名をおくところであるが、おそらく獻器の意と思われる。

達は率、この場合被動、韓君に從つて征役に赴いたことをいう。征秦の役は晉の烈公三年（前四一三年）、秦を鄭下に破り、魏の文侯十七年（前四〇八年）また秦を破り、その後もなお秦に對する優位を持していた。このとき晉室はまだ宗主權を失つていない。また齊に對する征役は前四一三・四〇五・四〇四の三次にわたり、後の二役は何れも晉の勝利に歸している。水經汶水注に引く竹書紀年によると、「晉の烈公の十二年、王、韓景子・趙烈子・翟員に命じて、齊を伐たしめ、長城に入る」とあり、銘文にも長城に入ることが記されていて、前四〇四の役が鐘銘にいうところと合う。長城とは泰山の西北に築かれていた齊の長城である。その西方の起點が平陰である。⿸厂驫羌はこの役に韓景子に屬して長城に入る先陣の功をあげ、戰捷の後平陰に會して策勳を受けたのである。

「武侄寺力」はその勇武をいう。侄は迭宕の意であろう。ついで楚・京を伐つことをいう。〓敓は他に語例なきも、踏奪の意で侵凌する意とみられる。楚・京はもと曹の地であつたが、のち宋に入り楚の有に歸した。曹は晉の與國であり、晉は楚の侵奪に報いて前四〇〇年、三晉の兵を以て乘丘に至つたことが楚世家・年表にみえている。

以上によつていえば征秦は前四一三年、討齊は前四〇四年、楚・京の役は前四〇〇年、器銘はその事功により寵榮をえたことを記して前三九四年に作られたことになり、最も事情に合する。

かくて⿸厂驫羌の辟君たる韓宗においてその功を賞せられ、三晉の宗君たる晉公より命を賜い、その殊功は天子の上聞にも達したことを記している。これよりさき前四〇三年（年表。世家は三九七年）、

三晉はみな諸侯となつたが晉室はなお存し、前三七六年晉が滅んだのちにおいても、晉祀はなおしばらくつづいている。これらの事情を合せ考えると、本器の紀年は晉の烈公廿二年（前三九四年）と定めてよいと思われる。

器はいま十二鐘を存するも、他に二器あり（オンタリオ博物館藏）といわれ、十四器で二肆一堵となつていたものであろう。器形は杏仁樣の筒形で銑閒は弧形、篆閒に十八箇の乳あり、甬は長方、鐘身の全體に蟠虺文を飾つている。

文字はすべて方格の中にあり、殆んど小篆の體であるが字形整齊、秦公段の字樣を承けたものといえよう。戰國初年の典型的な文字となしうる。銘は押韻、秦・先・陰、京・宗・公・忘が韻に入る。

韓器の銘あるものには他に戟を存するが、彝器のみるべきものなく、ただ洛陽金村の韓君墓から出た諸雜器・馬具・玉器などによつて、當時の文化を考えることができる。梅原末治博士「洛陽金村古墓聚英」參照。

趙

401・402　趙孟介壺　〔銘〕河南・二〇　＊〔器〕同上

禺邗王于黃池。爲趙孟介、邗王之易金、㠯爲祠器。

邗（かん）王に黃池に遇ふ。趙孟の介と爲り、邗王の賜へる金もて、以て祠器を爲（つく）る。

器は二器。河南輝縣の出土。銘は蓋の外緣にあり一九字。難讀を以て知られている。黃池の會は春秋哀十三年（前四八二年）、「公、晉侯及び吳子を黃池に會す」とあり、傳にはこのときの會者を單平公・晉定公・吳王夫差としている。このときの會盟には吳と晉とが先を爭う一幕があつたが、趙鞅もその會に臨んでいたのである。趙鞅は趙孟・趙簡子・志父ともよばれている人で、銘文の趙孟は趙鞅のことである。邗王は邗王是埜戈（錄遺・五六九）にもみえるが、この器の邗王はあるいは吳王のことであろう。吳はこのころ邗を併せて工歔と偁している。禺は遇、黃池の會に趙孟の介者たりし者が邗王より賜られた金を分賜されてその器を作つたのであろう。從つて作器者は邗王でも趙孟でもなく、趙孟の介者たりし某人である。その器が輝縣の出土と傳えられていることも、この壺が邗・趙の作器でないことを示している。輝縣は當時もとより三晉の域内にあり、趙孟の介者として隨行した者はその地にいたのであろう。

壺の形制は兩器同じ。蓋上は蓮花瓣狀をなし、兩耳は一角の獸形を飾る。器の花文は六層、上下は波狀文中に蟠虺文、腹四層中上三層は蟠虺、下一層は獸面の識られる蟠螭狀の文樣である。その器制は洛陽金村出土の晉器とみられる令狐君嗣子壺（河南・二二）と近く、輝縣からは同制の壺數器（河南・一六以下）が出土している。當時この方面に行なわれていた器制とみてよい。字跡狹長にして424・425蔡侯の器と似ているが、兩器の時期は極めて近く、約四十年を隔てるにすぎない。

匽・燕

姬姓の國という。匽は燕の古稱。史記の燕世家に召公奭をその初封とし、九世にして惠侯に至る閒は記事なく、惠侯は厲末共和のときの人であるから、事實上西周期の燕史は闕文となつている。後また齊桓のときまで歷世を記すのみで、燕史は殆んど史に傳えるところがない。

匽が召公の族の始封であることは本集一の126匽侯盂・177憲鼎などによつて知られる。易縣や北京城外からは匽侯・郾王の諸器が多數出土しており、また126は近年熱河凌源から出土したものである。召公は從來周と同姓とされていたが、實は殷代召方の後であり、殷周の際には周を助けて東方の經略に重要な役割を果し、177のごときも他の召公關係器とともに梁山出土の器である。かくて召族は周初のとき河南・河北の各地に所封をえたが、匽もその一であつた。從つて匽ははじめ召族の入封したところであるが、その後戎種に國を奪われたのではないかと思う。北方の戎種には姬姓を稱するものが多い。郾王諸器はこの後の燕の器であろう。杕氏壺（大系二六六　一九三）が郭氏の推定するようにもし燕器としうるならば、その銘文・文樣がかなり異質であることも、その點から理解されるように思う。

匽器は甚だ多いが、いまおそらくその初封當時の器と思われる匽侯旨鼎と、後の燕器と考えられる郾王戠戈とを錄しておく。他は概ね匽侯・郾王の兵器である。

403・404　匽侯旨鼎　〔銘〕三代・三・五〇・一　＊〔器〕海外・二

匽侯旨、初見事丂宗周。王賞旨貝廿朋。用乍姒寶障彝。

匽侯旨、初めて宗周に見事す。王、旨に貝二十朋を賞す。用て姒の寶𡨦彝を作る。

銘は四行二一字。匽侯旨は別に父辛の鼎（三代・三・八・五）をも作つており、召公の兄弟輩とみられる。「初見事」は本集一の170賢𣪘の初見と同じく覲禮をいう。廿朋の二字合文。姒は母の姓であろう。召公は黃帝の後という説もあるが、しからば南燕と同じく姞姓の國となる。

器は立耳三足鼎。足頗る長く、器腹は分當形をなし、各分當面に眉目の大きな饕餮文を飾つている。器制は本集一の154獻侯鼎や臣辰鼎（貞松・上・一六）などに近く、周初の器と考えてよい。匽關係の器では他に匽侯盂三器、匽公・匽伯の器あり、匽公匜（善齋圖・九六）が最も時期が新しく、大體西周末のものであろう。このころまで字は匽を用いている。

405　郾王戠戈　〔銘〕三代・二〇・一五・二

郾王戠乍旅萃鋸。

郾王戠、旅萃の鋸を作る。

郾王戠は燕世家にはみえないが、趙世家によると武靈王の十一年、王は燕の相子之が君位を冒したと聞いて燕の公子職を韓より迎え、樂池をしてこれを燕に送らせたという。しからば郾王戠は昭王（前三一一〜二七九）に當るわけであるが、燕世家では昭王は國人が立てたもので、名は平であると傳える。尤も紀年によると太子平は子之に殺された人である。郾王戠の戈は二十餘器に及んでおり、戰國末における有力な燕王であつたことは疑なく、おそらく昭王であろう。鋸は戈。戈に旅戈という例は珍しい。

郾器は郾侯庫すなわち成公載（前四五四〜四三九）は侯と稱し、以下郾王というものに戠・戎人・喜など四名がみえる。燕世家では易王（前三三二〜三二一）がはじめて王號を稱したという。喜は燕最後の王である王喜（前二五四〜二二二）であろうから、郾王諸器は易王以後のものとみてよい。

鄭

姬姓。もと殷の故地で、鄭州から安陽に入る以前の殷の都城と思われる遺址が發見され、その周邊に素樸な銅器やその工房の址も見出されている。武丁期に子鄭がその地を領し、その後も百工生產の一中心地であつたらしい。殷滅亡の後、生產技術をもつ特定の職能氏族が多く東方から周の王畿方面に移されたが、鄭還・鄭井をはじめ西周金文にみえる鄭田・鄭人はみなこれら移民のいたところとみられ、西鄭・南鄭なども鄭人と關係があるかも知れない。本集二の187宜侯夨𣪘には、鄭の七伯等が宜に移されたことを記している。宜は淮域の地であるが、おそらく關中にも多くの鄭人が移されていたのであろう。

鄭の始封は桓公にはじまるという。桓公は華縣の鄭にあり、河洛の閒の人望をえて、のち武公が新鄭に入つたと傳える。これは桓公が鄭人の統治に成功したことを示すものであるが、左傳昭公十六年にみえる子產の言によると、桓公は鄭人の經濟活動に對して不干渉を宣言し、鄭人は政治問題に介入しないという誓約の上に鄭國が成立したと傳えている。ある意味で契約國家・自由都市という性格をもつ國であつた。左傳僖卅三年にみえる鄭の商人弦高の話なども、このような鄭國の性格を示すものがある。殷商期の鄭については拙稿「殷代雄族考　其一　鄭」（甲骨金文學論叢五集）、また建國當初及びその後については陳槃氏の「存滅表譔異」（下二、集刊二十九本）に詳論がある。

鄭器は主として新鄭より出土し、新鄭出土古器圖志初編、續編、附編・新鄭古器圖錄・新鄭彝器・鄭冢古器圖考などに收められている。大系には鄭器九を錄し、三代には鄭器とみるべきものが鄭井の器を除いて廿五器ほどあり、錄遺にも二器を錄する。

鄭器には爵號を稱した鄭伯の器がみえず、鄭義伯・鄭羌伯・鄭鄧叔・鄭楙叔のようにいい、また鄭伯筍父・鄭氏伯高父、あるいは鄭大內史叔上・鄭伯大嗣工召叔山父・鄭牧馬受と稱するものもある。鄭ははじめ祭仲の專權あり、中ごろは晉楚の兩勢力に迫られて振わず、のち子產が一時聲望を恣にしたが、その沒するや數世にして韓に滅ぼされている。鄭室の威權は終始確立するに至らずして終つたようである。鄭伯の器が少いのも、あるいはそのような國情によるものであろう。新鄭出土の器は百餘に上るが、銘のあるものは極めて少く、この無銘の器中に鄭室の器を多く含んでいるのかも知れない。

406　鄭虢仲𣪘　〔銘〕冠斝・上・二三　〔器〕同上

隹十又一月既生霸庚戌、奠虢中乍寶𣪘。子〻孫〻、彶永用。

隹れ十又一月既生霸庚戌、鄭虢仲、寶𣪘を作る。子〻孫〻に及ぶまで、永く用ひよ。

鄭虢仲とあるので一應鄭器に列するが、必ずしも新鄭の鄭でなく、本集二の277康鼎、つまり鄭丼叔康の器と同じく、周の王畿中の鄭であろう。すなわち鄭の立國前の器とみられる。386虢仲盨は鳳翔より出土、厲王初期の器であり、城虢仲𣪘も鳳翔出土である。おそらく虢仲の族はのち陝中の鄭に移つたものであろう。器は三器。錄した銘は第三器で、失蓋、兩耳犧首小珥あり、口下に變樣虺文、腹に瓦文、圏足部に鱗文を飾り、文様は396蘇公子癸父甲𣪘・芮公𣪘（通考・三三〇）と似ているが、三小足はない。西周後期の器制とみてよい。三器中、第二器の器蓋銘のみ「十又一月」とするが、第一・第三の器銘は「十一又月」に誤る。「子〻孫〻、彶永用」は鄭鄧叔盨（三代・一〇・三二・一）に「及子〻孫、永寶用（子〻孫〻に及ぶまで、永く寶用せよ）」というのが普通の語法である。

鄭井・鄭虢ののち、はじめて鄭器があらわれてくるが、それらも概ね鄭を冠稱する器である。

407・408　鄭羌伯鬲　〔銘〕三代・五・二九・一　＊〔器〕夢郼・上・一六

奠羌白乍季姜隮鬲。其永寶用。

鄭羌伯、季姜の隮鬲を作る。其れ永く寶用せよ。

鄭羌伯は鄭姜伯鼎（三代・三・二八・四）の姜伯と同一人であろう。器制は鄭鼎（寶蘊・三六）に近く、次の一器も大體相似た文樣をもつ。文様はおそらく饕餮であろうが、かなり便化している。何れも鉤稜をもつている。銘は口緣にあり、器制・文字からみて、東遷前後の器と思われる。

409・410　鄭登伯鬲　〔銘〕三代・五・二二・二　＊〔器〕尊古・二・二一

奠登白乍叔嬬薦鬲。

鄭鄧伯、叔嬬の薦鬲を作る。

叔嬬は女子の姓であろう。鄭鄧伯叔嬬鼎（錄遺・八六）もみえる。薦鬲は羞鬲というのと同じ。器制は前器鄭羌伯鬲と似ており、文様は稍しく繁縟である。

411　鄭大内史叔上匜　〔銘〕拓本

隹十又二月初吉乙子、奠大内史叔上、乍叔娟朕匜。其萬年無疆。子〻孫〻、永寶用之。

隹れ十又二月初吉乙巳、鄭の大内史叔上、叔娟の媵匜を作る。其れ萬年無疆ならむことを。子〻孫〻、永く寶として之を用ひよ。

銘五行三三字。匜としては長銘である。鄭器には大内史のほか、大嗣工、大師小子・師などの官名がみえる。叔氏は娟姓で、その女の媵器としてこの匜を作つた。器は二器ありというも未見。文字放達、本集三の359以下の頌器の篆體から出ているようである。

412　王子嬰次盧　〔銘〕三代・一八・二四・一　〔器〕新鄭彝・一二九

王子嬰次之庻盧。

王子嬰齊の炒爐。

民國十二年（一九二三年）新鄭から出土した。鄭君の墓とみられるので、郭氏は鄭の莊公（前七四三〜七〇一）の子王子嬰であるという。嬰は昭公（前六九五）が弑殺され、厲公（前七〇〇〜六九七）が櫟に出居中、その空位時代に亡命地の陳から迎えられ、十四年（前六九三〜六八〇）にして二子とともに殺された人で、春秋初年のことであるが、鄭子嬰が王子嬰齊と稱するはずなく、器の時期とも合わない。王國維は楚の公子嬰齊の器で、鄢陵の役（前五七五年）に楚子が宵に遁走したときの遺品とするが、それでも時期が早すぎるようである。王と稱するものは周室の他には早く楚・吳があるが、列國が王號を冒したのは前三七〇年代以後であり、鄭は王號を稱せずして終つている。もし王を僭稱したとしても、鄭の末年のことであろう。鄭は前三七五年、韓に滅ぼされている。文字は刻文かとみられるもので、戰國初年を遠く遡りうるものではない。器名は盧であるが、器形は本集三の377虢季子白盤に似ている。王氏は飯器とし、郭氏は燎鑪とする。郭氏は鄢陵の役が六月暑熱のときであるから燎鑪を持する理なしとして鄢陵の遺器とする王說を否定したが、庻盧とは楚王酓忎盤（三代・一七・一六）の少盤というに同じく、少盤はその銘によると飯器である。

鄧

媿姓と曼姓の二國があるらしい。その始封について、殷の武丁が季父を河北に封じたとする說と、夏の仲康の子が南陽鄧縣に封ぜられたとする說とがある。その史は左傳に散見するほかは殆んど知られていない。南陽の鄧は、春秋莊公十六年（前六七八）、楚に滅ぼされた。

金文には、鄧公𣪘・鄧伯氏鼎・鄧孟壺などのほか、鄭鄧叔盨がある。鄧叔の器が鄭を冠稱しているることは興味が深い。鄭人は一時漢水の域にいたものもあり、鄭父之丘は鄭交甫と漢水の女神との說話で知られている地である。おそらく鄭・鄧は親緣の關係にあつた時期があるのであろう。復公子段（貞松・五・二七）に「乍我姑鄧孟嬀媵段（我が姑鄧孟嬀の媵段を作らしむ）」とあり、これは嬀姓、下文に收めた器は曼姓である。盂爵（三代・一六・四一・三）にみえる鄧伯は、盂卣が陝西の出土であることからみて、陝西の鄧とみられる。成周に𡚽祀が行なわれたとき、盂は王命を以て鄧伯に使している。今存する鄧器は概ね西周後期以後のものである。いま始封の地により、中土系に屬する。

413・414　鄧孟壺　〔銘〕三代・一二・一三・五　＊〔器〕夢郼・續・二五

𢍚孟乍監嫚隮壺。子〻孫〻、永寶用。

鄧孟、監嫚の隮壺を作る。子〻孫〻、永く寶用せよ。

監下の一字は曼の初文であろう。器は蓋のみを存する。口緣に變樣夔文を飾る。明らかに鳥啄を存していて、この種の變樣文に夔文から出ているもののあることが知られる。字迹もかなり古く、夷厲期前後に入りうるものである。

415　鄧伯氏鼎　〔銘〕夢郼・上・一二　〔器〕同上

隹𢍚八月初吉、白氏始氏、乍嬭嫚臭朕鼎。其永寶用。

隹れ鄧の八月初吉、伯氏姒氏、嬭嫚臭の賸鼎を作る。其れ永く寶用せよ。

鄧・鄀の器には、「鄧某月」、「鄀正某月」というものが多い。伯氏姒氏は夫妻であろう。夫妻の名を列ねて女の媵器を作つたものである。嫚字の釋には疑問があるが、一應鄧の姓とみておく。器は立耳三獸足鼎、項下に環文をめぐらしている。陳生𧴤鼎（故宮・下・八六）と近く、西周後期の器制としてよい。

鄀

允姓。黃帝の後、商密に國したという。金文に上鄀・下鄀の別があり、後者は蠚に作る。下鄀は今の商縣。商密と南北相接する地で、その地から下鄀の蠚公諴鼎が出土している。兩地はのち晉の有に歸し、鄀は南して襄陽宜城の地に移つたが、やがて楚の附庸となり、春秋後期に楚に滅ぼされた。鄀の器には

上鄀　上鄀公敄人鐘　上鄀公敄人段　鄀公平侯鼎

下鄀　蠚公諴簠　蠚公諴鼎

などあり、なお鄀子舟監戈・鄀于子斯簠は子と稱し、若□鼎・若□孟鉳・䣓伯彝なども鄀と關係があるかも知れない。いま上鄀・下鄀の器各一を錄する。

416　鄀公平侯鼎　〔銘〕三代・四・二三・一

隹鄀八月初吉癸未、鄀公平侯、自乍隮鎰。用追孝于厥皇且晨公、于厥皇考辟□公。用易眉壽、萬年無彊。子〻孫〻、永寶用享。

隹れ鄀の八月初吉癸未、鄀公平侯、自ら隮盂を作る。用て厥の皇祖晨公と、厥の皇考辟□公とに追孝す。用て眉壽を賜ひ、萬年無疆ならむことを。子〻孫〻、永く寶として用て享せよ。

銘二あり、異笵。六行四八字。上鄀公敄人の鐘では晨公を皇考と稱しているので、平侯は敄人の子であることが知られる。諸著錄に鼎とし、郭氏は銘文によつて鎰としているが、鼎銘に器名を鎰と稱する例は多く、鼎と考えて差支えない。ただその器影をみないので、器制は知りがたい。兩銘とも文字は宏達で美しいがやや平直の風あり、左文が甚だ多いことが注意される。

417　鄀公諴簠　〔銘〕三代・一〇・二一・二

蠚公諴乍旅匿、用追孝于皇且皇考。用易眉壽萬年。子〻孫〻、永寶用。

鄀公諴、旅簠を作り、用て皇祖皇考に追孝す。用て眉壽萬年を賜はらむことを。子〻孫〻、永く寶用せよ。

銘五行二七字。鄀は虫に從い、下鄀の器である。時期はおそらく前器と近いと思われ、文辭も似ているし、鄀・皇祖・萬などの字樣は符節を合するごとくである。上鄀・下鄀は同じ時期に竝存していたことが知られる。

宋

子姓。殷滅んで後、微子が商丘に封ぜられて殷祀を繼いだ國という。商丘の名からも知られるように、もと殷がその王朝樹立の過程において一時都したところとみられ、鄭とともに殷の故地である。商・宋は聲近く、春秋期にも商の名でよばれることが多い。詩の商頌のごときも宋襄の

霸業を頌したものである。史記に宋微子世家がある。その生活習慣は周人と異なるところがあつて、宋人の話は概ね嘲笑的な笑柄とされた。その器は宋公戌鐘（すべて六鐘）・宋公緣鼎など多く宋刻の書に載せられ、新出の器は必ずしも多くない。國勢は終始あまり振わなかつたが、宋襄にしても、桀宋とよばれた宋王偃にしても、一時的には國際的に威力を示した。いま𧽊亥鼎・宋公差戈の二器を錄しておく。

418 𧽊亥鼎 〔銘〕窓齋・五・一五・二 〔器〕長安・一・一一

宋莊公之孫𧽊亥、自乍會鼎。子〻孫〻、永壽用之。

宋の莊公の孫𧽊亥（ばがい）、自ら會鼎を作る。子〻孫〻、永壽之を用ひよ。

莊は異體の字で書かれている。莊公（前七〇九～六九二）の孫であるから宋の桓・襄のころ、春秋中期の人である。𧽊亥の名は經籍にはみえない。會は膾。「永壽用之」という語例は多くない。器は附耳三獸足鼎。耳がすこぶる大きい。器腹の文樣は二層、變樣夔文、下は鱗文で、大體芮大子鼎（雙劍誃・上・八）などに近い。

419 宋公差戈 〔銘〕三代・一九・五二・二

宋公差之所造不易族戈。

宋公差の造る所の邳陽の族の戈。

宋公差は宋の元公差（前五三一～五一七）で春秋末期の器。前器と相隔つこと百年前後であるが、その字樣にいくらか通ずるものがある。

陳

嬀姓。舜の後である胡公が宛丘に封ぜられた國という。のちに楚に滅ぼされた。

金文では字を敶に作る。齊に入つた田氏の陳とは字形が異なつている。その器には次のごときものがある。

敶侯鼎　敶侯𣪘　敶侯簠　敶伯元匜　敶公子甗　敶子匜　敶生隺鼎

詩の陳風によるとその地は巫風の盛んなところで、古代の習俗を傳えた地のようである。その點ではのちの楚辭文學との關係も注意され、南北文化の接觸地であつたといえよう。

420 陳侯𣪘 〔銘〕三代・六・四七・四 〔器〕甲編・六・二四

敶侯乍嘉姬寶𣪘。其邁年、子〻孫〻、永寶用。

陳侯、嘉姬の寶𣪘を作る。其れ萬年ならむことを。子〻孫〻、永く寶用せよ。

銘三行一七字。陳は文公・厲公みな蔡姬を娶り、また哀公は鄭女を娶つており、姬姓と通婚の關係にあつたと思われる。

器は圖樣によると項下に圓文をめぐらし、器腹に波狀文を飾る。器制・字樣からみて、東遷前後の器と考えられる。

421・422 陳伯元匜 〔銘〕三代・一七・三五・二 ＊〔器〕故宮・上・二二一

敶白殹之子白元、乍西孟嬀琱母塍匜。永壽用之。

陳伯殹（えい）の子伯元、西の孟嬀琱母（てうぼ）の媵匜を作る。永壽之を用ひよ。

四行一九字。伯殹・伯元は陳の宗室出自の人であろう。「永壽用之」の語は418𧽊亥鼎にもみえる。匜はその全面に鈎連狀の變樣虺文を配している。春秋中期の器であろう。

蔡

姬姓。武王の弟蔡叔度の後という。いわゆる管蔡の蔡であるが、上蔡がその初封の地とされている。のち新蔡に、ついで州來に移つた。州來は下蔡ともいう。春秋末一たび楚に滅ぼされ、一時復興したが、戰國の初また楚に滅ぼされた。その器には從來

蔡侯鼎　蔡侯匜　蔡姬尊　蔡姞𣪘　蔡公子壺　蔡子□匜　蔡大師鼎

などが著錄されていたが、一九五五年五月、壽縣西門の蔡侯墓から銅器合せて四八六件が出土、そのうち鼎・盂など烹飪の器四四、𣪘・簠など盛食の器一八、壺・尊など盛酒の器一一、鑑・盤の類一八、編鐘など樂器三二、戈斧の類六〇、車器・馬飾の類二一二などを含んでいる。列國の器でこれほど豊富な出土をみた例は他に求めがたい。その尊・盤の銘は最もみるべく、また486吳王光鑑が同出していることも注意される。その出土物は壽縣蔡侯墓出土遺物に收められている。郭氏（考古學報第十一册）・陳氏（第十二册）にその研究がある。

蔡は平侯元年（前五二九）、楚の平王によつて新蔡に移つて一たび絕邦となつた國を興し、昭侯

廿六年（前四九三）、呉王夫差の救援によつて下蔡に移り、前四四七年滅亡している。壽縣器中に蔡侯䜌の名がみえ、郭氏は蔡聲公產、陳氏は蔡昭侯申とするが、䜌はおそらく平侯盧であろうと思う。ただ平侯のときの器が下蔡の址である壽縣から出土しているのは、平昭二侯傳世の器であつたと考えてよく、同出の呉王光鑑は昭侯期のものである。墓は昭侯以後のものであろうが、蔡墓の器の主要なものは平侯以來の器である。

423　蔡姞毀　〔銘〕三代・六・五三・一

蔡姞乍皇兄尹叔障鬻彝、尹叔用妥多福于皇考德尹叀姬、用旟匄眉壽。綽綰永令、彌厥生靁冬。其萬年無疆。子〻孫〻、永寶用享。

蔡姞、皇兄尹叔の障鬻彝を作る。尹叔、用て多福を皇考德尹惠姬に綏んじ、用て眉壽を祈匄す。綽綰永命にし、厥の生を彌るまで靈終ならむ。其れ萬年無疆ならむことを。子〻孫〻、永く寶として用て享せよ。

銘六行五〇字。蔡姞は姞姓の女で蔡に嫁した人。皇兄は蔡姞の兄で、その父母は德尹・惠姬であるから、姞・姬は通婚の關係にある。德尹は蔡姞の父に當る人であろう。旟匄は、祈求の意。綽綰は晉姜鼎（考古・一・六）に「用旟綽綰眉壽（用て眉壽を綽綰することを祈る）」とあり、寬綽の意。彌は彌終。436 鈴鎛に「用求丂命彌生（用て考命彌生ならんことを求む）」の語がみえる。靁冬も金文の恆語。本集三の361頌鼎以下その例が多い。字樣は西周後期のもので、おそらく蔡が新蔡に遷る以前、すなわち上蔡に都していた當時のものであろう。器影未見。

424　蔡侯䜌鼎甲　〔銘〕壽縣・圖・三一　〔器〕同・圖・五

蔡侯䜌之飤鼎。

蔡侯䜌の飤鼎。

蔡侯墓同出の器中、蔡侯䜌の名を記すものが最も多く、單に蔡侯と稱しているものもおそらくその人であろう。郭氏はこれを蔡聲公產（前四七一～四五七）に比定し、䜌の聲は緜にして產と同じく古音元部にありとし、蔡墓は聲公沒後二、三年の閒に營まれたものという。また陳氏は蔡昭公申（前五一八～四九一年）とし、申は卯の字の誤にして䜌と同聲とする。

思うに䜌は絲を治める象で、紡車の閒を絲を繰る形を示したものとすべく、その形は轆轤と似ている。あるいはこれを轆轤と稱したかとも思われるが、蔡侯のうち平侯盧は䜌と聲義において近く、蔡侯䜌はおそらく平侯盧（前五二九～五二二）であろう。魯の昭公（一三～二〇）のときに當り、春秋後期である。平侯の時代については盤銘の條にいう。

425　蔡侯䜌鼎乙　＊〔器〕收獲・圖・四九　〔銘〕壽縣・圖・三一

器蓋二文あり、銘は前銘と同じであるが、鼎字が于旁に從う。器形は前器と殆んど同じで、ただ三獸足が前器より稍しく短いだけである。出土のとき殘破していたが、修復したという。蓋上に六柱の圈頂、周邊に近く三鐶がある。附耳獸足、腹底に黑煙の痕迹が著しい。甲器の方は蓋上の圈頂がなく、腹が深く脚は瘠せて長い。

426　蔡侯䜌盤　〔銘〕壽縣・圖・三八　〔器〕同・圖・一四

元年正月初吉辛亥、蔡侯䜌、虔共大令、上下陟否、孜敬不惕、肇差天子、用乍大孟姬嬇彝盤。禋享是台、衹盟嘗禘、祐受毋已。齋叚整譃、□□王母。穆〻亹〻、悤□訢煬、威義遊〻。靁頌韵商、康虎穆好、敬配吳王。不諱考壽、子孫蕃昌、永保用之、□歲無疆。

元年正月初吉辛亥、蔡侯䜌、大命を虔恭し、上下陟否し、孜しみ敬しみて惕らず、肇めて天子を佐け、用て大孟姬嬇の彝盤（盤）を作る。禋享するに是を以ひ、衹みて嘗禘を明らかにし、祐受已むこと毋し。齋叚整譃にして、王母を□□す。穆〻亹〻として、聰□訢煬にして、威儀遊〻たり。靈頌韵商、康虎穆好にして、敬しみて吳王に配す。不諱考壽にして、子孫蕃昌し、永く之を保用して、□歲無疆ならむことを。

銘一六行九五字。尊にも同銘があり、彼此補つて字形を確めうるが、なお隸釋しがたいものも多く、釋文は甚だ困難である。韻は前後二讀に分れており、文も二段より成るとみてよい。蔡侯即位の元年、孟姬を吳に嫁するときの器である。蔡侯がもし昭侯とすれば、その元年（前五一八年）の吳王は僚王となる。しかしその曆朔を考えるに、正月初吉辛亥は昭侯の元年に合いがたい。陳夢家氏は蔡侯編鐘に末小子とあることを主要な證として昭侯說を立てているが、もし少子という點からいえば平侯（前五二九～五二二）の方が條件に合う。かつ平侯元年の曆朔はこの銘の日辰と適合するのである。管蔡世家にいう。

（蔡の靈侯）十二年、楚の靈王、靈侯の、其の父を弑せるを以て、蔡の靈侯を申に誘ひ、甲を伏して之に飲ましめ、酔はしめて之を殺す。……十一月、蔡を滅ぼし、弃疾をして蔡公と爲らしむ。楚、蔡を滅ぼしてより三歳、楚の公子弃疾、其の君靈王を弑し、代り立ちて平王と爲る。平王乃ち蔡の景侯の少子廬を求めて、之を立つ。是を平侯と爲す。是の年、楚、亦(また)復(ま)た陳を立つ。楚の平王の初めて立つや、諸侯を親しましめんと欲す。故に復た陳・蔡の後(のち)を立つ。

思うにこの少子廬こそ本器にいう蔡侯䵣なるべく、廬・䵣は雙聲にしてその聲が最も近い。このとき蔡は一度滅んでいたものを再建されたので、盤銘の文首にいうところは、その事實を背景とした文である。また「肇めて天子を佐(たす)く」は編鐘では「楚王を左右す」とあり、天子とは楚王をいう。下文に吳王とあるので、絕國を再興した楚を特に尊んで天子と稱したもので、周王を天子としているのではない。いまその立場から、銘文の解釋を試みよう。

元年正月初吉辛亥、蔡侯䵣（平侯廬）は、蔡國再興の大命を虔しみ恭しみ、絕嗣を承けたので、先祖考の上下の神靈も陟降してみそなわし給うている。余は孜敬し不愓して、はじめて位を嗣ぎ、廢絕を興した楚の天子を輔佐する。大孟姬嬇の盤を作り、禋享の祀にこの器を用いる。祗みて嘗禘を明らかにするに、無限の祐又を授けられんことを祈る。心をつつしみ禮を盡して、王母に祀りしよう。

穆〻亹〻として、聰□訢揚、威儀閑〻として、靈頌韵商、康虎穆好なる姬を迎えて、吳王に敬配する。考壽不死、永命を保ち、子孫の蕃昌せんことを。永くこの器を用いて、無疆ならんことを祈る。

字句は從來の器銘にみえないものが多い。郭氏は亥・否・子・台・巳・母を一韻、旸・商・王・昌・彊を一韻とする。前段は即位の事情と孟姬の器を作ることをいう。即位の記しかたからみて、尋常の嗣位でないことが知られる。平侯元年、蔡は新蔡の地で復興されたらしく、新蔡は當時楚の地であつた。楚・蔡はこの前後何れも靈・平・昭という諡號がつづいているが、これも兩國間の關係を示唆するものがあるかも知れない。このとき、蔡とともに陳もその廢絕を興している。編鐘には「余唯末小子、余非敢寧忘。有虔不愓。差右楚王、隺〻爲政、天命是匡。定均庶邦、休有成慶（余は唯(こ)れ末小子なるも、余敢て寧荒するに非ず。虔(つつし)むこと有りて愓(おこた)らず。楚王を左右し、隺(くわく)〻として政を爲し、天命を是れ匡(あきら)かにす。庶邦を定め均(やす)んじ、休にして成慶有り）」といい、また「建我邦國（我が邦國を建つ）」の語もある。この器銘と通ずるところあり、參照すべきである。

この盤は大孟姬嬇の器として作られたものであるが、普通の媵器にみられない文辭をもつている。ここには吳との通婚が記されているのであるが、そこにも平侯當時の國情の反映があろう。蔡の靈侯は楚の靈王に殺され、靈王は公子弃疾、後の平王に殺された。平王は陳・蔡の後を復し蔡平侯を立てたが、平侯の卒した後、太子朱が嗣ぐも國人によつて廢され、平侯の弟東國が立つて悼侯となる。平侯・悼侯の父隱太子も楚の靈王に殺されている。こうした相つぐ政情の不安は、蔡が楚の隷屬狀態にあることから起つているので、平侯は即位とともに吳との連攜を求めたのであろう。のちに昭侯が下蔡に移るときは、吳の力を藉りているのである。

器が媵器とすれば、器ははじめ吳王の室に入つたものとなる。しかし他の蔡侯䵣の諸器と同出であることを思うと、必ずしも吳から歸つてきた器ともいえない。さすれば器は尋常の媵器でなく、孟姬の嫁に當つてこの器を作り、王母を祀り、王母に對して祐受毋已・不諱考壽を祈つたもので、器ははじめから蔡室に留まつていたと解するほかはない。つまり媵器としての解釋には、若干の困難が殘るのである。

それで一解として、この大孟姬は吳から蔡に入嫁した女ではないかという考え方ができよう。入嫁した女のために器を作る例は多くみられるのである。その方が前段の文を解するのに自然で、禋享以下王母まで、その器を以て王母を祀るをいう。穆〻以下は吳姬の德を述べ、不諱考壽を祈る辭。婦は姑を祀るのが例であるから、蔡侯がその妃のためにこの器を作つたと解するのである。從つて敬配は吳より入嫁をえたことをいう。大孟姬などというのもそのためであろう。平侯の初年は吳王餘昧の十五年に當る。同出の蔡侯缶にも「蔡侯䵣乍大孟姬賸盥缶（蔡侯䵣、大孟姬の賸盥缶を作る）」とあり、同時の器である。

この器については、從來昭侯說・聲侯說が唱えられ、蔡姬が吳に入嫁するときの媵器とされているのであるが、銘文解釋上種〻の問題があるので、ここに平侯說、吳姬の入嫁を迎える器とする解釋を試みておく。

器は殘破甚しく、一應修復されているが、盤底の銘にはなお缺損をとどめている。文字頗る方長、修飾性が強い。

427　蔡大師鼎　〔銘〕三代・四・一八・三

隹正月初吉丁亥、蔡大帀與、賸鄦叔姫可母飤繁、用旛眉壽。邁年無彊。子〻孫〻、永寶用之。

隹れ正月初吉丁亥、蔡の大師與、許の叔姫可母の食繁を賸り、用て眉壽を祈る。萬年無疆ならむことを。子〻孫〻、永く之を寶用せよ。

大帀は大師。蔡に大師職のあることは左傳襄廿六年に大師子朝の名がみえ、公子の家である。この大師も蔡室の人らしく、姫姓の女が許に嫁するのでこの器を賸つた。飤繁は398寛兒鼎にみえる。文三五字。銘は鼎の口緣にあり、字に屈曲が多い。

許

姜姓四國の一。伯夷の後と傳えるが、伯夷は姜姓の祖先神で太嶽の神である。はじめ河南の許昌におり、のち南陽の葉に移り、さらに江南の亳よりまた葉に還り、南陽の內鄉に移るなど轉〻としている。その閒一たび鄭に滅ぼされ、一時再興したがついに楚に滅ぼされた。字は鄦に作り、金文はみなその字である。許子鐘（考古・七・七）は許昌の出土と傳える。その器には他に鄦子妝簠・子璋鐘・魯生鼎などあり、南方系の影響が強い。これは許が本來南方系であつたとするよりも、その地に早く南方の勢力が及んだためとみるべく、蘇器において398寛兒鼎が極めて南方的な字樣を示しているのと一般である。

428・429　許子妝簠　〔銘〕三代・一〇・二三・一　＊〔器〕善齋圖・五二

隹正月初吉丁亥、鄦子妝、擇其吉金、用鑄其[illegible]、用賸孟姜秦嬴。其子〻孫〻、羕保用之。

隹れ正月初吉丁亥、許子妝、其の吉金を擇びて、用て其の簠を鑄り、用て孟姜・秦嬴に賸る。其れ子〻孫〻まで、永く之を保用せよ。

文五行三三字。出土地は不明であるが、靈公（前五九一〜五四七）が南陽に遷つてからのものであろうと思う。孟姜・秦嬴二人の媵器を作つているのも例のないことのようである。器は兩耳獸首、器の全體に細密な蟠虺文を飾つている。

430　子璋鐘　〔銘〕三代・一・二九・一　〔器〕善齋圖・一五

隹正十月初吉丁亥、羣孫斨子子璋、擇其吉金、自乍龢鐘。用匽㠯喜、用樂父兄者士。其眉壽無其。子〻孫〻、永保鼓之。

隹れ正十月初吉丁亥、群孫斨の子子璋、其吉金を擇び、自ら龢鐘を作る。用て匽し以て饎し、用て父兄諸士を樂しましめむ。其れ眉壽無期ならむことを。子〻孫〻、永く保ちて之を鼓せよ。

文三面七行四五字。群・斨は人名。群の孫、斨の子なる子璋の作器である。匽は宴、喜は饎、無其は無期。文押韻。喜・士・其・之の四字が韻に入る。器はすべて七具。一肆の編鐘であろうと思われるが、圖樣は必ずしも同じでない。善齋の器影が最も據るべきものである。篆閒・鼓上に蟠虺文を飾り、やや400厵羌鐘に似ている。時期もほぼ近いとみられる。

齊

姜姓。周初の元勳太公呂尚の封ぜられた國で、魯とともに周初東方經營の據點となつた。康公十九年（前三八六年）田氏が諸侯に列し、廿六年（前三七九年）康公の沒とともに齊滅び、以後田齊となる。田氏は金文では墬とかかれている。

齊器は從つて姜姓の齊と田齊とに分れる。何れも出土器はかなり多い。齊器の主要なるものは次の諸器である。

齊侯鼎　齊侯𣪘　齊侯敦一　齊侯敦二　齊侯盤一　齊侯盤二　齊侯匜一　齊侯匜二　齊戟
齊嫚姬𣪘　齊叔姬盤　齊縈姬之嫚盤　洹子孟姜壺　齊[illegible]姜𣪘　齊婦鬲　齊不𨑨鬲
𦅫鎛　齊大宰歸父盤　國差𦉜　叔夷鎛　叔夷鐘　庚壺　[illegible]氏鐘

器・文ともに大作雄品に富み、さすがに東方の大國たるを思わせるものがある。

431　齊侯敦二　〔銘〕三代・七・二四・二

齊侯乍飤𦎫。其萬年、永僳用。

齊侯、食敦を作る。其れ萬年まで、永く保用せよ。

三行一一字。二器三銘。敦は器蓋各〻半圓、これを合せると球形となる。𣪘と同じく盛食の器であるが、春秋以後に行なわれた。齊器には殊にその器が多い。別に易州出土の齊侯敦一あり、文六行三三字、蓋上に四環、器旁に兩環耳がある。その圖は歐米・二〇三に著錄している。

432　齊巫姜殷　〔銘〕三代・七・三八・二

齊巫姜乍隮殷。其萬年、子〻孫、永寶用享。

齊の巫（巫）姜、隮殷を作る。其れ萬年ならむことを。子〻孫、永く寶として用て享せよ。

三行一六字。齊女の器。女自ら作り、しかもその用うるところを述べていないことが注意される。巫は普通癸と釋されているが字形が稍しく異なるので、いま容庚氏の巫釋によつて、巫としておく。

漢書地理志に齊には長女を留めて巫兒と稱し、嫁娶させないという俗があつたことを記している。その起原について、齊の桓公の兄襄公が淫亂にして姑姉妹が嫁するをえず、それで國中の民家に命じ、長女を嫁せしめないこととしたと述べているが、おそらくその俗はもつと古くからあつたものであろう。左傳や詩にみえる文姜說話は、その禁を破つたことに對する說話的解釋を加えたものと思われる（稿本詩經研究通論篇第二章三參照）。本器の作者のごときも、そのいわゆる巫兒で、わが國の齋宮・齋女にあたるものかと思われる。巫兒は家祀を守るべきものとされていたのである。

433　齊大宰歸父盤　〔銘〕三代・一七・一四・二　〔器〕善齋圖・九四

隹王八月丁亥、齊大宰歸父𩁹爲忌盥盤、台旂眉壽、霝命難老。

隹れ王の八月丁亥、齊の大宰歸父、𩁹みて己の盥盤を爲り、以て眉壽、靈命の老い難からむことを祈る。

大宰歸父はおそらく國歸父であろう。國武子佐の父、國莊子とよばれた人で、僖廿九年（前六三一年）翟泉の誓に齊卿として會している。歸父下の一字未詳。「霝命難老」は齊器の叔夷鐘にもみえる語である。壽・老二字押韻。

器はいま殘破。わずかに盤底一板をとどめるにすぎない。字は小篆に近い字様である。

434・435　國差罎　〔銘〕三代・一八・一七・一，一八・一　＊〔器〕故宮・下・二六一

國差立事歲、咸丁亥、攻帀俉鑄西𩫖寶罎四秉。用實旨酉。侯氏受福眉壽。卑旨卑瀞、侯氏毋瘩毋痥、齊邦鼏靜安寍。子〻孫〻、永保用之。

國差、事に涖むの歲、咸の丁亥、攻師俉、西郭の寶罎四秉を鑄る。用て旨酒を實さむ。侯氏、福を受けられて眉壽ならむことを。旨からしめ瀞からしめ、侯氏に瘩毋く痥毋く、齊邦鼏靜にして安寧ならむことを。子〻孫〻、永く之を保用せよ。

銘一〇行五二字。國差は左傳にみえる國佐。立事とはおそらく涖事の意で、國政を執る意であろう。國佐の父國歸父は、前器で知られるように齊の大宰の地位にあり、立事をいうものは443陳純釜、子禾子釜（三代・一八・二三・二）など、みな齊卿の地位にあるものである。從つて「立事歲」とは、その地位に卽いたときを以て年を紀しているのであろう。咸は齊の月名。齊では月をいうのに咸・禝などの語を用いているが、何月に當るかは不明である。

攻帀は工師、器の鑄作者をいう。俉は工師の名。四秉は量名とも、四耳の意ともいわれているが、語例としては量をいう。器は酒器で容三斗五升四合。これに旨酒を實して、侯氏の眉壽を祈ることをいう。侯氏は齊侯。國佐の名は春秋宣十年（前五九九年）に初見、齊の惠公の末年であるが、國佐はのち成十八年（前五七三年）に殺されている。侯氏はおそらく惠公であろう。末文は齊侯の安寧と國家の靜謐を祈り、かつ子孫の寶用を命じている。文押韻。酉・壽、瀞・寍が韻に入る。

器は四耳にして鐶あり、無文、銘は器の項下にある。字はかなり線條化しているが、さすがに氣格を備えたところがある。

436・437　𬨎鎛　〔銘〕三代・一・六六・二〜六八・二　上半拓本　＊〔器〕通考・九六九

隹王五月初吉丁亥、齊辟𩍿叔之孫、遧中之子𬨎、乍子中姜寶鎛、用旂侯氏永命萬年。𬨎保其身、用享用考于皇且聖叔、皇妣聖姜、于皇且又成惠叔、皇妣又成惠姜、皇考遧中皇母、用旂壽老毋死、保𠭯兄弟、用求丂命彌生、肅〻義政、保𠭯子性。

𩍿叔又成、袋于齊邦、侯氏易之邑二百又九十又九邑、與𨜒之民人都啚。侯氏從造之曰、世萬至於辝孫子、勿或俞改。𩍿子□曰、余彌心畏忌、余四事是台。余爲大工厄・大吏・大徒・大宰、是辝可事。子孫永保用享。

隹れ王の五月初吉丁亥、齊の辟𩍿叔の孫、遧仲の子𬨎、子中姜の寶鎛を作り、用て侯氏の永命萬年ならむことを祈る。𬨎、其の身を保ち、皇祖聖叔・皇妣聖姜と皇祖又成惠叔・皇妣又成惠

姜、皇考遵仲皇母に用て享し用て孝し、用て壽老にして死すること毋く、盧が兄弟を保つこと
を祈り、用て考命彌生ならむことを求む。肅々たる義政、盧が子姓を保たむことを。
鮑叔又成、齊邦に勞あり。侯氏、之に邑二百又九十又九邑と、〓の民人都鄙とを賜ふ。侯氏
從つて之に造げて曰く、世萬、辝が孫子に至るまで、渝改或ること勿からむと。鮑子□して曰
く、余、彌心畏忌して、余が四事を是れ以ひむ。余、大工厄・大吏・大徒・大宰と爲り、是を
辝て事ふ可しと。子孫、永く保ちて用て享せよ。

銘は右欒より起つて鼓右、鉦・鼓左より左欒に至り、文一七三字。齊の諸卿中、鮑氏の器である。𦌾叔は鮑叔、管鮑の交といわれた管仲時代の名臣である。この銘文にみえるところを以て鮑氏の世系を求めると次のようになる。

聖叔　又成惠叔（𦌾叔又成）—遵仲—𡡗
　｜
聖姜　又成惠姜

また左傳にみえる鮑氏の世系は

鮑叔牙—□—□—鮑莊子牽—□—鮑牧
　　　　　　　鮑文子國　　鮑點

であるが、この兩者がどのように結合されるのかは知りがたい。惠叔までは叔と稱しているので、鮑叔は世號であつたらしい。侯氏は齊侯。他の齊器にもその例が多い。𦌾叔又成は邑二九九邑と〓の民人都鄙とを賜うているが、邑の規模は知られぬとしても相當の所領である。彌心は彌生の彌と同じく彌終の意であろう。字は日に從うている。畏忌は叔夷鎛（歴代・七・七四〜七九）に「少心畏忌」の語あり、敬畏することをいう。四事は下文の四官をいう。この四官を兼ねるのはよほどの盛職で、鮑氏の勢威を示すものがある。鮑氏はのち廢立を圖つて悼公を弑殺し（前四八五年）、田氏簒奪の因をなしたが、齊桓以來の齊の大族であつた。銘は押韻。年・身、死・弟、生・政・姓、啚・之・子・台・宰・事が韻字とみられる。

器は同治九年（一八七〇年）、山西榮河縣后土祠旁の河岸から出土したという。どうしてその地から出土したのか知られないが、おそらくかつてその地に將來されていたものであろう。鎛は鈕の部分に獸形を飾り、篆閒鼓上に蟠螭文を飾つている。大小は未詳なるも、文字は縱四七糎に及んでいるから、相當の大鎛である。文字は線條化し屈曲多く、六國古文の字樣に近づいている。鮑叔四世の後とすれば、前六世紀中頃の器ということになろう。

438・439　洹子孟姜壺甲　〔銘〕拓本　＊〔器〕拓本

齊侯女畾、聿喪其毀。齊侯命大子、乘遽來敂宗白、聽命于天子。曰、期䎽爾期。余不其事。女
受册歸、遄□御。爾其遵受御。齊侯拜嘉命。
于上天子、用璧玉備一𤔲。于大無𤔲誓于大𤔲命、用璧兩壺八鼎。于南宮子、用璧二備・玉二
𤔲・鼓鐘一肆。
齊侯既遵洹子孟姜喪。其人民都邑、堇宴舞、用從爾大樂。用鑄爾羞銅。用御天子之事。
洹子孟姜、用气嘉命、用旂眉壽。萬年無疆、御爾事。

齊侯の女畾、聿に其の毀（舅）を喪ふ。齊侯、大子に命じて、乘遽して、來りて宗伯に敂げ、
命を天子に聽かしむ。（天子）曰く、期ならば則ち爾（齊侯）期とせよ。余は其れ事とせざらむ。
女、册を受けて歸らば、遄かに□御せよ。爾其れ遵りて御を受けよと。齊侯、嘉命を拜せり。
上天子に、璧玉備（璉）一𤔲を用ふ。大無𤔲誓と大𤔲命とに、璧・兩壺・八鼎を用ふ。南宮子
に、璧二備・玉二𤔲・鼓鐘一肆を用ふ。
齊侯既に洹子孟姜の喪を遵ふ。其の人民都邑、宴舞に勤め、用て爾の大樂に從へり。用て爾の
羞銅を鑄る。用て天子の事に御ひむ。
洹子孟姜、用て嘉命を气め、用て眉壽を祈る。萬年無疆にして、爾の事に御へむ。

甲乙二器あり、乙器は女・一𤔲・一肆の字を脫し、また「用御天子之事」以下に「洹子孟姜喪」以下廿九字を重出するなど、かなり混亂がみえる。字跡も奄落庸劣、殆ど僞刻かと疑われるほどであるが、壺の内面にある鑄銘であるから、器そのものを疑わない限り、眞銘として扱うべきであろう。壺の文辭は異例のもので、釋讀頗る困難である。

銘は當時の喪禮に關する内容のものであるが、儀禮などに記す禮制と異なるため、楊樹達のごときは文中に譏刺の語が含まれているという。しかし自作の器にそういうことは考えがたいところであるから、おそらくその殊寵を紀念したものであろう。いまその立場から解釋する。

齊侯の女畾がその舅を喪つた。畾は下文にみえる洹子孟姜で、洹子すなわち田桓子に嫁した人

である。桓子は左傳襄六年（前五六七年）、齊が萊を滅ぼしたとき、萊の宗器を襄公に獻じた陳無宇その人で、その父は田文子、すなわち洹子孟姜の舅に當る。田文子は景公（前五四七～四九〇）の初年にはなお在世していたから、本銘の齊侯は景公である。景公は在位五八年、もしその女が洹子に嫁したとすれば、即位のとき齊侯が成人であつたとしても、前五三〇年前後より前ではありえない。畾はあるいは靈・莊の女であるかも知れない。𣪘を舅の義に用いることは440陳肪𣪘にもその例がある。

齊侯の女畾、すなわち洹子孟姜の舅たる田文子須無が死去したので、齊侯は女のためにその公葬を天子に請わしめた。陳氏は當時すでに齊卿として實力ある家であつたが、列侯の地位はえていないので、天子に赴告して殊禮を求めたのである。乘遽は傳車と同じ。本集三の304散氏盤に傳棄の語がみえている。當時の齊の大子は、「五十八年夏、景公の夫人燕姫の適子死す」と世家に記されている人であろう。大子に命じ、傳乘して周に至り、そのことを宗伯に報じ、天子の命を請わしめたのである。

「曰」以下は天子の命をいう。「期𠟭爾期」とは、陪臣の服期のことであるから、一年を適當とするならば一年とせよの意であろう。あるいは、喪期は任意とせよの意とも解される。三年喪服など喪期に關する禮家の説には、疑うべきところもある。「余不其事」とは支障なしの意であろう。そして使者に對し、「命を受けて歸つたならば、速かに薦供を進めよ。汝はそれに至つて薦供を受領せよ」と命じた。すなわち齊侯の赴告に對して、天子は特にその喪期を許し、また賻賵を與えたことをいう。それで下文に「齊侯拜嘉命」の語を以て承けているのである。

上天子以下、喪祭に當つての薦供をいう。上天子・大無嗣誓・大嗣命・南宮子は、郭氏のいうように、喪祭のとき祀る諸神の名であろう。楚辭九歌に東皇太一・大司命あり、また諸神は庭紫宮や文昌宮にありともいわれ、南宮子はその屬であろう。大無嗣誓は大巫司誓で、招魂にいう巫陽の類かと思われる。何れも招魂・鎮魂の祭祀に祀られた神〻で、齊の喪俗が陳楚の巫風と關係あることを示すものとみられる。備は音服、玉の盛器をいう。薦供に多く玉璧を用いているのは招魂の意をもつもので、壺鼎鼓鐘の類は祭器である。

かくて齊侯の請いにより天子の殊命を賜うて、洹子孟姜の行なう喪を終えた。それでその人民都鄙に命じて大いに宴舞をなさしめ、その大樂を爲さしめて忌明けの歌舞を興し、紀念としてその差銅を鑄て、天子に事える意を表示するのである。洹子孟姜は、この器を作つて嘉命を求め、以て眉壽を祈り、萬年無疆、永く祭祀のことに奉じようとするのである。

喪を以て天子に赴告する例は本集三の380師嫠𣪘にみえ、また賻賵を賜う例には卯𣪘（三代・九・三七・二）がある。この器は陪臣のために命を請うた特殊な例であるが、それだけに恩寵とされたものであろう。やがて田氏の專權がはじまるが、この器銘のごときはその兆を示すものといえよう。

器は甲乙二器殆んど同制の雙器。甲器は文様五層、口部と腹部二層の文様は公字形を含む波狀文、項下と圈足とは變樣の夔文であるらしい。兩耳は犧首鐶耳、曾伯陭壺（故宮・上・一四四）に近い。文字は漫漶を極めているが、一には打拓が困難なためであるかも知れない。錄入した銘はもと適廬の藏拓で、この器の銘拓中では最も精良の一本である。

田齊

嬀姓。齊は桓公より後、高・國・鮑・崔・慶氏らが勢をえて、公室はつねにその勢力に劫かされる狀態であつたが、康公十九年（前三八六年）、田和が列侯の地位をえ、康公廿六年（前三七九年）、齊嗣が絶えて田齊となつた。

田氏は、陳の厲公（前七〇六～七〇〇）の一子、陳敬仲完が宣公廿一年（前六七二年）、陳の內寇を避けて齊に奔り、その後次第に勢力をえて齊の諸卿を凌ぎ、ついに齊を奪うに至つたもので、その世系は大體次表のごとくである。

陳敬仲完—穉孟夷—湣孟莊—文子須無—桓子無宇—僖子乞—成子常—襄子盤—莊子白—太公和—桓公午—威王因齊—宣王辟彊

田齊の陳は塦とかかれている。その器にはほぼ次のごときものがある。

陳肪𣪘　陳逆𣪘　陳逆簠　陳曼簠　陳騂壺（陳璋壺）　子禾子釜　陳純釜　陳侯午𣪘　陳侯午敦一・二　陳侯因資戈　陳侯因資敦　陳共勺　陳劍

440・441　陳肪𣪘　〔銘〕善齊圖・八七　＊〔器〕同上

隹王五月元日丁亥、昉曰、余陲中𠫑孫、寷叔和子。龏𩚏鬼神、褱𪎝畏忌、敕擇吉金、乍𢆶寶毁。用追孝於我皇毁鐘。

佳れ王の五月元日丁亥、昉曰く、余は陳仲の𠫑孫、寷叔の和子なり。鬼神に龏𩚏し、褱𪎝畏忌し、敕みて吉金を擇び、茲の寶毁を作る。用て我が皇毁に追孝するの鐘なり。

銘七行四三字。陳昉を郭氏は田常であるという。田常は齊の簡（前四八四〜四八一）・平（前四八〇〜四五六）のときの人であるが、郭氏は寷叔を釐子乞とし、その和子であるから田常とする。別に寷叔和とよんで太公和とする說があり、その子は桓公午である。兩說の閒に四世の差がある。

寷叔和を人名とするならば上文の陲中𠫑も人名としなければ對應を失うので、これを陳仲完とする。完・𠫑を同聲とみるのである。しかし、元孫・順孫・元子・胤子・沈子などの語例からみると、元孫、和子と解すべきところと思われるので、桓公午說にはなお疑問があり、器制文字からみてもそこまで下るものと定めがたい。字は齊侯女䨓、すなわち438洹子孟姜壺甲とあまり遠くなく、文樣も壺と近い。

陳昉の名は經籍にみえず、何人とも定めがたい。陳仲は田齊の祖陳敬仲とみてよいと思われるが、孫は裔孫の意にも用いるから、世代は不明である。𠫑は彥聲の字と思われ、彥は男子の美稱。和子というのと同じく、彥・和は修飾の語である。寷叔はあるいは釐叔であろう。僖子乞はまた釐子ともかかれている。もし僖子の子ならば田常あるいはその兄弟輩となる。その同輩行に陳瓘子玉・陳莊昭子・陳逆子行・子士などがある。陳逆には毁・簠二器（大系・二五七）あり、字に大小あるも、本器の字樣と遠いものではない。それでいま陳昉を僖子の子としておく。春秋末年の器である。龏𩚏は383秦公毁にもみえる。毁では𪎝に作る。龏・𪎝は同義の字である。皇毁は皇舅であろう。洹子孟姜壺では舅の意に用いている。この場合、夫人の父、外舅をいう。追孝の語があるので、皇毁を皇考と釋する說がとられているが、倗友百諸婚媾にも孝享の字を用いることがある。文末の一字鐘は、上の寶毁を補足附加する語であろう。

器はいま蓋のみを存し、銘も蓋銘である。緣に公字形を含む波狀文を飾り、蓋頂中心に獸形の帶文を圓くめぐらしている。文字はまことに庸劣で他の齊器と似ず、ただ洹子孟姜壺と通ずるところがあり、兩器の時期はかなり近いとみてよい。

442　陳曼簠　〔銘〕三代・一〇・二〇・一　〔器〕故宮・上・八九

齊陲曼不敢逸康。肈堇經德、乍皇考獻叔饙般、永保用匿。

齊の陳曼、敢て逸康せず。經德を肈勤して、皇考獻叔の饙盤を作る。永く簠を保用せよ。

銘四行二二字。曼と釋した字の上部は憲と同構であるが、從來の釋による。郭氏は田常の子田襄子盤とし、その名はまた班とかかれ、盤・班はみな聲曼と近しという。陳曼を田盤とすれば獻叔は田常となるが、田氏の宗はこのころ「八世の後、之より京なるは莫し」（左傳莊二十二年）とされる時期に當りその人甚だ多く、何人とも定めがたい。陳騂壺・子禾子釜（大系・二六一・一，二）にも陳曼あり、字は稍異なる。逸康は西周期金文にはみえぬ語である。肈には繼承の義がある。器は簠であるが盤と稱している。盛食の器であるからであろう。文末の匿字は動詞によむこともできるが、他に例がない。字は方直、次器陳純釜と似ている。

器は四足特に長く、一盤の簠とかなり形が異なつている。兩耳は細く獸首、口緣下に變樣の虺龍文を飾つている。いま器のみを存するが、銘は二銘ある。

443　陳純釜　〔銘〕三代・一八・二三・一　〔器〕大系・二六二

陲猶立事歲、𩞁月戊寅、各𢆶安陵亭、命左關𠂤發、敕成左關之釜、節于稟釜。敦者曰陲純。

陳猶事に涖むの歲、𩞁月戊寅、茲の安陵の亭に格り、左關に命じて丕いに發し、左關の釜を敕成し、稟釜に節あらしむ。敦むる者を陳純と曰ふ。

陳猶も陳氏の宗であるが、何人か不明。𩞁月は齊獨自の月名で、他に咸月・冰月などがある。左關は關名。關は征取のことを行なうので、一定の量器を備えていたのである。稟釜は政府倉廩の用いる公定の量器。それを準則として器を作らせた。その統轄者は陳純で、陳純がこの方面の征賦を收めていたのであろう。田氏が公量より大きな器で振貸し、公量を以て返濟させて大いに民望をえ、ついに姜齊を奪うた話は有名であるが、子禾子釜・左關鋘（大系・二六二・二）などみな量器で、特に子禾子釜の銘は本器と併せて注意すべきものである。兩器とも陳氏の器で、子禾子とは太公和であるとする說もある。田氏僭上の勢が漸く熟しつつあつた頃のものであろう。器は兩耳ある瓶の形で、兩釜とも殆んど同形である。字も方直狹長、陳曼簠の字體から陳侯午の諸器を經て、兩釜の字樣に流れているとみてよい。

器は膠州灣口に近い靈山衛の出土と傳えるが、本來その地で用いられたものかどうかは明らかでない。

魯

姬姓。周公の子伯禽の封ぜられた國。周の親藩として東方經營の中心となつた。傅斯年の説によると、魯ははじめ河南の魯山に封ぜられ、のち曲阜に遷つたのであるというが、周公・伯禽が周初の東方經略に重要な役割を荷つていたことは本集一の111禽𣪘・120明公𣪘によつて知られ、またその受封の際にも淮夷徐戎の叛亂があり、魯の建國は、これらの諸夷の勢力をその背後から控制することにあつたようである。十四傳して隱公に至り、春秋に入る。その繼統法は一繼一及、すなわち兄終弟及の制をとつている。宣公のころより三桓が強大となつて公室はこれを制しえず、君臣間に違和が多く、魯君は小侯のごとくであつたという。詩の魯頌は僖公（前六五九〜六二七）の功業を頌したものであるが、それも霸を稱するほどのことではなく、國勢は委靡して振わなかつた。六國に入つても列國のように王を稱することもなく、のち楚に滅ぼされた。ただその國は周公の嫡系として周の禮樂制度を傳え、郁〻たる周の禮教文化の中心として、儒學の淵叢となり、思想史・文化史の上では特異の地位を占めている。

彝器文化の上では、魯器には特筆すべきものはないが、傳統墨守の風が強い。周初には伯禽・魯侯關係の優品を見うるが、その後公室の器が甚だ少ないのは、公室の衰微を示すものともいえよう。魯器には伯禽の器を除いて次のごときものがある。

魯侯爵　魯侯鬲　魯侯鴞尊　魯侯壺　魯侯熙鬲

魯伯厚父盤　魯伯大父𣪘一・二・三　魯伯廩鼎　魯伯愈父鬲（五器）　魯伯愈簠（三器）　魯伯愈父盤（三器）　魯伯愈父匜

魯大宰原父𣪘　魯原鐘　魯大嗣徒厚氏元豆（三器）　魯大嗣徒元匜　魯大左嗣徒元鼎　魯大嗣徒子仲伯匜　魯嗣徒白吳盨　魯内小臣鼎　魯正叔之□盤　魯士商𩰫𣪘　魯士孚父盤

魯侯の器のほかは、概ね西周末期以後のものである。文字は殆んど西周末の餘風を逐うもので、のちやや粗鬆の風に赴くものがある。

444　魯侯鴞尊　〔銘〕拓本

魯侯乍姜享彝。

魯侯、姜の享彝を作る。

綴遺によると器は鴞尊であるという。その形制絕異、銘は大亞形中に記されているというが、錄入したものは蓋銘である。魯侯はあるいは伯禽であるかも知れない。本集一の121禽方鼎には「大祝禽の鼎」と銘し、また111・120によると、禽は重要な祭祀儀禮の執行者であり、本器の大亞字形もそれと關係があろう。ただその器銘は未見。姜はおそらく魯侯の文母であろう。字迹は周初のものとみられる。魯侯には他に姬番のために作つた鬲（三代・五・一七・七）・尹叔姬のために作つた壺（三代・一二・八・七）があるが、何れもその時期は鴞尊よりも下るものである。

445　魯伯愈父匜　〔銘〕拓本

魯白愈父、乍邾姬〓朕盨匜、其永寶用。

魯の伯愈父(はくゆほ)、邾姬(ちゅき)〓(せん)の賸盨匜(ようしゅうい)を作る。其れ永く寶用せよ。

三行一五字。伯愈父の器は鬲・簠・盤・匜合せて十二器。道光十年（一八三〇年）、山東滕縣城の東北八十里、鳳凰嶺の溝澗中より出土したと傳える。殆んど同文である。朕は賸。匜には會匜・盥匜・盤匜のようにいう例が多い。邾姬は伯愈父の女。邾に嫁するに當つてこれらの諸器を媵器として贈つたのである。邾の器は鄒・滕より出土している。

446　魯伯愈父鬲　〔銘〕三代・五・三三・二　〔器〕上海・六四

魯白愈父乍邾姬〓朕羞鬲、其永寶用。

魯の伯愈父(はくゆほ)、邾姬(ちゅき)〓(せん)の賸羞鬲(ようしゅうれき)を作る。其れ永く寶用せよ。

前器と殆んど同文。ただ器名を羞鬲に作る。五器あり、上海の一器を存す。器腹に夔文を飾り、無袋形の三獸足鬲。伯愈父諸器の字迹は何れも西周末期の字樣を存し、東遷前後の器と思われる。兩罍（七・一〇）に殘缺した簠の圖樣をあげ、下底の文樣を出している。簠に一般にみられるように虺文を組み合せたものである。簠の銘は「魯白愈父乍姬〓匡、其萬年眉壽、永寶用（魯の伯愈父、姬〓の簠を作る。其れ萬年眉壽にして、永く寶用せよ）」とあり、他器と末文が異なつている。簠の文樣からみると、西周末期に入りうるものと思われる。

447　魯伯大父𣪘一　〔銘〕三代・八・二・一　〔器〕善齊・禮八・六八

魯白大父、乍中姬艅賸𣪘。其萬年眉壽、永寶用享。

魯の伯大父、仲姬兪（ゆ）の賸𣪘を作る。其れ萬年眉壽にして、永く寶として用て享せよ。

文四行一九字。仲姬兪の賸𣪘を作つている。器は圖様のみを傳えるが失蓋。器制は次の𣪘二と全く同じである。大小不整、結體の甚だ疎緩な字を交えている。

448　魯伯大父𣪘二　＊〔器〕寶蘊・六四

器は兩耳三小足の𣪘。器蓋の口緣、圈足部に變様文、他に瓦文を飾る。東遷前後の器制である。銘にいう。「魯白大父、乍孟姬姜賸𣪘。其萬年眉壽、永寶享（魯の伯大父、孟姬姜の賸𣪘を作る。其れ萬年眉壽にして、永く寶として用て享せよ）」。𣪘一と器制同じく、銘も孟姬と仲姬の名を異にするのみ、その字は𣪘一に比して文字均齊であるが、器制が兩者同じであることからいえば、時期は極めて近いとみてよい。

449　魯伯厚父盤　〔銘〕三代・一七・四・三　〔器〕懷米・下・六

魯白厚父、乍中姬艅賸般。

魯の伯厚父、仲姬兪の賸盤を作る。

二行一〇字。伯厚父は姬姓の人で、あるいは魯の同族であろう。前器にみえる伯大父も、仲姬兪の賸器を作つており、兪は伯大父の女であるらしい。同族より賸器を贈る風があつたのであろう。盤は圖様のみを存し、口緣に變様夔文、圈足部にもZ字形の同様の文様をめぐらしている。

450　魯大宰原父𣪘　〔銘〕三代・八・三・一

魯大宰遼父、乍季姬牙賸𣪘。其萬年眉壽、永寶用。

魯の大宰原父、季姬牙の賸𣪘を作る。其れ萬年眉壽にして、永く寶用せよ。

銘四行一九字。魯の大宰職は左傳隱十一年に公子翬がその職を求めたことがみえる。原父は魯の同姓であろう。遼は説文にその字形がみえる。𣪘の字形は伯大父𣪘一と近い。器は圖影を傳えない。魯原鐘（三代・一・三・二）は同人の器であろう。「魯遼乍龢鐘、用享考（魯原、龢鐘を作る。用て享孝せむ）」の銘がある。鐘の圖様は懷米（下・二）にみえる。

451・452　魯大𤔲徒厚氏元豆　〔銘〕冠斝・上・二八　＊〔器〕同上

魯大𤔲徒厚氏元、乍善簠。其眉壽、萬年無彊。子〻孫〻、永寶用之。

魯の大𤔲徒厚氏元、膳簠を作る。其れ眉壽にして、萬年無疆ならむことを。子〻孫〻、永く之を寶用せよ。

器蓋二銘。各〻四行二五字。左傳には司徒の官名がみえる。厚は449の字形と稍し異なるが、最も近いので厚と釋しておく。善は膳羞の膳。字はやや末を廣く書き、齊の434國差𦉜と似たところがある。

器は民國廿一年（一九三二年）、曲阜の林前村より出土。豆三器と別に匜一を出した。豆は蓋上を八瓣形に作り、腹足に相鈎連する獸形文を飾つている。三器中二器は冠斝に收錄しており同制。他に類例の少いものである。

453　魯𤔲徒伯吳盨　〔銘〕冠斝・上・三〇　〔器〕同上

魯𤔲徒白吳、敢肇乍旅𣪘。萬年永寶用。

魯の𤔲徒伯吳、敢て肇（はじ）めて旅𣪘を作る。萬年まで、永く寶用せよ。

器蓋二文。各三行一五字。敢は異體字。器は兩耳の盨で、器蓋の口緣に變用虺文、他に瓦文を付している。本集三の373杜伯盨と似ており、東遷前後の器制である。字は銹泐多きもかなり筆力あるものである。

454・455　魯士孚父簠　〔銘〕三代・一〇・五・一　＊〔器〕尊古・二・一六

魯士孚父乍飤簠。永寶用。

魯の士孚父（しふほ）、食簠を作る。永く寶用せよ。

銘は五銘あり、器も五器あつたという。いま尊古に一、善齋（禮八・一、二）に二器錄する。錄入した銘は三代の第一器で、以上の三器とは異なる。孚は偏旁が明らかでないので、かりに釋した。士は官名。御士などに當るものであろう。字は各器によつて多少異なるが、比較的篆意の強い字をとつた。

器制は尊古の一器と善齋の二器と小異あり、尊古は口緣環文、器腹波狀文、圈足に變様虺文を飾るが、善齋の二器は腹部が象首文とも夔文ともみえる圖象である。同銘の器であるが、文様をかえたものであろう。

紀

姜姓。金文では己とかかれている。その故城は山東壽光縣の東南にあり、故城内に紀臺城があつて、そこから己侯鐘が出土している。杞・㠱とは別國であるが、㠱は同じく姜姓であるから、紀・㠱は關係があるかも知れない。左傳隱元年にみえ、莊公四年（前六九〇年）、齊との和協成らずして大去している。魯に入つたと傳えるが明らかでない。

紀の器には早く本集二の246貉子卣・249己侯貉子𣪘があるが、他に

己侯鐘　己侯𣪘　己姜𣪘　（慶叔匜）

がある。何れも西周後期より滅亡に至るまでの器である。

456　己侯鐘　〔銘〕三代・一・二・一　〔器〕十鐘・四

己侯虓乍寶鐘。

己侯虓（こ）、寶鐘を作る。

乾隆年間（一七三六〜一七九五）に山東壽光の人が紀侯臺下でえたものという。紀侯臺とは紀の故城内にある紀臺城のことであろう。器は篆間舞上にひとしく斜格雷文を飾り、甬の上部と幹とに波狀文・變樣虺文・環文をつけ、鼓の正面に樣式化した雷文、背面の鼓右に一鸞鳳を付している。文樣は本集二の295虘鐘一に近い。鐘縣の旋、すなわち甬幹のところに縣けるための環を存しているが、これはめずらしい例である。時期はほぼ虘鐘一と近いと考えてよい。

457　己侯𣪘　〔銘〕三代・七・二七・五

己侯乍姜縈𣪘。子〻孫、其永寶用。

己侯、姜縈（きやうえい）の𣪘を作る。子〻孫、其れ永く寶用せよ。

三行一三字。紀が所傳のように姜姓とすれば、器は媵器である。別に己姜𣪘（三代・七・四・四）というものがあり、「乍己姜」の三字を銘している。器影は何れも知りがたいが、字樣からみて西周末期のものと思われる。前六九〇年、大去以前の器であろう。

㠱

姜姓。從來己と同じ國と考えられており、郭氏の大系・陳槃氏の譔異（上・集刊廿六本）にも同國として扱われているが、一九五一年、黃縣から㠱器八件が出土し、己と別國であることが明らかにされた。王獻唐氏の黃縣㠱器（一九六〇年刊）にその說がある。㠱は古く亞字形の中にかかれたものがあり、それは亞㠱形款識と關係があるらしい。王氏の聚成するところによると、㠱・亞㠱の器はすべて七十三件、その大部分は殷器である。これらの殷器は多く河南の諸地より出土しており、㠱は古くは河南の地にあつたのであろう。箕子との關係も一應考えられる。㠱公・㠱伯の器は東遷前後のものとみられるが、この黃縣㠱國と殷代の㠱との關係は明らかでなく、あるいは後封の國であるかも知れない。

黃縣㠱國の器と考えられるものには、次の諸器がある。

㠱公壺　㠱伯子⿱宀妊父盨（四器）　㠱伯⿱宀妊父盤　㠱伯⿱宀妊父匜

盨以下は黃縣出土の器であるが、同出のものになお無銘の鼎・鬲各一器がある。詳しい報告がなくてよく知られないが、六器はすべて⿱宀妊父の作器であり、大體春秋初期の器とみてよいようである。

458　㠱伯⿱宀妊父盤　〔銘〕黃縣・四九　〔器〕同・四七

㠱白⿱宀妊父、朕姜無頪般。

㠱伯⿱宀妊父（きはくはうほ）、姜無に賸する頪盤（くわいばん）なり。

姜無の媵器を作つており、㠱伯の家が姜姓であることが知られる。㠱伯と殷代㠱との關係は、おそらく殷代㠱國を山東の萊に追いつめた周が、その地に姜姓の㠱伯を封じたのではないかと思われる。萊陰からは束觶・本集二225遇甗などが出土したと傳えられ、周初の經營はこの海眉の地にまで及んだ。こうして殷代㠱氏がその地を大去した後、姜姓の㠱伯がその地に入り、舊名によつて㠱伯と稱したのであろう。己と同宗であると思われる。

盤は附耳、口緣に變樣虺文を鈎連狀にめぐらし、圈足に鱗文を付している。字は盨銘に比すると謹飭にして整つており、匜の字樣と近い。匜は末文を頪匜に作るほか同文、盤匜雙器である。盤は口徑五〇糎に近く、字も相當大字と思われるが、原寸不明であるから著錄の大きさにしておいた。

459　㠱伯子㝉父盨　〔銘〕錄遺・一七九・二　〔器〕黃縣・四四

㠱白子㝉父、乍其征盨。其陰其陽、㠯征㠯行、割眉壽無疆。慶其㠯臧。

㠱伯子㝉父、其の征盨を作る。其れ陰其れ陽、以て征し以て行し、眉壽無疆ならむことを割む。慶に其れ以て臧からむことを。

盨四器。器蓋二文。「㠱白子㝉父」は盤・匜銘では「㠱白㝉父」とあり、盨には㠱伯子と稱したのである。「其陰其陽」は他に例をみない。金文では初見の例である。征盨は征行に用いるもので、「㠯征㠯行」は行器、旅器の銘に用いられている。割は旂匄と聲義が近い。末文の「慶其以臧」もめずらしい語。慶は發語の辭。㠯は允のようにみえる字形をかいた器もある。臧は善。陽・行・疆・臧の四字押韻。

器は四盨とも器制同じく、腹に瓦文、口緣は變樣文を飾るようであるが、照影が明晰でなく確かめがたい。

杞

姒姓。禹の後である東樓公の封ぜられた國と傳える。はじめ河南開封の杞縣におり、のち山東の緣陵・淳于に遷つたという。すなわち安邱・諸城の地である。その世系は史記陳杞世家にみえるが、世家には東遷のことにふれず、遷徙の時期は知られない。あるいは春秋に入る前であるという。卜辭にすでに杞侯（後編・下・三七・五）の名がみえ、非常に古い國であるが、一時絕封となつたとも傳えられ、その蹤迹は明らかでないところが多い。前四四五年、楚に滅ぼされた。

杞の器には、いま

杞伯每匄鼎（二器）　段（五器）　壺（一器）　匜（一器）　盆（一器）

の諸器があり、みな鼄（邾）嫞のために作つた器で、何れも山東新泰の出土である。邾から杞伯に嫁した夫人の爲の器であろう。新泰は杞と邾との中閒にあり、當時杞の領域はここまで及んでいたようである。杞伯の諸器は、その器制上、春秋中期に屬するものと思われる。

460　杞伯每匄壺　〔銘〕三代・一二・一九・一　〔器〕善齋・禮四・五二

杞白每匄、乍鼄嫞寶壺。萬年眉壽、子〻孫〻、永寶用享。

杞伯每匄、邾嫞の寶壺を作る。萬年眉壽ならむことを。子〻孫〻、永く寶として用て享せよ。

器蓋二文、蓋文二一字、器文は孫に重文なく二〇字。字迹は蓋文がすぐれており、いまその銘を收めた。郭氏は每匕を謀娶公に當るとし、世家によつてその時期を周の厲王（前八七八〜八四二）のときとしている。しかし杞伯諸器の時期が厲王期にあるとは考えがたいところで、每匕の匕はおそらく匄の省文であろう。すなわち杞伯每匄とは孝公匄（前五六六〜五五〇）のことと思われ、魯の襄公のときに當る。邾では宣公（前五七三〜五五六）の時代であつた。鼄嫞は邾曹の出であろう。

壺は兩耳銜環、文樣は虢季子組壺（通考・七二九）に似て、腹の正中に菱形を中心に十字形に區劃し、變樣虺文らしいものを加えている。項下にもその帶文がある。圖樣では蓋を失しているが、銘は器蓋を存する。あるいは一器一蓋であるかも知れない。蓋文には左文が多い。

461　杞伯每匄段　〔銘〕三代・七・四三・一　〔器〕十二家・居・一五

杞白每匄、乍鼄嫞寶段。子〻孫〻、永寶用享。

杞伯每匄、邾嫞の寶段を作る。子〻孫〻、永く寶として用て享せよ。

段は五器あり同文。壺と殆んど同銘である。器蓋の何れか一方に、多く左文を用いている。この銘も左文を用いたものである。

器影は十二家に一器を錄する。兩耳三小足の段で失蓋。口下に變樣虺文、器腹に瓦文、圈足部に鱗文を飾る。西周後期以來の器制である。

462　杞伯每匄鼎　＊〔器〕日本・三一五

杞伯の器は器影を存するもの少く、鼎も澂秋・五に拓影を錄するのみであつたが、最近照影が紹介された。立耳平蓋、蓋上に三居あり、蓋緣に己字形の文樣、器に斜格、鱗文を帶狀にめぐらしている。足は獸足。春秋以後に通行した器制で、これによつて杞伯諸器の時期を推定することができる。

邾

曹姓。顓頊の苗裔と傳える。邾は金文では多く鼄とかかれ、經籍には朱・邾・邾婁・騶・鄒と記している。夷系の國であつたらしく、左傳僖公十九年に、邾人が鄫子を執えて、これを次睢の社に用いた記事を載せている。次睢の社は東夷の祀るところであつた。顓頊の後、陸終に六子あり、その第五子が曹姓であるというが、邾器の中には陸終の裔であることを銘するものがある。早くから鄒の地にいたものらしく、春秋の後八世にして楚に滅ぼされた。

邾器の存するものはかなり多く、一時は相當の國勢を示していたようである。その器には次のごときものがある。

邾公牼鐘（四器）　邾公華鐘　邾君鐘　邾公孫班鐘　邾伯鬲　邾伯御戎鼎　邾叔之伯鐘　邾來隹鬲　邾討鼎

邾叢伯鼎　邾大宰鐘　邾大宰簠　邾友父鬲

445・446魯の伯俞父の器に邾姬あり、杞伯の器に邾嫊あり、魯・杞と通婚していたことが知られる。なお柯氏の分域編によると、民國廿二年（一九三三）春、滕縣から邾夷伯乍嘗嬴鼎二器が出土したというが、器・銘の著錄をみない。嬴姓との通婚も行なわれていたのである。

463　邾公華鐘　〔銘〕三代・一・六二・二　〔器〕通考・九五四

隹王正月初吉乙亥、鼄公華、擇厥吉金、玄鏐赤鏞、用鑄厥龢鐘。台乍其皇且皇考曰、余畢龏威忌、悊穆不彖于厥身、鑄其龢鐘。台卹其祭祀盟祀。台樂大夫、台匽士庶子。昚爲之名、元器其舊。哉公眉壽、鼄邦是保、其萬年無疆。子ゝ孫ゝ、永保用享

隹れ王の正月初吉乙亥、邾公華、厥の吉金、玄鏐赤鏞を擇び、用て厥の龢鐘を鑄る。以て其の皇祖皇考を祚りて曰く、余、畢龏威忌、淑穆にして厥の身に墜さず、其の龢鐘を鑄る。以て其の祭祀盟祀を卹む。以て大夫を樂しましめ、以て士庶子を宴しましむ。昚んで之が名を爲り、元器を其れ舊しうせむ。哉ち公の眉壽にして、邾邦を是保ち、其れ萬年無疆ならむことを。子ゝ孫ゝ、永く保ちて用て享せよ。

銘は欒・鼓・鉦にわたつて右から書かれている。九三字。その銘は邾公牼鐘（三代・一・四八、四九、五〇）の銘辭と似ており、その文を典型としている。邾公牼は邾の宣公（前五七三～五五六）、邾公華は悼公（前五五五～五四一）で、魯の襄公のときに當る。邾公牼鐘にいう。

隹王正月初吉、辰才乙亥。鼄公牼、擇厥吉金、玄鏐膚呂、自乍龢鐘曰、余畢龏威忌、鑄辝龢鐘二鍺。台樂其身、台匽大夫、台喜者士。至于萬年、分器是寺。

隹れ王の正月初吉、辰は乙亥に在り。邾公牼、厥の吉金、玄鏐鏞呂を擇び、自ら龢鐘を作りて曰く、余、畢龏威忌にして、辝が龢鐘二鍺を鑄る。以て其の身を樂しませ、以て大夫を宴しましめ、以て諸士を喜しましめむ。萬年に至るまで、分器を是持て。

玄鏐赤鏞は鐘の材質の名をあげたもので、牼鐘の玄鏐膚呂に當る。おそらく銅質の色によつていうものであろう。「乍其皇且皇考」の乍は祚。邾叔之伯鐘（三代・一・一九・一）にも「鼄叔之白□友、擇厥吉金、用鑄其龢鐘、台乍其皇且皇考」とあつて、乍を祚の義に解するのがよい。「畢龏威忌」は叔夷鐘「少心畏忌」、440陳肪𣪘「襄龏畏忌」と同義。神威を畏れつつしむことをいう。「不彖于厥身」とは祖業を失墜することなき意。卹は書の多士に「明德恤祀せざる罔し」とあり、恤は卹の形聲字。愼の義である。金文にも本集二229縣改𣪘・本集三337師寰𣪘や叔夷鐘・陳逆簠に用例がある。大夫は邾器のほか許子鐘にみえ、庶士は480沇兒鐘にその語がある。諸士というのと同じ。昚は說文に愼の古文としてあげているものと字形が合う。名は銘。元は善。哉は一應載と釋したが、自作の器に「公眉壽」と稱するのは解しがたい。あるいは製作に當つた臣より邾公をいうものであろうか。保用は寶用と同じ。銘は押韻。忌・祀・子・舊で一韻。壽・保と彊・享はまたそれぞれ一韻である。字迹は殆んど小篆に近く、ときに說文古文の形に似た筆意を示すところもある。

器は早く紀曉嵐の藏であつたがのち潘祖蔭の有に歸した。器形は通考にはじめて紹介されている。鼓上に夔鳳の變樣らしい文樣を付している。その拓本は稀少で鄒安も容易に眞拓をえず、晉公盦拓と交換して周存に錄入するをえたと記している。亞字形中に「廿鐘主人」と刻した廿鐘山館主人の印記がある。

小邾

曹姓。邾の分國で、邾の文公の子友が郳に入つたものという。文公は魯の僖・文の際に當るから、小邾の立國は文・成のときにあることになる。經の莊五年に郳犂來の名がみえ、通志氏族略には友の曾孫黎郲とするが、これは小邾であるか否か明らかでない。通志氏族略の郳氏の條にはまた「邾挾七世の孫夷父顏、周に功有り。次子友父、別封せられ附庸となるを小邾國と爲す。以

て郳に居らしむ」という。邾挾は周初の人で十二世にして儀父に至る。夷父が邾挾七世の孫とすれば、小邾は西周後期の別封となるが、これは疑わしい。もし友父・夷父を一人の異稱とすれば、小邾は邾武公顏、字は夷父が郳に入つて小邾と稱したとみられる。左傳には襄七年・昭三年に小邾子穆公の來朝、昭十七年、また來朝して公と燕し、賦詩の行なわれたことを記している。その國は春秋の後なお六世つづいたという。

邾と小邾とは、金文では鼄と邾と區別してかかれているのではないかと思われる。金文に邾を用いるものは、邾公釸鐘と邾大司馬戈（三代・二〇・一九・二）のみで、他はみな鼄と記している。それでいま一應兩者を區別して扱うこととする。もしかりに兩者何れも邾を意味したとしても、少くとも邾字を用いるものは時期的には新しいとみられる。

464　邾公釸鐘　〔銘〕拓本　〔器〕陶齋・一・一五

陸𩁹之孫邾公釸、乍厥禾鐘。用敬卹盟祀、旂年眉壽。用樂我嘉賓、及我正卿、㬎君靁。君𠔿萬年。

陸終の孫、邾公釸、厥の禾鐘を作る。用て盟祀を敬卹し、年の眉壽ならむことを祈る。用て我が嘉賓と、我が正卿とを樂しましめ、君の靈に揚へむ。君、以て萬年ならむことを。

銘は欒・鼓・鉦にわたつて記されており、三十六字。陸𩁹は陸終。大戴禮帝繫篇に、陸終の後に曹姓のあることをいう。孫は裔孫。釸を郭氏は邾定公玃且であるとし、釸は鉏の古字で、玃且は一字一名の例であるという。しかし定公の父文公は名は蘧蒢で、これは一字一名とはしがたいから、玃且もまた一名と解すべく、釸を以て且にあてる説は首肯しがたい。かつこの器は器制文字からみて、邾公䡖（宣公）・邾公華（悼公）より前にあるとは思われず、邾公釸は宣・悼の後でなくてはならぬが、悼公の後は邾の世系は莊公穿・隱公益・桓公革・隱公益・革の弟、何とつづく。春秋後六國期に楚に滅ぼされたという。釸を穿・益に充てて考えることは困難なようである。

鐘銘は䡖・華の鐘と銘辭の形式がかなり異なつているし、殊に末辭には附庸國らしい表現がみられるので、この鐘を一應小邾の器として扱うことにした。末句の君二字は君氏の君とも解しうるが、この場合は宗主國たる魯君の意であろうかと思われる。邾・小邾の二國はしばしば魯に朝見しているが、殊に小邾の穆公は三たび魯に朝しており、襄・昭の世に當る。邾の䡖・華より稍しく後れる人で、釸鐘の字迹も䡖・華よりやや後とみられる。字は陸・厥・禾・用及び二年字・二我字・萬などに圈筆を加えており、後の鳥書の先蹤とみられ、結體は481王孫遺者鐘や490姑馮句鑃など、南方の器に近い。

邾と小邾とは兄弟の國で何れも魯の附庸のような地位にあつた。それで必ずしも分別を要しないであろうが、金文に鼄・邾の別があるので、一應小邾の項を立てておく。

祝

妊姓。金文では鑄とかかれている。禮記樂記に、武王克殷のとき黃帝の後を祝に封じたといい、呂氏春秋愼大覽に字を鑄に作る。郭氏はその國邑遷徙のあとを論じて次の諸地をあげている。

1　祝丘　山東臨沂縣東南。春秋桓五年、「祝丘に城づく」とみえるものである。同年冬、州公曹にゆき、そのまま國を棄てたが、州公は傳に淳于公とかかれている。王國維はこの州公を鑄・祝と同じとみている。

2　淳于　山東安丘縣境。魯の逼迫を受け、祝丘より淳于に移つたとする。州公を淳于公というのはそのためである。

3　齊東・桓臺　何れも臨淄の西方。淳于が杞に略せられて西遷したとする。

4　祝柯　長清の東北、濟南の西南に當る。また肥城縣南に鑄鄉あり、祝柯よりここに移つてその地で滅びたとする。

右は祝・州・鑄の名のある地を辿つてこれを鑄國遷徙のあととみたものであるが、鑄の初封の地は實は不明であり、2の州は姜姓國で鑄と關係がない。3からは鑄器が出土しており、確かなのは3・4だけである。

鑄の器には、次のごときものがある。

鑄侯求鐘　鑄公簠　鑄叔皮父𣪕　鑄子叔黑𦣞鼎　鑄子叔黑𦣞簠（二器）　鑄子叔黑𦣞盨　叔黑𦣞匜　鑄叔簠

出土地の知られているものは、みな桓臺の出土にかかるものである。

465　鑄公簠　〔銘〕三代・一〇・一七・二　〔器〕西清・二九・三

鑄公乍孟妊東母朕匿。其萬年眉壽。子〻孫〻、永寶用。

鑄公、孟妊東母の賸簠を作る。其れ萬年眉壽ならむことを。子〻孫〻、永く寶用せよ。

五行二一字。孟妊の器を作つており、黄帝の後なる妊姓の國という傳承と合う。尤も鑄侯求鐘（三代・一・九・二）では季姜の媵鐘を作つているが、これは來嫁した夫人のためのものであろう。器は圖様のみを存するが、器蓋はおそらく同じ文様であろう。器腹は象首文らしく、他は變様の虺文のようである。鑄子叔黑匠簠（十二家・雪・九）の文様もこれに似ている。

466　鑄叔簠　〔銘〕錄遺・一七四・二

鑄叔乍嬴氏寶匿。其萬年眉壽。永寶用。

鑄叔、嬴氏の寶簠を作る。其萬年眉壽ならむことを。永く寶用せよ。

四行一五字。器蓋二文。鑄氏には鑄叔皮父段（三代・八・三八・一）、あるいは鑄子叔黑匠鼎（三代・三・四〇・一）のように叔と稱するものが多い。鑄公求鐘と合せて、鑄氏が姜・嬴と通婚していたことが知られる。

薛

妊姓。黄帝の後と傳える。故城は山東滕縣の南にあり、春秋期を通じて國を保つたようである。殷商期の薛については通志氏族略薛氏の條に、春秋以後のことは竹書紀年義證（三八）に詳しい。一時邳・上邳などに遷つたことがあるようである。孟嘗君田文のとき絶封となつたという。

薛の器は傳世のもの多からず、薛侯匜・薛侯盤・薛侯鼎・薛戈などがあるのみである。

467　薛侯盤　〔銘〕三代・一七・一三・二　〔器〕長安・四〇

薛侯乍叔妊襄朕般。其眉壽萬年。子〻孫〻、永寶用。

薛侯、叔妊襄の賸盤を作る。其れ眉壽萬年ならむことを。子〻孫〻、永く寶用せよ。

叔妊の媵器を作つており、黄帝の後にして妊姓とする傳承に合う。器は附耳三獸足の盤で、口縁に變様虺文、圏足に鱗文を付している。春秋期の器制とみられる。薛侯匜もほぼ同文。鼎（大系・二二二・四）には「薛侯戚乍父乙鼎彝　史（薛侯戚、父乙の鼎彝を作る。史）」とあり、父乙の廟號や、末字の圖象の用法が注意される。

滕

姫姓。周の文王の後という。故城は山東滕縣の西南にある。その滅亡のときは明らかでないが、春秋後六世までつづいたという。滕の器には次の諸器がある。

滕侯蘇段　滕虎段（三器）　滕侯耆戈　滕之兵

468・469　滕虎段　〔銘〕三代・七・二九・一　＊〔器〕夢郼・上・二七

滕虎敢肇乍厥皇考公命中寶障彝。

滕虎、敢みて肇めて厥の皇考公命仲の寶障彝を作る。

銘三行一四字。滕は金文は火に従う。滕虎はおそらく禮記檀弓（上）にいう孟虎であろう。檀弓にいう。「縣子瑣曰く、吾れ之を聞く、古者は降せず。上下各〻其の親を以てすと。滕伯文、孟虎の爲めに齊衰す。其の叔父なり。孟皮の爲めに齊衰す。其の叔父なり」。鄭注にその禮を殷禮と解し、伯文を殷時の滕君としているが、滕は文王の昭たる國である。

段は三器あるらしいが、器影は二器一蓋を存する。兩耳の方座段で、翠碧の晶光耀ようほどであるという。器蓋の口縁及び方座には長尾の顧鳳を付しており、器制・文様からみて本集三の318追段前後のものと思われる。滕君の名は宣公嬰齊以後七君の名が春秋にみえるが莊・閔以後のことであり、それより以前には滕侯・滕子が隱・桓のとき魯に來朝している。ともかく文獻に名のみえる人の作器であることは貴重である。

邿

妊姓。山東の東平に邿亭あり、その故地という。姓は傳えられていないが、邿器に孟妊の名あり、妊姓とする説がある。春秋襄十三年（前五六〇）、魯地となつたが、その前に滅びていたようである。襄十八年、齊・晉が戰つた平陰の役では、戰場の一となつている。

邿器には次のごときものがある。

邿伯鼎　邿伯祁鼎　邿遣段　邿造遣鼎　邿季故公段（二器）

郜季故公段では、郜を寺と記している。造遣鼎は東平の出土にかかるという。

470　郜伯祁鼎　〔銘〕拓本

郜白祁乍譱鼎。其萬年、眉壽無彊。子〻孫〻、永寶用享。

郜伯祁、膳鼎を作る。其れ萬年にして、眉壽無疆ならむことを。子〻孫〻、永く寶として用て享せよ。

銘廿一字。無彊の二字を合文、また永寶二字を合書しているが、稀有の例である。善は膳羞の膳。郜伯鼎（寶蘊・上・二五）と字迹も似ており、あるいは同時の器であろう。郜伯鼎には「郜白肇乍孟妊譱鼎。其萬年眉壽。子〻孫〻、永寶用（郜白肇めて孟妊の膳鼎を作る。其れ萬年眉壽ならむことを。子〻孫〻、永く寶用せよ）」と銘している。その鼎は附耳三獸足、項下・腹に變樣虺文をめぐらし、春秋初期の器制とみられる。

曾

姬姓。曾については問題が多い。その出自・地望について異說があり、しかも曾器の出土地が一器も知られていないことが問題の解決を困難にしている。出自について姒・姬の二說がある。顧棟高の存滅表にいう。

鄫。子（爵）。姒（姓）。禹の後なり。今、山東兗州府嶧縣の東八十里に鄫城有り。僖の十四年に見ゆ。襄の六年、莒に滅ぼさる。昭の四年、地は魯に入る。

姒姓の鄫は金文にその證なく、金文を以ていえば曾は姬姓であると考えられる。それで劉節氏は壽縣所出楚器釋（古史考存所收）において姬姓の曾を論じ、曾はもと鄭にあり、淮夷を逐うて南徙し方城外の繒關に至つたもので、

東周の中葉自り、以て戰國の晚期に迄るまで、曾人の足跡、北は鄭郊より起り、南は光州に及び、西は南陽より起り、東は睢州に抵るまで、皆其の範圍なり。是を以て、其の民、江淮の閒の諸小國と、皆婚姻を通ず。而して楚の王族と、關係尤も深し。

として曾侯簠・曾姬無卹壺などをあげている。繒は江淮諸姬の一でもと西陽（襄陽）にあり、江・黃・楚との閒に通婚の關係がある。曾子簠の字樣が壽縣出土の蔡器と極めて似ていることからみて、少くとも曾器の作られた當時の曾が淮水上游の地にあつたことは確實とみられる。それで今、曾を南土系のはじめにおくのである。

曾の器には次の諸器がある。

曾侯簠　曾伯霥簠　曾伯陭壺　曾子簠（三器）　曾子選簠（二器）　曾子仲宣鼎　曾子伯父匜　曾諸子鼎（疑）　曾大保盆

他に毗鼎（三代・四・四・二）に曾兗伯の名があり、成周附近の族であるらしい。また左傳襄廿九年に魯の臣に鄫鼓父の名があり、あるいは姒姓鄫の亡命者であろう。鼂子子鄭伯鬲（三代・二・五一・三）の鼂は鄭地の鄫と關係があるかも知れない。要するに曾には姬姓・姒姓・鄭地の曾などあるも、いま存する曾器はみな姬姓の曾と考えてよい。

471　曾伯霥簠　〔銘〕三代・一〇・二六・一　〔器〕大系・一三二

佳王九月初吉庚午、曾白霥悊聖元武、元武孔黹。克狄淮尸、印燮繁湯。金道錫行、具既卑方。余擇其吉金黃鏞、余用自乍旅匿。目征目行、用盛稻粱。用孝用享、于我皇且文考。天易之福。曾白霥、叚不黃耇邁年、眉壽無彊。子〻孫〻、永寶用之享。

佳れ王の九月初吉庚午、曾伯霥、哲聖元武にして、元武孔だ黹かなり。淮夷を克逷し、繁湯（邑名）を印燮す。金道錫行、具に既に方あらしむ。余、其の吉金黃鏞を擇び、余、用て自ら旅簠を作る。以て征し以て行し、用て稻粱を盛る。我が皇祖文考に、用て孝し用て享せむ。天之に福を賜ふ。曾伯霥、叚ぞ黃耇萬年、眉壽無疆ならざらむ。子〻孫〻、永く之を寶として用て享せよ。

二器二銘。二銘の閒に異同あり、第二器は皇下の且、曾下の白の二字脫字がある。第一器、一行九二字。列國の器中有數の長文であり、かつ重要な史實に關するところがある。「悊聖元武」は徐器の481王孫遺者鐘にも「肅悊聖武」の語あり、哲（悊・悊）は德に對していう語で、本集二の296師望鼎「悊厥德」・本集三の320井編鐘「克哲厥德」・321大克鼎「盄悊厥德」のようにいう。「悊聖元武」とは文武の德を稱するもので399厲羌鐘の「武文咸剌」というにひとしい。「元武孔黹」の關係を以ていうと、屈萬里教授が黹を黹の音を以て釋するのが正しい。黹は押韻の關係を以ていうと、屈萬里教授が黹の音を以て釋するのが正しい。「元武孔黹」は480沇兒鐘「元鳴孔皇」「孔嘉元成」・許子鐘「元鳴孔煌」などと同じ造語法で、元・孔を對して用いている。

孔嘉・孔皇・孔猒は同義の語とみられる。狄は逿にして遠。印燮は本集三の355毛公鼎に「用印卲皇天、𤔲𩖉大命、康能四或（用て皇天に印昭し、大命を緟恪し、四國を康んじ能む）」とあり、印は印卲、燮は燮伐の意。

繁湯は晉姜鼎（歴代・一〇・一二）にも「征緐湯□」とあり、その日辰も九月乙亥にあるので、郭氏のごときは兩器のいうところを一時の事とする。繁湯は汝南の南、新蔡の東北とみられる地で晉より甚だ遠く、鼎によると晉自ら軍を動かしているのではない。しかしその地から吉金をえているのであるから曾伯の淮夷印燮と時を同じうしないとしても、その吉金を征取したことはありえよう。ただ兩器一時のこととする證はない。「金道錫行」とは、その地に金錫を出し、あるいはその金錫を輸送する道に當ることをいう。詩の魯頌泮水によると、當時淮夷は琛・元龜象齒・大賂南金を獻じたといい、また吳越は金錫の產を以て知られており、南方の金錫は淮夷の手によつて中原に齎らされていたのであろう。新蔡・汝南は當時南方交通の一要衝であつたとみられる。「具既卑方」とは、その輸送路の確保されたことをいうのであろう。

「余擇」以下は、かくしてえた吉金を以て旅簠を作ることをいう。末文は祝嘏の辭である。「㠯征㠯行」は旅器の慣用の語。「用盛稻粱」は簠器に習用する。「天易之福」は珍しい語である。「叚不黃耇」は詩の小雅南山有臺にみえる「遐不黃耇」に同じ。金文では「叚不」の語例は多くない。

この器にみえる淮夷の討伐について、屈氏は僖十六年（前六四四年）の役を充てている。

冬、十有二月、公、齊侯・宋公・陳侯・衞侯・鄭伯・許男・邢侯・曹伯を淮に會す。（經）

十二月、淮に會するは、鄫を謀り、且つ東略するなり。鄫に城くに、役人病む。夜、丘に登りて、呼びて齊に亂有りと曰ふもの有り。城くことを果さずして還る。（左傳）

また魯頌閟宮に歌われている淮夷燮伐、及び書の費誓にいうところも、僖公が淮夷を伐つたときの誓辭であるという。

費誓・閟宮及び僖十六年の諸侯を淮に會した史實を前後關聯させて把握することは正確であるが、ただ曾伯の器をこれに加えることには若干檢討を要する問題があるように思われる。淮の會の後に城きづいた鄫は、曾伯の曾でなく、姒姓の鄫ではないかと考えられるからである。魯僖は季姬を鄫に嫁しているが、曾は姬姓であるから、この鄫は姒姓の鄫である。僖十四年、季姬は歸寧したが、鄫子が來朝しないため公の怒に逢うて止められ、その來朝を待つて翌十五年歸國し、十六年四月に沒している。その十二月淮の會が行なわれ、鄫に築城することになつた。淮夷は僖十三年に杞を攻め、當時この方面に執拗に行動していたので、僖公は十三年、鹹に諸侯を會し、十四年、緣陵に城きづいて杞を守つている。この前後は諸夷戎狄の活動期で四方に事多く、淮の會や鄫の築城も東淮夷の侵寇に備えたものであつた。中原の諸侯は南金その他南方の產物を多くこのルートでえていたので、魯の行動に協力する態勢を示し、魯僖はまたその霸業達成のためにこの機會を利用したのである。

曾伯はこの魯僖の事業に參加していないし、鄫が杞鄫の鄫とすれば、江黃の地に近い曾とは距離が遠い。しかし江黃曾蔡もまた南方の重要な交易路であるから、當時淮夷猖獗の際に無事であるはずはなく、交易路確保のための戰は行なわれたであろう。その後百餘年、淮夷は夏を擾ることもなく、昭公四年（前五三八年）には、淮夷も楚子に率いられて申の會に與つている。これを以ていえば、曾伯の器が魯僖の淮夷討伐とおそらく時期的にそれほど遠くないものであることは確實とみられる。器制・文字もまたほぼその時期に合う。

銘は韻をふんでいる。午・武・猒一韻、湯・行・方一韻、鏞・匡一韻、行・粱・享一韻、考・福一韻、彊・享また一韻で、殆んど鐘銘に近い押韻である。

器はすでに火に遇うて燬滅し、わずかに拓影のみを傳えている。口緣に變樣虺文、足に鱗文あり、器腹には蟠螭狀の文樣を飾る。この蟠螭狀の文樣は383秦公𣪘や晉公𥂴・陳侯壺と近く、簠壺に多くみられるもので、曾子簠はその細密な文樣を付している。それらによつて器の時期を推すことができよう。

472 曾子遇簠　〔銘〕三代・一〇・一一・五

曾子遇之行匿。

曾子遇の行簠なり。

曾器は曾伯の後には曾子と稱し、金文には遇・仲宣の他に二名がみえる。當時曾子はおそらくすでに楚の勢力下にあつたとみられ、この器のごときも、同じく楚の附庸の地位にあつた蔡の壽縣出土器の字樣と近い。㚤姓の鄀は昭公四年（前五三八年）、絶封となつているが、蔡器との關係からみると、この器は鄀絶封のときより稍〻時期が下るかと思われ、その點からも曾は姬姓の曾であろう。字迹は424蔡侯䵼鼎と極めて似ている。

楚

羋姓。楚はもと化外の國でその文化に獨自のものがあるため、その原住について胡厚宣氏の東方起原說、岑仲勉氏の西方起原說など諸說がある。史記には「或いは中國に在り、或いは蠻夷に在り」といい、周の夷王のとき江漢に勢威を振い、庸・楊粵を伐つて鄂に至つたという。その地は申呂の外域に當る。熊渠は自ら「我は蠻夷なり」と稱して、中國の號謚に關係なしとて王號を稱えたといわれるが、その自らいうごとく、楚はおそらく蠻夷の族であろう。鄭語・大戴禮帝繫などみなその先を重黎より出ているとする。重黎は呂刑によると南方苗族を遏絕した神であるが、おそらく淮漢の域にあつた楚族の神で、楚は當時桐柏・伏牛の閒にあり、南夷の一とされていたものと思われる。殷代の虎方もその方面であるが、虎・荊の名に關聯ありとする說もある。その族は江淮の閒に擴散し、廣大な行動範圍をもつていたらしく、殷商文化をも多く吸收し、南方蠻夷の固俗と合せて獨自の文化を形成した。その姓は羋、同族の夔のほかにはその姓をみない。立國後の楚についても問題は多いが、存滅表譔異に詳しいから略する。

楚器には次のごときものがある。

楚公逆鎛　楚公冢鐘（五器、うち一は僞器）　楚王酓章鐘（二器）　楚王酓章劍　楚王酓章戈一
楚王酓璋戈二　楚王領鐘　楚王鐘　楚王酓忎鼎（二器、附勺）楚王酓忎盤　楚王酓肯鼎（二器）
楚王酓肯簠（三器）（匜　盤　罍　豆二）
楚子暖簠（二器）　曾侯簠　曾姬無卹壺（二器）　楚季咩盤　楚嬴匜　楚氏鐘　王子申盞盂
中子化盤

473　楚公冢鐘　〔銘〕三代・一・六・一　〔器〕十鐘・五

楚公冢、自乍寶大薔鐘。孫子其永寶。
楚公冢、自ら寶大薔鐘を作る。孫子、其れ永く寶とせよ。

銘は鉦閒にあり、二行一四字。左行には多く左文を用いている。薔は林鐘の林の異構。國語周語下に周の景王が大林を鑄た話がある。郭氏は冢は爲の異文にして儀と同部であるから、楚公冢とは若敖熊儀（前七九〇～七六四）であるという。楚が王號を稱するのは武王（前七四〇）以來のことであるから、器はそれより以前のものであろう。他の二器には孫子に重文がある。

器は三器あり、舞上篆閒鼓上にすべて雷文を飾つている。また別に一器あり、銘辭稍しく異なる。さらに一器あるも、これは僞器とみられる。

474　楚公冢鐘二　＊〔器〕海外・一三一

器は篆閒に細肉を以て表出する斜角狀の顧龍文を飾り、鼓上・舞上に雷文、また鼓右に一象形を加えている。甬上に稍しく缺損がある。銘一四字。前器とほぼ同文。

475・476　楚王領鐘　〔銘〕貞松堂・上・二　＊〔器〕同上

隹王正月初吉丁亥、楚王領、自乍鈴鐘。其聿其言、……
隹れ王の正月初吉丁亥、楚王領、自ら鈴鐘を作る。其れ聿ね其れ言らし、……

鉦より鼓左、後面の鼓右に及び一九字。鈴鐘は許子鐘（考古・七・七）にもみえる。「其聿其言」は意味が明らかでない。郾侯庫毀（筠清・五・八）に聿を肆の義に用いた例があり、ここでは肆陳の意かと思われる。言はあるいは音の義であろう。他の鐘銘に例なく、通考には文未完にして編鐘であるという。

器は紐あり、乳小さく篆閒に變樣虺文を斜格として列ね、鼓上に虺首を飾る。虺首は象首のようにもみえる。郭氏はこの圖文をいわゆる秦式に當るものとし、器の楚王は悼王（前四〇一～三八一）であるという。悼王は名は六國年表に類、世家には疑としているが、類は領の誤りであり、疑とは後人の旁書が正文に入れ換つたものとするのである。鼓上の文樣は463邾公華鐘に似ており、器形は430子璋鐘や者汈鐘（上海・七八）と近く、器の時期は春秋末・戰國初年にあると思われる。いま領と聲の近い王名を求めると、杜敖熊囏（前六七六～六七二）・郟敖員（前五四四～五四一）・昭王珍（前五一五～四八九）などあり、後の二者についてその可能性が考えられる。員は左傳に麏に作り、領と同音である。鐘銘の字は謹飾にして六國古文の風に似ず、子璋・者汈より古く、楚器の中では477曾姬無卹壺より早いとみられる。

477・478　曾姬無卹壺　〔銘〕善齋圖・一〇五　＊〔器〕故宮・下・二八七

隹王廿又六年、聖趄之夫人曾姬無卹、望安丝漾陲蒿閒之無匹、甬乍宗彝障壺。後嗣甬之、職才王室。

隹れ王の二十又六年、聖桓の夫人曾姬無卹、茲の漾陲、蒿閒の無匹を望安し、用て宗彝障壺を作る。後嗣之を用ひ、職として王室に在れ。

二器。銘は器の口内にあり、五行三九字。同銘。壽縣の出土である。王は下文の王室が楚を指すことからみて、楚王をいう。器制・文字からみて共王（前五九〇～五六〇）以前とは考えがたく、その以後在位數の適うものは昭王（前五一五～四八九）・惠王（前四八八～四三二）・宣王（前三六九～三四〇）などであるが、このうち可能性のあるもの昭・惠二王である。

銘は短文であるが甚だ難解で、郭氏は無匹を無匹にして鰥寡の義とし、鰥寡のものを巡安してこの器を作つたと解するが、作器の理由としては例がない。楊樹達は蒿閒を稾幹にして、無比の竹箭を見るをえて、これを紀念した器とするも、夫人の作器としては順適としがたい。

思うに漾・蒿は地名、無匹はあるいは族名ではないかと思われる。望字はやや異體であるが、望安とは國見・巡幸の意で、その地を按撫する意であろう。器は402趙孟介壺と前後する器制と考えられ、時期からいえば昭王期に當る。當時は吳楚交爭の際に當り、吳は昭王の五年楚の六・潛を取り、七年楚を豫章に破り、十年吳兵は遂に郢に入つて平王の墓を辱しめ、漢水に迎擊した楚の子常もまた敗れて昭王は雲夢に出奔、十一年秦の援兵をえて漸く吳を稷に破つたが、十二年また番を掠取されて郢都を捨て鄀に遷つた。廿一年吳越相戰つて吳王闔閭沒し、しばらく平穩をえたが、廿七年吳はまた陳を伐ち、昭王はこれを救援中陣沒した。こうして郢都を放棄した楚は、十一年唐、廿年頓・胡を滅ぼして北進を圖つているが、楚王鐘にみえる江、本器や曾侯簠にみえる曾・黃との親緣關係も、そういう形勢の中で推進されていつたものと思われる。曾姬無卹は曾から楚の聖桓に嫁した人であるが、おそらくその出自の曾に近い地域である漾水の域、蒿の附近の無匹の按撫を命ぜられて、望安を行なつたものであろう。望安とは卜辭に多くみえる望や踐土の儀禮で、國見に當る地靈鎭撫の古儀である。漾は漢水のそれではなく、淮漢相接する泌陽附近の古水名かと思われ、蒿閒も桐柏・伏牛に挾まれた地域であろう。無匹は舞陽、潕水の域であるらしい。方城以て城となし、漢水以て池となすといわれる要地で江・黃の西に當り、一時曾はその地にあつたと考えられる。曾姬がその地を巡撫しているのはそのためである。それでこれを紀念して宗彝尊壺を作り、後嗣に楚の王室への忠誠を命じたのである。

器は蓋上に四足あり、腹の兩旁に獸形を耳とし、器腹中央に十字形の襻がある。器の上層と十字狀の上層、また耳、蓋足に細密な鉤連狀蟠螭文があり、その文樣や兩獸耳の形が402趙孟介壺に近い。二器同制。本器がもし昭王廿六年（前四九〇）の器ならば獲麟の前十年、吳王夫差の六年に當る。器制・銘辭からみて、一應このように推定してよいと思われる。

字は界線を施した中にかかれており、またその字樣の點においても、383秦公毀とよく似ている。兩器の推定時期は約七、八十年前後隔たることになるが、その文樣も同系のものであり、相對的にみて大體おちつくようである。

479　楚王酓忎鼎　〔銘〕三代・四・一七・一　〔器〕十二家・寶・一

楚王酓忎、戰隻兵銅。正月吉日、窒鑄鐈鼎之蓋、㠯共戢棠（蓋內）　但帀吏秦、差苛燕爲之。

郤脰

楚王酓忎、戰ひて兵銅を獲たり。正月吉日、窒めて鐈鼎の蓋を鑄り、以て戢嘗に供す。侃師吏秦、苛燕を差けて之を爲る。　郤脰（蓋銘）

一九三三年、壽縣出土楚器中の一。壽縣ではこれより前にも出土あり、ついで盜掘が行なわれて銅器石器等八百餘件を出したと傳えられ、いま七百餘件を安徽省立圖書館に藏するという。曾姬卹壺などもその一である。うち九器は北平圖書館金石部に入つたが、この鼎もその一で、これらの器については郭沫若・徐仲舒・唐蘭・劉節諸氏の研究がある。

文は蓋文、蓋口緣に二二字、蓋口緣內と腹內一一字。但帀以下が蓋口緣內銘。楚王酓忎は幽王悍（前二三七～二二八）。酓は世家の熊に當る。周室既に滅び、秦の始皇の十年以後である。俘獲した兵銅を以て祭器を作ることをいう。ただ幽王の世に戰功のあつた記事なく、三年秦魏の侵攻を受けたことを傳えるのみ。あるいはそのときのことかも知れない。窒を郭氏は設の假借とし作鑄と同義とするが、字は窒に從い、窒に到・近の義があり、合鑄の意であろう。鐈は鼎に似て長足なるもの。本器は脚頗る大で、いわゆる鐈と稱するものであろう。戢は本集二の216也毀にいう䧹饗の飤、烹は嘗。但市は侃師。鑄造のことに當る官名。單に侃と記している例もある。差は佐。吏秦・苛燕は人名である。別に「郤脰」の二字銘あり、他器に「脰官爲之」とみえ、脰は厨の初文、典膳關係の官名であるらしい。また三楚の二字が腹内に倒刻されている。

器は平蓋附耳の三獸足鼎。蓋上に三鼻あり、正中の二獸首銜環。器蓋の口緣と耳に斜方格の細文あり、足は頗る大きく器外に出ており、饕餮樣の奇怪な獸面を飾っている。字は線刻である。秦の權量の器と近く、靑銅彝器としては器制・文字ともに最も時代の下るものである。

徐

嬴姓。伯益の後という。秦と同姓。文獻には徐戎・徐夷・徐方とよばれ、もと夷系の族である。六や舒蓼・舒庸など偃姓の國とも親緣の關係にあつたらしい。いわゆる三監の叛には徐奄熊盈の諸族がこれに與している。韓非子五蠹篇や史記趙世家などに徐偃王の話がみえているが、一時江淮の諸族を糾合して勢力をえたことがあるようである。その故城は泗州にあり、昭三十年（前五一二年）、吳に滅ぼされて楚に奔り、西して夷に入つたが、のち楚に滅ぼされた。徐偃王の說話が示すように、古くから淮域にあつた淮夷系の國であつたと思われる。享國四十二世と傳えるも、世系は知られていない。

その器には次の如きものがある。

徐王鼎　徐王義楚鍴　徐王耑

徐伯彝　宜桐盂　沇兒鐘　徐王子旃鐘（疑）　徐王之子戈　王孫遺者鐘　僲兒鐘　徐醑尹鉦

480 沇兒鐘　〔銘〕三代・一・五三・二，五四・一　〔器〕陶齋・續上・五

隹正月初吉丁亥、郳王庚之思子沇兒、擇其吉金、自乍龢鐘。中韓戲揚。元鳴孔皇、孔嘉元成。用盤飲酉、龢遼百生。思于畏義、惠于明祀、盧㠯匽㠯喜、㠯樂嘉賓、及我父兄庶士。皇〻趣〻、眉壽無期。子〻孫〻、永保鼓之。

隹れ正月初吉丁亥、徐王庚の淑子沇兒、其の吉金を擇び、自ら龢鐘を作る。中に韓く戲揚る。元鳴孔だ皇いに、孔嘉元成す。用て飲酒を盤しめ、百姓を龢會せむ。威儀に淑しく、明祀に惠み、盧以て宴し以て饎し、以て嘉賓、及び我が父兄庶士を樂しましめむ。皇〻趣〻として、眉壽無期ならむことを。子〻孫〻、永く保ちて之を鼓せよ。

銘文八二字。正面の鉦より起つて鼓を左旋、背面の鉦・鼓に及んで記されている。郳王庚・沇兒は文獻にその名を考えがたい。器制文字からみて、大體襄昭期（前五七二～五一〇）のものであろうと思われる。「中……戲……」は詩の「既……且……」と同じ語法で、韓・揚は鐘聲の清揚をいうとされている。481王孫遺者鐘・徐王子旃鐘にみえる。盤は盤樂、百生は同族をいう。盧は我。文は王孫遺者鐘とよく似ているが、遺者鐘の方が文飾が多い。この鐘はそれよりもやや早く、字は徐王義楚鍴（三代・一四・五五・六）に近い。徐の西遷前の器と考えられる。文は押韻。揚・皇、成・生、祀・喜・士・趣・期・之がそれぞれ韻をふんでいる。

器はいま圖影のみを傳え、舞上縣繫の部分を缺落している。乳は凸起をもつていない。舞上・篆閒・鼓上に象首文樣の繁縟な文樣あり、諸處に目があつて要素的な部分が獨立したモチーフともみえるようになつている。

481・482 王孫遺者鐘　〔銘〕三代・一・六三，六四　＊〔器〕尊古・一・四

隹正月初吉丁亥、王孫遺者、擇其吉金、自乍龢鐘。中韓戲揚。元鳴孔皇。用享台孝、于我皇且文考、用旃眉壽。余圅龏猷屖、畏嬰趩〻。肅悊聖武、惠于政德、思于威義、誨猷不飤。闌〻龢鐘、用匽台喜、用樂嘉賓父兄、及我倗友。余恁㠯心、处永余德、龢洀民人。余尃旬于國、皝〻趣〻、萬年無諆。枼萬孫子、永保鼓之。

隹れ正月初吉丁亥、王孫遺者、其の吉金を擇び、自ら龢鐘を作る。中に韓く戲揚る。元鳴孔だ皇いなり。我が皇祖文考に、用て享し以て孝し、用て眉壽を祈る。余、宏龏猷屖にして、畏忌すること翼〻たり。肅哲聖武にして、政德に惠み、威儀に淑しくして、誨猷食たず。闌〻たる龢鐘、用て宴し以て饎し、用て嘉賓父兄と、我が倗友とを樂しましむ。余、㠯が心を恁げ、余が德を誕永にし、民人を龢洀せむ。余、國に尃く旬くし、皝〻趣〻として、萬年無期ならむことを。世萬孫子、永く保ちて之を鼓せよ。

その文辭・字迹からみて徐器と定めてよい。銘は鐘の正背に鉦より鼓を左旋して記され、一九行一一七字。480沇兒鐘に似て文辭はさらに繁富であり、徐地の文化を窺うに足るものがある。王孫遺者を郭氏は禮記檀弓下にみえる徐君の使者容居であるという。遺容は雙聲、者居は疊韻であ

るが、齊音では者居同聲であつたといわれるから、一應の比定といえよう。その時期は魯の哀公より二世の後と考えてよく、大體威烈期（前四二五〜四〇二）のころであろう。王孫と稱するのは徐國すでに東に滅んで、楚地に入つて宗祀を嗣いでいるからであろう。「中韓戲鴋」は前條の沇兒鐘にみえた。𠧟は弓衣の韔の義にも用い張皇の意。龏は恭。𪊂屖は他に例をみないが、舒遲の意。下句に畏婺（畏忌）の語があるが、邾公牼鐘・463邾公華鐘「余畢龏威忌」・440陳昉𣪘「褱龏畏忌」などみな類句である。趩〻は翼〻。「肅悊聖武」は471曾伯霥簠「㤈聖元武」と意同じ。「惠于政德」は沇兒鐘では「惠于明祀」と記されている。誨猷は謀猷の義。飤は多く器名に附けて用いられ、鼎・𣪘・甗・簠・盉・觶・盤などに冠していう。飲飤とつづける場合もある。飤は字書に飼・飴と同字とする。この場合、不を字のままによめば、飤は僞・惑誤の意と解される。闌〻は鐘聲をいう。詩の「奏鼓簡簡」（商頌那）というに同じ。匽・喜は宴・饎。恁は任。詩「仲氏任只（仲氏、任なり）」（邶風燕燕）の任。涉字未詳。語例からみて龢會・龢協の意であろう。「煌〻趣〻」は光輝あるさまをいう。

文はまず鐘を作つて皇祖考に孝享することをいい、以下「余𠧟龏」・「余恁」・「余專」と余を文首とする三文を陳ね、末に子孫の寶用をいう。文辭甚だ整い、韻また諧和、鴋・皇、孝・考・壽、屖・趩・德・飤・喜・友・德・國・趣・諆・之がそれぞれ韻をふんでいる。

器は甬上に稍しく缺損あり、篆間・舞上・鼓上に蝌蚪狀の蟠虺文樣を附している。鼓上の文樣は全體としては象首文の形をしているが、隨處に眼形狀の球をつけ、繁縟の感を與える。壽縣蔡侯墓出土器中に同形の鐘あり、また編鎛をはじめ他の諸器にも、同樣の文樣を用いるものが極めて多い。湖北の宜都山中の出土と傳え、西遷後の徐都よりなお西南である。字迹は狹長で屈曲多く、南土系の流線狀を示している。

呉

姬姓。太伯の後と稱するもその地は斷髮文身、東夷の俗で、つねに夷貉と連稱される。周室の支裔と稱するのは傳說にすぎないであろう。はじめ無錫におり、のち蘇州に遷つたという。金文では多く工𫹺・攻呉という。古く太湖附近に干という國があつたらしく、401趙孟介壺に邗王の名がみえているが、呉はそれを併せて干呉と稱したものかと思われる。春秋では宣八年（前六〇一年）の傳に至つてはじめてみえ、成七年（前五八四年）經に初見、夫差の十五年（前四八一年）獲麟、のち八年（前四七三年）、越に滅ぼされた。一時大いに勢威を振うた國であるが、史傳にみえる時期は百數十年にすぎない。器もまた概ね春秋末期のものである。

呉王元劍　呉王光鑑　呉王光戈　呉王光劍　呉王夫差鑑　攻呉王夫差鑑　者減鐘一　者減鐘二　呉王御士尹氏簠

他に兵器の類がある。

483　呉王御士尹氏簠　〔銘〕文物・一九五八・五・頁七二

呉王御士尹氏叔孫、乍旅匿。

呉王の御士、尹氏叔孫、旅簠を作る。

器は一九五七年五月、北京市海淀區東北曜村の出土。器影をみないが高九糎、寬一九・五糎、長二五・五糎、夔文・垂鱗の文樣があるという。呉王夫差のときの器とされているが、文字からみると、西周後期にも入りうるもので、現存の呉器中最も時期の早いものと考えられる。叔孫の孫は女・系に從う。呉は多く工𫹺・攻呉とかかれるが、486呉王光鑑のように單に呉と記すこともあり、その方が古稱であつたと思われる。

出土地は北京の附近で、おそらく何らかの事情で北方に將來されたものと思われ、その點、呉王夫差の鑑が山西代州から出土しているのと揆を一にしている。器の制作はおそらく春秋前期を下ることはないようであるが、器影をみないので確言しがたい。

484・485　攻呉王夫差鑑　〔銘〕三代・一八・二四・五　＊〔器〕通考・八七二

攻呉王大差、擇厥吉金、自乍御監。

攻呉王夫差、厥の吉金を擇び、自ら御監を作る。

三行一三字。銘は腹內にある。夫差（前四九五〜四七三）は「大差」とかかれている。呉の最後の王。字はやや狹長なるも、夫差の父呉王光の鑑に比して字迹方直にして古い字樣を示し、字迹のみで必ずしも時期を定めがたいことが知られる。

器は無足。兩獸耳あり、銜環。口下器腹に帶狀の、さらにその下に葉形の文樣あり、その全體にわたつて蟠虺狀の細密な文樣を加えている。壽縣蔡墓の諸器に多くみえる系統のものである。同治中（一八六二〜一八七四）、山西代州の蒙王村から出土したものという。前器とともに、あるいは吳の滅亡の後北方に將來されたものであろう。

486　吳王光鑑　〔銘〕壽縣・圖・三九　〔器〕同・圖・一五

隹王五月、既子白期、吉日初庚、吳王光、擇其吉金、玄銑白銑、台乍叔姬寺吁宗⿰弓⿱夷土薦鑑。用享用孝、眉壽無彊。往巳叔姬、虔敬乃后。孫〻勿忘。

隹れ王の五月、既子（死）霸の期、吉日初庚、吳王光、其の吉金、玄銑白銑を擇び、以て叔姬寺吁の宗⿰弓⿱夷土（彝）薦鑑を作る。用て享し用て孝し、眉壽無疆ならむことを。往け巳、叔姬、乃の后を虔敬せよ。孫〻忘るること勿れ。

銘八行五三字。「王五月」は吳曆をいう。陳夢家氏は「子白期」を子白の喪期とする。吳王光は闔閭であるから、子白はその前王たる王僚の字であるという。光は僚を殺して自立した人であるが、殺して喪に服するのも事情に合わない。郭沫若は既子白を既生霸の異語とするが、あるいは死字を避けて、死霸を音の近い子白としるしたものかとも思われる。玄銑白銑は金の材質をいう。鐵・錫の類であろう。叔姬寺吁は吳より蔡に入嫁した女。蔡・吳は何れも姬姓であるが、吳が姬姓を稱するのは北方戎種が姬を稱するのと同じく、周とは別系であろう。⿰弓⿱夷土は弓夷土に從う字であるが、會意の意が知られない。郭氏は彝の異文かという。末辭はめずらしい形式である。文は押韻。彊・忘が韻に入る。

吳王光（前五一四〜四九六）は闔閭。その女が蔡に嫁するときの媵器であるから、蔡侯⿰黹肅の器より十數年後のものであるが、しかしなお下蔡に遷る以前の器である。これらの器が下蔡壽縣から出土しているのは、蔡が移るときその地に將來されたものと考えてよい。

器は出土のとき殘破、のち修復された。兩耳犧首、銜鐶。器は椀形に近く、腹內に四圓環あり、出土のとき瓢・尊缶を伴つたという。器の全身に細密な文樣をめぐらしている。文字は前器に比して屈曲多く、南方系の繆篆の體である。本來吳器であるが、壽縣器群の一で蔡器との關係が深い。

487・488　者減鐘二　〔銘〕冠斝・上・一　＊〔器〕同上

隹正月初吉丁亥、工⿰虍且王皮難之子者減、自乍鷄鐘、子〻孫〻、永保用之

隹れ正月初吉丁亥、工歔王波難の子者減、自ら鷄鐘を作る。子〻孫〻、永く保ちて之を用ひよ。

乾隆廿六年（一七六一年、一に廿四年ともいう）、臨江の民耕地から古鐘十一枚をえて奏進した中の一器で、同出の鐘は無銘の小鐘一、廿八字銘四器、銘八十餘字のもの六あり、他にも一器が知られている。もと十二枚あつたものと思われる。ここには廿八字銘一器を錄した。

工歔は吳。皮難を郭氏は太伯十五世の柯轉に充て、皮柯・難轉は何れも古音同部であるという。すると者減は魯の桓・莊、すなわち春秋初頭の人となるが、器は邾公牼（前五七三〜五五六）の鐘と形制近く、かつ文樣の便化が進んでおり、それより早期のものとはしがたい。すなわち春秋後期、魯の襄公より以後のものと思われる。皮難はおそらく吳王諸樊（前五六〇〜五四八）であろう。吳の王名は華名と夷名と二樣に傳えられているものが多く、乘のごときも壽夢の約音を華名としたものではないかと思う。また夷名に柯・餘・諸などの語を冠する例が多く、これを考慮すると皮難は樊、すなわち諸樊となる。その子者減は諸減であろう。闔閭光は諸樊の子とも、また夷昧の子ともいう。この前後、吳の世系・在位年數に所傳の混亂があるらしいが、ともかく者減は闔閭（前五一四〜四九六）と同じ世代に屬するものとみてよい。

器は何れも篆閒・鼓上にいわゆる蝌蚪狀の蟠虺文を飾り、壽縣蔡器の文樣と似ている。また字迹は殆ど線刻に近く、壽縣出土の吳王光鑑に類する。楊樹達にも者減を柯轉とする說あり、郭氏とともに春秋初頭說であるが、いま人名・器制・文字からみて春秋晚期の器とする。

越

姒姓とも羋姓ともいわれるが、百越ともよばれるように夷系の諸種族が統合された國である。會稽に禹迹あり、それに傅會して夏の後とされ、また楚族と親緣であるというので羋姓說があるが、本來は斷髮文身の沿海族で吳と同じ。於越・繄虧・無餘・有遽などの名は、吳の王名に柯・餘・諸を付するものが多いのと同樣、夷言を寫したものであろう。春秋には宣八年の傳に吳越と會盟する記事がみえ、この頃から中土と接觸をもつたようである。世家は勾踐の霸業から說きはじめ、范蠡の說話を中心としているが、獲麟後一四七年、大いに楚に破られて東海に卻き、しば

らく餘端を保つたがのち秦に滅ぼされた。越が中原の形勢に影響を與えたのは、勾踐（前四九六～四六四）・無疆（前三五六～三三四）の二代で、他は世家にも勾踐の父允常以後の世系を掲げるのみである。その資料も多く呉越春秋の類からえたものであろう。呉越は書の禹貢に荊揚二州に金三品を物産として揚げているように古くから良金を產したらしく、名劍の話なども傳えられているが、器の古いものはない。越器には次のごときものがある。

其次句鑃（二器）　姑馮句鑃　者汈鐘（編鐘）　越王劍（八器）　越王矛　越王之子劍

489　其次句鑃　〔銘〕三代・一八・一・二　〔器〕通考・九三六

隹正初吉丁亥、其次擇其吉金、鑄句鑃。台享台孝、用𣄰萬壽。子〻孫〻、永保用之。

隹れ正〔月〕初吉丁亥、其次、其の吉金を擇び、句鑃を鑄る。以て享し以て孝し、用て萬壽を祈る。子〻孫〻、永く之を保用せよ。

二器、鼓の左右兩端に記され、二行三一字。字はみな左文。正は正月。其次は人名。その人未詳なるも、音の近いものを以て求めると、あるいは諸咎であろう。古本紀年によると、越の王翳卅六年、太子諸咎が翳を殺したが、まもなく越人に殺されている。諸咎（～前三七六）の諸は夷音であろうから、咎は其次の音を寫したものかと思われる。もし諸咎の器とすれば490姑馮句鑃とほぼ時期のひとしいものとなる。

句鑃は徐器に一、越器に二あり、殷代鉦鐃の系の器制で、柄があり上に向けて用いる器である。徐器の徐諧尹鉦に「征城」というもの、句鑃の別名である。鑃は鐸の轉音であろうと考えられている。いま鐸と同字とみておく。他の列國にその器をみない。字は線條であるがよく整つている。器は道光（一八二一～一八五〇）の初年、浙江武康縣の山中から出土したと傳えられ、すべて十三器、銘文あるもの二器。器は拓影を存するが、腹下に三層の方形雷文、その上に三角形の雷文を飾る。姑馮句鑃と全く同じ。また柄の上部にいわゆる蝌蚪状の蟠虺文を付している。文様からみて、戰國初年のものと考えられる。

490　姑馮句鑃　〔銘〕三代・一八・二・二，三・一

佳王正月初吉丁亥、姑馮昏同之子、擇厥吉金、自乍商句鑃。以樂賓客、及我父兄。子〻孫〻、永保用之。

隹れ王の正月初吉丁亥、姑馮昏同の子、厥の吉金を擇び、自ら商句鑃を作る。以て賓客及び我が父兄を樂しましめむ。子〻孫〻、永く之を保用せよ。

銘八行三九字。句鑃の正背兩端に二行づつ記されている。馮は鳳形に從う字らしく、楊樹達氏は鵬と釋す。姑馮昏同を王國維は勾踐のときの人馮同とする。逢同・扶同とも記されている人で、勾踐の大夫であつた賢者といわれる。器の制作者はその子であるから、其次と同期の人となる。「商句鑃」と商の一字を加えているのは、句鑃が商鉦から出ているからであろう。文字は狹長であるが字樣はなお謹飭である。

491　子賏戈　〔銘〕錄遺・五六七

子賏之用戈。

子賏の用ふる戈。

いわゆる鳥書である。鳥書は越器に特に多くみえる鳥飾の字であるが、宋器・呉器にもその例がある。本書に錄入しえなかつたが、越器の者汈鐘には筆畫中に多く圈筆を以て餘飾を加え、裝飾文字の傾向を示している。鳥書はその餘飾の極端なもので、概ね戈・矛・劍銘の字體に用いる。子賏はその人未詳。おそらく越の最末期のものであろう。宋公得戈（書道・一〇三）は昭公（前四六八～四二二）の器、また攻敔王光戈は呉王闔廬（前五一四～四九六）の器とされているが何れも鳥書で、この體はそのころから次第に行なわれたものであろう。容庚氏の鳥書考（中山大學學報・一九六四・一）に鳥書例四五を收めている。器銘中、越器一五・呉器四・楚器二・蔡器四・宋器二、他の一三器は國名不明なるも、壽縣などの出土品が多い。秦器の極めて正統的な書風に對して、東南諸國の器に裝飾性の強い自由な新風が活潑に試みられていることは、文化の傳承・流變を考える場合、興味深いものがある。

跋にかえて

郭沫若氏の兩周金文辭大系圖錄とその攷釋が出たのは昭和十年であるから、今からちようど三十年前になる。當時私は詩・書を修めたいと思つてその關係のものを讀みつづけていたが、その研究を進めるには同時資料としての金文研究が必要であるので、吳大澂・孫詒讓・王國維らの研究に關心を寄せていた。そういう際であつたから、郭氏の書は、私にとつて極めて恰好な出發點となつた。

詩・書の研究にはどうしても殷周の社會・文化の研究が必要であり、卜辭・金文など同時資料による時代の研究、訓詁の解明が先行すべきである。それでその後久しい閒、私は甲骨・金文を扱いつづけてきた。しかし戰爭などのために志業は停滯し、また多忙な課業の餘のしごとであるから容易に成果はえられなかつた。甲骨金文學論叢十集をともかくも出すことができたのは戰後十年を經てからであり、また金文通釋は卅七年から、白鶴美術館の義損をえて、白鶴美術館誌として年閒四輯づつ發行されている。詩經研究は五卷のうち半まで、書はまだ一部の草稿をえたにすぎない。

金文通釋は全五十輯の豫定で、その刊行には今後なおかなりの年數を要する。それでこの叢刊を機會に、研究の大略を發表することとした。金文集は當初二册を豫定されていたのであるが、右のような事情で、體系ある編輯とするために四册に增册してもらつた。しかし頁數の關係もあるので、訓詁的な問題の詳細は通釋に讓つて、本集では斷代・編年を中心とする編輯を行なつた。斷代は金文研究の骨骼をなすものであるが、從來わが國ではこれを試みたものはない。

斷代の詳細については、曆譜や定點に使用した諸器の研究とともに、別の機會に述べるが、本集に試みた諸王の歷年、器の繫屬・排次によつて、その大體をみて頂けると思う。從來は主として群別法による器のグループ構成が試みられてきたが、曆譜的構成による絶對年代の追求は必ずしも不可能でないと思われるし、またそれは今後是非とも解決されねばならぬ課題である。ただ曆譜構成の場合、問題はなお多く殘されており、諸王の歷年・共和期の處理・置閏法など、檢討を要することも少くない。

列國の器には紀年の銘は極めて少いが、作器者や器銘の內容について文獻に徵證を求めうるものがあり、從來その考證も試みられている。本集では舊說を改めたものも數器あり、それによつて器の編年はいくらか自然なものになつたはずである。

何分にも種〻の制約のもとに編したものであるから、解說も十分周到なるをえなかつたところが多い。しかし與えられた條件の中で、簡略ながら、問題點の指摘は怠らなかつたつもりである。

本書の性質上、銘文は書品のよいものを集めるのに努力した。そのため全著錄を點檢し、同一の器銘でも最もよいと思われるものをえらんだ。撮影は錄入したものの倍以上に及んだ。また器影を合せて卽物的に鑑賞し、同時に考古學的な知見にも資したいと考えて多くの器影を收めたが、すべてこれらの資料蒐集のために、できるだけ努力した。その閒、この集のために祕藏を供される方もあつて、毛公鼎をはじめ精拓を錄入しえたものも少からず、白鶴美術館は門戶を開いてその逸品を提供していただいた。

本書の編纂に當つて、私の手許に不足している著錄類については、內藤戊申教授の好意を受けた。教授にはその藏書を利用させて頂いたほか、種〻斡旋して頂いたことも多い。また樋口隆康博士には、中國でえられた新しい資料や寧樂・書道博物館の器影を頂いた。64・182・187・192・360などがそれである。その他京都大學人文科學研究所や樸社社友の方から借用した資料もある。ここに謹しんで謝意を表する。

寫眞の撮影にも一方ならぬ苦勞をしたが、齋木寫場の齋木幸子女史の理解ある協力をえて、見ごたえのあるものを收めえた。研究室の玉田助手・修士中村喬君が寫眞の方を一切擔當してくれたことをも特記しておきたい。原寸主義を貫いたため册數もふえ、製版の困難も多く、また作字も甚だ多數に上つたが、渡邊社長の勇斷で金文集四集を刊行しえたこと、また數次にわたつて打合せのため東西を往復し、面倒な校正に當つてくれた西島愼一君の勞苦にも謝意を表したい。すべて上記の方〻の溫い協同のもとに、本書は生れた。本書がわが國の金文學研究に多少とも寄與するところがあることを念願してやまない。

立命館大學文學部中國文學研究室にて　編著者しるす

復刊後記

　書跡名品叢刊第三集の一部として、金文集四册を刊了したのは一九六四年六月であつたが、金文通釋はその七月に漸く第七輯、三都關係の諸器に及んだところであつた。金文通釋が列國期の記述に入つたのは、一九七一年六月、その第三十四輯に及んでからのことである。金文集四を編輯する際に殘された問題については、その機會に改めて究明する考えであつた。しかし列國期の史實はまとまつた史料もなく、明らかにしがたいところが多い。かつ問題はそれぞれの地域に分れていて、相互の關聯や時期的な前後なども辨知しがたいことがあるので、所收の器銘について、その概略を知りうる年表を用意することが望ましい。郭沫若氏の兩周金文辭大系圖錄に、はじめて年表が用意されたが、最近では、商周青銅器銘文選第四卷、東周青銅器銘文釋文注釋に、各器について春秋早期・晩期、戰國早期・晩期のように時期をしるし、また趙孟介壺に「春秋、晉定公」、屭羌鐘に「春秋、晉烈公」、秦公鐘に「春秋、秦武公」のように在位の王侯の名を加えている。

　屭羌鐘には「唯廿又再祀」の紀年があり、從來この紀年は周王を以ていうものと解されている。前記の銘文選に「春秋、晉烈公」というものも、器銘を烈公の二十二年に繫けるのではなく、その時期のものとする解釋で、銘文の「唯廿又再祀」に注しては「周威烈王之二十二年（前四〇四年）とする。列國期の器銘にみえる紀年日辰を、すべて周正と考えるか否かは、極めて重要な問題である。ときには晉のように夏曆を用い、あるいは齊のように獨自の月名を用い、鄀の器には「鄀正」という。周王が曆を頒つというような傳統が、列國期になお循守されていたとは、考えがたい事情がある。

　屭羌鐘の紀年について、威烈王二十二年說が採られる主たる理由は、水經注汶水の條に引く竹書紀年に

　　晉烈公十二年、王命韓景子、趙烈子及翟員、伐齊、入長城。

とある記事に據るものであるが、その鐘銘には前に「逹征秦」と征秦の役をしるし、また次に「䨻敓楚京」とあつて、作戰の方向がそれぞれ異なり、これは齊の長城を侵したときの作戰と、同時のこととはしがたいように思う。晉が秦を伐つことは、史記年表に秦の簡公二年（前四一三年）のこととしてみえ、また楚京を侵したことは、史記年表に、楚の悼王類二年に「三晉來伐我、至桑丘」とあり、そのことは楚世家にも見え、前四〇〇年のことである。銘文中に征秦・迮齊・侵楚の三役のことを併せしるし、そのことが「韓宗に賞せられ」、「晉公に命ぜられ」、「天子にまで卲げられ」、その恩寵に感じてこの器を作つた。それならばこの器の紀年は列國期の一般の紀年法に從つて、韓の宗室たる晉の烈公二十二年（前三九四年）とする解釋が、一應成立するのではないかと思う。從來この器について、Ⅰ周靈王二十二年說（前五五〇年、劉節・唐蘭・楊樹達等）、Ⅱ周靈王二十三年說（前五四九年、吳其昌）、Ⅲ周威烈王二十二年說（前四〇四年、容庚等）、Ⅳ周安王二十二年說（前三八〇年、郭沫若）の四說があつたが、銘文中の史實をすべて考慮するときは、紀年を晉室に求め、その烈公二十二年とするのがよいのではないかと思う。このように、この一器の時期についても、前五五〇年より前三九四年まで、一五〇年以上の差違がある。

　列國器の時期の大體觀を得るために、本册の概說中に列國標準器表を揭げたが、ここに金文通釋（第四五輯第十章）において試みた列國器表のうち、本册に收めた器の年代表を揭げておく。

前七九〇　宣王三十八年、楚若敖熊儀元年（473・474楚公豪鐘）
前七七〇　周室東遷。鄭、虢（東虢）を滅ぼす（七六七年）。（虢器）
前七二二　魯隱公元年、魯の春秋。
前六九〇　紀侯大去、紀亡ぶ。（紀器）
前六八七　秦、小虢を滅ぼす。（虢器）
前六七八　楚、鄧を滅ぼす。（鄧器）
前六五八　晉、西虢を伐ち、下陽を滅ぼす。（虢器）
前六五五　晉、上陽を圍み、虞・虢亡ぶ。（虞・虢器）
前六五〇　狄、蘇を滅ぼす。（蘇器）宋の襄公元年（〜六三七年）。（418䞈亥鼎〔宋莊公の

孫」）

前六四二　左傳僖十六年（六四四年）、冬十二月淮に會し、鄫を謀る。十九年（六四一年）、鄫子、邾に會盟す。（471曾伯霥簠）

前六三一　左傳僖二十九年、齊の國歸父、翟泉に會す。（433齊大宰歸父盤）

前五九〇　楚の共王元年（～五六〇年）。（412王子嬰次盧〔莊王の弟〕）

前五八七　齊の國差（～五七三年）、この頃立事。（434・435國差𦉜）

前五七八　齊の靈公四年、五月癸未朔、五日丁亥。（𩐁鎛〔鮑氏の世代において、𩐁は齊の靈公の世に當る〕）

前五六六　杞の孝公匄元年（～五五〇年）。（460杞伯每匄鼎）

前五六〇　郜亡ぶ。（郜器）

前五五五　邾の悼公華元年（～五四一年）。（463邾公華鐘）

前五四八　吳王諸樊（五六〇年～）沒す。（487・488者減鐘〔諸樊の子〕）

前五四〇　齊の景公八年（～四九〇年）。（438・439洹子孟姜壺）

前五三一　宋の元公佐元年（～五一七年）。（419宋公差戈）

前五一四　吳王闔閭元年（～四九六年）。（486吳王光鑑）

前五一二　吳、徐を滅ぼす。徐子章禹、楚に奔る。（徐器）

前五〇五　秦の哀公（五三六年～五〇一年）、楚都を救う。（383・384秦公毀〔受天命～十又二公〕）

前五〇四　許亡ぶ。（許器）

前四九五　吳王夫差元年（～四七三年）。（484・485攻吳王夫差鑑）

前四九三　蔡、下蔡（壽縣）に遷る。（蔡、壽縣諸器）

前四九〇　蔡の成侯朔元年（～四七二年）。（426蔡侯𪎯盤）

楚の昭王二十六年（～四八九年）。（477・478曾姬無卹壺〔隹王二十又六年、聖𧻚之夫人曾姬無卹〕）

前四八二　黄池の會。（401・402趙孟介壺）

前四六八　齊の田氏強盛。（440・441陳肪毀）

前四一五　滕亡ぶ。（滕器）

前四〇三　三晉分立し、趙・魏・韓、諸侯となる。

前三九四　晉の烈公二十二年（～三八九年）。（399・400𠫑羌鐘）

前三七九　姜齊絕祀。（齊器）

前三七六　晉絕祀。韓、新鄭に都し、鄭亡ぶ。（鄭器）

前三一三　燕王職元年（～三一二年）。（405郾王戠戈）

前二四六　秦始皇元年（～二一〇年）。

前二三四　楚の幽王悍四年（～二二八年）。（479楚王酓忎鼎）

右の年表には、本册に收錄するもののみをあげたが、これによつてほぼその時代觀をたどることができよう。ただ列國器は地域によつてその流變が甚だしく、樣式論だけではまとめがたいところが多い。

以上は本册の記述の及ばなかつたところを補うたものであるが、その論の詳細については、金文通釋第四卷（列國器）、また第五卷通論篇の第十章、列國器編年（著作集別卷、金文通釋5）の條を參照されたい。

平成十年十二月

金文集索引

＊は照片を収めたもの。
▲は器影・文様の一部を含むもの。
一〜一八二は初集、一八三〜三〇二は二集、三〇三〜三八二は三集、三八三〜四九一は四集所収。

器名のよび方がないと不便であるから、一應よみをつけた。字書にないものは、便宜の音を付しておく。必ずしもその本音を定めるという意味ではない。またよびならわされているものはそれに従い、必ずしも本音を用いなかつたものもある。

食　器甲（烹飪の器）

食　器乙（盛食の器）

白川静著作集 別巻 甲骨文集・金文集［釈文篇］

発行日……二〇一九年三月二二日 初版第一刷

著者……白川 静

発行者……下中美都

発行所……株式会社平凡社

〒一〇一-〇〇五一 東京都千代田区神田神保町三-二九

振替〇〇一八〇-〇-二九六三九

電話〇三-三二三〇-六五七九（編集） 〇三-三二三〇-六五七二（営業）

平凡社ホームページ http://www.heibonsha.co.jp/

装幀……山崎 登

印刷……凸版印刷株式会社

製本……大口製本印刷株式会社

製函……永井紙器印刷株式会社

©Shizuka Shirakawa 2019 Printed in Japan

ISBN978-4-582-40382-4

NDC分類番号821 B4変型判（37.5cm） 総ページ200

乱丁・落丁本のお取替えは直接小社読者サービス係までお送りください

（送料は小社で負担いたします。）